# Employer Branding für KMU

Wolfgang Immerschitt • Marcus Stumpf

# Employer Branding für KMU

Der Mittelstand als attraktiver Arbeitgeber

 Springer Gabler

Wolfgang Immerschitt
Plenos – Agentur für Kommunikation GmbH
Salzburg
Österreich

Marcus Stumpf
Fachhochschule Salzburg
Puch/Salzburg
Österreich

ISBN 978-3-658-01203-8
DOI 10.1007/978-3-658-01204-5

ISBN 978-3-658-01204-5 (eBook)

Die Deutsche Nationalbibliothek verzeichnet diese Publikation in der Deutschen Nationalbibliografie; detaillierte bibliografische Daten sind im Internet über http://dnb.d-nb.de abrufbar.

Springer Gabler
© Springer Fachmedien Wiesbaden 2014

Gedruckt auf säurefreiem und chlorfrei gebleichtem Papier

Springer Gabler ist eine Marke von Springer DE. Springer DE ist Teil der Fachverlagsgruppe
Springer Science+Business Media
www.springer-gabler.de

# Vorwort

Das Thema Employer Branding ist in den letzten Jahren auf der Agenda der Unternehmen weit nach oben geklettert, da sich herumgesprochen hat, dass die **demographische Entwicklung** zu einer zwangsläufigen Verknappung am Arbeitsmarkt führt. Daraus resultiert ein Paradigmenwechsel am Arbeitsmarkt: Die Kandidaten suchen sich bereits jetzt ihren Arbeitgeber aus. Nicht mehr die Kandidaten müssen überzeugen, sondern die Unternehmen. In diesem Sinne wird Personalbeschaffung zu einer Managementaufgabe mit Marketing- und Vertriebscharakter. „Arbeitgeber müssen sich vermarkten und ihre Jobs aktiv und wettbewerbsorientiert vertreiben" (Trost 2008, S. 136–140).

Die Anforderungen eines **wachsenden Dienstleistungssektors in einer Wissensgesellschaft** verlangen zudem nach höher qualifizierten Mitarbeitern. Betrachtet man im Bezug dazu die Entwicklung der Schülerzahlen, so ist folgendes festzustellen: Im vergangenen Jahrzehnt ist in Deutschland die Schülerzahl um über eine Million gesunken, im laufenden Jahrzehnt geht es linear weiter nach unten. Laut einer McKinsey-Studie lässt sich der Mangel an Akademikern bis zum Jahr 2020 auf ca. 1,2 Mio. beziffern (Buckesfeld 2010, S. 15, Abb. 1).

In Österreich ist die Entwicklung bei weitem noch nicht so dramatisch. Die Tendenz ist aber die gleiche. Laut Statistik Austria ist die **Zahl der Schülerinnen und Schüler** seit dem Schuljahr 2000/2001 von knapp 1,19 auf 1,12 Mio. gesunken.[1]

Der **Fachkräftemangel** bringt viele Klein- und Mittelunternehmen – in der Folge als KMU bezeichnet – in Schwierigkeiten. Während heute beispielsweise in Österreich bereits sieben von zehn Arbeitgebern Schwierigkeiten haben, geeignete Mitarbeiter zu finden,[2] wird sich diese Situation in den nächsten Jahren noch verschärfen. In Deutschland fehlen in den nächsten fünf Jahren bereits 1,5 Mio. erwerbsfähige Menschen. Jede fünfte Stelle, die durch Erreichen des Rentenalters frei wird, wird nicht mehr nachbesetzt werden können. „Jahr für Jahr entsteht ein Arbeitskräftedefizit, das kräftig aufsummiert: In fünf bis

---

[1] Siehe folgenden Link: https://www.statistik.at/web_de/statistiken/bildung_und_kultur/formales_bildungswesen/schulen_schulbesuch/index.html.

[2] Dies hat eine Studie des market-Institutes im Auftrag der Wirtschaftskammer Österreich ergeben: http://portal.wko.at/wk/format_detail.wk?angid=1&stid=632960&dstid=0.

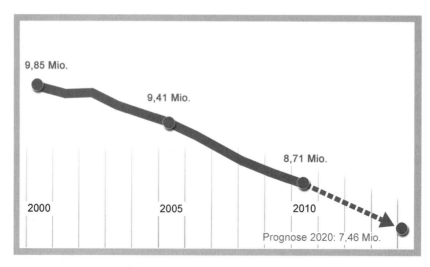

**Abb. 1** Schülerschwund in Deutschland

zehn Jahren werden 40 % der ,automatisch' freiwerdenden Stellen nicht wieder besetzbar sein. In 20 Jahren, wenn die geburtenstarken Jahrgänge um 1965 das Rentenalter erreichen, reicht die Zahl der heute Geborenen nur noch aus, um vier von zehn frei werdenden Stellen zu füllen", schreibt Gunter Wolf (2012, S. 470–473).

Die Arbeitgeber treffen auf eine selbstbewusste „Generation Vollbeschäftigung", die sich durchaus ihres Wertes bewusst ist. Die Zeiten, in denen Arbeitgeber nach „Gutsherrenart" Positionen vergaben, sind vorbei. Für den Mittelstand tut sich eine **quantitative wie qualitative Schere** auf, deren Spannweite zu groß werden könnte, wenn nicht entsprechende Maßnahmen gesetzt werden. Anders formuliert: Die Ressource Mitarbeiter wird zunehmend zu einem kritischen Erfolgsfaktor. Umso erschreckender ist das Ergebnis unserer Online-Befragung mittelständischer Unternehmen, an der sich mehr als 330 KMU beteiligt haben. Sehr viele der Befragten haben angegeben, sie hätten keine Probleme und würden sich deshalb auch keine Gedanken über ihre Arbeitgebermarke machen. Das erinnert ein wenig an das Verhalten von Kleinkindern, die sich „verstecken", indem sie die Hände vor die Augen halten.

Das Ignorieren einer offensichtlichen Entwicklung hat immense **volkswirtschaftliche Bedeutung**: Die meisten Erwerbstätigen in Deutschland und Österreich sind in mittelständischen Unternehmen beschäftigt. Sie tragen die Hauptlast bei der Schaffung von Arbeits- und Ausbildungsplätzen. Wenn im vielzitierten „war of talents" (Michaels et al. 2001)[3] viele mittelständische Unternehmen ein Problem bekommen, dann wirkt sich das auf das ganze Land aus. Neben dem allgemeinen Fachkräftemangel kommt für die KMU

---

[3] Das vielzitierte Buch läutete die intensivere Beschäftigung mit dem Thema auch in Europa ein. Es geht auf McKinsey-Studien aus dem Jahr 1997 zurück und fand in Deutschland gleich mehrere Nachahmer, die sich den Titel „ausliehen" und mit einem Untertitel versahen.

hinzu, dass sie auf dem Arbeitsmarkt in direktem **Wettbewerb mit Konzernen** stehen, die über ein zugkräftiges Markenimage verfügen und (scheinbar) attraktivere Konditionen bieten.

Die **Botschaft dieses Buches** ist, dass Employer Branding gerade für mittelständische Unternehmen ein Weg ist, um sich gegenüber Konzernen als attraktiver Arbeitgeber zu positionieren, die Leistungsbereitschaft der Mitarbeiter zu verbessern und Kosten – nicht nur des Personalmanagements – zu senken. Employer Branding ist „ein bedeutendes Managementthema für den Mittelstand"[4] geworden, sagt daher auch Mario Ohoven, Präsident des Bundesverbandes mittelständische Wirtschaft (BVMW). Aus betriebswirtschaftlicher Sicht rechnet sich die Investition jedenfalls: „Unternehmen, die es schaffen, sich als Arbeitgeber mit einem klaren Profil auf den relevanten Märkten zu positionieren und von den potenziellen Mitarbeitern auch als attraktives Unternehmen wahrgenommen werden, haben einen klaren Vorteil gegenüber ihren Mitbewerbern" (Wiese 2005, S. 19). Im Zweifelsfall entscheidet die Stärke der Arbeitgebermarke möglicherweise sogar über den Fortbestand eines Betriebes. Ein geerdeter Vorstandschef eines Großkonzerns hat einmal gesagt, er könne sich sehr gut vorstellen, dass seine zigtausend Mitarbeiter ohne ihn auskommen könnten, er aber nicht ohne sie. Genauso verhält es sich in einem von der Nachfrage getriebenen Arbeitsmarkt: Ohne Mitarbeiter endet letztlich auch die unternehmerische Tätigkeit.

Employer Branding bedient sich nicht nur aus dem klassischen Instrumentekasten des Human Resource Managements. Primär geht es um die **Prägung einer Marke**. Diesen Managementprozess beschreibt in diesem Buch schwerpunktmäßig Marcus Stumpf. Employer Branding ist zu großen Teilen aber auch eine **Kommunikationsaufgabe**. Diese Thematik erläutert in erster Linie Wolfgang Immerschitt. Was dem Buch eine Alleinstellung gibt, ist die systematische Aufbereitung von Praxistipps für mittelständische Unternehmen. Die Autoren haben **Best Practice-Beispiele** recherchiert und systematisch für alle Kontaktpunkte der Arbeitgebermarke aufbereitet. Für die verschiedenen Phasen im unternehmensbezogenen Berufsleben eines Menschen werden die Handlungsfelder beleuchtet. Hier werden Tipps gegeben, was in der Phase der externen Kommunikation – also wenn Mitarbeiter gesucht werden – zu tun ist, was in der Phase des Unternehmenseintritts und was in der Zeit der Beschäftigung des Mitarbeiters sowie bei dessen Austritt. Diese Themen werden anhand von mehr als 20 Fallbeispielen untermauert. Sie zeigen auf, wie es mit zum Teil gänzlich unterschiedlichen Ansätzen gelingt, eine einzigartige Arbeitergebermarke (Unique Employment Proposition) auszuprägen. Eine Besonderheit dieses Buches ist zudem, dass eine Methode erläutert wird, wie Unternehmen Botschaften finden können, um damit in der internen und externen Kommunikation zu punkten. Auch hier legen die Autoren großen Wert auf praktische Beispiele, die Sie als Leser für Ihr Unternehmen sehr einfach übernehmen, adaptieren oder ergänzen können.

---

[4] www.foerderland.de/fachbeitraege/beitrag/Employer-Branding-im-Mittelstand-Chancen-und-positive-Effekte/557b3c5fea/.

Das Buch richtet sich an Geschäftsführer, Führungskräfte mit Marketing- und Kommunikationsverantwortung sowie Mitarbeiter in Personalabteilungen von mittelständischen Unternehmen, die mit der Planung und Umsetzung von Employer Branding-Projekten betraut sind. Die Publikation bietet schließlich eine **theoretisch-wissenschaftliche Fundierung**. Sie ist damit für Dozierende und Studierende der Betriebswirtschaftslehre mit dem Schwerpunkt Marketing und Human Resource Management von Interesse. Uns war daran gelegen, verständlich, nachvollziehbar und praxisorientiert zu schreiben. Deshalb bitten wir auch um Verständnis, dass wir aus Gründen der besseren Lesbarkeit auf eine Genderschreibweise verzichten. Die Bezeichnung von Personengruppen bezieht die weibliche Form selbstverständlich jeweils mit ein.

Salzburg/Stuttgart, im Mai 2014                                                    Wolfgang Immerschitt
                                                                                          Marcus Stumpf

## Literatur

Buckesfeld, Y. 2010. *Employer Branding: Strategie für die Steigerung der Arbeitgeberattraktivität in KMU*. Hamburg: Diplomica Verlag.

Michaels, E., H. Handfield-Jones, und B. Axelrod. 2001. *The war for talent*. Boston: Harvard Business Review Press.

Trost, A. 2008. Entwickeln einer Arbeitgebermarke. *Arbeit und Arbeitsrecht* 63 (3): 136–140.

Wiese, D. 2005. *Employer Branding. Arbeitgebermarken erfolgreich aufbauen*. Saarbrücken: Vdm Verlag Dr. Müller.

Wolf, G. 2012. Erfolgsfaktor Mitarbeiterbindung. *Arbeit und Arbeitsrecht* (8): 470–473.

# Stimmen zum Buch

Jeder zweite Mittelständler in Deutschland hat heute schon Schwierigkeiten, qualifizierte Mitarbeiter zu finden. Die demographische Entwicklung können die Unternehmen nicht ändern. Umso mehr müssen sie sich als attraktive Arbeitgeber profilieren. Wie das funktioniert, ohne dabei die budgetären Möglichkeiten zu überspannen, zeigt das Buch „Employer Branding für KMU" anhand einer Vielzahl von Praxisbeispielen. Es regt nicht nur zum Nachdenken über Rekrutierung und Mitarbeiterbindung an, sondern bietet ganz konkrete Handlungshilfen.

*Mario Ohoven, Präsident des BVMW – Bundesverband mittelständische Wirtschaft, Unternehmerverband Deutschlands e.V.*

Der Mittelstand ist – gerade im deutschsprachigen Raum, aber auch in weiten Teilen der europäischen Union und sogar der Weltwirtschaft – als Motor der volkswirtschaftlichen Entwicklung einzuschätzen. Die Ausstattung kleiner und mittelständischer Unternehmen mit den erforderlichen Ressourcen, insbesondere den personellen Ressourcen, muss als wettbewerbswirksamer und damit erfolgskritischer Faktor gewertet werden. Insofern hat die im vorliegenden Werk präsentierte Thematik des Employer Branding für KMU eine besonders hohe Bedeutung. Die vorliegende Publikation, die diese Thematik als erstes Werk aufgreift, zeichnet sich dadurch aus, dass nicht nur eine theoretische Fundierung erfolgt, sondern anhand zahlreicher Praxisbeispiele und Fallstudien der Umsetzungsprozess und das Controlling des Employer Branding speziell für den Mittelstand sehr praxisnah dargestellt wird.

*Univ.-Professor Dr. Dr. habil. Wolfgang Becker, Inhaber des Lehrstuhls für Unternehmensführung und Controlling sowie Wissenschaftlicher Direktor des Europäischen Kompetenzzentrums für Angewandte Mittelstandsforschung an der Otto-Friedrich-Universität Bamberg*

# Inhaltsverzeichnis

# Die Autoren

**Dr. Wolfgang Immerschitt** ist geschäftsführender Gesellschafter der Agentur Plenos und Lektor an der Universität Salzburg am Fachbereich Kommunikationswissenschaft. Er studierte nach dem Abitur am Jakob Fugger Gymnasium in Augsburg Politikwissenschaft, Publizistik sowie Spanisch an der Paris Lodron Universität Salzburg und promovierte 1981 mit Auszeichnung. Die Dissertation befasste sich mit der Wirtschafts- und Währungspolitik der Europäischen Wirtschaftsgemeinschaft.

Während des Studiums war Dr. Immerschitt Studienassistent am Senatsinstitut für Politikwissenschaft der Universität Salzburg und nach der Promotion kurze Zeit Universitätsassistent, ehe er zum Chef vom Dienst der Presseabteilung der Wirtschaftskammer Salzburg (1981) berufen wurde. Während dieser Tätigkeit war er auch als Korrespondent für die Tageszeitung „Die Presse" tätig. 1990 wechselte er als Pressesprecher zum Raiffeisenverband Salzburg. Wenig später übernahm er bei der Bank auch die Marketingleitung. Gleichzeitig gehörte er auch der Zentralen Raiffeisenwerbung und dem Fachgremium Marketing des österreichischen Bankensektors an.

Seit 1999 ist er geschäftsführender Gesellschafter von Plenos – Agentur für Kommunikation – früher Pleon Publico. Seine Bücher „Profil durch PR" und „Crossmediale Pressearbeit" sind im Springer Gabler Verlag erschienen.

**Prof. Dr. Marcus Stumpf** ist Professor für Marketing und Relationship Management am Studiengang Betriebswirtschaft der Fachhochschule Salzburg. Stumpf ist **Marketingexperte** für das Marken- und Kommunikations- sowie Relationship Management von Unternehmen und Institutionen. Sein Erfahrungshintergrund in der Berufs- und Beratungspraxis ist umfassend: vom Strategischen Marketing, der Kundenorientierung, dem Branding und der Integrierten Kommunikation bis hin zum Sponsoring. Er ist mit den unterschiedlichsten Branchen vertraut; sein besonderes Interesse gilt klein- und mittelständischen Unternehmen sowie dem Non-Profit- und Verbandsbereich.

Seine **Hochschulkarriere** begann Stumpf an der Universität Bayreuth, wo er Betriebswirtschaftslehre mit Schwerpunkt Marketing und Dienstleistungsmarketing studierte. Nach dem Diplom in Bayreuth promoviert er sich an der Universität Basel am Lehrstuhl von Prof. Dr. Manfred Bruhn mit einer Forschungsarbeit über die „Erfolgskontrolle der

Integrierten Kommunikation". Im Jahr 2005 erhielt er für seine Dissertation den von der Swiss Association for Quality (SAQ) gestifteten Seghezzi-Preis.

Der Promotion folgten mehrere Jahre **Beratungs- und Managementpraxis**. So war er als Seniorkonsultant an der ZMU Marketingakademie in Oestrich-Winkel sowie als wissenschaftlicher Mitarbeiter und Projektleiter an der Führungs-Akademie des Deutschen Olympischen Sportbundes in Köln tätig. Als Geschäftsführer verantwortete er schließlich die Markenführung und Vermarktung des zweitgrößten deutschen Sportverbandes.

Seit dem Jahr 2009 ist er Fachbereichsleiter und **Inhaber der Professur für Marketing und Relationship Management** am Studiengang Betriebswirtschaft der Fachhochschule Salzburg. Seine Aktivitäten als Dozent beschränkt Marcus Stumpf nicht allein auf Lehrveranstaltungen für den akademischen Nachwuchs. Er ist auch auf die Weiterbildung von Führungskräften der deutschen, österreichischen und schweizerischen Wirtschaft fokussiert. So engagiert er sich u. a. im Rahmen von Executive MBA-Programmen der Universität Bayreuth, der Donau-Universität in Krems und beim Schweizerischen Ausbildungszentrum für Marketing, Werbung und Kommunikation (SAWI) in Zürich/Dübendorf.

Neben seiner hauptberuflichen Tätigkeit ist Stumpf **Fachautor und Vortragender**, u. a. zu den Themen „Neuromarketing – Erkenntnisse der Hirnforschung für Markenführung und Kommunikation" oder „Employer Branding für KMU – Planung und Umsetzung von Arbeitgebermarken im Mittelstand". Als Gründer und Direktor des Employer Branding Institute (EBI) mit Büros in Stuttgart und Salzburg ist er als selbständiger Berater vor allem für mittelständische Unternehmen sowie Organisationen tätig und verbindet dabei seinen wissenschaftlichen Hintergrund mit seinen beruflichen Erfahrungen.

Wenn Sie Fragen zu den Inhalten des Buches haben oder einen Beratungstermin vereinbaren wollen, kontaktieren Sie die Autoren bitte unter folgenden Mailadressen:

- **wolfgang.immerschitt@plenos.at**
- **stumpf@employer-branding-institute.com**

Da das Thema Employer Branding sich permanent weiterentwickelt, laden wir Sie auch ein, sich laufend über Neuheiten auf folgenden Webseiten zu informieren:

- www.plenos.at (Stichworte: Arbeitgebermarke und Employer Branding) bzw.
- www.employer-branding-institute.com

Die Autoren publizieren hier in regelmäßigen Abständen Fachbeiträge.

# Abbildungsverzeichnis

# Tabellenverzeichnis

# Umbruch der Arbeitswelt

Vor allem mittelständische Unternehmen stehen vor einer Vielzahl an personalrelevanten Herausforderungen, denen es im Interesse des Erhalts und der Steigerung der Wettbewerbsfähigkeit zu begegnen gilt. Diese **Herausforderungen und Bedrohungen** sind in Abb. 1.1 zusammengefasst.

Insbesondere zwei gesellschaftliche Entwicklungen sind verantwortlich dafür, dass das Thema Employer Branding überhaupt eine so entscheidende Rolle spielt: die Entwicklung der Bevölkerungszahlen in Deutschland und Österreich sowie daraus resultierend die zunehmende Verknappung von jungen Menschen, die am Arbeitsmarkt zur Verfügung stehen. Diese Entwicklungen können von einzelnen Unternehmen nicht beeinflusst werden. Auch der Standort ist eine Gegebenheit, die in der Regel hingenommen werden muss. Betriebe in Randlagen haben es oft schwerer, Führungskräfte zu rekrutieren, als Unternehmen in attraktiven Agglomerationen oder Regionen mit hohem Freizeitwert. Auch manche Branche tut sich schwerer als andere, Mitarbeiter zu finden, weil das Image schlecht ist oder es einfach „uncool" ist, bestimmte Dienstleistungen zu verrichten. Sehr gut beeinflussbar sind hingegen Arbeitgeberqualität und auch das Image des Unternehmens. Hier setzt die Kommunikation an.

**Bedrohungen** resultieren einerseits aus der Personalknappheit: Wie dies anhand des zitierten Mangels an Ingenieuren in Deutschland belegt wurde, bedeuten unbesetzte Stellen Wachstumsverluste für den Betrieb, aber auch für die Volkswirtschaft insgesamt. Letztlich kann sich die Situation so dramatisch entwickeln, dass die Wettbewerbsfähigkeit sinkt und in letzter Konsequenz sogar die Verdrängung aus dem Markt droht. Andererseits spielt auch die Motivation eine enorme Rolle: Motivierte Mitarbeiter sind leistungsbereiter und auch innovativer, dies haben zahlreiche Studien belegt. Ein spezielles Problem ist die Fluktuation: Ausscheidende Mitarbeiter nehmen immer auch Know-how mit. Einschulungszeit, Erfahrung, Produkt- und Marktkenntnis gehen verloren, die ein neu eintretender Mitarbeiter erst wieder aufbauen muss.

W. Immerschitt, M. Stumpf, *Employer Branding für KMU*,          1
DOI 10.1007/978-3-658-01204-5_1, © Springer Fachmedien Wiesbaden 2014

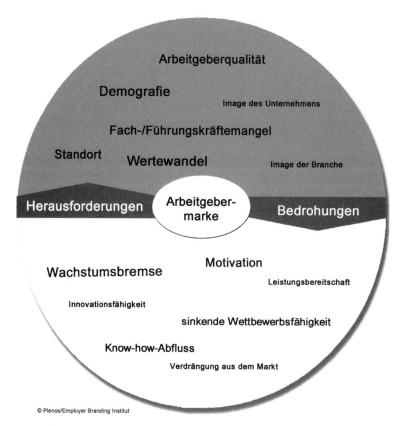

**Abb. 1.1** Herausforderungen und Bedrohungen

Kurz gesagt, die Arbeitswelt befindet sich im Umbruch. Zur Steigerung der Attraktivität eines Unternehmens als Arbeitgeber nimmt die Personalarbeit in den Unternehmen eine wichtige Rolle ein. Laut einer von der Deutschen Gesellschaft für Personalführung e.V. (DGFP) im Jahr 2011 durchgeführten Studie sind der **demografische Wandel** und der **Wertewandel** die größten Trends, die sich in der Zukunft am stärksten auf das Personalmanagement der Unternehmen auswirken werden (DGFP 2011a, S. 24). Diese Ergebnisse decken sich auch mit den Studienresultaten der Boston Consulting Group und der World Federation of Personal Management Associations. Aus Sicht der Befragten (über 4.700 Führungskräfte) werden in naher Zukunft acht Personalthemen von großer Bedeutung sein (BCG und WFPMA 2008, S. 6): Talentmanagement, Verbesserung der Leadership-Qualitäten, Work-Life-Balance, Demografie-Management, Entwicklung zur lernenden Organisation, Globalisierungsmanagement, Change-Management und Transformation der Unternehmenskultur.

Primäres Ziel dieses Kapitels ist daher die Darstellung dieser wesentlichen Entwicklungen im Detail, mit denen Unternehmen bzw. deren Personalpolitik konfrontiert sind. Der erste Abschnitt (1.1) widmet sich den arbeitsmarktpolitischen Folgen des demografischen

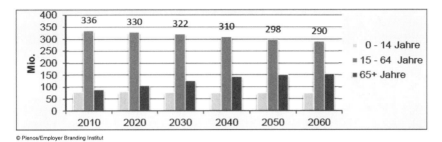

© Plenos/Employer Branding Institut

**Abb. 1.2** Vorausberechnete Bevölkerungsstruktur für EU 27. (Quelle: in Anlehnung an Europäische Union 2011, S. 52 f.)

Wandels. Darauffolgend (Abschnitt 1.2) wird auf den Wertewandel bzw. die veränderten Einstellungen zur Arbeit sowie die daraus resultierenden Auswirkungen näher eingegangen.

## 1.1   Arbeitsmarktpolitische Folgen des demografischen Wandels

Der **demografische Wandel** – als Begriff weder positiv noch negativ behaftet – beschreibt die Veränderung der Zusammensetzung der Bevölkerung hinsichtlich ihrer Größe und Struktur. Beeinflusst wird der demografische Wandel von drei Faktoren: der Geburtenrate, der Lebenserwartung und vom Wanderungssaldo (Günther 2010, S. 3). Aktuell gerät der demografische Wandel zunehmend in den Blickpunkt der Gesellschaft und Wirtschaft. Der Grund liegt darin, dass in den meisten Industriestaaten die Bevölkerung im 21. Jahrhunderts zu Beginn altern und anschließend abnehmen wird – mit Folgen für den Arbeitsmarkt (Prezewowsky 2007, S. 1). Die Ursachen für die **Verschiebung der Bevölkerungsstruktur** liegen in der gestiegenen Lebenserwartung und der anhaltend niedrigen Geburtenrate. Abbildung 1.2 zeigt, wie sich die demografische Zusammensetzung der Bevölkerung nach Altersgruppen in der Europäischen Union (EU 27) nach derzeitigen Berechnungen verändern wird.

Allgemein wird für Europa eine **(Über-)Alterung der Bevölkerung** prognostiziert. Laut Voraussagen der Eurostat werden alle EU-Mitgliedstaaten von der Bevölkerungsalterung betroffen sein (Eurostat 2013). Während der Anteil der älteren Bevölkerung zunimmt, sinkt der Anteil der Bevölkerung im erwerbsfähigen Alter zwischen 15 und 64 Jahren. Die Anzahl der Personen im Erwerbsalter wird im Vergleich zwischen den Jahren 2010 und 2060 um rund 14 % von 336 auf 290 Mio. Menschen sinken.

Für den Arbeitsmarkt und das Personalmanagement sind die **Folgen der demografischen Entwicklung** vielschichtig. Abbildung 1.3 zeigt, mit welchen Entwicklungen Unternehmen vermehrt konfrontiert sein werden.

Die Folgen der demografischen Veränderung – Rückgang der Berufseinsteiger, Überalterung der Belegschaft, Rückgang der qualifizierten Fach- und Führungskräfte sowie der „war of talents" – werden das unternehmerische Handeln stark beeinflussen. Auf sie wird daher nachfolgend detailliert eingegangen.

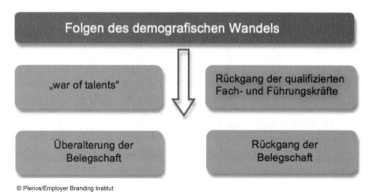

**Abb. 1.3** Folgen des demografischen Wandels für den Arbeitsmarkt (Quelle: in Anlehnung an Klaffke 2009, 14; Bormann, Bleis 2011,14)

### 1.1.1  Fachkräftemangel – gegenwärtig und zukünftig

Angesichts des demografischen Wandels werden in den kommenden Jahrzehnten Probleme bei der Fachkräfteversorgung auftreten (Demary und Erdmann 2012, S. 4). Durch die **Verknappungssituation von Berufseinsteigern sowie qualifizierten Fach- und Führungskräften** ist die wirtschaftliche Entwicklung von Unternehmen gefährdet. Zur Sicherung der Wettbewerbsfähigkeit ist die Deckung des Fachkräftebedarfs für Unternehmen somit von hoher Bedeutung (Kay und Richter 2010, S. 10). Im Unterschied zu angelernten oder ungelernten Arbeitnehmern werden Fachkräfte über einen erlernten Beruf und/oder einen Schulabschluss definiert. Im EU-Durchschnitt (EU 27) sieht fast jedes siebte KMU die wirtschaftliche Entwicklung durch die mangelnde Fachkräfteversorgung beeinträchtigt (Demary und Erdmann 2012, S. 4). In Deutschland stufen ca. 35 % der KMU die Fachkräftesituation als größte unternehmerische Herausforderung ein, in Österreich sind es rund 28 %.

Der Fachkräftemangel ist **kein Zukunftsszenario**, sondern ein **gegenwärtiges Problem**. Laut einer im Herbst 2012 durchgeführten Studie der Wirtschaftskammer Österreich meldeten die heimischen Unternehmen einen Bedarf an 150.000 zusätzlichen Mitarbeitern. Am dringendsten werden Personen mit Lehrabschluss gesucht. Große Rekrutierungsschwierigkeiten haben vor allem Kleinunternehmen: Rund ein Drittel der Betriebe mit sechs bis 20 Mitarbeitern finden in manchen Bereichen keine geeigneten Mitarbeiter und zwei Drittel der Betriebe mit mehr als 20 Mitarbeitern können nicht alle vakanten Positionen besetzen (WKO 2012). Zu ähnlichen Ergebnissen kam eine Studie von Ernst & Young, wonach 78 % der österreichischen KMU angaben, „[…] dass es ihnen ‚eher schwer‘ oder ‚sehr schwer‘ fällt, neue und ausreichend qualifizierte Mitarbeitende zu finden" (Ernst & Young 2012, S. 10).

Der Rückgang der Erwerbsbevölkerung ist aber nicht allein als Hauptgrund für den Fachkräftemangel zu sehen. Unternehmen klagen schon länger über **Diskrepanzen zwischen Qualifikationsanforderungen und Qualifikationen** der Erwerbspersonen (Hei-

demann 2012, S. 4). Determiniert wird der Fachkräftemangel auch vom **Berufswahlver-
halten**. Beispielsweise herrscht seit längerem ein Mangel an Fachkräften in den MINT-
Disziplinen (Mathematik, Informatik, Naturwissenschaften und Technik). Im Jahr 2011
klagten rund 14 % der europäischen Unternehmen über einen Fachkräfteengpass in diesen
Bereichen (EurActiv 2013). Die Ursachen für diese Entwicklung sehen die Experten in
der mangelnden, auf Naturwissenschaften ausgerichteten Schulbildung, den Rückgang der
Lehrkräfte in diesen Disziplinen und des nach wie vor geringen Interesses von Frauen an
diesen Studienrichtungen (Trost 2012, S. 12).

Die **Auswirkungen des Fachkräftemangels** sind entscheidend für die Zukunft der Unternehmen. Wenn es ihnen über einen längeren Zeitraum nicht gelingt, wichtige Schlüs-
selpositionen zu besetzen, verlieren sie ihre Wettbewerbsfähigkeit (Kay und Richter 2010,
S. 10). Sollten nicht ausreichend Fachkräfte verfügbar sein, kann dieser Engpass zu einem Wachstumshemmnis führen, obwohl aufgrund der Entwicklungen der Absatzmärkte
eine Ausdehnung der Geschäftstätigkeit möglich wäre (Demary und Erdmann 2012, S. 6).
Lange Vakanzen sind besonders für KMU gravierend, da sie im Vergleich zu Großunternehmen durch die geringe Mitarbeiteranzahl die Arbeit nicht laufend im Unternehmen
umverteilen können. Hinzu kommt – bedingt durch die geringe Arbeitsteilung – die hohe
Bedeutung der Leistung jedes einzelnen Mitarbeiters (Kay und Richter 2010, S. 10).

## 1.1.2  War of Talents

Für Unternehmen wird es nicht nur schwieriger werden, qualifizierte Mitarbeiter zu finden, sondern diese auch langfristig an das Unternehmen zu binden und sich im Wettbewerb um qualifizierte Mitarbeiter durchzusetzen. Der **„war of talents"** hat schon längst
begonnen und wird in Zukunft mit noch konsequenteren Mitteln betrieben werden. Mit
zunehmendem Fachkräfteengpass steigt vor allem die Gefahr des „qualifizierten Ader-
lasses" (Flato und Reinbold-Scheible 2008, S. 26): Unternehmen werden künftig stärker
damit konfrontiert werden, dass ihre leistungsfähigen und qualifizierten Mitarbeiter von
der Konkurrenz umworben und im schlimmsten Fall abgeworben werden. Besonders hart
trifft es Unternehmen, die ihre Mitarbeiter selbst ausbilden und für höhere Qualifikationen schulen.

Unternehmen können sich deshalb nicht ausschließlich auf die Gewinnung qualifizierter Mitarbeiter fokussieren. Wichtig wird die Frage sein, wie sie die **bestehenden Mitarbeiter langfristig motivieren** und an das Unternehmen binden können, denn Abwer-
bungen haben neben den Personalbeschaffungs- und Einarbeitungskosten noch weitere
negative Folgen (Jonas 2009, S. 89). Mit dem Ausscheiden qualifizierter Fachkräfte droht
ein Know how-Verlust, der beispielsweise aktuelle Projekte im Unternehmen in Mitlei-
denschaft ziehen kann. Nicht außer Acht zu lassen ist der drohende Imageschaden des
Unternehmens als attraktiver Arbeitgeber (Jonas 2009, S. 89). Eine hohe **Fluktuation** kann

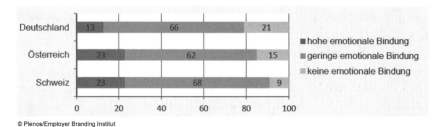

© Plenos/Employer Branding Institut

**Abb. 1.4** Gallup Engagement-Index 2012. (Quelle: in Anlehnung an Gallup 2011a)

sich auch negativ auf das Betriebsklima auswirken und die Motivation der restlichen Mitarbeiter mindern (Knecht 2011, S. 16).

Dass die Unternehmen nicht nur die Gewinnung von Mitarbeitern, sondern auch deren Bindung bei ihren Maßnahmen zu berücksichtigen haben, unterstreicht eine Studie des Gallup-Institutes (Gallup 2011b, S. 1 f.). Das Gallup-Institut erstellt jährlich eine Studie darüber, wie hoch die **emotionale Bindung der Beschäftigten** an das Unternehmen ist. Laut Engagement-Index 2010 haben in Österreich 23 % der Mitarbeiter eine hohe emotionale Bindung an ihren Arbeitgeber, d. h., dass sich lediglich 23 % gegenüber ihrem Unternehmen verpflichtet fühlen und sich engagieren. Die überwiegende Mehrheit, nämlich 62 %, macht Dienst nach Vorschrift und 15 % der Mitarbeiter haben bereits **„innerlich gekündigt"**. In der Schweiz sind die Werte ähnlich wie in Österreich. In Deutschland liegt der Engagement-Index durchschnittlich unter diesen Vergleichswerten: Rund ein Fünftel der Mitarbeiter haben bereits innerlich gekündigt und sind nicht bereit, sich für die Unternehmensziele einzusetzen. Die Werte haben sich für Deutschland laut einer aktuellen Erhebung für das Jahr 2012 verschoben, aber nicht verbessert – 15 % haben eine hohe, 61 % eine geringe und 24 % keine emotionale Bindung zum Unternehmen (Gallup 2013; Abb. 1.4).

Je niedriger die emotionale Bindung zum Unternehmen ist, desto höher ist die Bereitschaft der Mitarbeiter, den Arbeitgeber zu wechseln und umgekehrt. Die Ursachen für diese fehlende Bindung sieht das Gallup-Institut im Führungsverhalten und in der mangelnden Personalarbeit (Gallup 2011b).

### 1.1.3  Überalterung der Belegschaft

Nicht nur die Anzahl der verfügbaren qualifizierten Arbeitskräfte sinkt. Es steigt auch das **Durchschnittsalter der Belegschaft** an. Bei einem konstanten Arbeitskräftebedarf nimmt – vor allem zur Sicherung des Arbeitskräftepotenzials – die Gruppe der 50- bis 65-jährigen an Bedeutung zu (Klaffke 2009, S. 14). Unternehmen werden verstärkt darauf angewiesen sein, die Potenziale der älteren Arbeitnehmer zu erschließen – lebenslanges Lernen bzw. Weiterbildung betrifft in Zukunft alle Altersgruppen (Holz und Da-Cruz 2007, S. 15 ff.).

Verstärkt wird die **Notwendigkeit der betrieblichen Aus- und Weiterbildung** zusätzlich durch den schnell voranschreitenden technologischen Wandel, dem Trend zur In-

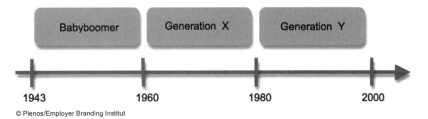

**Abb. 1.5** Generationenzeitachse (Quelle: in Anlehnung an DGFP e.V. 2011b, 8f; Schmidt et al. 2011,518)

formations- und Wissensgesellschaft sowie der Innovationsnotwendigkeit (Klaffke 2009, S. 14). Mit diesen Entwicklungen einhergehend erhöhen sich auch die Qualifikationsanforderungen an die Mitarbeiter.

## 1.2 Wertewandel – veränderte Einstellungen zur Arbeit

„Ich lebe nicht, um zu arbeiten, sondern ich arbeite, um zu leben." Dieser häufig zitierte Satz spiegelt den veränderten Wert der Arbeit in den vergangenen 20 Jahren wider. Die **veränderte Einstellung zur Arbeit** erfolgte aber nicht zwingend bei allen Generationen gleichzeitig. Vielmehr sind die Bedürfnisse und Erwartungen an das (Arbeits-)Leben in den einzelnen Generationen unterschiedlich ausgeprägt – mit Konsequenzen für die Arbeitswelt (Tavolato 2011, S. 25 f.). Unternehmen müssen sich demnach nicht nur auf eine Überalterung der Belegschaft einstellen, sie müssen sich auch mit dem Wertewandel befassen. Die zusammenarbeitenden Generationen unterscheiden sich nicht unerheblich.

Aktuell sind in der Arbeitswelt **drei Generationen** präsent – wobei die Generation Z (u. a. bei den Auszubildenden) bereits in den Startlöchern steht (Schmidt et al. 2011, S. 518): Die Babyboomer, die Generation X und die Generation Y. Als Generation Babyboomer werden die geburtenstarken Jahrgänge zwischen den Jahren 1943 und 1960 bezeichnet. Die Generation X ist zwischen Ende der 1960er und Ende der 1970er Jahren und die Generation Y zwischen den Jahren 1981 und 2000 geboren. Die Abgrenzung der Kohortenzugehörigkeit ist in der Literatur unterschiedlich. Einige Autoren setzen den Beginn um ein paar Jahre früher oder auch später an. Nachfolgend wird die Abgrenzungsmethodik der Deutschen Gesellschaft für Personalführung (DGFP e. V. 2011b, S. 8 f.) sowie nach Klaffke und Parment (2011, S. 5) herangezogen, da diese Abgrenzungen häufig in der Literatur zu finden sind (Abb. 1.5).

Als Generation bzw. Kohorte wird eine Gruppe von Menschen bezeichnet, die im selben Jahr oder in aufeinanderfolgenden Jahren geboren wurden (May 2010, S. 20). Diese Gruppe hat Ereignisse und bestimmte Entwicklungen gemeinsam erlebt, die ihre Werte, Bedürfnisse und das Verhalten am Arbeitsplatz prägen (Tavolato 2011, S. 25 f.). Die Kategorisierung von Menschen nach Generationszugehörigkeit bietet eine Orientierungshilfe, was eine Generation als wünschenswert und wichtig ansieht. Eine pauschale Kennzeichnung von Generationen birgt aber die Gefahr einer **„Schubladisierung"**. Deshalb kann die Zuschreibung gemeinsamer Eigenschaften nur als Verallgemeinerung der jeweiligen Generation dienen. Diese Kategorisierung darf jedoch nicht als eine präzise Planungsgrundlage missverstanden werden. Sie dient auch nicht dazu, individuelles Verhalten zu verstehen (Klaffke und Parment 2011, S. 5).

Die **Babyboomer** zeichnen sich durch eine hohe Arbeits- und Leistungsorientierung aus. Das Privatleben wird zugunsten des Jobs zurückgestellt. Sie sind diszipliniert, teamorientiert, legen Wert auf Beständigkeit, haben ein ausgeprägtes Sicherheitsdenken und weisen eine hohe Loyalität zum Unternehmen auf (Tavolato 2011, S. 26; Schmidt et al. 2011, S. 518; Rühl und Hoffmann 2008, S. 148; Rothlauf 2010, S. 4; Klaffke 2009, S. 15).

Die **Generation X** ist unabhängig, skeptisch und individualistisch. Wichtig ist dieser Generation das Privat- bzw. Familienleben – Kindererziehung ist keine reine Frauensache mehr. Diese Altersgruppe ist ebenfalls loyal zum Unternehmen und sucht nach einer Work-Life-Balance, während die Generation Y die Arbeit als Teil des Lebens sieht (Tavolato 2011, S. 26; Schmidt et al. 2011, S. 518; Rühl und Hoffmann 2008, S. 148; Meister und Willyerd 2010, S. 57).

Die **Generation Y** – auch als Millennials bezeichnet – tritt selbstbewusst auf, strebt nach Leistung, Sinn sowie Spaß im Leben und hat ein ausgeprägtes Bedürfnis nach Selbstverwirklichung (Klaffke und Parment 2011, S. 15). Bedingt durch das Internet und ihre Affinität im Umgang mit neuen Medien, suchen sie die direkte Kommunikation (Trost 2012, S. 12 f.). Schwierigkeiten haben sie mit der Akzeptanz von Hierarchien. Gegenüber den Arbeitgebern haben sie, anders als die Babyboomer und Generation X, nicht die gleiche Loyalität, denn in Umfragen geben sie an, dass sie während ihres Lebens für mehrere Arbeitgeber arbeiten wollen (Müller 2012, S. 1). Die Babyboomer halten sie für Workaholics und die Generation X für „Jammerer" (Schmidt et al. 2011, S. 518).

Die **veränderte Einstellung zur Arbeit** ist keine Entwicklung, die nur bei der Generation Y feststellbar ist. Das Bedürfnis nach Selbstverwirklichung – auch im Arbeitsbereich – rückte bereits Ende der 1950er, Anfang der 1960er Jahre – die Zeit der Babyboomer – in den Vordergrund (Niermeyer 2008, S. 58). Nach Oppolzer wollen sich offenbar „immer weniger Menschen damit begnügen, dass Arbeit als bloßes Mittel zum Zweck und als notwendiges Übel ertragen werden muss, damit die erforderlichen Mittel zum Lebensunterhalt beschafft werden können. Immer mehr Personen erwarten, daß [sic!] ihnen die Arbeit Gelegenheit zur Selbstverwirklichung und zur Anwendung ihrer Qualifikationen, zur Anerkennung als Person und als soziales Wesen bietet, dass sie ihnen Handlungs- und Entscheidungsspielräume erlaubt und dass sie in ihrer Tätigkeit einen Sinn erkennen können" (Oppolzer 1994, S. 351 f.).

Die **unterschiedlichen Bedürfnisse der zusammenarbeitenden Generationen** fordern Sie als Unternehmen zum Umdenken auf. Die Zusammenarbeit könnte zu Komplikationen führen, wenn langjährige, Ihrem Unternehmen loyale Mitarbeiter mit Nachwuchskräften zu kooperieren haben. Die Gründe liegen beispielsweise darin, dass die Generation Y Hierarchien nicht akzeptiert und aufgrund der Wahlmöglichkeiten schneller bereit ist, den Arbeitgeber zu wechseln (Müller 2012, S. 3). Wenn Sie sich im zunehmenden Wettbe-

**Tab. 1.1** Charakteristika und Einstellungen der Generationen im Vergleich. (Rühl und Hoffmann 2008, S. 148; Rothlauf 2010, S. 44; DGFP 2011b, S. 8 f.; Half 2011, S. 7; Schmidt et al. 2011, S. 518; Tavaloto 2011, S. 26)

|  | Babyboomer | Generation X | Generation Y |
|---|---|---|---|
| Typ | Konkurrenzverhalten, aus der Masse abheben | flexibel, unabhängig, pragmatisch | sehr hohes Selbstbewusstsein, sind nicht kritikfähig |
| Denkweise | idealistisch, kollektiv | individualistisch, pessimistisch | pragmatisch, kollektiv, Netzwerke |
| Verhalten | diszipliniert, teamorientiert, legen Wert auf Beständigkeit, Sicherheitsdenken | global denkend, zynisch, ungeduldig | orientierungslos, sprunghaft, strebt nach Leistung und Sinn, Spaß im (Arbeits-)Leben |
| Arbeitseinstellung | lebt, um zu arbeiten | arbeitet, um zu leben | Leben beim Arbeiten |
| Arbeitseinteilung | macht, was gesagt wird | weiß, was zu tun ist | ohne Mitsprache kein Engagement |
| Loyalität | loyal zum Unternehmen | loyal zu den Kollegen und zum Chef | loyal zu sich selbst |

werb um Fachkräfte behaupten wollen, ist es notwendig, dass Sie auf die unterschiedlichen Bedürfnisse der Arbeitnehmer eingehen, wie sie nachfolgend dargestellt werden.

Tabelle 1.1 zeigt einen Auszug der **Charakteristika und Einstellungen der zusammenarbeitenden Generationen**. Auch hier gilt, dass die Werteinstellungen nicht als „Maß aller Dinge" anzusehen sind.

## 1.3   Einflussfaktoren auf die Arbeitgeberattraktivität

Der mit der demografischen Entwicklung einhergehende Mangel an Fachkräften und der „war of talents" sind aber nicht die primären Ursachen von Stellenbesetzungsproblemen und fehlenden Kompetenzen in Unternehmen. Im Lichte der eben erörterten Entwicklungen ist vor allem entscheidend, wie attraktiv Ihr Unternehmen aus Sicht der Arbeitnehmer ist. Die **Arbeitgeberattraktivität** hängt dabei insbesondere davon ab, wie hoch die Übereinstimmung zwischen dem **Arbeitgeberimage** und der faktischen **Arbeitgeberqualität** (gelebte Realität) ist (Graf und Pett 2009, S. 33).

Ziel dieses Kapitels ist daher eine Darstellung der Faktoren, die die Arbeitgeberattraktivität beeinflussen und dessen, was letztendlich einen attraktiven Arbeitgeber ausmacht. Im ersten Abschnitt dieses Kap. (1.3.1) wird der Begriff des Arbeitgeberimages definiert und es wird darauf eingegangen, welche Faktoren auf das Image eines Arbeitgebers Einfluss nehmen. Der zweite Abschnitt (1.3.2) widmet sich schließlich der Arbeitgeberqualität bzw. den Einflüssen, von denen diese abhängt.

### 1.3.1    Arbeitgeberimage und Reputation

Da aus Bewerbersicht eine detaillierte Auseinandersetzung mit einer Vielzahl potenzieller Arbeitgeber nicht möglich ist, übernimmt das Arbeitgeberimage eine wichtige Funktion bei der Vorauswahl von potenziellen Unternehmen (Sponheuer 2010, S. 102 f.). Das **Arbeitgeberimage** beschreibt dabei das „[…] in den Köpfen potenzieller Mitarbeiter gespeicherte Wissen über das Unternehmen in seiner Funktion als Arbeitgeber […]" (Sponheuer 2010, S. 103) bzw. die „[…] einheitliche Wahrnehmung eines Unternehmens in der Gesellschaft" (Trost 2009, S. 16). Nach Teufer wird das Arbeitgeberimage definiert als „[…] die Wahrnehmung eines Unternehmens bezogen auf die Ausprägungen derjenigen Merkmale, in denen sich seine Attraktivität als potentieller Arbeitgeber widerspiegelt" (Teufer 1999, S. 133).

Das Image als Arbeitgeber entsteht unter anderem durch positive wie auch negative Medienberichte, große Erfolge, Unternehmensskandale, prestigeträchtige Produkte und durch eigene Erfahrungen mit dem Unternehmen (Trost 2009, S. 16). Relevante **Einflussfaktoren auf das Arbeitgeberimage** sind das Unternehmen selbst, das Produkt- sowie das Branchen- und Standortimage (Kirschten 2010, S. 119). Bei der Auseinandersetzung mit Ihrem Image als Arbeitgeber ist noch zu berücksichtigen, dass all diese Faktoren nicht direkt bzw. nur mittelbar durch Ihr Unternehmen selbst zu beeinflussen bzw. zu steuern sind. Kaum bis bestenfalls mittelbar vom Unternehmen beeinflussbar sind das Branchen- und Standortimage (Nagel 2011, S. 37). Das **Unternehmensimage** wird beispielsweise geprägt durch die Wirtschafts- und Innovationskraft, die Solidität, die Unternehmenskommunikation, die Unternehmenskultur, den Bekanntheitsgrad und das Auftreten in der Gesellschaft, durch die Umweltorientierung sowie die ethisch-moralische Grundhaltung (Petkovic 2008, S. 77).

Auch das **Produktimage** kann Ihr Image als Arbeitgeber beeinflussen. Vor allem Produkte, die über eine hohe Bekanntheit und starke mediale Präsenz verfügen, wirken sich positiv auf die Wahrnehmung des Unternehmens als Arbeitgeber aus (Petkovic 2008, S. 82). So werden von den potenziellen Bewerbern automatisch Rückschlüsse aus den Produkteigenschaften auf die Eigenschaften als Arbeitgeber gezogen. Dies ist jedoch nicht immer von Vorteil. So kann es Ihrem Image schaden, wenn Ihr Unternehmen die durch seine Produkte und Leistungen suggerierten Eigenschaften als Arbeitgeber nicht einlösen kann.

Ähnlich ist es mit dem **Branchenimage**. Von der Attraktivität einer Branche wird häufig auf die Arbeitgeberattraktivität geschlossen. Ein positives oder negatives Branchenimage hat demnach signifikante Auswirkungen auf das Unternehmens- bzw. Arbeitgeberimage (Petkovic 2008, S. 79 f.). Branchen mit einem allgemein negativen Image sind beispielsweise die Rüstungs- und Atomindustrie, der Maschinen- und Anlagenbau (Kirschten 2010, S. 120) und das Baugewerbe (Erz et al. 2008, S. 22). Zu den attraktiven bzw. von Bewerbern bevorzugten Branchen zählen beispielsweise die Automobilbranche und der Consultingbereich (Randstad 2011). Während Unternehmen aus vermeintlich attraktiven Branchen auf einen „**Vertrauensvorschuss**" am Arbeitsmarkt bauen können, haben es dagegen Unternehmen aus eher unattraktiven Branchen schwerer, sich als attraktiver Arbeitgeber zu positionieren. Die Stärke des Branchenimages sollten Sie nicht unterschätzen, insbesondere wenn Ihr Unternehmen über einen geringen Bekanntheitsgrad verfügt, da solche Unternehmen von potenziellen Bewerbern zuerst nach dem Branchenimage bewertet werden.

Die Wahl des Arbeitgebers wird auch vom **Standort** und dessen Image beeinflusst. Jobinteressenten bevorzugen, je nach Lebenssituation und individuellen Bedürfnissen, unterschiedliche Standorte. Während Singles und kinderlose Paare eher attraktive Städte mit einem breiten Freizeit- und Kulturangebot als Standort vorziehen, bevorzugen Familien Orte mit einer hohen Wohn- und Lebensqualität sowie einer guten Infrastruktur. Abhängig von den eigenen Präferenzen wird ein Standort attraktiver als andere bewertet, was sich auch bei der Bewertung eines Arbeitgebers niederschlägt (Kirschten 2010, S. 120).

## 1.3.2   Arbeitgeberqualität

In der Literatur beschäftigen sich zahlreiche Autoren mit der Frage, was einen guten bzw. attraktiven Arbeitgeber ausmacht. Etliche Studien, wie beispielsweise die Global Workforce Study von Towers Watson sowie die Most-Wanted-Arbeitgeberstudie von e-fellows. net und McKinsey, versuchen sich genau diesem Thema zu nähern, indem sie empirisch erheben, welche Faktoren bei der Wahl des Arbeitgebers entscheidend sind bzw. welche Eigenschaften einen Arbeitgeber aus Arbeitnehmersicht attraktiv machen.

Ein Vergleich der Ergebnisse der beiden genannten Studien zeigt ein uneinheitliches und stets wechselndes Bild von Bewerberpräferenzen: Nach der Studie von Towers Watson zählen zu den fünf **Top-Treibern der Mitarbeitergewinnung** die Arbeitsplatzsicherheit, das Grundgehalt, eigenständiges Arbeiten, eine herausfordernde Arbeit und ein bequem zu erreichender Arbeitsort (Towers Watson 2012). Den Studienergebnissen von e-fellows und McKinsey zufolge sind der Spaß an der Arbeit, die Begeisterung für die Produkte bzw. Dienstleistungen des Unternehmens und herausfordernde Aufgaben die wichtigsten Kriterien bei der Arbeitgeberwahl (e-fellows 2011).

Über diese so genannten **Bewerberpräferenzstudien** gibt es im Hinblick auf ihre Anwendbarkeit bzw. Zweckmäßigkeit kontroverse Ansichten. Nach Kriegler sind diese Studien zwar „verführerisch" (Kriegler 2012, S. 97 f.), sie sollten aber differenziert betrachtet werden. Er sieht den Grund darin, dass sich die Vorlieben bei der Arbeitgeberwahl im Laufe der Zeit durch den Werte- und Mentalitätswandel sowie durch aktuelle Entwicklungen verändern. So war beispielsweise während der Wirtschaftskrise in den Jahren 2008/2009 die Arbeitsplatzsicherheit bei allen Zielgruppen ein hohes Bedürfnis – was vor der Krise nicht der Fall war. Ein weiterer Grund ist, dass größtenteils nur Young Professionals und Hochschulabsolventen über ihre Präferenzen in den Studien befragt wurden. Nur wenige Studien beschäftigen sich mit den berufserfahrenen Fach- und Führungskräften (Kriegler 2012, S. 13). Auch Trost weist darauf hin, dass die Arbeitnehmer- und Bewerberpräferenzen heterogen sind (Trost 2009, S. 49 f.). Das heißt, dass beispielsweise ein Softwareentwickler andere Bedürfnisse bzw. Erwartungen an den Arbeitgeber stellt als ein Personalreferent.

Ein von der DEBA durchgeführter Vergleich der Präferenzstudien zeigt, dass die Arbeitsplatzsicherheit, das Gehalt, die Weiterbildungs- und Aufstiegsmöglichkeiten sowie die Kollegialität bei der Wahl des Arbeitgebers häufig als ausschlaggebende Kriterien genannt werden. Ein Unternehmen kann sich aber nicht allein durch die Erfüllung dieser „harten Faktoren" von der Konkurrenz abgrenzen (Kriegler 2012, S. 13).

Wie attraktiv Ihr Unternehmen wahrgenommen wird, hängt nach Kay, Suprinoviĉ und Werner u. a. vom betrieblichen **Anreizsystem** ab (Kay et al. 2010, S. 8). Wenn es den Bedürfnissen des Individuums entspricht, können Anreize das Verhalten beeinflussen. „Ein Anreizsystem umfasst alle Anreize, die ein Unternehmen seinen Mitarbeitern bietet, um deren Verhalten zu beeinflussen" (Hungenberg und Wulf 2011, S. 425). Ziel ist, dass die Mitarbeiter durch Anreize aktiviert, geführt und motiviert werden sowie dadurch einen Beitrag zum Unternehmenserfolg leisten (Berthel und Becker 2010, S. 537).

Bei den Arten von Anreizen wird häufig zwischen materiellen und nicht materiellen Anreizen unterschieden (Wickel-Kirsch et al. 2008, S. 177). Zu den **materiellen Anreizen** zählen beispielsweise Löhne/Gehälter (Fixgehälter sowie variable Bestandteile), freiwillige Sozialleistungen und Gewinn-/Ertragsbeteiligungen sowie Zusatzleistungen (Dienstwagen, Dienstwohnung, betriebliche Altersvorsorge, usw.) (Kay et al. 2010, S. 81). Zu den **immateriellen Anreizen** zählen das Betriebsklima, Entfaltungsmöglichkeiten (Arbeitsbedingungen, abwechslungsreiche Tätigkeit, selbstständige Gestaltung des Arbeitsablaufes und Einbindung in wichtige Unternehmensentscheidungen) und eine hohe Arbeitsplatzsicherheit (Gude et al. 2010, S. 128).

Wie sich Ihr Unternehmen identitätsbasiert auf dem internen und externen Arbeitsmarkt positionieren und ein positives Arbeitgeberimage aufbauen kann, wird in den nachfolgenden Kapiteln behandelt.

## Literatur

Berthel, J., und F. Becker. 2010. *Personal-Management.* 9. Aufl. Stuttgart: Schäffer-Poeschel.

Boston Consulting Group, und World Federation of Personal Management Associations (BCG/WF-PMA). 2008. Creating People Advantage. Bewältigung von HR-Herausforderungen weltweit bis 2015. http://www.oswald-hr.ch/downloads/news/bcg_zf_deutsch.pdf. Zugegriffen: 14. Apr. 2013.

Demary, M., und V. Erdmann. 2012. Fachkräfteengpässe und Arbeitslosigkeit in Europa – Wanderung als kurzfristiger Ausgleichmechanismus. Köln: Institut der deutschen Wirtschaft. http://www.etracker.de/lnkcnt.php?et=lKbSM9&url=http%3A%2F%2Fwww.iwkoeln.de%2F_storage%2Fasset%2F89547%2Fstorage%2Fmaster%2Ffile%2F2006131%2Fdownload%2FTR-3-2012-demary-erdmann.pdf&lnkname=TR-3-2012-demary-erdmann.pdf. Zugegriffen: 10. Apr. 2013.

Deutsche Gesellschaft für Personalführung e. V. (DGFP). 2011a. DGFP Studie: Megatrends und HR Trends. http://static.dgfp.de/assets/empirischestudien/2011/DGFP-Studie-Megatrends.pdf. Zugegriffen: 3. Apr. 2013.

Deutsche Gesellschaft für Personalführung e. V (DGFP). 2011b. Zwischen Anspruch und Wirklichkeit: Generation Y finden, fördern und binden. http://www.stud.fernuni-hagen.de/q4520874/-materialien/20111101_geny.pdf. Zugegriffen: 6. Mai 2013.

e-fellows. 2011. Most Wanted – Die Arbeitgeberstudie. Spaß ist wichtiger als Geld. http://www.e-fellows.net/KARRIEREWISSEN/Aktuell/Most-Wanted-die-Arbeitgeberstudie. Zugegriffen: 10. Juni 2013.

Ernst & Young. 2012. Mittelstandsbarometer 2012. http://www.ey.com/Publication/vwLUAssets/-Mittelstandsbarometer_August_2012_-_Zusammenfassung/$FILE/MiBa%20-Austria%20August%202012_Praesentation_FINALVERSION.pdf. Zugegriffen: 22. März 2013.

Erz, A., S. Henkel, und T. Tomczak. 2008. Weg vom negativen Branchenimage – mit Subtyping zur Arbeitgebermarke. *Marketing Review St. Gallen* 25 (5): 22–25.

EurActiv. 2013. MINT – Schicksalsfrage für Europa. http://www.euractiv.de/forschung-und-innovation/linkdossier/mint-schicksalsfrage-fuer-europa-000147. Zugegriffen: 1. Mai 2013.

Europäische Union. 2011. The 2012 Ageing Report: Underlying Assumptions and Projection Methodologies. http://ec.europa.eu/economy_finance/publications/european_economy/2011/pdf/ee-2011-4_en.pdf. Zugegriffen: 6. Mai 2013.

Eurostat. 2013. Bevölkerungsstruktur und Bevölkerungsalterung. http://epp.eurostat.ec.europa.eu/statistics_explained/index.php/Population_structure_and_ageing/de. Zugegriffen: 21. Apr. 2013.

Flato, E., und S. Reinbold-Scheible. 2008. *Zukunftsweisendes Personalmanagement. Herausforderung demografischer Wandel. Fachkräfte gewinnen, Talente halten, Erfahrung nutzen.* München: mi-Fachverlag.

Gallup. 2011a. Engagement Index 2010 im internationalen Vergleich. http://www.gallup.com/file/strategicconsulting/158201/Engagement_Index_2010_im_internationen_Vergleich_final.pdf. Zugegriffen: 6. Sept. 2013.

Gallup. 2011b. Jeder fünfte Arbeitnehmer hat innerlich gekündigt. Pressemitteilung. Consulting. http://www.gallup.com/file/strategicconsulting-/158189/Pressemitteilung_zum_-Gallup_EEI_2010.pdf. Zugegriffen: 20. Mai 2013.

Gallup. 2013. Engagement Index in Deutschland. http://www.gallup.com/strategicconsulting/160907/zeitverlauf-gallupengagement-index.aspx. Zugegriffen: 6. Sept. 2013.

Graf, D., und J. Pett. 2009. *Employer Branding – der Weg zur Arbeitgebermarke. Als IT-Arbeitgeber attraktiver und wettbewerbsfähiger werden – Ein Leitfaden für die betriebliche Praxis.* Berlin: BIT-KOM Bundesverband Informationswirtschaft Telekommunikation und neue Medien e. V./Deutsche Employer Branding Akademie.

Gude, H., R. Kay, O. Suprinovič, und A. Werner. 2010. Deckung des Fach- und Führungskräftebedarfs in kleinen und mittleren Unternehmen. In *Konjunkturelle Stabilisierung im Mittelstand – aber viele Belastungsfaktoren bleiben. MittelstandsMonitor 2010 – Jährlicher Bericht zu Konjunktur- und Strukturfragen kleiner und mittlerer Unternehmen,* Hrsg. KfW, Creditreform, IfM, RWI, und ZEW. Frankfurt a. M.: KfW Bankengruppe.

Günther, T. 2010. Die demografische Entwicklung und ihre Konsequenzen für das Personalmanagement. In *Erfolgreiches Personalmanagement im demografischen Wandel,* Hrsg. D. Preißnig. München: Oldenbourg Wissenschaftsverlag.

Heidemann, W. 2012. Zukünftiger Qualifikations- und Fachkräftebedarf. Handlungsfelder und Handlungsmöglichkeiten. Düsseldorf: Hans-Böckler-Stiftung. http://www.boeckler.de/pdf/mbf_pb_fachkraeftemangel_heidemann.pdf. Zugegriffen: 13. Apr. 2013.

Holz, M., und P. Da-Cruz. 2007. Neue Herausforderungen im Zusammenhang mit alternden Belegschaften. In *Demografischer Wandel in Unternehmen. Herausforderung für die strategische Personalplanung,* Hrsg. M. Holz und P. Da-Cruz. Wiesbaden: Gabler.

Hungenberg, H., und T. Wulf. 2011. *Grundlagen der Unternehmensführung: Einführung für Bachelorstudierende.* 4. Aufl. Berlin: Springer.

Jonas, R. 2009. *Erfolg durch praxisnahe Personalarbeit. Grundlagen und Anwendungen für Mitarbeiter im Personalwesen.* 2. Aufl. Renningen: Expert.

Kay, R., und M. Richter. 2010. Fachkräftemangel im Mittelstand: Was getan werden muss. Bonn: Arbeitskreis Mittelstand der Friedrich-Ebert-Stiftung. http://library.fes.de/pdf-files/wiso/07079. pdf. Zugegriffen: 8. März 2013.

Kay, R., O. Suprinovic, und A. Werner. 2010. Deckung des Fachkräftebedarfs in kleinen und mittleren Unternehmen. Situationsanalyse und Handlungsempfehlungen. IfM-Materialien Nr. 200. http://www.wlh.eu/fileadmin/wlh_upload/news/-News_2011/Fachkraefte_IfM-Materialien-200.pdf. Zugegriffen: 4. Mai 2013.

Kirschten, U. 2010. Employer Branding im demografischen Wandel. In *Erfolgreiches Personalmanagement im demografischen Wandel,* Hrsg. D. Preißnig. München: Oldenbourg Wissenschaftsverlag.

Klaffke, M. 2009. Personal-Risiken und -Handlungsfelder in turbulenten Zeiten. In *Strategisches Management von Personalrisiken. Konzepte, Instrumente, Best Practices,* Hrsg. M. Klaffke. Wiesbaden: Gabler.

Klaffke, M., und A. Parment. 2011. Herausforderungen und Handlungsansätze für das Personalmanagement von Millennials. In *Personalmanagement von Millennials. Konzepte, Instrumente und Best-Practice-Konzepte,* Hrsg. M. Klaffke. Wiesbaden: Springer Gabler.

Knecht, M. 2011. *Kommunikation und Führung für HR-Fachleute. Eine praxisorientierte Darstellung mit Repetitionsfragen und Antworten sowie Minicases.* Zürich: Compendio Bildungsmedien.

Kriegler, W. 2012. *Praxishandbuch Employer Branding. Mit starker Marke zum attraktiven Arbeitgeber werden.* Freiburg: Haufe-Lexware.

May, C. 2010. *Generation als Argument.* Frankfurt a. M.: Campus.

Meister, J., und K. Willyerd. 2010. *The 2020 workplace: How innovative companies attract, develop and keep tomorrow's employees today.* New York: Harper-Collins.

Müller, M. 2012. Loyalität in der Arbeitswelt gehört der Vergangenheit an. Die Generation Y stellt die traditionellen Beziehungen infrage – die Firmen sollten ihre Personalpolitik überdenken. Neue Züricher Zeitung, 11. April 2012. http://www.pwc.ch/user_content/editor/files/-interviews12/pwc_20120411_nzz_donkor.pdf. Zugegriffen: 18. Apr. 2013.

Nagel, K. 2011. *Employer Branding. Starke Arbeitgebermarken jenseits von Marketingphrasen und Werbetechniken.* Wien: Linde.

Niermeyer, R. 2008. *Führen. Die erfolgreichsten Instrumente und Techniken.* 2. Aufl. München: Rudolf Haufe.

Oppolzer, A. 1994. Wertewandel und Arbeitswelt. *Gewerkschaftliche Monatshefte* 6:349–357.

Petkovic, M. 2008. *Employer Branding. Ein markenpolitischer Ansatz zur Schaffung von Präferenzen bei der Arbeitgeberwahl.* 2. Aufl. München: Rainer Hampp.

Prezewowsky, M. 2007. *Demografischer Wandel und Personalmanagement. Herausforderungen und Handlungsalternativen vor dem Hintergrund der Bevölkerungsentwicklung.* Wiesbaden: Deutscher Universitäts-Verlag/GWV Fachverlage.

Randstad. 2011. Die beliebtesten Branchen bei Arbeitnehmern in Deutschland. http://de.statista.com/statistik/daten/studie/183013/umfrage/beliebtestebranchen-bei-arbeitnehmern/. Zugegriffen: 21. Juni 2013.

Rothlauf, J. 2010. *Total Quality Management in Theorie und Praxis. Zum ganzheitlichen Unternehmensverständnis.* 3. Aufl. München: Oldenbourg Wissenschaftsverlag.

Rühl, M., und J. Hoffmann. 2008. *Das AGG in der Unternehmenspraxis: Wie Unternehmen und Personalführung Gesetz und Verordnungen rechtssicher und diskriminierungsfrei umsetzen.* Wiesbaden: Gabler.

Schmidt, C., J. Möller, M. Schmidt, F. Gerbershagen, F. Wappler, V. Limmroth, S. Padosch, und M. Bauer. 2011. Generation Y. Rekrutierung, Entwicklung und Bindung. *Der Anästhesist* 60 (6): 517–524.

Sponheuer, B. 2010. *Employer Branding als Bestandteil einer ganzheitlichen Markenführung.* Wiesbaden: Gabler.

Tavolato, P. 2011. Voraussetzung Flexibilität: Erfolgreiche Zusammenarbeit unterschiedlicher Alters-
  gruppen. *Personalmanager* (6)
Teufer, S. 1999. *Die Bedeutung des Arbeitgeberimage bei der Arbeitgeberwahl.* Wiesbaden: Gabler.
Towers Watson. 2012. Global Workforce Study. Geld, Karriere, Sicherheit? Was Mitarbeiter moti-
  viert und in ihrem Unternehmen hält. http://www.towerswatson.com/de-AT/Insights/IC-Types/
  Survey-Research-Results/2012/07/Towers-Watson-Global-Workforce-Study-2012-Deutschland-
  ergebnisse. Zugegriffen: 27. Okt. 2013.
Trost, A. 2009. *Employer Branding. Arbeitgeber positionieren und präsentieren.* Köln: Wolters Kluwer.
Trost, A. 2012. *Talent Relationship Management. Personalgewinnung in Zeiten des Fachkräftemangels.*
  Berlin: Springer-Verlag.
Wickel-Kirsch, S., M. Janusch, und E. Knorr. 2008. *Personalwirtschaft. Grundlagen der Personalarbeit
  in Unternehmen.* Wiesbaden: Gabler.
WKO. 2012. Gegen Fachkräftemangel mit Reformen bei Bildung und Pensionen sowie qualifizier-
  ter Zuwanderung. http://portal.wko.at/wk/format_detail.wk?angid=1&stid=694876&dstid=0.
  Zugegriffen: 2. Mai 2013.

# Merkmale von Klein- und Mittelunternehmen

„A Small Business Is Not a Little Big Business" (Welsh und White 1981, S. 1). Klein- und Mittelunternehmen (KMU) sind anders als Großunternehmen: Sie weisen ein enges Dienstleistungs- oder Produktspektrum auf, beschäftigen bis zu 249 Mitarbeiter (EU- und Österreich-Definition, in Deutschland bis zu 500 Mitarbeiter), sie verfügen im Vergleich zu Großunternehmen über einen bedeutend geringeren Markteinfluss und sind außerhalb ihres Standortes und Kundenkreises oftmals kaum bekannt (Hamel 2006, S. 234 f.). Dennoch werden KMU als **Rückgrat der Wirtschaft** bezeichnet: Rund 99 % aller Unternehmen in der Europäischen Union (EU) zählen zu den KMU, wobei sie zwei von drei Arbeitsplätzen in der Privatwirtschaft schaffen (Europäische Kommission 2013).

Wie andere Volkswirtschaften auch, sind Deutschland und Österreich von Klein- und Mittelunternehmen geprägt. Im Jahr 2010 zählten rund 99,7 % aller österreichischen Unternehmen zu den KMU. Diese Unternehmen erwirtschafteten 63 % aller Umsätze und rund 58 % der Bruttowertschöpfung. Neben den wirtschaftlichen Funktionen erfüllen KMU vor allem wichtige **beschäftigungs- und bildungspolitische Funktionen**: Im Jahr 2010 beschäftigten sie mehr als zwei Drittel der unselbständig Erwerbstätigen in Österreich (Bundesministerium für Wirtschaft, Familie und Jugend 2012, S. 3). Ähnlich sind die Zahlen in Deutschland: Im Jahr 2010 zählten rund 99,3 % aller deutschen Unternehmen zu den Klein- und Mittelunternehmen (Statistisches Bundesamt 2013).

Da sie als potenzieller Arbeitgeber deutlich weniger intensiv wahrgenommen werden, haben KMU gegenüber Großunternehmen und international tätigen Konzernen jedoch einen Nachteil als Arbeitgeber (Zielonka 2009, S. 52). Im Vergleich zu Großunternehmen, die bedingt durch ein höheres Marketing- und Kommunikationsbudget sowie eine starke Unternehmensmarke im ständigen Blick der Öffentlichkeit und der Medien stehen, sind viele KMU in der Öffentlichkeit weniger bekannt und dadurch als potenzieller Arbeitgeber für qualifizierte Fachkräfte weniger präsent (Mesaros et al. 2009, S. 31). Aus diesem Grund denken potenzielle Bewerber bei der Arbeitgeberwahl zunächst an ihnen **bekannte und medienpräsente Unternehmen** (Hamel 2006, S. 245).

W. Immerschitt, M. Stumpf, *Employer Branding für KMU,*
DOI 10.1007/978-3-658-01204-5_2, © Springer Fachmedien Wiesbaden 2014

Der geringe Bekanntheitsgrad von KMU steht aber nicht im direkten Zusammenhang mit dem Unternehmenserfolg. Auch erfolgreiche KMU – sogenannte **Hidden Champions** (Simon 2007, S. 29) – verfügen über einen geringen Bekanntheitsgrad in der Öffentlichkeit (Bergmann und Crespo 2009a, S. 11).

KMU sind am Arbeitsmarkt aber nicht chancenlos: Sie verfügen zwar nicht über die gleichen Ressourcen wie Großunternehmen (Kapital, Personal, Zeit) und können auch nicht mit finanziell aufwendigen Werbekampagnen die Aufmerksamkeit auf sich ziehen. Sie besitzen aber besondere Merkmale, die Großunternehmen ihren Arbeitnehmern nicht immer bieten können (Müller et al. 2011, S. 1). Diesen Merkmalen widmet sich dieses Kapitel. Beginnend mit der Definition von KMU (Abschnitt 2.1) werden anschließend anhand von sogenannten Merkmalskatalogen die **führungs-, organisations- und personalspezifischen Charakteristika** von kleinen und mittleren Unternehmen beschrieben (Abschnitt 2.2). Der darauf folgende Abschnitt 2.3 widmet sich dem Personalmanagement. Den Abschluss dieses Kapitels (Abschnitt 2.4) bildet eine Zusammenfassung der wichtigsten Erkenntnisse in Form einer Stärken-Schwächen-Analyse von KMU als Arbeitgeber.

## 2.1  Begriffsdefinition KMU

Für KMU – häufig ist auch die Rede vom Mittelstand, Small Businesses oder Small and Mediumsized Enterprises (SME) – existiert keine allgemein gültige Definition (Bussiek 1996, S. 16). International existieren unterschiedliche Definitionen bzw. Abgrenzungen von KMU. In ihrem Kern beruhen sie auf den gleichen Kriterien. Diese Kriterien können in zwei Gruppen – qualitative und quantitative Kriterien – eingeteilt werden (Dubs et al. 2004, S. 295). Die quantitativen Abgrenzungskriterien sind die Anzahl der Mitarbeiter, der Jahresumsatz und die Bilanzsumme (Rupp 2010, S. 7). Die qualitativen Kriterien beziehen sich auf ökonomische, gesellschaftliche und psychologische Faktoren, auf die im Abschnitt 2.2 näher eingegangen wird (Reinemann 2011, S. 2 ff.).

Die häufigsten Definitionen von KMU orientieren sich an **quantitativen Kriterien** (Schauf 2009, S. 4). Hinsichtlich der Größenmerkmale gibt es jedoch Unterschiede: In Österreich zählen Unternehmen mit weniger als 250 Mitarbeitern und einem Jahresumsatz von weniger als 50 Mio. EUR oder einer Bilanzsumme von weniger als 43 Mio. EUR zu der Gruppe der KMU (KMU Forschung Austria 2013). In Deutschland hingegen zählen Unternehmen mit weniger als 500 Mitarbeitern und einem Jahresumsatz von weniger als 50 Mio. EUR zu dieser Gruppe von Unternehmen (Schauf 2009, S. 4).

Eine Definition von KMU bzw. eine eindeutige Abgrenzung von Großunternehmen ist vor allem für die öffentlichen Verwaltungen (Bundesministerien, Landesregierungen) und die Europäische Kommission bei der **Vergabe von Fördermitteln** notwendig (Europäische Kommission 2006, S. 5). Zur Regulierung der Förderansprüche hat die Europäische Union mit Wirksamkeit ab 1.1.2005 folgende Obergrenzen von KMU festgelegt (Europäische Kommission 2006, S. 14):

**Tab. 2.1**  Klassifizierung von Klein- und Mittelunternehmen der EU

| Unternehmenskategorie | Mitarbeiter | Umsatz (EUR) | Oder (EUR) | Bilanzsumme |
|---|---|---|---|---|
| Mittleres Unternehmen | <250 | ≤50 Mio. | ≤ | 43 Mio. |
| Kleinunternehmen | <50 | ≤10 Mio. | ≤ | 10 Mio. |
| Kleinstunternehmen | <10 | ≤2 Mio. | ≤ | 2 Mio. |

Nach der **Definition der Europäischen Union** zählen Unternehmen mit weniger als 250 Mitarbeitern und einem Jahresumsatz von höchstens 50. Mio. EUR oder einer Jahresbilanzsumme von höchstens 43 Mio. EUR zu den KMU. Innerhalb dieser Kategorie werden kleine Unternehmen mit weniger als 50 Mitarbeitern und einem Jahresumsatz bzw. einer Jahresbilanzsumme von 10 Mio. EUR definiert. Zu den Kleinstunternehmen zählen Unternehmen mit weniger als zehn Mitarbeitern und einem Jahresumsatz bzw. einer Jahresbilanzsumme von höchstens 2 Mio. EUR. Ab 250 Mitarbeitern und einer Jahresbilanzsumme über 43 Mio. EUR oder eines Umsatzes von mehr als 50 Mio. EUR zählt ein Unternehmen zu den Großunternehmen. Um einen Missbrauch des KMU-Status vorzubeugen, hat die EU festgelegt, dass ein KMU neben den Schwellenwerten (siehe Tab. 2.1) auch das **Kriterium der Eigenständigkeit** erfüllen muss: Die möglichen Beziehungen (z. B. Beteiligungen) eines KMU zu anderen Unternehmen oder Investoren wurden dabei von der EU ebenfalls eindeutig festgelegt (Europäische Kommission 2006, S. 10).

Neben der Unternehmensgröße unterscheidet sich die Gruppe der KMU auch hinsichtlich der Branche, Produkte und Dienstleistungen, die sie auf unterschiedlichen Märkten anbieten (Rößl 2005, S. 1). In der Europäischen Union erfolgt die **Gliederung der Wirtschaftszweige** nach dem NACE-Code (NACE = Nomenclature générale des Activités économiques dans les Communautés Européennes) (Eurostat 2008, S. 13). Alle Unternehmen (inklusive der Landwirtschaft, der privaten und öffentlichen Haushalte) werden nach Wirtschaftsbereichen in 99 Hauptgruppen unterteilt (Mugler 2008, S. 28). Neben dem NACE-Code werden in Österreich die Unternehmen nach wie vor nach den Wirtschaftszweigen in gewerbliche, freiberufliche sowie land- und forstwirtschaftliche Betriebe untergliedert (Mugler 2008, S. 28). Als freiberufliche Betriebe zählen Ärzte, Apotheker, Architekten und Ingenieure, Wirtschaftstreuhänder, Notare, Rechtsanwälte, Patentanwälte, Tierärzte und Zahnärzte. Zu den gewerblichen Betrieben gehören das Gewerbe und Handwerk, die Industrie, der Handel, Banken und Versicherungen, Transport- und Verkehrsunternehmen, Betriebe der Tourismus- und Freizeitwirtschaft, Information und Consulting.

Aufgrund dieser **Heterogenität innerhalb der KMU** kann nicht von einem einheitlichen Bild ausgegangen werden (Hauser 2006, S. 17). Beispielsweise unterscheidet sich ein kleines Dienstleistungsunternehmen hinsichtlich der Führung, Organisation und Struktur doch erheblich von einem industriell ausgerichteten Zulieferer der Automobilbranche.

## 2.2 Charakteristika von KMU

Neben den quantitativen Abgrenzungskriterien und der Gliederung nach Wirtschaftszweigen weisen KMU spezifische **Organisations-, Führungs-** und **Ressourcencharakte-
ristika** auf. In der Literatur finden sich entsprechende **Merkmalskataloge**, die der Abgrenzung von KMU zu Großunternehmen dienen. Mit Hilfe von Merkmalskatalogen werden
häufig vorkommende gemeinsame Merkmale von KMU aufgezeigt (Mugler 2008, S. 25).
Hinsichtlich des Umfangs und der Länge unterscheiden sich diese Merkmalskataloge. Ein
idealtypischer Merkmalskatalog, der für alle KMU repräsentativ ist, existiert de facto nicht.
Da alle Kataloge nicht widerspruchsfrei zusammen zu führen sind, werden an dieser Stelle
die Merkmalskataloge nach Mugler und Pfohl herangezogen, da sie in der Literatur häufig
zur Beschreibung von KMU Anwendung finden. Nach Mugler gibt es folgende Merkmale
zur Abgrenzung von KMU (Mugler 2008, S. 25 ff.):

• Das Unternehmen wird durch die Persönlichkeit des Unternehmers geprägt, der Leiter
  und oft auch Eigentümer ist.
• Der Unternehmer verfügt über ein Netz von persönlichen Kontakten zu Kunden, Liefe-
  ranten und anderen für das Unternehmen wichtigen Bezugspersonen.
• Das Unternehmen erstellt Leistungen nach individuellen Wünschen der Kunden.
• Die Kontakte zwischen Unternehmensleitung und den Mitarbeitern sind eng und
  informell.
• Die Organisation ist gering formalisiert.
• Das Unternehmen kann rasch auf Umweltveränderungen reagieren.
• Das Unternehmen wird nicht von einem größeren Unternehmen, z. B. im Rahmen
  eines Konzerns, beherrscht.
• Das Unternehmen hat nur einen kleinen Marktanteil.

Nach Mugler ist es eher die Ausnahme, dass all diese Merkmale in einem KMU zutreffen
(Mugler 2008, S. 27). Auffallend ist bei diesem Katalog vor allem, dass sich viele Merkmale
auf die **Persönlichkeit des Unternehmers** beziehen. Welchen Einfluss diese Persönlich-
keitsmerkmale auf die Unternehmen haben, wird unten näher erörtert.

Den umfangreichsten Merkmalskatalog führt Pfohl an, der eine direkte Gegenüberstellung der **Unterschiede zwischen KMU und Großunternehmen**, gegliedert nach betrieblichen Funktionsbereichen, erarbeitet hat (Pfohl 2006, S. 18 ff.). Da es für dieses Buch
nicht zielführend ist, alle Funktionsbereiche aufzuzeigen, wird nachstehend insbesondere
auf die Funktionsbereiche Unternehmensführung, Organisation und Personal eingegangen, die jedoch ausreichend sind, um an späterer Stelle Besonderheiten beim Aufbau einer
Arbeitgebermarke für KMU ableiten zu können (Tab. 2.2).

Auch bei diesem Katalog gilt, dass nicht all diese Merkmale auf ein KMU zutreffen.
Auch der **Übergang von KMU zu Großunternehmen** kann fließend sein. In der Praxis
finden sich häufig Unternehmen mit mehr als 249 Mitarbeitern, die Merkmale von KMU
aufweisen. Dem stehen KMU gegenüber, die hinsichtlich ihrer Führung, Organisation und
Struktur eher den Großunternehmen zuzuordnen sind.

**Tab. 2.2** Merkmalskatalog nach Pfohl

| KMU | Großunternehmen |
|---|---|
| *Unternehmensführung* | |
| Eigentümer-Unternehmer | Manager |
| Mangelnde Unternehmensführungskenntnisse | Fundierte Unternehmensführungskenntnisse |
| Technisch orientierte Ausbildung | Gutes technisches Wissen in Fachabteilungen und Stäben verfügbar |
| Patriarchalische Führung | Führung durch Management-by-Prinzipien |
| Kaum Gruppenentscheidungen | Häufig Gruppenentscheidungen |
| Große Bedeutung von Improvisation/Intuition | Geringe Bedeutung von Improvisation/Intuition |
| Kaum Planung | Umfangreiche Planung |
| Durch Funktionshäufung überlastet | Hochgradige sachbezogene Arbeitsteilung |
| Direkte Teilnahme am Betriebsgeschehen | Ferne zum Betriebsgeschehen |
| Geringe Ausgleichsmöglichkeiten bei Fehlentscheidungen | Gute Ausgleichsmöglichkeit bei Fehlentscheidungen |
| *Organisation* | |
| Auf den Unternehmer ausgerichtetes Einliniensystem | Personenunabhängig an den sachlichen Gegebenheiten orientierte komplexe Organisationsstruktur |
| Funktionshäufung | Arbeitsteilung |
| Kaum Abteilungsbildung | Umfangreiche Abteilungsbildung |
| Kurze direkte Informationswege | Vorgeschriebene Informationswege |
| Starke persönliche Bindungen | Geringe persönliche Bindungen |
| Weisungen und Kontrolle im direkten personenbezogenen Kontakt | Formalisierte, unpersönliche Weisungs- und Kontrollbeziehungen |
| Kaum Koordinierungsprobleme | Große Koordinierungsprobleme |
| Geringer Formalisierungsgrad | Hoher Formalisierungsgrad |
| Hohe Flexibilität | Geringe Flexibilität |
| *Personal* | |
| Geringe Anzahl von Beschäftigten | Hohe Anzahl von Beschäftigten |
| Häufig unbedeutender Anteil von ungelernten angelernten Arbeitskräften | Häufig großer Anteil von ungelernten angelernten Arbeitskräften |
| Wenige Akademiker beschäftigt | Akademiker im größeren Umfang beschäftigt |
| Überwiegend breites Fachwissen vorhanden | Starke Tendenz zum ausgeprägten Spezialistentum |
| Vergleichsweise hohe Arbeitszufriedenheit | Geringe Arbeitszufriedenheit |

Die nachstehend beschriebenen Charakteristika von KMU sollen demnach nicht als allgemein gültige Kriterien missverstanden werden. Sie dienen vielmehr der Veranschaulichung, wie KMU aufgebaut und organisiert sind sowie geführt werden. Insbesondere wird auf Charakteristika von KMU eingegangen, die Einfluss auf den Aufbau einer Employer Brand haben.

## 2.2.1  Führungsspezifische Charakteristika

KMU werden meist vom **Unternehmenseigentümer** geführt (Pfohl 2006, S. 18). Die Personalunion von Eigentümer und Leiter bedeutet für das Unternehmen, dass es wesentlich stärker von der Persönlichkeit des Unternehmers geprägt wird als beispielsweise ein Großunternehmen vom Vorstand (Bussiek 1996, S. 41). Das bedeutet aber auch, dass die Existenz eines KMU von den Fähigkeiten des Unternehmers abhängig ist und Unternehmenskrisen nur durch Einsicht des Unternehmers bewältigt werden können (Bussiek 1996, S. 41). Die meist technisch orientierte Ausbildung der Unternehmensleiter lässt den Schluss zu, dass es in KMU häufig an Unternehmensführungskenntnissen mangelt (Pfohl 2006, S. 18). Daraus resultiert, dass viele KMU nicht strategisch ausgerichtet sind. KMU reagieren eher anstatt zu agieren und bei Entscheidungen überwiegen Improvisation und Intuition (Pfohl 2006, S. 18). So eine Vorgehensweise ist zwar nicht per se abzulehnen, denn der Erfolg gibt so handelnden KMU Recht. Dennoch ist in Anbetracht der im ersten Kapitel aufgezeigten Entwicklungen ein strukturierteres unternehmerisches Vorgehen von hoher Bedeutung. Strategisches Handeln muss auch in KMU zu einer Selbstverständlichkeit werden (Wegmann 2006, S. 185).

Was den Führungsstil betrifft, dominiert in eigentümer- bzw. familiengeführten KMU eher ein **patriarchalischer Führungsstil** (Pfohl 2006, S. 18). Vor allem Gründungsunternehmer neigen zu diesem Führungsstil, zumal dieser in der Gründungsphase oft erforderlich ist (Bussiek 1996, S. 47). Dieser Führungsstil kann aber nur dann von Erfolg gekrönt sein, wenn sich Ansehen, Alter und Autorität in der Führungsperson bündeln (Rothlauf 2009, S. 652). Diese patriarchalische Grundhaltung führt dazu, dass die Mitarbeiter die Anweisungen des „Patriarchen" ohne Widerspruch und uneingeschränkt akzeptieren (Braunschweig et al. 2001, S. 138) sowie der Unternehmensleitung absolute Loyalität entgegenbringen (Hamel 2006, S. 237). In Anbetracht der Einstellungen der Generation Y, die Hierarchien in Frage stellt, keine Berührungsängste gegenüber Autoritäten hat und weniger loyal zu ihrem Arbeitgeber ist als ihre Vorgängergenerationen (siehe Kap. 1.2), ist dieser Führungsstil auf lange Sicht nicht erfolgversprechend. Das Führungsverständnis muss sich den neuen Gegebenheiten anpassen, ansonsten wird es kaum möglich sein, die Mitarbeiter langfristig an das Unternehmen zu binden.

Die positive Seite dieses Führungsstils ist, dass der Unternehmensleiter die Mitarbeiter meist als Familienangehörige sieht. Die Mitarbeiter werden in wirtschaftlich schwierigen Zeiten zwar nicht über die Existenz des Unternehmens gestellt, sie werden aber als wichtiger Teil des Unternehmens gesehen, die es, im Rahmen der Möglichkeiten, zu halten gilt (Hamel 2006, S. 237).

In KMU hat die **Gewinnmaximierung** nicht immer die gleiche Bedeutung wie in Großunternehmen (Bussiek 1996, S. 19). Im Vergleich zu einem angestellten Geschäftsführer oder Vorstand hat der Unternehmensleiter eines KMU neben der Steuerungsfunktion des Unternehmens durch die Kapitalbindung auch ein privates Kapitalinteresse und dadurch eine engere sowie längere (häufig lebenslange) Bindung an das Unternehmen, was zu anderen Zielsetzungen der Unternehmensführung führt. So ist einem Eigentümer-Unternehmer die Unternehmenssicherung und Selbstständigkeit wichtiger als die Steigerung des Unternehmensgewinns. Ein angestellter Geschäftsführer dagegen misst der Gewinnsteigerung mehr Bedeutung bei. Der Grund dafür liegt in der Tatsache, dass angestellte Geschäftsführer oft unter dem Druck einer Gewinnsteigerung als Nachweis für ihre Leistung stehen (Bussiek 1996, S. 18 f.).

## 2.2.2   Organisationsspezifische Charakteristika

KMU besitzen schlanke Strukturen und zeichnen sich meist durch flache Hierarchien sowie ein auf den Unternehmer ausgerichtetes Einliniensystem aus (Pfohl 2006, S. 19). Mit zunehmender Mitarbeiteranzahl steigen die Hierarchieebenen: In Unternehmen bis 20 Mitarbeitern ist meist eine Führungsebene vorhanden, in Unternehmen mit 21 bis 99 Mitarbeitern sind es zwei Ebenen und bei Unternehmen ab 100 Mitarbeitern drei Ebenen (Sattes et al. 1998, S. 21).

Dies ermöglicht dem Unternehmensleiter eine **überschaubare Unternehmensstruktur**, in der er sich aktiv in alle operativen Prozesse und wichtigen Entscheidungen einbringen kann (Winter 2007, S. 226). Flache Hierarchien haben zudem den Vorteil, dass sie durch kurze Informationswege und direkte Kommunikation schnelle Entscheidungen begünstigen (Pfohl 2006, S. 19). Im Vergleich zu Großunternehmen weisen KMU einen geringen Formalisierungsgrad auf, der zu einer höheren Flexibilität führt und sie dadurch schneller auf Veränderungen reagieren lässt (Mugler 2008, S. 26).

Die Beziehung zwischen der Unternehmensleitung und den Mitarbeitern ist durch einen informalen Kontakt mittels direkter Kommunikation sowie Weisungen und Kontrolle im direkten personenbezogenen Kontakt geprägt. **Flache Hierarchien** und **direkte Kommunikation** fördern die Arbeitszufriedenheit der Mitarbeiter, die im Vergleich zu Großunternehmen in KMU oft höher ist (Bergmann und Crespo 2009b, S. 53). Weitere Stärken, die für KMU als Arbeitgeber sprechen, ist die persönliche Bindung an den Unternehmensleiter und die Kollegen sowie die stärkere Einbindung der Mitarbeiter in Unternehmensentscheidungen (Pfohl 2006, S. 19 f.). Die Kehrseite von flachen Hierarchien ist, dass es innerbetrieblich auf vertikaler Ebene (Managementkarriere) kaum Aufstiegschancen gibt.

### 2.2.3 Personalstrukturbedingte Charakteristika

Die Personalstruktur in KMU ist meist durch eine geringe Anzahl von Mitarbeitern und einen häufig unbedeutenden Anteil von ungelernten oder angelernten Mitarbeitern gekennzeichnet (Pfohl 2006, S. 20). Den überwiegenden Anteil am gesamten Personal bilden die Facharbeiter, die meist im eigenen Unternehmen ausgebildet werden (Bussiek 1996, S. 50). Einen geringeren Anteil nehmen Akademiker ein. So liegt der Akademikeranteil in den österreichischen KMU beispielsweise bei rund 15 %, im europäischen Durchschnitt bei 30 % (Neubauer 2011).

Aufgrund der geringen Anzahl an Beschäftigen weisen KMU eine **geringere Arbeitsteilung** als Großunternehmen auf (Pfohl 2006, S. 19 f.). Das heißt, dass die Mitarbeiter zum Teil unterschiedliche Funktionen im Unternehmen einnehmen und verschiedene Aufgaben erledigen. In KMU kommt den Mitarbeitern eher die Rolle des Generalisten als die eines Spezialisten zu (Winter und Kersten 2007, S. 226). Eine geringe Arbeitsteilung hat den Vorteil, dass keine bis wenige Arbeitsplätze mit monotonen Arbeitsinhalten entstehen, was sich wiederum positiv auf die Arbeitszufriedenheit auswirkt (Bergmann und Crespo 2009b, S. 53). Allerdings werden an die Mitarbeiter daher auch höhere Anforderungen hinsichtlich Qualifikation, Flexibilität und Übernahme von Verantwortung gestellt (Müller et al. 2011, S. 8).

Anders als in Großunternehmen sind die Mitarbeiter aufgrund der schlanken Strukturen häufig **alleinige Wissensträger**. Wenn diese Mitarbeiter das Unternehmen verlassen, können funktionale Lücken in wichtigen Bereichen entstehen, die das Unternehmen in seiner Leistungsfähigkeit gefährden (Bergmann und Crespo 2009a, S. 11).

## 2.3 Personalmanagement in KMU

Im Prinzip sind die personalbezogenen Aufgaben in KMU dieselben wie in Großunternehmen. Aufgrund der bereits beschriebenen besonderen Charakteristika unterscheiden sie sich von Großunternehmen hinsichtlich der Ausgestaltung und Aufgabenwahrnehmung der Personalarbeit, auf die nachfolgend näher eingegangen wird.

### 2.3.1 Definition und Aufgaben des Personalmanagements

Allgemein werden unter **Personalmanagement** – synonym werden auch die Begriffe Personalwirtschaft, Personalwesen oder Human Ressource Management (HRM) verwendet – alle personalbezogenen Aufgaben in einem Unternehmen verstanden (Böck 2002, S. 1). Nach Hamel wird mit Personalmanagement „[…] die Gesamtheit aller Maßnahmen zur effizienten Erbringung menschlicher Arbeitsleistung für die betriebliche Aufgabenerfüllung" bezeichnet (Hamel 2006, S. 234). Olfert definiert das Personalmanagement als betriebswirtschaftliche Mitarbeiterversorgung, wobei sowohl die Unternehmensbedürfnisse als auch die Mitarbeiterbedürfnisse zu berücksichtigen sind. In Unternehmen besteht das Bedürfnis, mit qualifizierten und motivierten Mitarbeitern bestmöglich ausgestattet zu sein. Zu den Mitarbeiterbedürfnissen gehört, dass sie unter optimalen Arbeitsbedingungen betreut, geführt, ausgebildet, entwickelt, gefördert und gerecht entlohnt werden (Olfert 2008, S. 24). Ein **ganzheitliches Personalmanagement** beinhaltet demnach folgende Bereiche: Planung des Personalbedarfs, Personalbeschaffung, Personalführung, Personaleinsatzplanung, Personalentwicklung, Personalfreisetzung, Personalentlohnung, Personalbeurteilung (Jung 2011, S. 5 f.).

## 2.3.2  Institutionalisierungsgrad des Personalmanagements in KMU

Ein zentrales Merkmal der Personalarbeit in KMU ist der **geringe Institutionalisierungsgrad** des Personalmanagements: „Erst mit steigender Mitarbeiteranzahl und damit verbundenen Arbeitsaufkommen im Personalbereich erhöht sich die Wahrscheinlichkeit, dass ein Unternehmen seine Personalarbeit institutionalisiert und eine eigene Personalabteilung einrichtet" (Richter 2009, S. 10). Erst mittlere Unternehmen verfügen über eine Personalabteilung, während sich in Großunternehmen Personalbereiche vorfinden, die viele Abteilungen umfassen (z. B. eigene Abteilungen für Personalentwicklung, Personalmarketing, Personalbeschaffung, eigenes Ausbildungsinstitut, usw.) (Olfert 2008, S. 38 ff.). Eine eigene Abteilung bzw. Organisationseinheit, die sich nur mit personalwirtschaftlichen Aufgaben beschäftigt, ist in KMU eher selten vorzufinden (Hamel 2006, S. 238).

Das Thema „Personal" wird in vielen kleinen und mittleren Unternehmen als reine **Verwaltungsarbeit** gesehen (RKW Expertenkreis 2012, S. 6). Im Vergleich zu Großunternehmen werden häufig nur die unabdingbaren Aufgaben wahrgenommen. Diese sind unter anderem die Lohnabrechnung, die Personalverwaltung (z. B. Meldungen an Sozialversicherungsträger) sowie die Personalbeschaffung, -auswahl und -freisetzung (Hamel 2006, S. 239).

Die strukturellen Nachteile der KMU gegenüber den Großunternehmen können zu **quantitativen und qualitativen Einbußen in der Personalarbeit** führen (Kay und Richter 2010, S. 35). Aufgrund der fehlenden Personalabteilung werden in KMU daher nur selten Personalspezialisten eingesetzt (Heybrock et al. 2011, S. 3). Diese Tatsache belegt auch eine Studie von Nollens: In KMU arbeiten weniger als 1 % der Mitarbeiter hauptamtlich im Personalmanagement, während es in Großunternehmen fast 4 % sind; rund ein Viertel der KMU bis 150 Mitarbeitern und rund 38 % der KMU mit 150 bis 500 Mitarbeitern haben einen hauptamtlichen Personalleiter beschäftigt (Nollens 2012, S. 29). In KMU liegt das Personalwesen meist in der Verantwortung des Unternehmensleiters. Die qualitative und quantitative Ausprägung des Personalmanagements hängt somit stark vom fachlichen Know-how und dem Zeitbudget des Unternehmensleiters ab (Kay und Richter 2010, S. 35). Häufig resultiert daraus eine Überlastung des Unternehmensleiters (Heybrock et al. 2011, S. 4).

Für **Strategien im Personalbereich** bleibt wenig bis kaum Zeit. Personalpolitische Entscheidungen werden häufig ad hoc gelöst und Maßnahmen der Personalentwicklung, Personalplanung oder Nachfolgeregelung beschränken sich in KMU überwiegend auf anlassbezogene Aktivitäten (Hamel 2006, S. 239). Eine an der Unternehmensstrategie ausgerichtete Personalplanung wird nur selten oder nur sehr oberflächlich durchgeführt (RKW Expertenkreis 2012, S. 6).

Der beschriebene geringe Institutionalisierungsgrad des Personalmanagements in KMU und die Ressourcenknappheit, vor allem in Bezug auf Personal und Finanzen, haben darüber hinaus zur Folge, dass die **Rekrutierungsmaßnahmen** nicht in der gleichen Intensität und Qualität betrieben werden, wie dies beispielsweise in Großunternehmen der Fall ist (Kay und Richter 2010, S. 36 f.). Vor allem in diesem Bereich ist der Wettbewerb zwischen KMU und Großunternehmen deutlich feststellbar (Festing et al. 2011, S. 21). KMU nutzen zwar ähnliche Wege zur Besetzung von offenen Stellen wie Großunternehmen. Laut einer Umfrage und Analyse von karriere.at haben KMU in diesem Bereich jedoch einen Optimierungsbedarf. Den Studienergebnissen zufolge besetzen mehr als 80 % der Unternehmen ihre offenen Stellen über Empfehlungen ihrer Mitarbeiter, rund 73 % nutzen Online-Stellenanzeigen, 67 % Inserate in Zeitungen und rund 60 % Ausschreibungen durch Arbeitsagenturen, Jobcenter bzw. Arbeitsmarktservices (Karriere.at Informationsdienstleitung 2008, S. 9).

Im Zuge der Studie hat karriere.at auch die **Qualität und Aussagekraft des Webauftritts** der teilnehmenden Unternehmen anhand der Kriterien Design, Benutzerfreundlichkeit, allgemeine Unternehmensinformationen, E-Recruiting sowie des interaktiven Zusatznutzens untersucht. Den Ergebnissen zufolge haben KMU in zahlreichen Bereichen Aufholbedarf: Fast jedes Unternehmen hat zwar eine eigene Homepage, aber nur die Hälfte davon nutzt dieses Tool für die Ausschreibung ihrer offenen Stellen. Lediglich 18 % bieten auf der Website allgemeine Beschäftigungsinfos und nur 8 % beschreiben ihre Unternehmensleistungen. Die Analyse ergab zudem, dass die Stellenausschreibungen unvollständig und oberflächlich gehalten sind und nur 18 % der KMU ein Online-Bewerbungsformular anbieten (Karriere.at Informationsdienstleitung 2008, S. 38 f.).

### 2.3.3  Materielle und immaterielle Anreize in KMU

Bei den Leistungsanreizen materieller Natur, wie beispielsweise Löhne, freiwillige Sozialleistungen, Gewinnbeteiligungen und etwaige Zusatzleistungen wie Dienstauto, betriebliche Altersvorsorge usw., können KMU nicht mit Großunternehmen konkurrieren (Kay et al. 2010, S. 8). Ein deutlicher Unterschied lässt sich vor allem beim **Gehalt** feststellen (Frey 2009, S. 20). Nach Angaben der Statistik Austria steigt beispielsweise in Österreich das Gehalt mit zunehmender Betriebsgröße – wie dies Tab. 2.3 veranschaulicht (Statistik Austria 2012b, S. 2).

Während ein Mitarbeiter in einem Unternehmen zwischen 50 und 249 Mitarbeitern einen Bruttostundenlohn von 12,68 EUR bekommt, verdient ein Mitarbeiter in einem

**Tab. 2.3** Bruttostundenverdienst nach Beschäftigungsgrößenklassen

| Beschäftigungsgrößenklassen | Bruttostundenverdienst (Median in EUR) |
| --- | --- |
| 10–49 Mitarbeiter | 11,50 |
| 50–249 Mitarbeiter | 12,68 |
| 250–499 Mitarbeiter | 13,85 |
| 500–999 Mitarbeiter | 13,66 |
| 1.000 und mehr Mitarbeiter | 13,71 |

Großunternehmen (1.000 und mehr Mitarbeiter) 13,71 EUR. Der Gehaltsunterschied zwischen KMU und Großunternehmen beträgt rund 7,5 %. In Deutschland ist die Situation ähnlich: Laut der Gehaltsstudie 2013 von alma mater liegt der Unterschied der Einstiegsgehälter bei rund 12 % zwischen Unternehmen bis 100 Mitarbeitern und den Unternehmen über 1.000 Mitarbeitern (alma mater 2013, S. 10).

### 2.3.4  Personalentwicklung in KMU

Nach Antz-Hieber ist die **Personalentwicklung** – also die Investitionen des Unternehmens in die persönliche und professionelle Weiterbildung der Mitarbeiter – ein zunehmendes Entscheidungskriterium bei der Arbeitgeberwahl (Antz-Hieber 2012, S. 191). Nach Becker umfasst die Personalentwicklung „[…] alle Maßnahmen der Bildung, der Förderung und der Organisationsentwicklung, die zielgerichtet, systematisch und methodisch geplant, realisiert und evaluiert werden" (Becker 2005, S. 8). Die Personalentwicklung verfolgt Ziele auf zwei Ebenen: Die primären Ziele aus Unternehmenssicht sind die Verbesserung der Leistungs- und Wettbewerbsfähigkeit, die Erhöhung der Flexibilität, Motivation und Integration der Mitarbeiter sowie die Sicherung und Anpassung der Mitarbeiterqualifikation. Die wesentlichen Ziele aus Mitarbeitersicht sind die Anpassung bzw. Verbesserung der Qualifikation an die Arbeitsplatzanforderungen, Aufstiegsmöglichkeiten, Erhöhung des Selbstbewusstseins, die Persönlichkeitsentwicklung und -bildung, Einkommensverbesserung sowie die Erfüllung individueller Entwicklungs- und Lernbedürfnisse (Kauffeld 2011, S. 115).

Obwohl eine systematische Personalentwicklung einen wertvollen Beitrag zum Unternehmenserfolg leisten kann, weist sie in KMU häufig einen stochastischen Charakter auf (Hamel 2006, S. 251). Kleine und mittlere Unternehmen neigen dazu, sich erst bei einem akuten Problem, wie beispielsweise bei unzureichender Qualität, mit Weiterbildung zu befassen (Nollens 2012, S. 29). Häufig ist die Personalentwicklung „[…] kurzfristigen ökonomischen Notwendigkeiten untergeordnet" (Krewer und Fietz 2009, S. 14). Das Institut für Mittelstandsforschung Bonn (IfM) hat im Rahmen einer Studie in Deutschland erhoben, inwieweit KMU **Maßnahmen der Personalentwicklung** bereits ergreifen oder planen zu ergreifen (Kay et al. 2008, S. 122). Tabelle 2.4 gibt die entsprechenden Ergebnisse wieder.

Die Ergebnisse der Studie zeigen, dass mit zunehmender Unternehmensgröße (Mitarbeiteranzahl) die Weiterbildungsaktivität steigt. Rund 16 % der kleinen und mittleren

**Tab. 2.4** Weiterbildungsmaßnahmen in KMU nach Unternehmensgröße. (Kay et al. 2008, S. 122)

| Maßnahmen | Aktivitätsgrad | Unternehmensgröße (Mitarbeiteranzahl) Angaben in % | | | |
|---|---|---|---|---|---|
| | | 5–9 | 10–49 | 50–249 | =/>250 |
| Personalentwicklung/individuelle Laufbahngestaltung | ergriffen | 10,9 | 16,3 | 32,8 | 58,3 |
| | nur geplant | 7,5 | 15,5 | 13,8 | 16,7 |
| Qualifizierungsmaßnahmen für Ältere | ergriffen | 9 | 13,7 | 26,3 | 33,3 |
| | nur geplant | 10,9 | 10,2 | 19,3 | 25,0 |

Unternehmen zwischen 10 und 49 Mitarbeitern gaben an, dass sie aktiv Maßnahmen zur Personalentwicklung bzw. individuellen Laufbahngestaltung ergreifen. Bei der Unternehmensgröße zwischen 50 bis 249 Mitarbeitern liegt dieser Wert bei knapp 33 %. Aktiver erweisen sich die Unternehmen mit bzw. mehr als 250 Mitarbeitern, wovon rund 58 % bereits derartige Maßnahmen einsetzen. Obwohl in Anbetracht des Fachkräftemangels die Unternehmen verstärkt darauf angewiesen sein werden, die Potenziale älterer Arbeitnehmer zu erschließen (siehe Kap. 1.1.3), setzen nur wenige Unternehmen spezielle Maßnahmen zur Qualifizierung der älteren Belegschaft ein. Eine Betrachtung der Zukunftspläne der Unternehmen zeigt, dass sich die Maßnahmen im Weiterbildungsbereich nicht merklich erhöhen werden (Kay et al., S. 122).

Die Ursachen für den **geringen Stellenwert der Personalentwicklung in KMU** liegen in den begrenzten Ressourcen, im Fehlen von Personalspezialisten, in nicht eindeutig definierten Zuständigkeiten innerhalb des Unternehmens und in einer allgemein fehlenden strategischen Ausrichtung (Nollens 2012, S. 29). Personalentwicklung muss nicht zwingend mit hohen Kosten verbunden sein. In der Vergangenheit wurden auch für KMU anwendbare Methoden entwickelt, wie beispielsweise arbeitsplatznahe und selbstorganisierte Lernformen, die mit einem geringen Aufwand für das Unternehmen durchgeführt werden können (Krewer und Fietz 2009, S. 14).

## 2.4 Stärken-Schwächen-Profil der KMU

Aufgrund der angeführten Charakteristika von KMU sehen die **Arbeitsbedingungen in KMU** anders aus als in die Großunternehmen. Die häufig vertretene These, dass diese schlechter wären als in Großunternehmen, wurde im Rahmen einer Studie des Instituts für Mittelstandsforschung Bonn widerlegt: Kleine Unternehmen mit bis zu 20 Mitarbeitern bieten in acht von insgesamt 17 untersuchten Arbeitgebereigenschaften bessere Bedingungen als Unternehmen mit mehr als 2.000 Mitarbeitern. Diese sind die Nähe des Wohnortes zum Arbeitsplatz, keine strenge Leistungskontrolle, weniger Wechselschichten, abwechslungsreiche Tätigkeiten, die Möglichkeit des selbstständigen Gestaltens der Arbeitsabläufe und eine engere Einbindung in wichtige Unternehmensentscheidungen (Kay und Werner

2008, S. 30 f.). Die Einbindung der Mitarbeiter fördert wiederum die Zufriedenheit, Leistung, Eigenverantwortung und die Verbundenheit der Mitarbeiter mit dem Unternehmen.

KMU verfügen zudem aufgrund der flachen Hierarchien über kurze Entscheidungswege, die eine direkte Kommunikation zwischen den Mitarbeitern und dem Unternehmensleiter fördern. Aufgrund der geringen Arbeitsteilung und Mitarbeiteranzahl übernehmen die Mitarbeiter auch einen breiten, abwechslungsreichen und ganzheitlichen Aufgabenbereich im Unternehmen, was sich positiv auf ihre Zufriedenheit auswirkt. Die geringe Arbeitsteilung lässt auch zu, dass die Mitarbeiter im Vergleich zu Großunternehmen ihre Arbeitsabläufe selbstständiger gestalten können.

Zusätzlich angeführt werden kann, dass KMU häufig soziale Verantwortung gegenüber den eigenen Mitarbeitern und der Region übernehmen. In Wirtschaftskrisen ist die Gefahr, den Job zu verlieren, bei einem mittelständischen Unternehmen geringer als bei Konzernen. Ihnen kommt dabei zu Gute, dass sie in der Regel nicht in Quartalen rechnen müssen, sondern eine langfristige Orientierung verfolgen und ein ausgeprägtes Wertesystem haben. Dazu gehört eben auch, Verantwortung für die Mitarbeiter und deren Familien zu übernehmen. Börsennotierte Konzerne tun sich da viel schwerer, weil die Vorstände dort laufend Rechenschaft über die Ergebnisse abliefern müssen. Das zwingt das Management, viel schneller an den Kostenrädern zu drehen, als das etwa bei Familienunternehmen der Fall ist. Obwohl Inhaber geführte Unternehmen – und die meisten KMU sind solche – also zweifelsfrei für die Mitarbeiter Vorteile haben, wird dieses Thema kaum thematisiert. Nicht nur bezüglich der Anzahl der Berichterstattung, sondern auch in Bezug auf Möglichkeiten zur eigenen Themensetzung und aktiver Personalisierung werden Chancen zur Profilierung verpasst. Fazit des Friedrichshafener Institutes für Familienunternehmen: „Sowohl positive Asssoziationen mit der grundsätzlichen Unternehmensform Familienunternehmen als auch der Status als besonderer Arbeitgeber werden medial nicht transportiert" (Friedrichshafener Institut für Familienunternehmen 2013).

Natürlich haben KMU auch **Nachteile**. Es ist sicher imageträchtiger, bei einer bekannten Marke zu arbeiten, als bei einem „Hidden Champion". Kritisiert werden häufig auch die geringere Flexibilität der Arbeitszeiten sowie die schlechteren Weiterbildungs- und Entwicklungsmöglichkeiten. Eines der größten Mankos der mittelständischen Unternehmen ist aber deren geringe Neigung, offensiv zu kommunizieren. Themen gäbe es genug, das werden wir zeigen. Sie müssten nur konsequent aufbereitet werden.

Ein Nachteil gegenüber Großunternehmen liegt vor allem im geringen Bekanntheitsgrad der KMU, ein Nachteil, der auch mit einer intensiven Kommunikationsarbeit gegenüber der bestehenden Markenstärke von großen Unternehmen wohl nur bedingt beseitigt werden kann.

Eine weitere Schwäche von KMU liegt in der fehlenden strategischen Ausrichtung der Personalarbeit (Planung, Entwicklung, Marketing). Aufgrund der aufgezeigten Entwicklungen wird eine vorausschauende und professionalisierte Personalarbeit zu einem zunehmenden Wettbewerbsfaktor. Das heißt, dass KMU gefordert sind, ihr bisheriges Personalmanagement neu zu überdenken und den aktuellen Entwicklungen anzupassen. KMU können im Vergleich zu Großunternehmen ressourcenbedingt auch nicht die gleichen

**Tab. 2.5** Stärken-Schwächen-Profil von KMU als Arbeitgeber

| Stärken | Schwächen |
| --- | --- |
| Flache Hierarchien | Geringer Bekanntheitsgrad |
| Kurze Entscheidungswege | Fehlende strategische Ausrichtung des Personalmanagements (Planung, Entwicklung, Marketing) |
| Direkte Kommunikation mit der Unternehmensspitze | Wenige hierarchische Aufstiegs- und Karrieremöglichkeiten |
| Breiter, abwechslungsreicher und ganzheitlicher Aufgabenbereich | (Patriarchalischer) Führungsstil |
|  | Geringeres Lohnniveau |
| Hoher Verantwortungsgrad | Weniger immaterielle Anreize |
| Loyalität und Verbundenheit gegenüber den Mitarbeiterinnen und Mitarbeitern | Betriebsklima hängt stark vom Unternehmensleiter/-eigentümer ab |
| Nähe des Wohnorts zum Arbeitsplatz | |
| Selbständiges Gestalten der Arbeitsabläufe | |
| Flexible Arbeitszeiten | |
| Gute Vereinbarkeit von Familie und Beruf (Work-Life-Balance) | |
| Einbindung in wichtige Unternehmensentscheidungen und frühe Verantwortungsübernahme | |
| Unternehmerisches Denken jedes Einzelnen | |
| Nähe zum Kunden und persönliche Geschäftsbeziehungen | |

Anreize bieten, wie beispielsweise Aufstiegs- und Karrieremöglichkeiten oder ein hohes Lohnniveau.

Tabelle 2.5 fasst die wesentlichen Erkenntnisse dieses Kapitels in einem **Stärken-Schwächen-Profil von KMU als Arbeitgeber** zusammen.

## Literatur

alma mater. 2013. Gehaltsstudie 2013. Stuttgart: alma mater GmbH. http://www.alma-mater.de/img/almamater-PDF/Ergebnisbericht-2013.pdf. Zugegriffen: 12. Juni 2013.

Antz-Hieber, A. 2012. Dialog im Dunkeln. Innovative Wege in der Personalentwicklung. In *Personalentwicklung 2013. Themen, Trends, Best Practices*, Hrsg. K. Schwuchow und J. Gutmann. Freiburg: Haufe-Lexware.

Becker, M. 2005. *Systematische Personalentwicklung. Planung, Steuerung und Kontrolle im Funktionszyklus.* Stuttgart: Schäffer-Poeschel.

Bergmann, L., und I. Crespo. 2009a. Herausforderungen kleiner und mittlerer Unternehmen. In *Modernisierung kleiner und mittlerer Unternehmen: Ein ganzheitliches Konzept,* Hrsg. U. Dombrowski, T. Lacker, und S. Sonnentag, Berlin: Springer.

Bergmann, L., und I. Crespo 2009b. Einfluss der Merkmale und Eigenschaften kleiner und mittlerer Unternehmen auf die Modernisierung. In *Modernisierung kleiner und mittlerer Unternehmen: Ein ganzheitliches Konzept,* Hrsg. U. Dombrowski, T. Lacker, und S. Sonnentag, Berlin: Springer.

Böck, R. 2002. *Personalmanagement.* München: Oldenbourg Wissenschaftsverlag.

Braunschweig, C., Kindermann, D., und U. Wehrlin. 2001. *Grundlagen der Managementlehre.* München: Oldenbourg Wissenschaftsverlag.

Bundesministerium für Wirtschaft, Familie und Jugend. 2012. Mittelstandsbericht 2012. Bericht über die Situation der kleinen und mittleren Unternehmungen der gewerblichen Wirtschaft. http://www.bmwfj.gv.at/Unternehmen/versicherungsvermittler/Documents/Entwurf%20Mittelstandsbericht_%202012.pdf. Zugegriffen: 12. April 2013.

Bussiek, J. 1996. *Anwendungsorientierte Betriebswirtschaftslehre für Klein- und Mittelunternehmen.* München: Oldenbourg Wissenschaftsverlag.

Dubs, R., D. Euler, J. Rüegg-Stürm, und C. Wyss. 2004. *Einführung in die Managementlehre.* Bd. 4. Teile FIII-I. Bern: Haupt.

Europäische Kommission. 2006. Die neue KMU-Definition. Benutzerhandbuch und Mustererklärung. http://ec.europa.eu/-enterprise/policies/sme/files/sme_definition/sme_user_guide_de.pdf. Zugegriffen: 7. April 2013.

Europäische Kommission. 2013. Kleine und mittlere Unternehmen (KMU). Fakten und Zahlen über die kleinen und mittleren Unternehmen (KMU) der EU. http://ec.europa.eu/enterprise/policies/sme/facts-figures-analysis/index_de.htm. Zugegriffen: 11. Juni 2013.

Eurostat. 2008. NACE Rev. 2. Statistische Systematik der Wirtschaftszweige in der Europäischen Gemeinschaft. Luxemburg: Amt für amtliche Veröffentlichungen der Europäischen Gemeinschaften. http://epp.eurostat.ec.europa.eu/cache/ITY_OFFPUB/KS-RA-07-015/DE/KSRA-07-015-DE.PDF. Zugegriffen: 10. April 2013.

Festing, M., L. Schäfer, J. Maßman, und P. Englisch. 2011. Agenda Mittelstand. Talent Management im Mittelstand – mit innovativen Strategien gegen den Fachkräftemangel. http://www.ey.com/Publication-/vwLUAssets/Talent_Management_im_Mittelstand_2011/$FILE/EY%20Talent%20Management%202011.pdf. Zugegriffen: 3. Mai 2013.

Frey, U. 2009. Personalarbeit in KMU und Konzernen – eine Gegenüberstellung. *HR Today – Das Schweizer Human Resource Management Journal* (8): 20–21.

Friedrichshafener Institut für Familienunternehmen. 2013. Arbeitgebermarke Familienunternehmen? pFIFig. http://www.schwaben.ihk.de/linkableblob/aihk24/service/downloads/2486360/.4./data/Arbeitgebermarke_Familienunternehmen-data.pdf;jsessionid=D032394C68285F338DD64ED80BECDDBC.repl1. Zugegriffen: 8. März 2013.

Hamel, W. 2006. Personalwirtschaft. In *Betriebswirtschaftslehre der Mittel- und Kleinbetriebe. Größenspezifische Probleme und Möglichkeiten zu ihrer Lösung.* 4. Aufl. Hrsg. H. Pfohl. Berlin: Erich Schmidt.

Hauser, C. 2006. *Außenwirtschaftsförderung für kleine und mittlere Unternehmen in der Bundesrepublik Deutschland. Eine empirische Analyse auf der Basis der ökonomischen Theorie des Föderalismus.* Wiesbaden: Deutscher Universitäts-Verlag/GWV Fachverlage.

Heybrock, H., R. Kreuzhof, und K. Rohrlack. 2011. *Personalmanagement in kleinen und mittleren Unternehmen. Praxisratgeber und Beraterhandbuch.* München: Rainer Hampp.

Jung, H. 2011. *Personalwirtschaft.* 9. Aufl. München: Oldenbourg Wissenschaftsverlag.

Karriere.at Informationsdienstleistung. 2008. *Fremdwort Employer Branding. Wie Österreichs Klein- und Mittelbetriebe ihre Arbeitgebermarke zur Personalgewinnung und -bindung einsetzen.* Linz.

Kauffeld, S. 2011. *Arbeits-, Organisations- und Personalpsychologie.* Heidelberg: Springer.

Kay, R., und A. Werner. 2008. Rekrutierungschancen und -probleme von kleinen und mittleren Unternehmen. Vortrag Fachkräftekonferenz Wissenschaft trifft Praxis in Nürnberg am 29. April 2008. http://doku.iab.de/veranstaltungen/2008/fachkraefte_2008_kay_werner.pdf. Zugegriffen: 2. Mai 2013.

Kay, R., und M. Richter. 2010. Fachkräftemangel im Mittelstand: Was getan werden muss. Bonn: Arbeitskreis Mittelstand der Friedrich-Ebert-Stiftung. http://library.fes.de/pdf-files/wiso/07079. pdf. Zugegriffen: 8. März 2013.

Kay, R., P. Kranzusch, und O. Suprinovič. 2008. Absatz- und Personalpolitik mittelständischer Unternehmen im Zeichen des demografischen Wandels – Herausforderungen und Reaktionen. IfM-Materialien Nr. 183. Bonn: Institut für Mittelstandsforschung. http://econstor.eu/bitstream-/10419/52256/1/672571528.pdf. Zugegriffen: 8. März 2013.

Kay, R., O. Suprinovič, und A. Werner. 2010. Deckung des Fachkräftebedarfs in kleinen und mittleren Unternehmen. Situationsanalyse und Handlungsempfehlungen. Bonn: Institut für Mittelstandsforschung. IfM-Materialien Nr. 200. http://www.wlh.eu/fileadmin/wlh_upload/news/-News_2011/Fachkraefte_IfM-Materialien-200.pdf. Zugegriffen: 4. Mai 2013.

KMU Forschung Austria. 2013. KMU-Definition. http://www.kmuforschung.ac.at/index.php?option=com_content&view=article&id=108&Itemid=102&lang=de. Zugegriffen: 25. März 2013.

Krewer, G., und Fietz, G. 2009. Als Arbeitgeber attraktiv. Wie gut sind wir schon? In *Schriftenreihe des Forschungsinstituts Betriebliche Bildung (f-bb) gemeinnützige GmbH.* Bd. 34. Hrsg. H. Loebe und S. Eckart. Bielefeld: Bertelsmann Stiftung.

Mesaros, L., A. Vanselow, und C. Weinkopf. 2009. Fachkräftemangel in KMU – Ausmaß, Ursachen und Gegenstrategien. Expertise im Auftrag der Friedrich-Ebert-Stiftung. http://library.fes.de/pdffiles/wiso/06797.pdf. Zugegriffen: 22. Mai 2013.

Mugler, J. 2008. *Grundlagen der BWL der Klein- und Mittelbetriebe.* 2. Aufl. Wien: Facultas.

Müller, A., N. Scheidegger, S. Simon, und T. Wyssen, Hrsg. 2011. Praxisleitfaden Arbeitgeberattraktivität: Instrumente zur Optimierung der Arbeitgeberattraktivität in kleinen und mittleren Unternehmen. Chur: HTW Chur. http://www.htwchur.ch/uploads/media/Praxisleitfaden_Arbeitgeberattraktivitaet_-_Endversion_-_mit_Titelseite.pdf. Zugegriffen: 10. April 2013.

Neubauer, H. 2011. KMU – Am Steuerrad mitdrehen. Die Presse. http://karrierenews.diepresse. com/home/karrieretrends/701168/KMU_Am-Steuerrad-mitdrehen. Zugegriffen: 5. Mai 2013.

Nollens, R. 2012. Maßanzüge für den Mittelstand. *Industrial Engineering* (9): 28–29.

Olfert, K. 2008. *Personalwirtschaft.* 13. Aufl. Ludwigshafen: Friedrich Kiehl.

Pfohl, H. 2006. Abgrenzung der Klein- und Mittelbetriebe von Großbetrieben. In *Betriebswirtschaftslehre der Mittel- und Kleinbetriebe. Größenspezifische Probleme und Möglichkeiten zu ihrer Lösung.* 4. Aufl. Hrsg. H. Pfohl. Berlin: Erich Schmidt.

Reinemann, H. 2011. *Mittelstandsmanagement. Einführung in Theorie und Praxis.* Stuttgart: Schäffer-Poeschel.

Richter. 2009. *Mittelständische Personalpolitik. Charakteristika, Problemfelder und Handlungsempfehlungen.* Bonn: Arbeitskreis Mittelstand in der Friedrich-Ebert-Stiftung.

RKW Expertenkreis. 2012. 3. Personalmanagement in kleinen und mittleren Unternehmen. Praxismaterialien. http://www.rkwkompetenzzentrum.de/fileadmin/media/Dokumente/Publikationen/2012_LF_Praxismaterialien-3.pdf. Zugegriffen: 15. Juni 2013.

Rößl, D. 2005. Marketing für Klein- und Mittelbetriebe – spezifische Betrachtungslinien im Objektbereich. In Innovationen im sektoralen Marketing. Festschrift zum 60. Geburtstag von Fritz Scheuch, Hrsg. H. Holzmüller und A. Schuh. Heidelberg: Physica-Verlag. http://www.-wu.ac.at/ ricc/en/forschung/downloads/download_roessl_2.pdf. Zugegriffen: 8. Mai 2013.

Rothlauf, J. 2009. *Interkulturelles Management.* 3. Aufl. München: Oldenbourg Wissenschaftsverlag.

Rupp, C. 2010. *Kleine und Mittlere Handelsbetriebe. Vor dem Schritt ins Internet: Zahlen, Fakten und Nutzungsmöglichkeiten für erfolgreiche E-Commerce.* Hamburg: Diplomica.

Sattes, I., Brodbeck, H., Lang, H., und H. Domeisen. 1998. *Erfolg in kleinen und mittleren Unternehmen. Ein Leitfaden für die Führung und Organisation in KMU.* 2. Aufl. Zürich: vdf Hochschulverlag.

Schauf, M. 2009. *Unternehmensführung im Mittelstand. Rollenwandel kleiner und mittlerer Unternehmen in der Globalisierung.* 2. Aufl. München: Rainer Hampp.

Simon, H. 2007. *Hidden Champions des 21. Jahrhunderts: Die Erfolgsstrategien unbekannter Weltmarktführer.* Frankfurt a. M.: Campus.

Statistik Austria. 2012. Bruttostundenverdienste nach persönlichen und arbeitsplatzbezogenen Merkmalen 2010. https://www.statistik.at/web_de/static/bruttostundenverdienste_nach_persoenlichen_und_arbeitsplatzbezogenen_merkm_020071.pdf. Zugegriffen: 10. April 2013.

Statistisches Bundesamt. 2013. Kleine und mittlere Unternehmen (KMU). https://www.destatis.de/DE/ZahlenFakten/GesamtwirtschaftUmwelt/UnternehmenHandwerk/KleineMittlereUnternehmenMittelstand/KMUBegriffserlaeuterung.html;jsessionid=B341EF5FA5172A06D3A1D29066DD3F31.cae3. Zugegriffen: 1. Juni 2013.

Wegmann, J. 2006. *Betriebswirtschaftslehre mittelständischer Unternehmen.* München: Oldenbourg Wissenschaftsverlag.

Welsh, J., und J. White 1981. A Small Business Is Not a Little Big Business. Harvard Business Review July/August. http://www.alcocks.co.za/downloads/Appendix%20B_Harvard%20small%20biz%20article.pdf. Zugegriffen: 15. Mai 2013.

Winter, M., und W. Kersten. 2007. Situationsadäquate Gestaltung des Projektmanagements in mittelständischen Unternehmen. In *Management kleiner und mittlerer Unternehmen: Stand und Perspektiven der KMU-Forschung,* Hrsg. P. Letmathe, J. Eigler, F. Welter, D. Kathan, und T. Heupel. Wiesbaden: Deutscher Universitätsverlag/GWV Fachverlage.

Zielonka, J. 2009. Wie kleine und mittlere Unternehmen als Arbeitgeber wettbewerbsfähiger werden. *HR kompakt* (2): 52–54.

# Theoretische Grundlagen des Employer Branding

**3**

Qualifizierte und leistungsfähige Mitarbeiter zu gewinnen und diese auch an das Unternehmen zu binden, wird – wie im ersten Kapitel beschrieben – auf Grund verschiedener Ursachen für Unternehmen künftig eine Herausforderung darstellen. Daraus resultierend suchen Unternehmen nach erfolgversprechenden Ansätzen, um sich am Arbeitsmarkt vorteilhaft zu präsentieren. Im Zuge dieser Entwicklungen setzen immer mehr Unternehmen auf **Employer Branding**. „Hierunter wird die gezielte Planung, Steuerung, Koordination und Kontrolle einer Marke für das Unternehmen in seiner Funktion als Arbeitgeber verstanden" (Sponheuer 2010, S. 269). Employer Branding ist als ganzheitlicher und strategischer Ansatz für Unternehmen zu verstehen. Er ermöglicht eine interne sowie externe Positionierung als attraktiver und authentischer Arbeitgeber (DEBA 2013a).

Im folgenden Kapitel werden die zentralen Begriffe Employer Brand und Employer Branding sowie die Eingliederung in den Unternehmenskontext beschrieben (Abschn. 3.1). Der zweite Abschnitt (3.2) stellt die Funktionen und Wirkungsbereiche einer Employer Brand dar und beleuchten diese genauer. Zum Abschluss des Kapitels (Abschn. 3.3) erfolgt eine Differenzierung des Employer Branding-Ansatzes vom Personalmarketing.

## 3.1 Begriffsdefinition Employer Brand und Employer Branding

### 3.1.1 Employer Brand

Marken dienen generell dazu, beim Rezipienten ein Bewusstsein für das markierte Produkt, die Dienstleistung – oder in unserem Fall: den Arbeitgeber – zu schaffen und auf diese Weise ein Image zu kommunizieren, das für Qualität, Tradition, Natürlichkeit und Ähnliches steht. Eine Marke soll die Kernwerte herausstellen und diese ins Bewusstsein bringen (Immerschitt 2009, S. 48 ff.). Marken vereinfachen und reduzieren. Sie verlangen Botschaften und über das Versprechen hinaus Taten, die für Sie als Menschen in der ganzheitlichen Beziehung zum Unternehmen relevant sind. Das Investment in die Mar-

W. Immerschitt, M. Stumpf, *Employer Branding für KMU,*
DOI 10.1007/978-3-658-01204-5_3, © Springer Fachmedien Wiesbaden 2014

**Tab. 3.1**  Definitionen des Begriffs Employer Brand

| Autor | Definition Employer Brand |
|---|---|
| Dell et al. | „[…] the employer brand establishes the identity of the firm as an employer. It encompasses the firm´s value systems, policies and behaviours toward the objectives of attracting, motivating, and retaining the firm´s current and potential employees." (Dell et al. 2001, S. 10) |
| Backhaus/Tikoo | „[…] and the employer brand as a concept of the firm that differentiates it from its competitiors." (Backhaus und Tikko 2004, S. 502) |
| Petkovic | „Die Arbeitgebermarke stellt im Ergebnis ein im Gedächtnis der umworbenen akademischen Fach- und Führungskräfte fest verankertes, unverwechselbares Vorstellungsbild eines Arbeitgebers dar. Dieses Vorstellungsbild umfasst zum einen ein Bündel subjektiv relevanter, personalpolitischer Attraktivitätsmerkmale. Zum anderen umfasst die Arbeitgebermarke entscheidungsrelevante Erfolgsdimensionen wie insbesondere Orientierung, Vertrauen und Identifikation."(Petkovic 2008, S. 70) |
| Bundesverband der Personalmanger e. V. | „Eine Employer Brand ist ein fest verankertes, unverwechselbares Vorstellungsbild von einem Unternehmen als attraktiver Arbeitgeber in den Köpfen von potenziellen sowie aktuellen Mitarbeitern." (Bundesverband der Personalmanger e. V. 2013, S. 15) |

kenbildung geschieht im Produkt- und Dienstleistungsbereich aus gutem Grund. Gerade die kaufkräftige und kauffreudige jüngere Generation setzt stark auf Marken. Sie ist es gewohnt, markenbewusst zu kaufen. Warum sollten ausgerechnet die vom Markendenken geprägten jungen Menschen, um deren Engagement es geht, bei der Wahl des künftigen Arbeitgebers auf einen „No Name" setzen? Diese Vorstellung ist bar jeder Vernunft. Auch das also ein klares Argument für die zwingende Notwendigkeit, in die **Bildung einer Arbeitgebermarke** zu investieren.

Eine starke Arbeitgebermarke kommuniziert klar und spezifisch die Kernwerte des Unternehmens. Die vermittelten Inhalte müssen wahr und nachprüfbar sein. Die Arbeitgebermarke zeigt oder erzeugt Bilder, die zum Unternehmen, zum Arbeitgeberslogan oder den Produkten des Unternehmens passen. Sie ist ausgerichtet auf eine zuvor definierte und in ihren Erwartungen bekannte Dialoggruppe, der sie ein Leistungsversprechen gibt, das später auch einlösbar ist.

Die Arbeitgebermarke hat sich entsprechend in den letzten Jahren neben der Unternehmensmarke sowie der Produkt- oder Leistungsmarke etabliert (Geißler 2007, S. 136). In der aktuellen Literatur existiert dennoch keine einheitliche Definition. Aus diesem Grund sind in Tab. 3.1 einige in der Literatur häufig verwendete Definitionen angeführt.

Die Autoren Dell et al. verstehen unter Employer Brand die **Identität eines Unternehmens als Arbeitgeber**. Diese umfasst ein Wertesystem sowie Verhaltensweisen und Strategien, die zum Ziel haben, einerseits potenzielle und aktuelle Arbeitnehmer anzuziehen. Andererseits sollen auch bestehende Mitarbeiter motiviert und an das Unternehmen gebunden werden (Dell et al. 2001, S. 10).

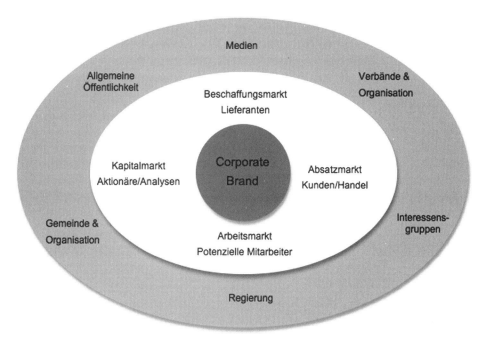

**Abb. 3.1** Anspruchsgruppen einer Corporate Brand (Quelle: in Anlehnung an Stotz, Wedel 2009, S. 6)

Backhaus und Tikko definieren die Arbeitgebermarke als ein Konzept, mit dem sich ein Unternehmen von seinen Mitbewerbern unterscheidet und am Arbeitsmarkt differenziert. Der Fokus liegt hier auf der **Einzigartigkeit des Unternehmens als Arbeitgeber** (Backhaus und Tikko 2004, S. 502).

Die Definition von Petkovic ist am aussagekräftigsten. Er spricht von der **Verankerung des Vorstellungsbildes als attraktiver Arbeitgeber** anhand von relevanten Merkmalen. Des Weiteren bezieht er die Zielgruppe einer Employer Brand mit ein und definiert erfolgsentscheidende Funktionen (Petkovic 2008, S. 70).

Ganz in der Tradition von Petkovic definiert auch der Bundesverband der Personalmanager, wenn er von der Employer Brand als einem fest verankerten, unverwechselbaren Vorstellungsbild eines Unternehmens als attraktiver Arbeitgeber spricht.

Bei der Bildung einer Arbeitgebermarke ist zu berücksichtigen, dass sie immer als **Teil der Corporate Brand** zu sehen ist (Stotz und Wedel 2009, S. 5). Primäres Ziel der Corporate Brand ist es, alle Stakeholder – Kunden, Mitarbeiter, die Öffentlichkeit oder Anteilseigener – gleichermaßen anzusprechen und ein einheitliches Bild des Unternehmens zu vermitteln (Sponheuer 2010, S. 269). In Abb. 3.1 sind die relevanten **Anspruchsgruppen**, die bei der Führung einer Corporate Brand beachtet werden müssen, beispielhaft dargestellt (Stotz und Wedel 2009, S. 6).

Da die **Erwartungen und Bedürfnisse der jeweiligen Zielgruppen** der unterschiedlichen Märkte divergieren, kann ein unterschiedliches Vorstellungsbild des Unternehmens entstehen. Um die Unternehmensmarke positiv erscheinen zu lassen und erfolgversprechend zu positionieren, ist eine differenzierte und individuelle Auseinandersetzung mit den Zielgruppen unumgänglich (Lukasczyk 2012a, S. 42).

Die Employer Brand ergänzt und spezifiziert die Corporate Brand für die Bezugsgruppen im Arbeitsmarkt sowie im Unternehmen (Sponheuer 2010, S. 269). Es ist folglich wichtig, dass durch die Ausrichtung der Arbeitgebermarke und der Unternehmensmarke **keine widersprüchlichen Botschaften** kommuniziert werden (Trost 2009, S. 25). Ein Unternehmen kann erst dann von sich behaupten, eine erfolgreiche Arbeitgebermarke aufgebaut zu haben, wenn die entsprechenden Bezugsgruppen ein mehrheitlich einheitliches Vorstellungsbild von ihm als attraktiver Arbeitgeber haben, das sich klar von anderen Firmen abhebt und das Unternehmen infolgedessen als „**employer of choice**" gilt (Sponheuer 2010, S. 199 f.).

> Als Marke werden Leistungen bezeichnet, die neben einer entscheidungsfähigen Markierung durch ein systematisches Absatzkonzept im Markt ein Qualitätsversprechen geben, das eine dauerhaft werthaltige, nutzenstiftende Wirkung erzielt und bei der relevanten Zielgruppe in der Erfüllung der Kundenerwartungen einen nachhaltigen Erfolg im Markt realisiert bzw. realisieren kann. (Bruhn 2010, S. 144)

Wird zusätzlich die vorstehende **Definition des Markenbegriffs** von Bruhn betrachtet, wird deutlich, was eine Marke ausmacht: Es muss ein an einer bestimmten Zielgruppe ausgerichtetes strategisches Konzept vorliegen, das ein den Erwartungen der Zielgruppe entsprechendes Qualitätsversprechen vermittelt. Somit gelingt es einer Marke, wahrgenommen zu werden und sich nachhaltig in den Köpfen der Konsumenten zu verankern.

Ein **Ziel der Employer Brand** ist es, das Arbeitgeberimage zu prägen und eine Antwort darauf zu geben, warum ein qualifizierter, hoch motivierter Arbeitsuchender sich genau für dieses eine Unternehmen als Arbeitgeber interessieren bzw. entscheiden soll (Trost 2009, S. 16 f.). Die Arbeitgebermarke hat ein weit verbreitetes und positives Vorstellungsbild zu vermitteln, das eine Differenzierung vom Mitbewerber sowie ein Leistungsversprechen als Arbeitgeber beinhaltet (Lukasczyk 2012a, S. 40). Voraussetzung für die Vermittlung eines solchen Bildes ist die Definition des gewünschten Zielbildes. Das Unternehmen muss somit einen eindeutigen Standpunkt einnehmen und sich der eigenen Identität bewusst sein. Das Ergebnis von Employer Branding ist die Employer Brand, und als Ausgangspunkt für diesen Prozess gilt die Arbeitgeberpositionierung (Kriegler 2012, S. 27). Die **Arbeitgeberpositionierung**, auch Employee Value Proposition (EVP) oder **Unique Employment Proposition (UEP)** genannt, stellt den Grundgedanken der Employer Brand dar. Sie spiegelt das Versprechen des Unternehmens gegenüber den potenziellen und derzeitigen Mitarbeitern wider und ist im Hinblick auf die Bedeutung mit der Unique Selling Proposition (USP) im Produktmarketing vergleichbar (Trost 2009, S. 16).

**Tab. 3.2** Definitionen des Begriffs Employer Branding

| Autor | Definition Employer Branding |
| --- | --- |
| Petkovic | „Employer Branding umfasst alle Entscheidungen, welche die Planung, Gestaltung, Führung und Kontrolle einer Arbeitgebermarke sowie der entsprechenden Marketingmaßnahmen betreffen mit dem Ziel, die umworbenen Fach- und Führungskräfte präferenzwirksam (Employer-of-Choice) zu beeinflussen." (Petkovic 2008, S. 71) |
| Gmür/Martin/Karczinski | „Employer Branding ist die Profilierung eines Unternehmens als Arbeitgeber in der Wahrnehmung seiner Beschäftigten und potenziellen Bewerber." (Gmür et al. 2002, S. 12) |
| DEBA | „Employer Branding ist die identitätsbasierte, intern wie extern wirksame Entwicklung und Positionierung eines Unternehmens als glaubwürdiger und attraktiver Arbeitgeber. Kern des Employer Branding ist immer eine die Unternehmensmarke spezifizierende oder adaptierende Arbeitgebermarkenstrategie. Entwicklung, Umsetzung und Messung dieser Strategie zielen unmittelbar auf die nachhaltige Optimierung von Mitarbeitergewinnung, Mitarbeiterbindung, Leistungsbereitschaft und Unternehmenskultur sowie die Verbesserung des Unternehmensimages. Mittelbar steigert Employer Branding außerdem Geschäftsergebnis sowie Markenwert." (DEBA 2013a, o. S.) |

## 3.1.2 Employer Branding

In der Literatur finden sich zahlreiche **Definitionen des Begriffs Employer Branding**. In Tab. 3.2 werden beispielhaft drei Begriffserläuterungen herausgegriffen.

Die aufgelisteten Definitionen weisen unterschiedliche Feinausprägungen auf. Ein gemeinsamer Nenner lässt sich bei den Autoren Petkovic und Gmür/Martin/Karczinksi in Bezug auf die Zielgruppe finden. Sie stimmen überein, dass mit Employer Branding die **potenziellen sowie aktuellen Mitarbeiter** angesprochen werden. Die Definition der DEBA beinhaltet dagegen keine klare Deklarierung der Zielgruppe. Es kann allerdings durch die Darlegung der Ziele der Arbeitgebermarkenstrategie ebenfalls davon ausgegangen werden, dass sich die Employer Brand an neue sowie aktuelle Arbeitnehmer richtet. Über alle drei Begriffsdefinitionen hinweg besteht ein Konsens über das Ziel von Employer Branding, ein **Unternehmen als attraktiven Arbeitgeber zu positionieren**. Darüber hinaus greift die Definition von DEBA den Aspekt der identitätsorientierten Markenführung auf, d. h. die Verbindung zwischen externem Image und interner Identität.

Employer Branding muss damit sowohl extern (Fokus auf potenzielle Arbeitnehmer) als auch intern (Fokus auf bestehende Arbeitnehmer) ausgerichtet werden. Das **interne Employer Branding** kann wiederum in verschiedene Aufgabengebiete eingeteilt werden. Einer dieser Bereiche umfasst die Entwicklung sämtlicher Personalmanagementprodukte und -prozesse – vom ersten bis zum letzten Arbeitstag im Unternehmen (Stotz und Wedel 2009, S. 11). Weitere Bereiche sind die Gestaltung der Arbeitswelt und die Führung im Unternehmen. Für die Generierung einer attraktiven und wirkungsvollen Arbeitgebermarke ist auch die Employer Branding-Kommunikation ein entscheidendes Handlungsfeld. Dazu zählen beispielsweise das Intranet, Treffpunkte für den Austausch zwischen Mitarbeitern und das Mitarbeitergespräch (Stotz und Wedel 2009, S. 10 f.).

Das **externe Employer Branding** vermittelt die Arbeitgeberpositionierung nach außen und ist die Basis für das Arbeitgeberimage (Stotz und Wedel 2009, S. 11). Maßnahmen des externen Employer Branding sind beispielsweise Bewerbermanagementprozesse und das Netzwerken mit potenziellen Arbeitnehmern. Mögliche Formen des Netzwerkens sind die Vergabe von Praktika und Vorträge an Universitäten sowie Hochschulen. Auf weitere Kommunikationsinstrumente wird an dieser Stelle nicht näher eingegangen, da der operativen Umsetzung des Employer Branding ein eigenes Kapitel gewidmet ist (siehe Kap. 6–12).

## 3.2 Funktionen und Wirkungsbereiche einer Employer Brand

Ein attraktiver Arbeitgeber zu sein, spiegelt sich nicht nur positiv in der Personalarbeit wider. Durch Employer Branding entstehen für das gesamte Unternehmen Nutzeneffekte und wesentliche Wettbewerbsvorteile. Diese Vorteile werden klarer, wenn man – entsprechend dem funktionsorientierten Ansatz der Markenpolitik – die Markenfunktionen für die einzelnen Marktteilnehmer betrachtet. Die Employer Brand erfüllt insbesondere aus Arbeitgeber- sowie aus Arbeitnehmersicht unterschiedliche Funktionen, die in einem unmittelbaren Zusammenhang mit den Wirkungsbereichen des Employer Branding stehen (siehe Abb. 3.2) (Stotz und Wedel 2009, S. 29).

Aus **Arbeitgebersicht** lassen sich folgende **Funktionen** differenzieren:

- **Präferenzbildung:** Der zunehmende Wettbewerb um qualifizierte Arbeitnehmer führt dazu, dass Unternehmen umdenken und sie sich damit auseinander setzen müssen, anhand welcher Kriterien Arbeitssuchende sich auf einen Arbeitgeber festlegen (Grobe 2003, S. 43). Einer gut positionierten Employer Brand ist es möglich, Bewerber ganz gezielt anzusprechen. Dieser Sachverhalt ist entscheidend, denn viele Bewerber besitzen lediglich oberflächliche Informationen über den künftigen Arbeitgeber, so dass ihnen die Unterscheidung aufgrund der vorhandenen Stellenangebote schwer fällt (Petkovic 2008, S. 62). Vor diesem Hintergrund ist es für Unternehmen wichtig, weitaus früher mit der Positionierung und Kommunikation auf dem Arbeitsmarkt zu beginnen – beispielsweise durch Imageanzeigen in zielgruppenrelevanten Zeitungen, Vorträge an Universitäten, einer professionell gestalteten Unternehmenshomepage oder auch durch die Forcierung von Mundpropaganda durch bestehende Mitarbeiter. Somit interessieren und bewerben sich jene Menschen, die mit ihren Vorstellungen und Werten zum Unternehmen passen. In der Literatur wird hier von „**den Besten unter den Passenden**" gesprochen (Stotz und Wedel 2009, S. 30 f.). Werden die Vorstellungen und Erwartungen der Arbeitnehmer, die das Unternehmen auf Grund ihrer eigenen Präferenz gewählt

**Abb. 3.2** Funktionen und Wirkungsbereiche einer Employer Brand (Quelle: in Anlehnung an Stotz, Wedel 2009, 29)

haben, erfüllt, werden diese bereit sein, mehr Leistung zu erbringen und motivierter an die ihnen gestellten Aufgaben herangehen. Darüber hinaus wirkt die Präferenzbildung als Wechselbarriere seitens der Mitarbeiter zu einem anderen Arbeitgeber (Stotz und Wedel 2009, S. 31). Ist ein Unternehmen „employer of choice", werden zudem Kostenvorteile beispielsweise im Recruiting generiert, da die eingehenden Bewerbungen vermehrt von passenden Arbeitskräften eingereicht werden (Elsner und Heil 2006, S. 20). Kosten können auch in der langfristigen Entgeltentwicklung reduziert werden, da die Mitarbeiter bei der Einstellung nicht ausschließlich auf die Höhe des Gehalts fokussiert sind (Stotz und Wedel 2009, S. 31).

- **Differenzbildung:** Mittels der Differenzbildung sollte es einem Unternehmen gelingen, sich von den Wettbewerbern abzuheben und ihre Position im „war of talents" ausbauen. Ausschließlich jene, die es schaffen, aus der Masse hervorzustechen, sind in der Lage, sich nachhaltig im Bewusstsein der potenziellen und bereits bestehenden Arbeitnehmer als attraktiver Arbeitgeber zu verankern. Die unternehmensspezifischen Werte, die durch das Markenversprechen kommuniziert werden, müssen jedoch glaubwürdig und realisierbar sein. Das bedeutet, dass sie spürbar und erlebbar sind und auf die Arbeitnehmer authentisch wirken (Stotz und Wedel 2009, S. 31).

- **Emotionalisierung:** „Bei der Emotionalisierung einer Marke geht es weniger darum, in der Kommunikation Emotionen abzubilden, sondern vielmehr darum, bestimmte Gefühle bei den Kunden auszulösen" (Esch und Armbrecht 2009, S. 31). Laut Stotz und Wedel ist die Wahl des Arbeitgebers mehr eine durch Emotionen geleitete als eine rationale Entscheidung (Stotz und Wedel 2009, S. 31). Fühlen sich die Arbeitnehmer mit der Marke emotional verbunden, führt dies zu Markentreue, Loyalität und ebenso zur Steigerung der Unternehmensidentifikation. Mitarbeiter übernehmen von sich aus Verantwortung, was die Qualität der Arbeitsergebnisse sowie die Effizienz deutlich erhöht (Esser und Schelenz 2011, S. 48 f.).

Damit wird deutlich, dass eine Employer Brand natürlich nicht nur für den Arbeitgeber Funktionen erfüllt. Nachfolgend werden die zentralen **Funktionen für die (potenziellen) Arbeitnehmer** erläutert.

- **Orientierung:** Die Bewerber sind auf dem Arbeitsmarkt einer regelrechten Informationsflut ausgesetzt (Petkovic 2009, S. 87). Die Employer Brand bietet den Zielgruppen vor diesem Hintergrund eine wichtige Orientierungsfunktion (Nagel 2011, S. 26), indem die Employer Brand die Schlüsselbotschaften des Unternehmens transportiert und so den Entscheidungsprozess der Bewerber vereinfacht. Durch die Employer Brand kann der Bewerber überprüfen, ob sein Profil bzw. seine Persönlichkeit mit den Werten und Einstellungen des Unternehmens übereinstimmen (Stotz und Wedel 2009, S. 33).
- **Vertrauen:** Die Wahl des Arbeitgebers ist eine wegweisende Entscheidung im Leben und mittel- bis langfristig ausgerichtet. Oft aber liegen den Bewerbern zu wenig Informationen und Anhaltspunkte über das Unternehmen vor, um es als geeigneten Arbeitgeber beurteilen zu können (Stotz und Wedel 2009, S. 34). Arbeitssuchende vertrauen darauf, dass die von den Unternehmen kommunizierten Versprechen und Werte auch tatsächlich der Wahrheit entsprechen. Eine authentische und überzeugende Arbeitgebermarke sollte somit das Risiko für die Bewerber reduzieren, sich für einen nicht passenden Arbeitgeber zu entscheiden (Petkovic 2009, S. 87).
- **Identifikation:** In der Situation, in der sich ein Bewerber mit den Werten und der Kultur von einem Arbeitgeber identifiziert, kann das Interesse entstehen, sich bei dem Unternehmen zu bewerben (Petkovic 2009, S. 87 f.). Ein Arbeitnehmer wird sich nur dann in einem Unternehmen langfristig wohlfühlen und zufrieden sein, wenn sich seine Wertvorstellungen mit jenen des Unternehmens decken und eine Identifikation mit dem Arbeitgeber vorhanden ist (Stotz und Wedel 2009, S. 34).

Aus den dargestellten Funktionen ergeben sich für das Unternehmen **Wirkungen der Employer Brand**, die nachfolgend näher beschrieben werden (DEBA 2013b).

- **Mitarbeitergewinnung:** Employer Branding wirkt im Bereich Personalgewinnung wie ein Filter: Mit einem strategisch ausgerichteten Employer Branding werden die passenden Bewerber gezielt angezogen. Die Erfolgsquoten bei der Auswahl erhöhen sich und die Fehlbesetzungen sinken. Durch einen „Fit" zwischen Bewerber und Unternehmen reduziert sich so der Aufwand bei der Personalbeschaffung (Siemann 2008, S. 4).
- **Mitarbeiterbindung:** Ein weitere positive Wirkung einer Employer Brand ist die Bindung der Arbeitnehmer. Employer Branding hat unter anderem die Aufgabe, die Arbeitgebermarke nicht nur nach außen zu positionieren, sondern auch intern umzusetzen, was nach außen kommuniziert wird (Kriegler 2012, S. 25). Besteht eine Kongruenz der nach außen und nach innen gerichteten Botschaften, entsteht ein markenorientiertes Verhalten bei den Arbeitnehmern, was wiederum einer Fluktuation von Leistungs- und Potenzialträgern vorbeugt (Esch 2013).

- **Unternehmenskultur:** Die Employer Brand als ein Instrument der Unternehmensführung dient der Unternehmenskultur. Durch ein einheitliches Verständnis der Mitarbeiter bzgl. der Werte, Normen und Denkhaltungen entsteht eine Unternehmenskultur, die wiederum das Zusammenleben und -arbeiten im Unternehmen positiv beeinflusst sowie das Auftreten nach außen prägt.
- **Unternehmensmarke:** Wenn es dem Unternehmen gelingt, eine Arbeitgebermarke aufzubauen, die Emotionen auslöst, authentisch ist und sich von der Konkurrenz abhebt, wirkt sich dies auch positiv auf das Unternehmen und die Corporate Brand aus bzw. verbessert das Unternehmensimage bei allen Stakeholdern (Esser und Schelenz 2011, S. 45 f.).
- **Leistung und Ergebnis:** Durch die Identifikation mit der Unternehmensmarke werden die Interessen des Unternehmens zu den eigenen, das Engagement sowie die Leistungsbereitschaft der Arbeitnehmer für das Unternehmen steigen und sie orientieren sich stärker an den Unternehmenszielen (DEBA 2013b, o. S.).

Die **Bedeutung dieser Wirkungsbereiche** bestätigt die Studie „Internal Employer Branding" der Personalberatung Kienbaum. Im Zuge dieser Untersuchung wurden 234 Personalverantwortliche von Firmen unterschiedlicher Größen befragt und mehr als 70 % bestätigten die enorme Wichtigkeit einer erfolgreichen Employer Brand, um die eigene Firma als attraktiven Arbeitgeber im gesamten Umfeld zu positionieren und die Bekanntheit zu steigern. Des Weiteren verfolgen laut dieser Studie zirka zwei Drittel der Untersuchungsteilnehmer mit Employer Branding die Ziele, durch die internen Maßnahmen die Arbeitnehmer stärker an das Unternehmen zu binden, dass diese sich stärker mit dem Unternehmen identifizieren, sich deren Motivation erhöht und sich die Bereitschaft, die eigene Leistung zu steigern, verbessert (Kienbaum Management Consultant 2013).

## 3.3 Employer Branding vs. Personalmarketing

Ist Employer Branding Teil des Personalmarketing? Zählt Personalmarketing zu Employer Branding? Oder haben die beiden Begrifflichkeiten dieselbe Bedeutung? Zur Abgrenzung dieser beiden Begriffe wird in der Literatur sowie in der Praxis oft keine klare Aussage getroffen. Sie werden durchaus synonym verwendet (Stotz und Wedel 2009, S. 27).

**Personalmarketing** steht für die stetige Umsetzung des Marketinggedankens im Bereich Personalmanagement. Es umfasst sämtliche Maßnahmen zur Gestaltung der personellen Beziehungen zu künftigen, derzeitigen sowie ehemaligen Arbeitnehmern (Bröckermann und Pepels 2002, S. 8). Dabei kann es sich um den Aufbau, den Ausbau sowie die Wiederherstellung von Beziehungen handeln (Bröckermann und Pepels 2002, S. 8). Personalmarketing kann somit als Querschnittsfunktion für das Human Ressource Management verstanden werden. Es hat die Aufgabe, mit vielschichtigen Maßnahmen das Interesse von künftigen Mitarbeitern am Unternehmen zu wecken und die aktuellen Arbeitnehmer intensiver an das Unternehmen zu binden (Lukasczyk 2012b, S. 12 ff.).

**Marketing**

- Marktsegmentierung Zielgruppenauswahl
- Marketing-Mix
- Unternehmensidentität (CI)
- Unternehmensimage
- Markenpositionierung und Markenführung

**Employer Branding**

- Strategische und operative Führung der Arbeitgebermarke
- Markenidentität als konsistentes Gesamtbild personalpolitischer Maßnahmen

**HR**

- Mitarbeiterrekrutierung
- Mitarbeiterführung
- Mitarbeiterentwicklung
- Mitarbeiterbindung

**Abb. 3.3** Employer Branding als Schnittmenge aus Marketing und Human Resource Management

Personalmarketing kann in zwei Teilbereiche untergliedert werden: operativ und strategisch. Im Rahmen der operativen Prozesse werden einzelne kurzfristige Maßnahmen betreut, wohingegen im strategischen Bereich die Aktivitäten umfassend und als „großes Ganzes" betrachtet werden (Petkovic 2008, S. 180). Auch wenn der Begriff Personalmarketing weiter gefasst wird, liegt der Fokus zentral darin, den Recruiting-Bedarf zu decken und Bindung zu gewährleisten (Lukasczyk 2012b, S. 14).

Durch den Gestaltungsprozess einer attraktiven und unverwechselbaren Arbeitgebermarke wird bei Employer Branding darüber hinaus Identitäts- und Organisationsentwicklung in einem Unternehmen betrieben (Kriegler 2012, S. 26). Employer Branding kann daher nicht als Teildisziplin des Personalmarketing eingeordnet werden. Vielmehr ist es als **interdisziplinäres Thema** bzw. Schnittmenge vor allem von Marketing und Human Resource Managements zu sehen. Daraus ergibt sich unter anderem die Notwendigkeit, Abstimmungsmechanismen zu schaffen und das **„Schrebergartendenken"** einzelner Bereiche abzustellen. Einzelinteressen und persönliche Profilierungsbedürfnisse der Akteure sind der Umsetzung von Employer Branding hinderlich. Es ist vielmehr notwendig, dass Employer Branding nicht als abgesonderte Tätigkeit des Personalmanagements verstanden wird, sondern in den Verantwortungsbereich von Personalmanagement, Marketing und Kommunikation gleichermaßen fällt (Lukasczyk 2012b, S. 14) (Abb. 3.3).

## Literatur

Backhaus, K., und S. Tikko. 2004. Conceptualizing and researching employer branding. *Career Development International* 9 (5): 501–517.

Bröckermann, R., und W. Pepels. 2002. Personalmarketing an der Schnittstelle zwischen Absatz- und Personalwirtschaft. In *Personalmarketing. Akquisition – Bindung – Freistellung,* Hrsg. R. Böckermann und W. Pepels. Stuttgart: Schäffer-Poeschel.

Bruhn, M. 2010. *Marketing. Grundlagen für Studium und Praxis.* 10. Aufl. Wiesbaden: Springer Gabler.

Bundesverband der Personalmanger e. V. 2013. Employer Branding kompakt. Das Praxisheft für alle, die Employer Branding richtig machen, besser nutzen und neu entdecken wollen. http://www.bpm.de/sites/default/files/service_1%5B1%5D.pdf. Zugegriffen: 20. Mai 2013.

Dell, D., N. Ainspan, T. Bodenberg, K. Troy, und J. Hickey. 2001. *The conference board: Engaging employees through your brand*. New York: The Conference.

Deutsche Employer Branding Akademie (DEBA). 2013a. Employer Branding Definition. http://www.employerbranding.org/employerbranding.php. Zugegriffen: 23. März 2013.

Deutsche Employer Branding Akademie (DEBA). 2013b. Wirkungsfelder. http://www.employerbranding.org/wirkungsfelder.php. Zugegriffen: 23. März 2013.

Elsner, M., und O. Heil. 2006. Employer Branding als Herausforderung und Chance für das strategische Marketing. *OSCAR.trends Magazin* (3): 19–22.

Esch, F. 2013. Employer Branding. Mit starken Marken Mitarbeiter gewinnen und binden. http://www.esch-brand.com/newsarticle/employer-branding/. Zugegriffen: 23. März 2013.

Esch, F., und W. Armbrecht. 2009. *Best Practice der Markenführung*. Wiesbaden: Gabler.

Esser, M., und B. Schelenz. 2011. *Erfolgsfaktor HR Brand. Den Personalbereich und seine Leistungen als Marke managen.*Erlangen: Publicis Kommunikations-Agentur.

Geißler, C. 2007. Was ist … eine Arbeitgebermarke? *Harvard Business Manager* (10): 136.

Gmür, M., P. Martin, und D. Karczinski. 2002. Employer Branding – Schlüsselfunktion im strategischen Personalmarketing. *Personal* 10: 12–16.

Grobe, E. 2003. Waffenstillstand im War for Talents. *Personal* 6: 42–45.

Immerschitt, W. 2009. *Profil durch PR*. Wiesbaden: Gabler.

Kienbaum Management Consultant. 2013. Kienbaum-Studie Internal Employer Branding 2012. http://www.kienbaum.de/desktopdefault.aspx/tabid-501/649_read-14030/. Zugegriffen: 5. April 2013.

Kriegler, W. 2012. *Praxishandbuch Employer Branding. Mit starker Marke zum attraktiven Arbeitgeber werden.*Freiburg: Haufe-Lexware.

Lukasczyk, A. 2012a. Die Employer Brand führen. In *Employer Branding. Die Arbeitgebermarke gestalten und im Personalmarketing umsetzen,* Hrsg. Deutsche Gesellschaft für Personalführung, 2. Aufl. Bielefeld: W. Bertelsmann.

Lukasczyk, A. 2012b. Vom Personalmarketing zum Employer Branding. In *Employer Branding. Die Arbeitgebermarke gestalten und im Personalmarketing umsetzen,* Hrsg. Deutsche Gesellschaft für Personalführung, 2. Aufl. Bielefeld: W. Bertelsmann.

Nagel, K. 2011. *Employer Branding. Starke Arbeitgebermarken jenseits von Marketingphrasen und Werbetechniken*. Wien: Linde.

Petkovic, M. 2008. *Employer Branding. Ein markenpolitischer Ansatz zur Schaffung von Präferenzen bei der Arbeitgeberwahl*. 2. Aufl. München: Rainer Hampp.

Petkovic, M. 2009. Wissenschaftliche Aspekte zum Employer Branding. In *Employer Branding. Arbeitgeber positionieren und präsentieren*, Hrsg. A. Trost. Köln: Wolters Kluwer.

Siemann, C. 2008. Attraktive Schätze ans Licht bringen. *Personalwirtschaft Sonderheft* 8:4.

Sponheuer, B. 2010. *Employer Branding als Bestandteil einer ganzheitlichen Markenführung*. Wiesbaden: Gabler.

Stotz, W., und A. Wedel. 2009. *Employer Branding. Mit Strategie zum bevorzugten Arbeitgeber*. München: Oldenbourg Wissenschaftsverlag.

Trost, A. 2009. *Employer Branding. Arbeitgeber positionieren und präsentieren*. Köln: Wolters Kluwer.

# Employer Branding-Prozess und Situationsanalyse

Wie im zweiten Kapitel bereits beschrieben, ist das Handeln von KMU geprägt durch Intuition und Improvisation. Entscheidungen werden häufig aus dem „Bauchgefühl" heraus getroffen. So eine Vorgehensweise ist nicht per se abzulehnen, denn der Erfolg gibt so handelnden KMU Recht. Dennoch ist in Anbetracht der aufgezeigten Entwicklungen (siehe Kap. 1) ein **strukturiertes, analytisches unternehmerisches Vorgehen** von hoher Bedeutung. Strategisches Handeln muss auch in KMU zu einer Selbstverständlichkeit werden (Wegmann 2006, S. 185). Wie KMU den Prozess einer Employer Branding-Strategie unter Berücksichtigung ihrer besonderen Charakteristika bzw. begrenzten Ressourcen gestalten können, wird in diesem Kapitel behandelt.

Nach der Darstellung des Prozessmodells der Employer Branding-Strategie (Abschn. 4.1) wird im zweiten Abschnitt (4.2) auf die Initialisierungsphase des Employer Branding eingegangen und beschrieben, welche Schritte seitens des Unternehmens zu Projektbeginn zu gehen sind. Der darauf folgende Abschnitt (4.3) beschreibt die analytischen Vorarbeiten, die für den Aufbau einer attraktiven Arbeitgebermarke notwendig sind. Der letzte Abschnitt dieses Kapitels widmet sich der Verdichtung der Analyseergebnisse und der Formulierung eines Soll-Bildes.

## 4.1 Ablauf des Employer Branding-Prozesses

Wie bereits erläutert, ist Employer Branding die identitätsbasierte Entwicklung und Positionierung eines Unternehmens als attraktiver Arbeitgeber. **Employer Branding ist sozusagen der Weg zu einer attraktiven Arbeitgebermarke.** In der Literatur finden sich einige Zugänge bzw. Schemata von Prozessabläufen, die diesen Weg beschreiben. Allen Modellen gemeinsam sind die Elemente der Analyse, Konzeption bzw. Planung, Umsetzung und Kontrolle.

Bei der Konzeptionserstellung verbinden sich eine Reihe von Handlungssträngen miteinander, die sich wechselseitig beeinflussen. Abbildung 4.1 zeigt diesen Employer Bran-

W. Immerschitt, M. Stumpf, *Employer Branding für KMU*,
DOI 10.1007/978-3-658-01204-5_4, © Springer Fachmedien Wiesbaden 2014

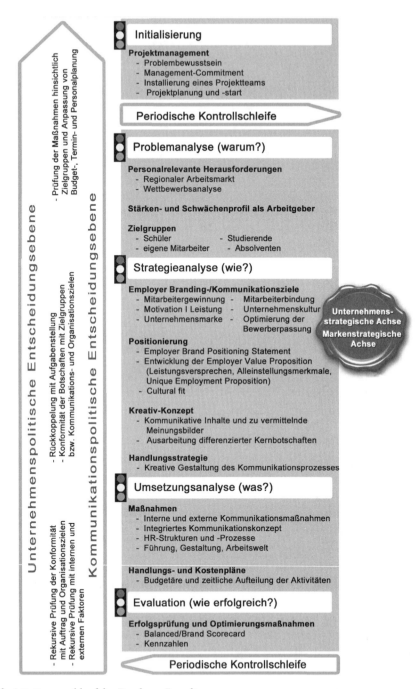

**Abb. 4.1** Prozessablauf des Employer Branding

ding-Prozess im Wechselspiel mit einer Reihe von Determinanten, die bei der kommunikativen Umsetzung zu berücksichtigen sind. Interne Vorgaben der Unternehmenspolitik und der Markenstrategie wollen bedacht werden, externe Einflussfaktoren begrenzen das Handlungsfeld. Zunächst darf die Bildung einer Arbeitgebermarke im Sinne der Integrierten Kommunikation der Unternehmensmarke nicht widersprechen. Die Unternehmensstrategie gibt sowie die Geschwindigkeit und Richtung der Kommunikation vor. Darüber lagert sich die Markenstrategie. Wir gehen hier davon aus, dass Sie bereits ein unternehmerisches Leitbild vorliegen sowie die Vision und die Mission Ihres Unternehmens festgelegt haben. Alles zusammen stellt gewissermaßen die „**unternehmerische Verfassung**" dar. In der Grafik werden diese Metaebenen in Form eines Wachssiegels dargestellt, die eine Kordel verbindet, die den gesamten Prozess zusammenhält.

Auf der rechten, grau unterlegten Seite der Grafik ist der Prozess in der Zeitfolge von oben nach unten dargestellt. Die Sprossen auf der Leiter zeigen die einzelnen Planungsschritte, die – nach der Initiierungsphase – in **vier Analyseebenen** strukturiert sind:

1. **Analyse:** Hier werden die personalrelevanten Herausforderungen des Arbeitsmarktes analysiert. Es findet eine Segmentierung des Arbeitgebermarktes und eine Selbstanalyse des Unternehmens statt.
2. **Strategie:** Diese Ebene umfasst die Zielformulierung, die Festlegung der Soll-Identität der Arbeitgebermarke und die Formulierung der Positionierung der Arbeitgebermarke. Festgelegt wird hier auch, wie die kreative Gestaltung des Kommunikationsprozesses aussehen soll.
3. **Umsetzung:** In dieser Phase werden die kommunikativen internen und externen Maßnahmen für alle Kontaktpunkte der Arbeitgebermarke integriert umgesetzt. Dafür müssen natürlich auch die entsprechenden zeitlichen und budgetären Handlungspläne festgelegt werden.
4. **Kontrolle:** In periodischen Abständen erfolgt die Erfolgsmessung und die Anpassung der Strategie und des Maßnahmenkataloges.

Die vier Ebenen bilden den Planungsprozess ab, der von oben nach unten abgearbeitet wird. Wenn sich im Laufe des Prozesses neue Aspekte ergeben, kann es durchaus sinnvoll sein, nochmals einen oder mehrere Schritte zurückzugehen. In der Regel werden eher kurzfristig orientierte – auf ein Budgetjahr abgestimmte – **Periodenpläne** erstellt. Mittelfristige oder gar langfristige Periodenpläne sind nur in wenigen Unternehmen vorhanden. Es herrscht in der Literatur allerdings Einigkeit darüber, dass der Employer Branding-Prozess längerfristig angelegt werden muss und **Ergebnisse erst nach zwei bis drei Jahren nachhaltig sichtbar werden** (Buckesfeld 2010, S. 34).

Über die Analyseebenen gelagert sind die beiden Entscheidungsebenen. Dies wird durch den Pfeil am linken Rand der Grafik symbolisiert. Die Entscheidungsebene ist deshalb unterteilt, weil einerseits kommunikationspolitische, andererseits unternehmenspolitische Entscheidungen getroffen werden. Auf der **unternehmenspolitischen** wie auch der **kommunikationspolitischen Entscheidungsebene** finden permanent rekursive Prüfungen der Konformität der gesetzten Schritte mit dem Auftrag und den Organisationszielen statt. Wenn einzelne Schritte abgeschlossen sind, kommt der Moment des Nachdenkens über die Frage: „Sind wir auf dem richtigen Weg?" Im ersten Fall entscheidet der Kommunikationsexperte, was Sinn macht, im zweiten Fall sagt der Auftraggeber oder der in einem Unternehmen hierarchisch zuständige Manager, wie sich die Ergebnisse und Vorschläge aus unternehmens- und markenpolitischer Sicht darstellen.

Nach dieser Analyse kann es gut sein, dass die Ampel aus fachlicher oder betriebswirtschaftlicher, unternehmensstrategischer oder persönlicher Sicht auf gelb oder gar rot gestellt wird. In diesem Fall heißt es entweder, dass der Prozess noch einmal von vorne beginnt oder ganz gestoppt wird. Ein typischer **Grund für den Abbruch** ist eine Überforderung hinsichtlich der personellen Ressourcen oder der budgetären Möglichkeiten. Nicht selten kommt es auch vor, dass ein solcher Prozess gestoppt wird, weil sich in der Analyse herausstellt, dass beispielsweise Führungspersönlichkeiten nicht Teil der Lösung, sondern Teil des Problems sind. Genauso kann es sein, dass das Management kein ausreichendes Vertrauen in die Umsetzungspotenziale der mit dem Prozess betrauten Personen hat und deshalb die „Reißleine zieht".

## 4.2    Initialisierung von Employer Branding-Projekten

Der Weg zu einer attraktiven Arbeitgebermarke beginnt bereits mit der richtigen Initialisierung (Kriegler 2012, S. 39). Für eine erfolgreiche **Projektauslösung** sollten folgende Aspekte zu Beginn des Prozesses geklärt werden (Kirschten 2010, S. 125; Achtenhagen et al. 2012, S. 3; Franke 2012, S. 48; Kriegler 2012, S. 40 ff.):

- Unterstützung bzw. Committment der Unternehmensleitung,
- Einbindung aller relevanten Abteilungen (Personalabteilung, Marketing, Kommunikation) bzw. der zuständigen Mitarbeiter dieser Funktionsbereiche,
- Schaffung eines gemeinsamen Verständnisses von Employer Branding,
- Festlegung der Rollen und Verantwortlichkeiten (Projektleiter, Projektteam),
- Sicherstellung der finanziellen und personellen Ressourcen,
- Klärung, ob ein externer Dienstleister hinzugezogen wird.

Da Employer Branding von Beginn an in den Kontext der Unternehmensstrategie zu stellen ist (Franke 2012, S. 48), ist es unabdingbar, dass die Unternehmensleitung voll und ganz hinter dem Aufbau einer Arbeitgebermarke steht (Kriegler 2012, S. 57). Im besten Fall wird Employer Branding zur Chefsache erklärt und nicht delegiert (Achtenhagen et al. 2012, S. 3). Ohne **Befürwortung durch die Unternehmensleitung** gestaltet sich auch die meist notwendige interne Überzeugungsarbeit als sehr schwierig, denn die mit der Umsetzung der Employer Branding-Strategie einhergehenden Veränderungen erzielen nicht bei allen Beteiligten gleich schnell Zuspruch (Kriegler 2012, S. 57).

Employer Branding hat nicht die alleinige Aufgabe der Optimierung der HR-Wert-schöpfungskette, sie ist vielmehr als **Querschnittsaufgabe im Gesamtunternehmen** zu verstehen (siehe Kap. 3). Employer Branding muss daher als integrale Aufgabe aller rele-vanten Unternehmensbereiche (u. a. Personal, Kommunikation, Marketing) verstanden werden (Lukasczyk 2012b, S. 12). Aus diesem Grund ist es wichtig, dass von Prozessbeginn an alle betroffenen Unternehmensbereiche bzw. verantwortlichen Mitarbeiter eingebun-den werden, damit die Erfahrungen und Kompetenzen der jeweiligen Bereiche nicht un-genutzt bleiben, sich Entscheidungsträger nicht übergangen fühlen und schlussendlich im Unternehmen alle an einem Strang ziehen (Kriegler 2012, S. 55 f.).

Im nächsten Schritt ist ein **Projektteam**, bestehend aus den Mitgliedern der betroffenen Unternehmensbereiche sowie – sofern vorhanden – mit dem Betriebsrat, zu bilden (Ach-tenhagen et al. 2012, S. 4). Bei der Festlegung der Projektleitung ist zu berücksichtigen, dass die jeweilige Person über die notwendige interne Akzeptanz verfügt. Wenn dies nicht der Fall ist, kann der Projekterfolg gefährdet sein. Bei wegweisenden Entscheidungen ist es wichtig, dass die Unternehmensleitung eingebunden wird, sofern sie nicht ohnehin Teil des Projektteams ist (Kriegler 2012, S. 55 ff.).

Ein **Erfolgsfaktor** besteht zudem darin, dass die Arbeitgebermarke nicht nur in den Köpfen der zusammengesetzten Projektgruppe entsteht, sondern von Prozessbeginn an von einer breiten Basis im Unternehmen getragen wird, das heißt, dass die bestehenden Mitarbeiter als wichtige Zielgruppe der Employer Brand zu sehen sind und in die ein-zelnen Phasen des Employer Branding-Prozesses (wie z. B. bei der Analyse) einzubinden sind. So können sich die Mitarbeiter mit den Aktivitäten des Employer Branding frühzeitig identifizieren und beruflich wie auch privat als glaubwürdige Botschafter des Unterneh-mens als Arbeitgeber auftreten (Dehlsen und Franke 2009, S. 162). Ein Erfolgskriterium ist auch, dass im Unternehmen bzw. innerhalb der Projektgruppe zu Beginn des Prozesses ein einheitliches Verständnis für Employer Branding geschaffen wird (Kriegler 2012, S. 40).

Da der Aufbau einer Arbeitgebermarke eine umfangreiche und strategische Aufgabe im Unternehmen darstellt, ist die Sicherstellung der erforderlichen **personellen und finanzi-ellen Ressourcen** eine wichtige Voraussetzung für die erfolgreiche Implementierung und kontinuierliche Umsetzung (Achtenhagen et al. 2012, S. 3). Die anfallenden Kosten stellen vor allem für KMU oft eine Barriere dar. Der finanzielle Aufwand wird aber häufig über-schätzt, denn Employer Branding muss nicht teuer sein (DEBA 2006, S. 3; Groß und Koch 2013). Employer Branding beinhaltet nicht nur gegebenenfalls kostenintensive Marketing-maßnahmen, wie beispielsweise Image-Kampagnen, Broschüren und Events, es beinhaltet auch Maßnahmen, die nicht mit Kosten verbunden sind, wie beispielsweise ein kooperati-ver Führungsstil (Ochsenbein und Jochem 2011). Zu Projektbeginn können zwar un-terschiedliche Investitionskosten anfallen, wie beispielsweise Personalkosten, Kosten für externe Berater und eventuell interne Umstrukturierungskosten. Langfristig gesehen wird aber der Nutzen einer Arbeitgebermarke höher sein als die Investitionskosten (Achtenha-gen et al. 2012, S. 3; Groß und Koch 2013, o. S.). Eine beispielhafte Gegenüberstellung von **Kosten und Nutzen des Employer Branding** finden Sie in Tab. 4.1

**Tab. 4.1** Gegenüberstellung von Kosten und Nutzen des Employer Branding. (Achtenhagen et al. 2012, S. 3; Groß und Koch 2013, o. S.)

| Kosten | Nutzen |
| --- | --- |
| Personalkosten (Projektgruppe) | Einsparung von Rekrutierungskosten (langfristig) |
| Externe Spezialisten und Berater | Steigerung der Motivation und Loyalität der Mitarbeiter |
| Markenentwicklung/Entwicklung eines Slogans durch externe Berater | Erhöhung des Bekanntheitsgrades |
| Werbemaßnahmen bzw. -mittel Interne Umstrukturierungskosten | Verbesserung des Arbeitgeberimages |
| Seminar- und Weiterbildungskosten | Zukünftige Wettbewerbsvorteile durch „passende" Stellenbesetzungen |

Relativ früh sollte auch schon die Entscheidung getroffen werden, ob ein externer Dienstleister hinzugezogen wird. Grundsätzlich haben die Unternehmen dabei drei Möglichkeiten (Kriegler 2012, S. 60):

1. Als ein möglicher Weg bietet sich die **Inhouse-Abwicklung** an (Analyse, Strategieentwicklung und Implementierung mit eigenen Ressourcen und Know-How).
2. Die zweite Möglichkeit besteht in einer umfassenden Unterstützung bei der Projektaufsetzung und Prozessbegleitung durch einen **externen Dienstleister.**
3. Eine weitere Alternative ist ein **Mittelweg** der beiden erstgenannten Möglichkeiten: Die Analyse und Strategie wird inhouse durchgeführt, das Unternehmen wird aber in allen Prozessschritten von einem erfahrenen Berater begleitet bzw. gecoacht.

Häufig wählen kleinere Unternehmen den letztgenannten Weg. Diese Form der Prozessbegleitung bietet sich vor allem im Hinblick auf die begrenzten finanziellen und personellen Ressourcen sowie die häufig fehlende HR-Kompetenz in KMU als erfolgversprechender Weg an.

## 4.3  Analyse der Unternehmens- und Marktsituation

Bei der Analyse bilden die internen und externen Rahmenbedingungen wichtige Orientierungspunkte für die Unternehmen bezüglich der Planung und anschließenden Umsetzung der Arbeitgebermarke (Seng und Armutat 2012, S. 19). Da die Entwicklung einer Arbeitgebermarke kein kurzfristiges Projekt ist, sondern für das Unternehmen eine langfristige Richtungsentscheidung darstellt, ist eine **fundierte Faktenbasis** erforderlich (Graf und Pett 2009, S. 15). Da KMU aber nicht über die gleichen personellen und finanziellen Ressourcen wie Großunternehmen verfügen (siehe Kap. 2), muss sich die Analyse auf wesentliche Bereiche beschränken bzw. sollten Analyseumfang und Analyseintensität den Unternehmensgegebenheiten angepasst sein.

Ein für KMU praktikabler Analyseansatz stammt von Trost. Bei der Festlegung der Arbeitgeberpositionierung sollen insgesamt **fünf Faktoren** berücksichtigt werden: die Arbeitgebereigenschaften, das Arbeitgeberimage, die Zielgruppen, die Position der Wettbewerber und die Markenstrategie des Unternehmens (Trost 2009, S. 19).

## 4.3.1 Arbeitgebereigenschaften

Die Analyse der Arbeitgebereigenschaften – sozusagen die Ermittlung des Selbstbildes bzw. der Ist-Identität – ist ein wichtiger Baustein für den Aufbau einer glaubwürdigen Arbeitgebermarke (Sponheuer 2010, S. 150).

> Die Identität wird definiert als all das, was für die Organisation zentral ist, was zeitlich stabil ist und was die Organisationen von anderen unterscheidet. (RKW Expertenkreis 2011, S. 17)

Die **Arbeitgebereigenschaften bzw. die Merkmale des Unternehmens als Arbeitgeber** geben Auskunft darüber, warum die Mitarbeiter gerne im Unternehmen arbeiten oder warum ein Mitarbeiter auch nach mehreren Jahren eine hohe Loyalität gegenüber dem Unternehmen hat (Trost 2009, S. 19). Bei der Ist-Analyse liegt der Fokus auf den Stärken und Schwächen als Arbeitgeber, den Leistungen, die das Unternehmen zu bieten hat, den Angeboten und den Personalprozessen (Graf und Pett 2009, S. 15; Schuble et al. 2009, S. 8). Kernelemente der Ist-Identität sind vor allem die Unternehmenskultur und die gelebten Werte (Graf und Pett 2009, S. 15; Sponheuer 2010, S. 176). Damit eine glaubwürdige Arbeitgebermarke aufgebaut werden kann, ist bei der Ermittlung des Selbstbildes als Arbeitgeber eine ehrliche Bestandsaufnahme von essentieller Bedeutung (Graf und Pett 2009, S. 16 f.).

Die Analyse der eigenen Stärken und Leistungen ist ein wichtiger Baustein der Arbeitgeberpositionierung. Die Suche nach den **Stärken als Arbeitgeber** ist aber als ein individueller Prozess anzusehen, deshalb sollte die Ausrichtung des Analysefokus auch unternehmensspezifisch erfolgen (RKW Expertenkreis 2009a, S. 3). Tabelle 4.2 zeigt mögliche Bereiche für die Erhebung des Ist-Bildes.

Insbesondere ist zu untersuchen, welche Werte im Unternehmen gelebt werden und womit sich die Mitarbeiter im Unternehmen am meisten identifizieren (Kriegler 2012, S. 122). Folgende Fragen sollen das Unternehmen in der **Analyse der Arbeitgebereigenschaften** leiten (Achtenhagen et al. 2012, S. 4; Franke 2012, S. 49):

- Was macht uns als Arbeitgeber attraktiv?
- Was zeichnet uns aus?
- Warum sollten sich besonders gute Fachkräfte für uns entscheiden?
- Wie nehmen uns die Mitarbeiter als Arbeitgeber wahr (Kultur, Werte, Führung)?
- Was bieten wir unseren Mitarbeitern (Arbeitsbedingungen, Gehalt, Work-Life-Balance, Weiterbildung usw.)?
- Wie bewerten die Mitarbeiter unser Angebot?

**Tab. 4.2** Mögliche Stärken eines Unternehmens als Arbeitgeber. (Trost 2009, S. 20; Kriegler 2012, S. 87)

| Kategorie | Bereiche |
|---|---|
| Unternehmen | Produkte/Dienstleistungen; Technologie-/Marktführerschaft; Unternehmenserfolg; Standort; öffentliche Reputation; Arbeitsplatzsicherheit; Kunden |
| Werte | Unternehmenskultur; Führungsqualität und Leitbild; Vertrauen/Flexibilität der Arbeit |
| Arbeitsaufgaben/Arbeitsinhalte | Interessante Aufgaben und Projekte; internationaler Einsatz; Innovation; Einfluss |
| Angebote | Entlohnung; Zusatzleistungen; Karrieremöglichkeiten; Work-Life-Balance |
| Strategie | Corporate Brand; Ziele der strategischen Unternehmensentwicklung; Vision, Mission, Leitbild; Geschäftsstrategie; Personalstrategie |
| Kommunikation | Maßnahmen der Mitarbeiterkommunikation; Unternehmens-Image-Kommunikation |
| Personalmanagement | Anforderungs- und Stellenprofile; Employer Branding-relevante HR-Prozesse (z. B. Recruiting, Onboarding, usw.); HR-Kennzahlen (Krankenstand, Fluktuation, etc.) |

Nach der Initiative „KMU als attraktiver Arbeitgeber" sind neben den typischen Merkmalen der KMU (siehe Kap. 2) insbesondere die Aktivitäten des Personalmanagements, der Recruiting-Prozess, die Personalentwicklung, die Führung und die internen und externen Kommunikationsmaßnahmen zu analysieren und die in Tab. 4.3 aufgelisteten Fragen zu beantworten (DEBA 2010a, S. 4 ff.).

Damit die Analyse nicht ausufert und zu viele Ressourcen in Anspruch nimmt, ist es sinnvoll, bereits **vorhandene Informationsquellen** wie beispielsweise interne Erhebungen, Auswertungen, Insiderwissen und Erfahrungen von den Mitarbeitern sowie Führungskräften zu nutzen (Graf und Pett 2009, S. 16). Ein unverzichtbarer Schritt beim Employer Branding ist vor allem die Einbeziehung der bestehenden Mitarbeiter und Führungskräfte (Trost 2009, S. 32). Hier nehmen die Mitarbeiter und Führungskräfte eine wichtige Rolle ein, denn durch ihre Angaben kann die Stimmigkeit zwischen der offiziellen Selbstdarstellung des Unternehmens und der gelebten Kultur überprüft werden (Graf und Pett 2009, S. 16).

Mögliche **Methoden zur Erhebung der wahrgenommenen Arbeitgebereigenschaften** sind Mitarbeiter- und Einzelinterviews, Mitarbeiterbefragungen, Fokusgruppen und Austritt-Interviews (Sponheuer 2010, S. 176; Kirschten 2010, S. 131). Zur Erhebung des Ist-Bildes kann alternativ zur Befragung auch ein Workshop mit ausgewählten Führungskräften und Mitarbeitern durchgeführt werden (RKW Expertenkreis 2009a, S. 4). Wichtige Hinweise auf die Stärken und Schwächen als Arbeitgeber können auch durch Interviews mit den neuen Mitarbeitern gewonnen werden, denn diese können noch glaubhaft berichten, aus welchen Gründen sie sich für dieses Unternehmen als Arbeitgeber entschieden haben (Achtenhagen et al. 2012, S. 4).

**Tab. 4.3** Analysebereiche und Fragenkatalog zur Arbeitgeberqualität. (DEBA 2010a, S. 4 ff.)

| Bereich | Fragen |
| --- | --- |
| Personalmanagement | Sind alle personalbezogenen Aktivitäten aufeinander abgestimmt? Verfügen wir über ein Organigramm? Und ist dieses aktuell? Verfügen wir über eine aktuelle Personalbedarfsplanung? |
| Leistungen | Welche Arbeitszeitmodelle bieten wir an? Haben wir ein einheitliches Gehaltsschema? Bieten wir einen marktkonformen Gehalt an? Unterstützen wir unsere Mitarbeiter bei der Kinderbetreuung? Welche Zusatzleistungen bieten wir? (Fahrtkostenzuschuss, Gewinnbeteiligung, gesundheitsfördernde Maßnahmen, usw.)? |
| Personal-Recruiting | Ist unser Bewerbungsprozess transparent? Haben wir für jede Stelle ein konkretes Anforderungsprofil? Wer ist am Auswahlprozess beteiligt? Werden die Auswahlgespräche anhand eines Interviewleitfadens geführt? Überprüfen wir beim Gespräch, ob der Kandidat aus kultureller Sicht zu uns passt? |
| Personalentwicklung | Haben wir einen Überblick über alle internen Kompetenzen und Qualifikationen? Werden sich die Anforderungen an unsere Mitarbeiter aufgrund aktueller Entwicklungen (z. B. Technologiefortschritt) verändern? Mit welchen Maßnahmen fördern wir unsere Mitarbeiter in ihrer Entwicklung? |
| Führung | Welcher Führungsstil herrscht in unserem Unternehmen? Bereiten wir Führungskräfte schon im Vorfeld auf ihre Führungsaufgaben vor? Mit welchen Maßnahmen unterstützen wir unsere Führungskräfte (Coaching, Trainings, usw.)? |
| Interne Kommunikation | Kennen unsere Mitarbeiter die Produkte, Dienstleistungen und größten Kunden? Kennen unsere Mitarbeiter die Unternehmensziele? Mit welchen Instrumenten informieren wir unsere Mitarbeiter? |
| Externe Kommunikation | Schöpfen wir das Potenzial unserer Homepage aus? Kommunizieren wir unsere Stärken als Arbeitgeber? Welche Informationen bieten wir an? Sind diese authentisch? Wissen wir, mit welchen Kanälen wir unsere Zielgruppe erreichen? |

**Severn Consultancy GmbH: Analyse Arbeitgebereigenschaften**

Severn Consultancy hat zur Erhebung des Ist-Bildes (u. a. Führungskultur, Stärken und Schwächen als Arbeitgeber) mit allen Mitarbeitern und Führungskräften ein halbstrukturiertes Interview geführt (die Interviewdauer lag zwischen einer und eineinhalb Stunden). Diese Methode stellte sicher, dass neben den vorgegebenen Themenbereichen auch noch bisher unentdeckte Eigenschaften des Unternehmens als Arbeitgeber zum Vorschein gekommen sind. Anschließend wurden die Interviewergebnisse ano-

| Angebote | Aufgaben | Unternehmen | Mitarbeiter | Werte |
|---|---|---|---|---|
| Entlohnung<br>Zusatzleistungen<br>Karriere-<br>möglichkeiten<br>Work-Life-<br>Balance | Interessante<br>Aufgaben und<br>Projekte<br>Internationaler<br>Einsatz<br>Innovation<br>Einfluss | Produkt/Dienstleistungen<br>Technologie-/<br>Marktführerschaft<br>Unternehmenserfolg<br>Standort<br>Öffentliche Reputation<br>Arbeitsplatzsicherheit<br>Kunden | Persönlichkeit der<br>Mitarbeiter<br>Qualifikationsniveau<br>der Mitarbeiter<br>Zusammenarbeit<br>Diversity | Unternehmenskultur<br>Bekannte<br>Führungspersönlichkeiten<br>Führungsqualität und<br>-leitbild<br>Vertrauen/Flexibilität der<br>Arbeit |

**Abb. 4.2** Taxonomie der Arbeitgebereigenschaften. (Trost 2009, S. 20)

nym ausgewertet, verdichtet und zu Kernaussagen zusammengefasst. Zur Absicherung der Resultate wurden die Kernaussagen von den Mitarbeitern noch einmal auf einer Skala von fünf Stufen („eindeutige Zustimmung" bis „eindeutige Ablehnung") diskutiert und validiert. Durch die Interviews hat das Unternehmen wichtige Anhaltspunkte für die Festlegung der Positionierung als Arbeitgeber erhalten. Die Interviews lieferten auch weitere Anhaltspunkte. Beispielsweise ist zum Vorschein gekommen, dass den jüngeren Mitarbeitern die mittelfristige Unternehmensstrategie weniger klar ist als den Führungskräften. (Luderer und Frosch 2008, S. 45 f.)

Eine Befragung der Mitarbeiter eines Unternehmens, warum sie (gerne) dort arbeiten, beinhaltet eine Reihe von **sozialpsychologischen Aspekten**. Einmal vorausgesetzt, dass der Befragte nicht ohnehin schon innerlich gekündigt hat und auf dem Absprung ist, wird die Antwort auf diese Frage klare Antworten bringen. Alles andere würde ja auf Dauer zu einer Art von Schizophrenie führen. Anders gesagt: Auf Dauer hält es niemand aus, jeden Tag einer Arbeit nachzugehen, die nicht zumindest in Teilaspekten positive Ergebnisse bringt. Diese Erkenntnis ist auch bei der Formulierung der Arbeitgeberversprechen (Employer Value Proposition) und der daraus abgeleiteten Arbeitgebermarke zu berücksichtigen. Denn wenn zwischen diesen kommunizierten Arbeitgebereigenschaften und dem tatsächlich Erlebten eine Kluft besteht, ist eine hohe Fluktuation vorprogrammiert.

Alljährlich lassen sich Unternehmen von „Great Place to Work" testen, ob sie tatsächlich „ausgezeichnete Arbeitsplätze" bieten. Frank Hauser, der das deutsche Institut leitet, das diese Studien durchführt, sieht fünf Qualitäten im Vordergrund, wobei das Wichtigste das Vertrauen zum Management sei. „Um dies zu erreichen, sind aus der Sicht der Mitarbeiter drei Qualitäten gefragt: Glaubwürdigkeit, Respekt und Fairness. Ergänzt wird das Vertrauen durch die Qualitäten Stolz und Teamorientierung." (Hauser 2009, S. 97) Armin Trost hat eine **Taxonomie der Arbeitgebereigenschaften** entworfen, die für Mitarbeiter bedeutend sind. Er hat dazu ebenfalls fünf Kategorien aufgestellt, die aber viel weiter reichen als die eben genannten von Great Place to Work (Trost 2009, S. 20) (Abb. 4.2).

Die Autoren dieses Buches haben im Zeitraum von Herbst 2012 bis Frühjahr 2013 eine **Onlinebefragung von KMU** durchgeführt, an der sich insgesamt über 300 Unternehmen

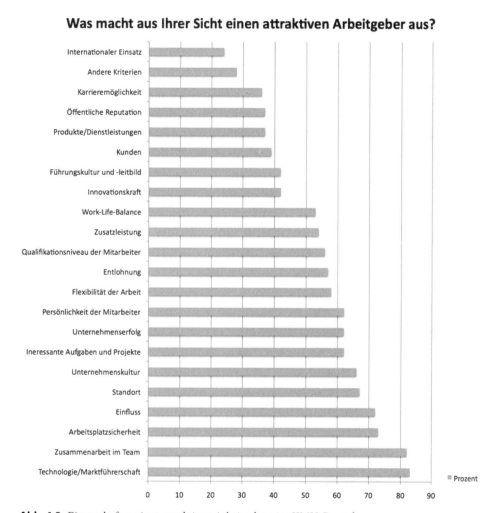

**Abb. 4.3**  Eigenschaften eines attraktiven Arbeitgebers im KMU-Bereich

beteiligt haben. Eine Überraschung bringt die Einschätzung dessen, was nach Auffassung der Geschäftsführer und Personalverantwortlichen einen attraktiven Arbeitgeber ausmacht. Die Top 10 sind Technologie- und Marktführerschaft, Zusammenarbeit im Team, Arbeitsplatzsicherheit, Einfluss, Standort, Unternehmenskultur, interessante Projekte, Unternehmenserfolg, Persönlichkeit der Mitarbeiter und Flexibilität der Arbeit. Erst dahinter – also auf Platz 11 – folgt die Entlohnung. Die Schlusslichter in der Reihung sind zugleich auch Hinweise auf Schwächen, die KMU als Arbeitgeber haben: Sie können nur selten Perspektiven auf internationaler Ebene aufzeigen. Auch bei den Karrieremöglichkeiten hinken sie angesichts der meist sehr flachen Strukturen (was auch als Vorteil zu sehen ist) sowie der Reputation in der Öffentlichkeit hinterher. (Abb. 4.3)

## 4.3.2  Arbeitgeberimage

Images sind überall dort wichtig, wo unmittelbare Erfahrung nicht oder nur unter erschwerten Bedingungen möglich ist. Da aus Bewerbersicht eine detaillierte Auseinandersetzung mit der Vielzahl potenzieller Arbeitgeber nicht möglich ist, dient die Employer Brand – wie bereits im dritten Kapitel beschrieben – zur Verringerung des wahrgenommenen **Risikos einer Fehlentscheidung bei der Arbeitgeberwahl.** Aus diesem Grund übernimmt das Arbeitgeberimage eine wichtige Funktion bei der Vorauswahl von potenziellen Unternehmen (Sponheuer 2010, S. 102 f.).

Images sind **subjektive Vorstellungsbilder,** die mehr oder weniger stark von den objektiven Gegebenheiten abweichen. Gernot Brauer beschreibt Image als eine Vorstellung von einer Person, einer Unternehmung oder einer Institution, „und zwar nicht als ein gezeichnetes Bild, sondern als Mosaik aus aufgeschnappten, bruchstückhaften, ineinander verwischten Details." (Brauer 1993, S. 463) Das ist ein sehr schönes Bild, weil es eine Vorstellung entstehen lässt, wie das Profil des Unternehmens für Bewerber um eine Stelle aussieht, wenn die Mosaikbruchstücke sehr groß sind, nämlich sehr undeutlich und kaum erkennbar. Mit derartiger Unschärfe kann es leicht zu Missverständnissen und Fehlinterpretationen kommen.

Grundsätzlich gilt: Jedes Unternehmen hat eine öffentliche Reputation und natürlich auch ein Arbeitgeberimage. Sie haben keine Wahl, es zu wollen oder nicht zu wollen, egal ob Sie Ihr Bild nach außen gezielt managen oder nicht: Verweigern geht nicht. Auch für das Employer Branding gilt Paul Watzlawiks pragmatisches Axiom: „Man kann nicht nicht kommunizieren, denn jede Kommunikation (nicht nur mit Worten) ist Verhalten und genauso wie man sich nicht nicht verhalten kann, kann man nicht nicht kommunizieren."[1]

Das **Arbeitgeberimage** ergibt sich aus der Wahrnehmung Ihres Unternehmens als Arbeitgeber in der breiten Öffentlichkeit und unter potenziellen Bewerbern. Der amerikanische Psychologieprofessor Barry Schwartz (2006, S. 63) spricht von einer „Tyrannei der kleinen Entscheidungen, weil wir in jedem Augenblick an jedem Tag wählen müssen; es gibt immer Alternativen, zwischen denen wir wählen können." Ein Arbeitgeber, der nicht bekannt ist, wird nicht wahrgenommen oder allenfalls diffus. Entsprechend können sich keine positiven Einstellungen ausprägen; schon gar nicht kann die Entscheidung beeinflusst werden, sich für genau dieses Unternehmen als künftigen Arbeitgeber zu entscheiden. Geringe Bekanntheit ist im Übrigen auch ein Problem für aktuelle Mitarbeiter. Es klingt einfach besser, wenn sie sagen können, dass sie bei einem bekannten KMU in der Region tätig sind als bei einem No-Name. Die berufliche Reputation Ihrer Mitarbeiter korreliert in deren Bekannten- und Familienkreis stark mit der, die Sie als Arbeitgeber haben.

**Vertrauen ist ein Schlüsselbegriff** in der Arbeitgeberkommunikation. In zahlreichen Untersuchungen wurde belegt, dass Vertrautheit, die ja eng mit dem Begriff Vertrauen zusammenhängt, Gefallen erzeugt. Wenn wir jemandem vertrauen, verlassen wir uns darauf,

---

[1] http://www.uni-bielefeld.de/paedagogik/Seminare/moeller02/06watzlawick1/.http://www.paul-watzlawick.de/axiome.html; ein Axiom ist ein Grundsatz, der keines Beweises bedarf.

dass der andere sich etwas annimmt, das für uns von Wert ist.[2] Die Kommunikation (und natürlich die Realität) muss deshalb Vertrauen auf eine stabile Qualität vermitteln. KMU haben den großen Vorteil, dass sie Vertrauen auf der persönlichen Ebene in einem überschaubaren kommunikativen Umfeld herstellen können. Sie haben den Vorteil der Unmittelbarkeit. Kontinuität ist eine wesentliche Voraussetzung für den Faktor Bekanntheit, auf der die Vertrauensbildung aufbaut (Schönborn und Molthan 2001, S. 7).

KMU kommen zwar bei den inzwischen beliebt gewordenen Rankings der „besten Arbeitgeber" auf überregionaler Ebene kaum vor. Das ist Faktum, aber kein Beinbruch. Denn beispielsweise ist es für ein Unternehmen mit 500 Mitarbeitern in Baden-Württemberg von relativ geringem Interesse, ob es auch in Brandenburg oder Bremen bekannt ist. Entscheidend ist das **Image im geographischen Umfeld**. Und da sieht es meist ganz anders aus. Mittelständische Unternehmen können hier sehr gezielt und mit vernünftigem Aufwand ihre Botschaft an die Dialoggruppen herantragen und damit Imagepflege betreiben.

Mittels einer **Arbeitgeberimage-Analyse** soll nun untersucht werden, welche Eigenschaften (positive wie auch negative) aus externer Sicht dem Unternehmen nachgesagt werden bzw. wie das Unternehmen allgemein als Arbeitgeber wahrgenommen wird (YouGov Deutschland AG 2013). Zur Analyse bieten sich unterschiedliche Herangehensweisen an, wie beispielsweise die Beauftragung eines Marktforschungsinstituts, die Teilnahme an Arbeitgeberimagerankings, ein Social-Media-Resonanztest oder die Befragung der eigenen Mitarbeiter (Kriegler 2012, S. 93).

Eine Erhebung der externen Wahrnehmung durch ein Marktforschungsinstituts liefert zwar konkrete Ergebnisse, ist aber meist mit hohen Kosten verbunden und dadurch als Instrument für KMU eher nicht geeignet (Kriegler 2012, S. 93). Eine weitere Möglichkeit bietet eine Teilnahme an Arbeitgeberimagerankings. Mittlerweile gibt es mehrere Arbeitgeberrankings, wie Great Place to Work, Trendence und Universum (Kriegler 2012, S. 93), an denen vorrangig Großunternehmen und Konzerne mit einem allgemein hohen Bekanntheitsgrad teilnehmen. Ein Wettbewerb nur für KMU ist beispielsweise TOP Job. Auch die Kosten sind überschaubar: Rund 4.000,– EUR kostete eine Teilnahme im Jahr 2013 (Jobware 2013).

Die dritte Möglichkeit, die im Vergleich mit den beiden erstgenannten Analyseinstrumenten mit deutlich weniger Kosten verbunden ist, ist die Durchführung eines **Social-Media-Resonanztests**. Anbieter von Resonanztests können beauftragt werden zu untersuchen, wie, wo und ob über das Unternehmen im Social Web (Blogs, Microblogs, Bewertungsportale wie Kununu, usw.) gesprochen wird, um daraus Rückschlüsse auf das Arbeitgeberimage ziehen zu können. Voraussetzung ist allerdings, dass das Unternehmen in den sozialen Medien präsent ist (Kriegler 2012, S. 94). Laut der BITKOM-Studie „Social Media in deutschen Unternehmen" gaben 47 % der KMU (bis 499 Mitarbeiter) an, dass sie bereits Social Media für ihr Unternehmen nutzen, aber nur 10 % davon beobachten, was über sie geschrieben wird (Monitoring). Hier besteht noch großer Handlungsbedarf (BITKOM 2012, S. 9 ff).

---

[2] Zur Markenkommunikation siehe Immerschitt 2009, S. 47 ff.

Eine weitere Möglichkeit für Sie, Ihr Image als Arbeitgeber in Erfahrung zu bringen, ist die **Befragung der Mitarbeiter**. Die Mitarbeiter sind eine wichtige Quelle, denn sie kennen das Unternehmen und wissen meistens, wie das Unternehmen aus externer Sicht als Arbeitgeber gesehen und wie über das Unternehmen gesprochen wird. Diese Art der Erhebung des Arbeitgeberimages bindet zwar Zeit, ist aber im Vergleich zu den vorher genannten Vorgehensweisen die kostengünstigste (Kriegler 2012, S. 95 ff.).

Auch „**Blindbewerbungen**" – Bewerbungen, die ohne vorangegangene Stellenausschreibung an das Unternehmen geschickt wurden – können ein wichtiger Indikator zur Analyse des Arbeitgeberimages sein. Dabei ist nicht nur die Anzahl der Blindbewerbungen genauer zu betrachten, sondern beispielsweise noch folgende Faktoren (RKW Expertenkreis 2011, S. 21):

- Für welche Stellen bzw. Berufe erhalten Sie Blindbewerbungen?
- Wer bewirbt sich bei Ihnen (Fachkräfte, High Potentials, Hilfsarbeiter, gut oder weniger gut Qualifizierte?)
- Bewerben sich bestimmte Bewerbergruppen häufig?
- Gibt es Zusammenhänge mit der Jahreszeit, der Konjunktur oder mit Messen, Firmenfeiern?
- Woher kommen die Bewerbungen (regional, überregional)? Sind geografische Zusammenhänge identifizierbar?
- Bekommen Sie Massenbewerbungen oder werden Sie gezielt von den Bewerbern angesprochen?
- Eine genauere Betrachtung der Blindbewerbungen ist aber für Sie nur dann von Nutzen, wenn Sie eine gewisse Anzahl davon im Unternehmen erhalten (RKW Expertenkreis 2011, S. 21).

### 4.3.3  Personalbedarfsplanung

Die Grundlage der Zielgruppendefinition bildet der Personalbedarf (Nagel 2011, S. 60). Mit der Personalbedarfsermittlung wird erhoben, wie viele Mitarbeiter (quantitativer Aspekt) mit welchen Kompetenzen (qualitativer Aspekt) aus kurz- oder mittel- bis langfristiger Sicht der Betrieb benötigt (Seng und Armutat 2012, S. 31). Die primären **Ziele der Personalbedarfsplanung** sind die Sicherstellung der Handlungsfähigkeit und des Unternehmenserfolgs, die Vermeidung von Über- und Unterkapazitäten sowie die Kostensenkung durch frühzeitige Personalbeschaffung (Wolff von der Sahl et al. 2012, S. 2). Bei der Bedarfsplanung müssen interne und externe Einflussfaktoren berücksichtigt werden, die eine genaue Personalplanung erschweren können (Jung 2011). Zu den internen und externen **Determinanten der Bedarfsplanung** gehören die in Tab. 4.4 beispielhaft aufgeführten Punkte.

Zu den **externen Einflüssen**, die wirtschaftlicher, politischer, demografischer, rechtlicher oder technologischer Natur sein können, zählen zum Beispiel die Branchenentwick-

**Tab. 4.4** Interne und externe Einflussfaktoren auf den Personalbedarf. (Jung 2011, S. 114; Scheel 2011, o. S.; Wolff von der Sahl et al. 2012, S. 7)

| Interne Einflussfaktoren | Externe Einflussfaktoren |
| --- | --- |
| Unternehmensziele/Unternehmenspolitik | Gesamtwirtschaftliche Entwicklung/konjunk- |
| Umsatzerwartung | turelle Entwicklung (z. B. Preise, Löhne) |
| Veränderung der Aufbau- und | Branchenentwicklung |
| Ablauforganisation | Wettbewerbssituation |
| Änderung von Produktionsmethoden | Gesellschaftliche Entwicklung (z. B. demografi- |
| Durchschnittliche Auslastung der Mitarbeiter | scher Wandel) |
| Fluktuation/Fehlzeiten, Urlaub, | Rechtliche Regelungen (z. B. Sozial- und |
| Pensionierungen | Arbeitsrecht) |
| Altersstruktur | Technologische Entwicklung |

lung, der Absatz des Unternehmens und der demografische Wandel (Jung 2011, S. 114; Scheel 2011, o. S). Für die Personalplanung ist es wichtig, diese Entwicklungen zu verfolgen, ihre Auswirkungen auf das Unternehmen einzuschätzen und sodann bei der Planung zu berücksichtigen. Die notwendigen Informationen, beispielsweise Prognosen zur demografischen Entwicklung, Konjunkturberichte oder Branchenanalysen, werden von Fachverbänden, Interessensvertretungen und Wirtschaftsforschungsinstituten angeboten (Jung 2011, S. 114). **Interne Einflüsse** umfassen beispielsweise Veränderungen der Aufbau- und Ablauforganisation, die Unternehmensziele und Unternehmenspolitik, die durchschnittliche Auslastung der Mitarbeiter sowie die Fluktuationsquote und die Altersstruktur (Jung 2011, S. 114; Scheel 2011, o. S.; Wolff von der Sahl et al. 2012, S. 7).

Mit dem Personalbedarf soll eruiert werden, welche Zielgruppen im Fokus der Personalgewinnung stehen und welcher Netto-Personalbedarf im Unternehmen durch Personalrekrutierung zu decken ist (Seng und Armutat 2012, S. 31). Der **Netto-Personalbedarf** (Ersatzbedarf/Neubedarf) umfasst alle Stellen im Unternehmen, die durch die vorhandene Belegschaft nicht besetzt werden können (Stock-Homburg 2010, S. 108). Aufgrund der häufig nicht vorhandenen Datenbasis tun sich Unternehmen – vor allem KMU – sehr schwer, einen genauen Personalbedarf zu ermitteln (Seng und Armutat 2012, S. 31). Zur Ermittlung des Netto-Personalbedarfs bieten sich für KMU unter Berücksichtigung ihrer begrenzten Ressourcen beispielsweise die Altersstrukturanalyse und ein Analysetool des Rationalisierungs- und Innovationszentrum der Deutschen Wirtschaft e. V. (RKW) an.

Die **Altersstrukturanalyse** ist ein hilfreiches Instrument zur Erhebung des zukünftigen Personalbedarfs. Die Ergebnisse geben auch wichtige Hinweise auf einen personalpolitischen Handlungsbedarf. Mit der Altersstrukturanalyse wird in erster Linie die gegenwärtige Altersstruktur der Belegschaft erhoben. Zielführender und aussagekräftiger ist vor allem eine Analyse der Altersstruktur nach Funktionsbereichen, Status-, Berufs- und Qualifikationsstrukturen sowie der Dauer der Betriebszugehörigkeit. Vor allem für kleine Unternehmen sollte mit diesem Verfahren das Auslangen gefunden werden (Wolff von der Sahl et al. 2012, S. 7).

Eine weitere einfache Möglichkeit zur Ermittlung des Personalbedarfs ist das **vom RKW-Expertenkreis entwickelte Analysetool**. In diesem Tool werden der aktuelle Personalbestand, die Schätzwerte der Brutto-Bedarfsplanung (Anzahl der benötigten Beschäftigten im Unternehmen) und die Personalabgänge sowie Neuzugänge eingegeben. Daraus ergibt sich dann der Netto-Personalbedarf für das Unternehmen (RKW Expertenkreis 2013a). Bei der Schätzung des Brutto-Personalbedarfs sind die Führungskräfte aufgrund ihrer Erfahrungswerte unbedingt einzubinden (RKW Expertenkreis 2013b). Wichtig ist zudem, dass die internen und externen Einflussfaktoren berücksichtigt werden (Wolff von der Sahl et al. 2012, S. 6).

---

**FMB-Blickle GmbH: Personalbedarfsplanung**

Das Unternehmen FMB-Blickle – Hersteller von Hydraulikkomponenten und -systemen in Villingen-Schwenningen mit 55 Mitarbeitern – hat zur Personalbedarfssicherung und zum frühzeitigen Erkennen von Personalengpässen und Überkapazitäten vor drei Jahren eine standardisierte Personalbedarfsplanung eingeführt. Aktuell wird die Personalbedarfsplanung einmal im Jahr von der Unternehmensleitung, der Personalleitung und den Funktionsbereichsleitern durchgeführt. Wegen der konjunkturempfindlichen Maschinenbaubranche bezieht sich der Planungshorizont auf zwei Jahre. Die festgelegten Ziele werden einmal im Quartal in gleicher personeller Zusammensetzung überprüft und bei Veränderungen angepasst. Bei der Planung werden alle Unternehmensbereiche betrachtet. Die Bedarfsplanung selbst beruht sehr stark auf den persönlichen Einschätzungen der Beteiligten. Bei der Planung werden zudem die Unternehmensstrategie, protokollierte Unterlagen der Mitarbeitergespräche, Ergebnisse der Mitarbeiterbefragungen, Markttrends, technologische Entwicklungen, die allgemeine wirtschaftliche Entwicklung und die Entwicklung der Maschinenbaubranche berücksichtigt. (Wolff von der Sahl et al. 2012, S. 12)

---

### 4.3.4   Definition der (kritischen) Zielgruppen

Nachdem der Personalbedarf – am geeignetsten nach Qualifikationsgruppen – identifiziert wurde, die jeweiligen Zielgruppen aber nicht gleichermaßen für den Unternehmenserfolg von Bedeutung sind und auch nicht gleich gut zu rekrutieren sind, sollten die Zielgruppen priorisiert werden (RKW Expertenkreis 2009b, S. 10). Employer Branding hat sich dabei insbesondere auf die sogenannten Engpass- und Schlüsselfunktionen im Unternehmen zu konzentrieren (Trost 2009, S. 27). Als **Engpassfunktionen** werden jene Positionen bzw. Bereiche im Unternehmen bezeichnet, die einen hohen quantitativen Personalbedarf haben und aufgrund der begrenzten Verfügbarkeit im Arbeitsmarkt schwer zu besetzen sind. Zu den **Schlüsselfunktionen** zählen Positionen, die eine hohe strategische Bedeutung (Unternehmenserfolg, Wettbewerbsfähigkeit) für das Unternehmen haben (Trost 2009, S. 26 f.). Welche Funktion als Schlüsselfunktion definiert wird, hängt immer von der Unternehmensstrategie und der Marktpositionierung ab. Wenn ein Unternehmen beispielsweise eine Wachstumssteigerung anstrebt, wird der Vertrieb zur Schlüsselfunktion im Unternehmen (Trost 2009, S. 29). In einem Unternehmen sind alle Funktionen wichtig,

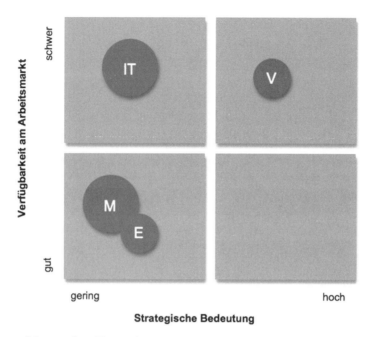

**Abb. 4.4** Portfolio zur Identifikation der Engpass- und Schlüsselfunktionen. (Trost 2009, S. 32)

sie sind aber in Bezug auf die Erhaltung und den Ausbau der Wettbewerbsfähigkeit und des Unternehmenserfolgs nicht von gleicher Bedeutung (Trost 2009, S. 28).

Bei der **Definition der jeweiligen Schlüssel- und Engpassfunktionen** ist neben dem quantitativen Personalbedarf und der strategischen Bedeutung einer Funktion auch die Verfügbarkeit der Funktion am Arbeitsmarkt zu berücksichtigen (Trost 2012, S. 32). Anhand dieser Kriterien können die jeweiligen Funktionen beispielhaft in einem Portfolio dargestellt werden (Trost 2012, S. 32), wie Abb. 4.4 dies beispielhaft zeigt.

Die Kreise stehen für die jeweiligen Funktionen und die Kreisgröße zeigt, wie hoch der jeweilige Personalbedarf ist. Bei der Funktion V (= Vertrieb) handelt es sich beispielsweise aufgrund der hohen strategischen Bedeutung und der geringen Verfügbarkeit am Arbeitsmarkt um eine besonders kritische Funktion. Funktion IT (= Informationstechnik) ist aufgrund des hohen Personalbedarfs und der geringen Verfügbarkeit von potenziellen Arbeitnehmern eine Engpassfunktion. Die Funktionen M (= Marketing) und E (= Einkauf) können beispielsweise über klassische Stellenanzeigen besetzt werden. Für die Besetzung der Schlüssel- und Engpassfunktionen sind aktive Wege und eine zielgruppengerechte Ansprache notwendig (Trost 2012, S. 32 f.).

### Severn Consultancy GmbH: Zielgruppendefinition

Das Unternehmen Severn Consultancy hat sich zum Ziel gesetzt, die Mitarbeiteranzahl in den nächsten drei Jahren zu verdoppeln. Im Rahmen des Prozesses wurden neben den bestehenden Mitarbeitern zwei konkrete Zielgruppen zur Mitarbeitergewinnung definiert:

- Zielgruppe 1 „Hochschulabsolventen": Severn Consultancy ist verstärkt auf der Suche nach Universitätsabsolventen der Studienschwerpunkte Banken- und Finanzwirtschaft. Die Kandidaten sollen auch Interesse für die Produkte von Severn, wie Wertpapiere und Compliance, haben. Im günstigsten Fall ist dieses Interesse durch Studienarbeiten, Diplomarbeiten oder Praktika belegt.
- Zielgruppe 2 „Arbeitnehmer mit Berufserfahrung": Severn will in den nächsten Jahren auch Mitarbeiter mit ein bis drei Jahren Berufserfahrung für sich gewinnen. Im speziellen sind sie auf der Suche nach Mitarbeitern aus Banken mit Projekterfahrung und Praxis-Know-How in den Bereichen Inhouse Consulting, Unternehmensorganisation und Stabsfunktionen. Ebenso wurden noch weitere Informationen zu den beiden Zielgruppen gesammelt, wie z. B. Hochschulen oder relevante Mitbewerber. (Luderer und Frosch 2008, S. 45)

Ergänzend zu der **Zielgruppendefinition** des Beispiels der Severn Consultancy GmbH lassen sich im Allgemeinen bei der Bildung einer Arbeitgebermarke vier Gruppen von Personen differenzieren (Beck 2008, S. 31):

- **Potenzielle Mitarbeiter:** Das sind Personen, die für Ihr Unternehmen überhaupt in Frage kommen.
- **Künftige Mitarbeiter:** Das sind solche, die bereits eine Präferenz entwickelt haben und den Bewerbungsprozess durchlaufen.
- **Aktuelle Mitarbeiter:** Die im Unternehmen Tätigen sind nicht nur „wichtigste Ressource", wie das häufig dargestellt wird, sondern haben als „Botschafter" auch einen hohen Grad an Außenwirkung.
- **Ehemalige Mitarbeiter:** Auch frühere Betriebsangehörige können wichtige Ansprechpartner sein, insbesondere dann, wenn das Ausscheiden freiwillig (Ruhestand, neues Jobangebot) erfolgt ist.

Die Kommunikation einer Arbeitgebermarke richtet sich also sowohl an **interne als auch externe Dialoggruppen.** Erstere werden leider sehr häufig nicht ins Blickfeld genommen. Obwohl das Zitat von Edward Bernays[3] –„PR begins at home"– seit vielen Jahrzehnten immer wieder publiziert wird, haben gerade KMU bei der Umsetzung häufig Defizite in der Information der eigenen Mitarbeiter. Das liegt nicht zuletzt daran, dass gerade kleinere Unternehmen dem Fehlschluss erliegen, dass ohnehin alle alles mitbekommen, was definitiv nicht der Fall ist. Auch für Geschäftsführer mittelständischer Unternehmen gilt, dass in ihrer Jobbeschreibung steht, dass sie dafür sorgen müssen, dass alle Mitarbeiter ausreichend informiert sind – auch hinsichtlich der Entwicklung einer Arbeitgebermarke (Immerschitt 2009, S. 120).

---

[3] Edward Bernays gilt als einer der Urväter der Public Relations. Der 1891 in Wien als Neffe von Sigmund Freud gebürtige PR-Berater und „Spin Doctor" starb 1995 als 104-Jähriger in New York.

## 4.3.5   Zielgruppenpräferenzen

Nach Achtenhagen et al. sind im Anschluss an die Festlegung der Zielgruppen deren Präferenzen bei der Arbeitgeberwahl zu untersuchen, um abgleichen zu können, welche Anforderungen das Unternehmen bereits erfüllt und in welchen Bereichen noch eine Lücke zwischen den Erwartungen und dem aktuellen Angebot besteht (Achtenhagen et al. 2012, S. 5). Zudem sind die **Wünsche, Erwartungen und Bedürfnisse der Zielgruppen** wesentlich für die kommunikative Ansprache der Dialoggruppe. Die Studie „Erfolgreiche Arbeitgebermarkenbildung in kleinen und mittelständischen Unternehmen" (Königsteiner Agentur 2011, S. 9) aus dem Jahr 2011 von HRblue AG und der Königsteiner Agentur verdeutlicht, dass zwar fast 40 % der Unternehmen ihre Zielgruppen definieren, allerdings nicht einmal ein Drittel der befragten Unternehmen deren Wünsche, Erwartungen und Bedürfnisse kennt.

Einen sehr guten Eindruck davon, was sich Kandidaten von ihrem künftigen Arbeitgeber erwarten, können Sie aus den mehr als tausend Ideen herauslesen, die Axel Haitzer im Buch „Bewerbermagnet" gesammelt hat. Die in einem Open-Source-Prozess gewonnenen Ideen decken **zehn Themengebiete** ab (Haitzer 2011, S. 64), die Hälfte davon entfällt auf

- Work Life Balance (20,3 %),
- Persönlicher Arbeitsplatz, Umfeld, Rahmenbedingungen (19,6 %) und
- Interne und externe Kommunikation (11,7 %).

Dazu kommen – geordnet nach der Zahl der gesammelten Ideen – folgende Themen:

- Alternative Honorierungsmodelle (10,3 %),
- Bewerbungs- und Auswahlprozess (9,2 %),
- Persönliche Entwicklung und Bildung (7,8 %),
- Vision, Mission, Werte, Betriebsklima (6,3 %),
- Selbstverwirklichung (5,7 %),
- Mitsprache, Mitbestimmung (5,4 %) und
- Führungskräfte, Führungsstil, Menschenbild (3,7 %).

Wie bereits zuvor ausgeführt, sollten sich die Unternehmen aber nicht ausschließlich mit den Präferenzen ihrer Bewerber beschäftigen und versuchen, es allen recht machen zu wollen. Eine Employer Brand sollte auf der Unternehmensidentität basieren, um authentisch wahrgenommen zu werden und um die zum Unternehmen passenden Mitarbeiter gewinnen und binden zu können. Die jeweiligen Präferenzen der Zielgruppen zu kennen ist sinnvoll. Sie sollen bei der Gestaltung der Kommunikation berücksichtigt werden – nicht aber bei der Arbeitgeberpositionierung (Graf und Pett 2009, S. 18).

Innerhalb der Präferenzen sind zwei Ebenen zu unterscheiden (siehe Abb. 4.5) (Kriegler 2012, S. 101 f.): Die erste Ebene betrifft die **zeitgeistigen Präferenzen** (wie Vergütung, Karriere, Gesundheitsvorsorge), die bei der Arbeitgeberkommunikation zu berücksichtigen sind. Zur Erhebung dieser Präferenzen sind die Mitarbeiter, insbesondere Mitarbeiter

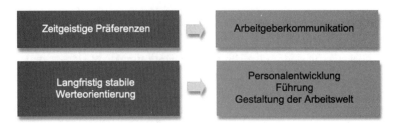

**Abb. 4.5**  Ebenen der Bewerberpräferenzen und Werteorientierungen. (Kriegler 2012, S. 102)

aus Schlüsselfunktionen und neue Mitarbeiter sowie die Recruiter wichtige Informationsquellen (Trost 2009, S. 33). Auf der zweiten Ebene befinden sich die **langfristig stabilen
Werte** der Generationen. Diese sind vor allem im Hinblick auf ihre längere Stabilität für die
Personalarbeit von Nutzen und können als Grundlage für die Gestaltung der Arbeitswelt
oder für die Planung der Personalentwicklung genutzt werden (Kriegler 2012, S. 98 ff.).

Wie auf die unterschiedlichen Erwartungen der Bewerber eingegangen und mit welchen Strategien die Bewerberpassung optimiert werden kann, zeigt das nachfolgende Fallbeispiel von SPV Solutions.

## 4.4  SPV AG: Profilierung zur Verbesserung der Bewerberpassung

- **Unternehmen:** Die SPV AG, im Jahr 1983 gegründet, ist ein international tätiges SAP-
  Projekthaus mit Sitz in München. SPV entwickelt branchen- und kundenorientierte
  Lösungen und berät Unternehmen zu Strategie, Wirtschaftlichkeit, Funktionalität und
  Performance.
- **Standort:** München
- **Mitarbeiter:** 120
- **Gründungsjahr:** 1983
- **URL:** www.myspv.com
- **Interviewpartner:** Sabine Neumann, Senior Human Resources Manager (09.07.2013)

Auf den Karriere-Webseiten der Unternehmen ist es in den letzten Jahren üblich geworden, die jeweiligen Zielgruppen sehr viel trennschärfer anzusprechen. Dabei wird nicht nach konkreten Jobangeboten unterteilt, sondern aus Sicht der Angesprochenen. Diese sind entweder Schüler (die eine Lehrstelle suchen), Studierende (die Praktika oder Abschlussarbeiten übernehmen möchten), Absolventen (die als Berufseinsteiger nach dem Studium ihren ersten Arbeitsplatz wählen), Young Professionals (mit einem noch kurzen beruflichen Werdegang) oder Fortgeschrittene (die schon längere Berufserfahrung haben). Bei der SPV AG kommt noch eine weitere Rubrik dazu, nämlich Freiberufler. Das hat seinen Grund darin, dass in Deutschland alle SAP-Beratungshäuser mit einem ausgetrockneten Kandidatenmarkt zu kämpfen haben. „Wir sind extrem kandidatengetrieben. Die IT-Spezialisten bestimmen, bei wem sie arbeiten möchten", sagt Sabine Neumann. „Könige des Arbeitsmarktes" nennt sie die SAP-Spezialisten. Unternehmen bewerben sich um Mitarbeiter und nicht umgekehrt.

Das „Austrocknen der Recruiting-Pipeline" hat dazu geführt, dass Employer Branding einen besonderen strategischen Stellenwert bei der bayerischen Firma bekam. Nach der Krise ab dem Jahr 2008 war klar, dass „wir mehr machen, weiter ausholen und uns besser aufstellen müssen", erinnert sich Sabine Neumann. Alte Recruiting-Pfade wurden damals verlassen. Stellenanzeigen in den Zeitungen gibt es seit damals keine mehr, „weil sich unsere Kandidaten ohnedies kaum in den Printmedien aufhalten." Auch die Inhalte der nun online platzierten Jobbeschreibungen wurden umgekrempelt: „Wir wissen, dass bei branchenüblich hohen Gehältern das Finanzielle nicht die größte Bedeutung hat." Vielmehr geht es darum, klarzustellen, wofür SPV steht und welche Benefits abseits der Bezahlung geboten werden. Sicherheit ist in der Branche ein ganz wesentlicher Punkt, ebenso wie anspruchsvolle Kundenprojekte. Genauso gefragt sind Gleitzeitkonten und Work-Life-Balance. Für Leistungsträger hat das Unternehmen ein ganz besonderes Angebot: Sie können auf einem Langzeitwertkonto Zeit und Geld ansparen. Das Guthaben kann dann während eines Sabbaticals aufgebraucht werden.

Um die Besonderheiten besser kommunizieren zu können, wurde ein Arbeitgeber-Claim („Es gibt immer einen Weg") kreiert und eine emotionalere Bildsprache entwickelt. Die „gutsherrenartigen Stellenanzeigen" landeten im Mülleimer. Heute werden beispielsweise Hochschulabsolventen über die sozialen Medien wie beispielsweise XING und LinkedIn angesprochen. Von dort werden sie auf eine spezielle Webseite gelotst, wo es eine Aufgabe im Abap-Code (einer speziellen Programmiersprache) zu lösen gilt. Informatiker, die sich so als mögliche Bewerber outen, können ein iPad gewinnen. Die Aktion wird auch an Universitäten beworben und findet regen Zuspruch.

**Jede Zielgruppe tickt anders**   Gearbeitet wurde an der Schärfung des Profiles des Unternehmens, um von vornherein sicherzustellen, dass die persönliche Passung von Bewerbern zur Unternehmenskultur passt (Abb. 4.6). Bei Freiberuflern hat sich das als relativ einfach erwiesen: Sie legen besonderen Wert darauf, dass sie einen verlässlichen Geschäftspartner haben und Projektangebote nahe am Heimatmarkt erhalten mit guten Konditionen und langfristigen Laufzeiten, die auch Sicherheit bei kontinuierlicher Auslastung geben. Diese Themen anzusprechen, funktioniert relativ gut. Bei Studierenden und Professionals wer-

**Abb. 4.6** Verschiedene Zielgruppen werden unterschiedlich angesprochen. Das gilt auch für die Bildsprache.

den Mitarbeiter gesucht, die die Kultur der Offenheit, gegenseitige Wertschätzung und Eigeninitiative mittragen und bereit sind, ihr Know-how zu teilen. „Was wir gar nicht dulden, ist Information-Hiding", sagt Sabine Neumann. Ansonsten schaut sie darauf, „dass wir den jeweiligen Zielgruppen das anbieten, was wir glauben, was für sie zählt."

- Für Young Professionals mit bis zu drei Jahren Berufserfahrung ist wichtig, dass sie einen Paten und Mentor zur Seite gestellt bekommen, von dem sie fachlich lernen können. Bei dieser Zielgruppe steht die schnelle Weiterentwicklung im Vordergrund. Sie suchen die Herausforderung und schätzen das häufige Rotieren in den Projektwelten, damit sie bei verschiedenen Kunden in vielen Bereichen sehr viel lernen können.
- Professionals mit bis zu zehn Jahren SAP-Berufserfahrung haben meist das Bedürfnis, sich verstärkt um die junge Familie zu kümmern. Work-Life-Balance spielt hier eine viel größere Rolle, was wiederum mit dem Wunsch verbunden ist, die Reisetätigkeit etwas moderater zu gestalten. In dieser Zielgruppe wird nach einem stabilen Projektumfeld verlangt, in dem sie Team- und Leitungsverantwortung übertragen bekommen.

- Bei den Studierenden der Generation Y merkt man, dass sie andere Wertvorstellungen haben. Für sie zählt die neueste Technik. Smartphone, Tablet-PC und jede Menge Apps gehören zur Grundausstattung. Die Youngsters wollen Spaß an der Arbeit. Das bedeutet Teamwork, weil sie auch Freunde im Unternehmen gewinnen möchten. Die Kolleginnen und Kollegen sind Gleichgesinnte, mit denen sie sich fachlich befruchten wollen. Ein großes Thema sind auch die Arbeitszeiten und ein regelmäßiges Feedback. Studierende und Absolventen fragen immer öfter ganz gezielt nach den Arbeitszeiten. Für sie sind Gleitzeitkonten und mal ein arbeitsfreier Tag oder ein Freitag im Monat nur für Weiterbildung ein schlagendes Argument für einen Job. Die Konsequenz des Personalmanagements bei SPV: „Bei uns ist alles möglich. Wir sind flexibel. Es ist nur wichtig, dass die Leistung auch stimmt."

Der Illusion, dass sich der Kandidatenmarkt wieder drehen könnte, gibt sich Neumann nicht hin. Im Gegenteil: „Es wird noch dramatischer", ist sie überzeugt. Die angespannte Situation im Raum München wird noch schlimmer, weil die Universitäten zu wenig Nachwuchs ausbilden. Employer Branding-Maßnahmen, die allein darauf abzielen, das Unternehmen schick zu machen und gut zu verkaufen, helfen da nicht. Als langfristigen Hebel sieht Sabine Neumann, im Betrieb selbst mehr auszubilden und Spezialisten aus dem Ausland anzuwerben. Das SPV-Team ist inzwischen sehr international geworden: Die Mitarbeiter kommen aus Ländern wie Italien, Bulgarien, Russland, Polen, Rumänien, Litauen, Ungarn, Türkei oder der Ukraine. Fachlich gibt es gar keine Probleme, auch das Engagement der Migranten ist hoch. Fundierte Deutschkenntnisse müssen sie allerdings mitbringen. Für das Personalmanagement ist die Entwicklung dennoch eine hohe Herausforderung, weil von der Wohnungssuche angefangen eine „Rundumversorgung" notwendig ist.

Das lässt sich bei einem größeren mittelständischen Unternehmen arrangieren. In der Branche hat die Personalknappheit aber auch strukturelle Auswirkungen: Einige kleinere Dienstleister sind verschwunden, haben den Kampf um die Talente aufgegeben. Andere suchen strategische und technologische Partnerschaften. SPV bietet solche Kooperationen zur Abwicklung von Projekten aktiv an.

**Hochschul-Screening**   Die Erkenntnis, dass ein eigener Beitrag zur Ausbildung geleistet werden muss, hat SPV dazu bewogen, sich die Hochschullandschaft näher anzusehen. Gescreent wurden Hochschulen mit Informatikausbildung oder Wirtschaftsinformatik-ausbildung aus der näheren Umgebung, die nicht so stark von den IT-Riesen umworben werden. Die Wahl ist schließlich auf die Hochschulen für angewandte Wissenschaften in Augsburg und Landshut gefallen, mit denen es inzwischen eine enge Kooperation gibt. Die Hochschulkooperationen haben sich jedenfalls schon bewährt: Zwei Master-Arbeiten im Bereich App-Entwicklung werden gerade in Kooperation mit der SPV AG geschrieben und auch die ersten Initiativbewerbungen wurden registriert. Aufmerksam wurden die Kandidaten durch Gastvorlesungen, Beteiligungen an Inhouse-Karrieremessen der beiden Hochschulen oder eben durch das beschriebene Gewinnspiel.

## 4.5   Arbeitsmarkt- und Wettbewerbsanalyse

Es macht wenig Sinn, den gesamten Arbeitsmarkt anzusprechen – nicht zuletzt auch aus betriebswirtschaftlichen Überlegungen. Bei der **Analyse des Arbeitsmarkts** müssen Sie sich zunächst einmal Klarheit darüber verschaffen, welche Selektionskriterien zu Grunde gelegt werden sollen (Buckesfeld 2010, S. 36). Mittelständische Unternehmen sollten ihren Fokus auf das nähere regionale Umfeld richten. Denn nur in wenigen Ausnahmen – bei Engpass- und Schlüsselfunktionen – wird es möglicherweise nötig sein, sich überregional umzusehen. Natürlich wird es bei der Bewerbersuche immer einen Overflow geben, wenn beispielsweise Karriereplattformen im Internet, die Karriereseiten überregionaler Tageszeitungen oder Social Media-Netzwerke genutzt werden. Aber im Zentrum sollten Ihr Standort und seine Umgebung stehen. Eine Ausnahme kann die Suche nach so genannten „High Potentials" darstellen, von Spezialisten also, die für hoch qualifizierte Aufgaben gesucht werden.

Der Blick auf die arbeitsmarktpolitische Situation ist aber nur eine erste Annäherung. Zur Festlegung eines Alleinstellungsmerkmals ist es im zweiten Schritt notwendig, einen Blick auf den **Mitbewerb am Arbeitsmarkt** zu werfen. Wie kommunizieren Ihre Marktbegleiter? Welche Themen stellen sie in den Mittelpunkt? Mit welchen Leistungsversprechen treten sie auf? Diese Analyse ist wichtig, damit Sie sich entsprechend differenzieren. Es ist sicher nicht anratenswert, eine Arbeitgebermarke aufzubauen, die mit jener des größten Mitbewerbers in der Region verwechselbar ist.

Zu beachten ist hier, dass beim Employer Branding zu den Mitbewerbern vor allem solche Unternehmen zählen, die Mitarbeiter mit **ähnlichen Kompetenzen** suchen (Achtenhagen et al. 2012, S. 6). Eine Analyse des Wettbewerbs ist daher vor allem dann von Nutzen, wenn Sie Mitarbeiter mit branchenspezifischem Wissen benötigen und qualifizierte Mitarbeiter häufig von einem oder mehreren Mitbewerbern abgeworben werden (Kriegler 2012, S. 104).

Die Analyse der Konkurrenz kann in unterschiedlicher Intensität durchgeführt werden. Für die Festlegung eines Alleinstellungsmerkmals genügt in der Regel die Untersuchung von Karrierewebseiten, Stellenanzeigen, Imagebroschüren oder Messeständen an Hochschulen (Schuble et al. 2009, S. 8; Kriegler 2012, S. 109). Aufschlussreiche Erkenntnisse über die Mitbewerber können auch durch die Mitarbeiter gewonnen werden. Beispielsweise könnten neue Mitarbeiter zu ihren vorherigen Arbeitgebern oder Mitarbeiter des Vertriebs und Einkaufs über Wettbewerber befragt werden (RKW Expertenkreis 2009a, S. 4).

## 4.6   Verdichtung der Analyseergebnisse und Festlegung des Soll-Bildes

Nachdem Sie alle angeführten Daten erhoben und analysiert haben, betrachten Sie im zweiten Schritt die eigenen **Stärken und Schwächen als Arbeitgeber** und stellen diese den Chancen und Risiken im Markt gegenüber. Eine einfache Methode dafür ist die sogenannte **SWOT-Analyse**. Die Abkürzung steht für Strengths, Weaknesses, Opportunities

**Chancen/Opportunities    Risiken/Threats**

Politisch

Wirtschaftlich

Sozio-kulturell

Technologisch

Rechtlich

Ökologisch

*Externe Faktoren*

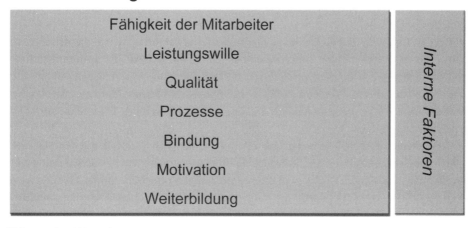

**Stärken/Strenghts    Schwächen/Weakness**

Fähigkeit der Mitarbeiter

Leistungswille

Qualität

Prozesse

Bindung

Motivation

Weiterbildung

*Interne Faktoren*

**Abb. 4.7**  SWOT-Analyse

und Threats, also Stärken, Schwächen, Chancen und Herausforderungen. Diese Methode kann in kleineren Gruppen angewendet werden, wobei durchaus auch unterschiedliche Gruppierungen in einem Unternehmen zu unterschiedlichen Zeiten zu dieser Übung eingeladen werden können. In diesem Fall ergibt sich ein Bild aus mehreren Dimensionen.

Die Methode ist im Grunde recht einfach: Auf einer Tafel oder einem Flipchart wird ein Quadrat mit vier gleichen Teilen aufgezeichnet. Alle Teilnehmer der Gruppe erhalten Kärtchen, auf die sie jeweils die Stärken, Schwächen, Chancen und Gefahren notieren sollen. Pro Kärtchen jeweils nur ein Sachverhalt. Diese werden nach einer vorgegebenen Zeit eingesammelt und in die jeweiligen Kästchen geklebt oder mit Stecknadeln angeheftet. Wichtig ist dabei, dass nicht zu eindimensional gedacht wird.[4] (Abb. 4.7)

---

[4] siehe dazu den Kriterienkatalog von Henny Steininger unter http://www.edditrex.de/scripts/consulting/swot_analyse.pdf.

**Stärken und Schwächen** beziehen sich auf interne Faktoren. Hier sollten insbesondere die Fähigkeiten der Mitarbeiter, die Qualität der internen Prozesse, die finanziellen Möglichkeiten, die Position des Unternehmens am Arbeitsmarkt, die interne Kommunikation sowie das Engagement und Verbundenheit der Mitarbeiter näher angesehen werden. Hier wird in Augenschein genommen, was das Unternehmen den potenziellen Bewerbern und Mitarbeitern bietet: Unternehmensstandort (Ambiente), Internationalität, Unternehmenserfolg, Werte, Image, Kollegen/Vorgesetzte, Attraktivität der Produkte/Dienstleistungen, Besonderheiten bezüglich der Vergütung, Karrieremöglichkeiten, Attraktivität der Tätigkeit sind Themen, die Sie sich ansehen sollten. Ferner sind Weiterbildungsmöglichkeiten, persönliche Entwicklungsmöglichkeiten, Gestaltungsmöglichkeiten, Vereinbarkeit von Beruf und Familie Faktoren, die es gilt, näher anzusehen und ehrlich zu beurteilen. Auch offiziell deklarierte Werte, Philosophien und Leitbilder sollten einem Faktencheck unterzogen werden. Der Employer Branding-Prozess zeigt an dieser Stelle auf, „in welchen Teilen der Organisation (Leitlinien und Werte) schon gelebt werden und in welchen nicht. Wo führen Vorgesetzte analog zu den Leitlinien, wo nicht? An welchem Standort oder in welchem Unternehmensbereich sind die Werte an der Basis angekommen, wo nicht?" (Kriegler 2012, S. 88)

Bei den **Chancen und Gefahren** geht es um externe Faktoren, die auf die Arbeitgebermarke einwirken. Hier sollte beispielsweise abgefragt werden, wie die Kommunikationsmaßnahmen gesehen werden, welche strategische Kooperationen Chancen eröffnen oder welche Entwicklungen Probleme aufwerfen könnten. Im Rahmen der externen Analyse wird das nähere (Wettbewerbsumfeld) und das weitere Umwelt des Unternehmens (Wirtschaftsumfeld) untersucht.

Erst durch den Abgleich mit der Umwelt und vor allem im Vergleich mit den Marktbegleitern können die Stärken und Schwächen richtig gewichtet werden. Wichtig ist, dass im Prozess der Befüllung der Felder ein offener Austausch von Ideen und Sichtweisen stattfindet. Nachdem die Kärtchen auf der Pinnwand oder Tafel angebracht wurden, sollte eine Gewichtung vorgenommen werden. Das macht deshalb Sinn, weil Sie nicht alle Themen gleich umfangreich angehen können und schließlich am Ende eine zentrale **Problemstellung des Employer Branding** stehen sollte. Diese Problemstellung ist eine Zusammenfassung der zentralen Punkte der Ist-Situation in ein, zwei Sätzen und kann sich auf kommunikationspolitische Aspekte beziehen, zum Beispiel, dass im Vergleich zum Wettbewerb keine Wahrnehmung und klare Positionierung als Arbeitgeber besteht. Sie kann aber auch einen personalpolitischen Schwerpunkt haben, indem in der aktuellen Situation beispielsweise die fehlende Mitarbeiterbindung und damit hohe Fluktuation der Mitarbeiter ein Problem darstellt, an dem man mit der Strategie des Employer Branding anzusetzen hat.

Bevor im nächsten Schritt die Strategie des Employer Branding definiert wird, gilt es, abgeleitet von der Problemstellung die **Ziele des Employer Branding** festzulegen, die eine wichtige Grundlage bzw. Orientierung für die Umsetzung der Arbeitgebermarke (Kommunikation, Gestaltung der Arbeitswelt, usw.) und das Controlling der Employer Brand bilden.

# Literatur

Achtenhagen, C., J. Wolff, C. Hollmann, und D. Werner. 2012. *Fachkräfte sichern. Employer Branding/Arbeitgebermarke*. Berlin: Bundesministerium für Wirtschaft und Technologie (BMWi). http://www.kompetenzzentrumfachkraeftesicherung.de/fileadmin/media/Themenportale-3/KoFa/PDFs-Instrumente/06_BMWi_Employer_Branding_web_bf.pdf. Zugegriffen: 1. Juni 2013.

Beck, C. 2008. *Personalmarketing 2.0. Vom Employer Branding zum Recruiting*. Köln: Luchterhand.

BITKOM. 2012. Social Media in deutschen Unternehmen. http://www.bitkom.org/files/documents/Social_Media_in_deutschen_Unternehmen.pdf. Zugegriffen: 14. Mai 2013.

Brauer, G. 1993. *Econ Handbuch Öffentlichkeitsarbeit*. Düsseldorf: Econ.

Buckesfeld, Y. 2010. *Employer Branding: Strategie für die Steigerung der Arbeitgeberattraktivität in KMU*. Hamburg: Diplomica-Verlag.

Dehlsen, M., und C. Franke. 2009. Employee Branding: Mitarbeiter als Botschafter der Arbeitgebermarke. In *Employer Branding. Arbeitgeber positionieren und präsentieren*, Hrsg. A. Trost. Köln: Wolters Kluwer.

Deutsche Employer Branding Akademie (DEBA). 2006. Die größten Missverständnisse rund um Employer Branding und die besten Argumente dafür. http://www.employerbranding.org/downloads/publikationen-/DEBA_005_EB_Missverst.pdf?PHPSESSID=8e3221c9b965da28c667eea80d09e110. Zugegriffen: 19. April 2013.

Deutsche Employer Branding Akademie (DEBA). 2010a. *Starthilfe für KMU. Als Arbeitgeber attraktiver werden*. Berlin: Deutsche Employer Branding Akademie.

Deutsche Gesellschaft für Personalführung e. V. (DGFP). 2011b. Zwischen Anspruch und Wirklichkeit: Generation Y finden, fördern und binden. http://www.stud.fernuni-hagen.de/q4520874/-materialien/20111101_geny.pdf. Zugegriffen: 6. Mai 2013.

Franke, C. 2012. Employer Branding. Das Werteversprechen auf dem Weg zur Arbeitgebermarke. *Arbeit und Arbeitsrecht. Die Zeitschrift für das Personal-Management* 67 (7) Sonderausgabe: 48-50.

Graf, D., und J. Pett. 2009. *Employer Branding – der Weg zur Arbeitgebermarke. Als IT-Arbeitgeber attraktiver und wettbewerbsfähiger werden – Ein Leitfaden für die betriebliche Praxis*. Berlin: BITKOM Bundesverband Informationswirtschaft Telekommunikation und neue Medien e. V., Deutsche Employer Branding Akademie.

Groß, J., und B. Koch. 2013. Employer Branding in klein- und mittelständischen Unternehmen. http://clockwiseconsulting.wordpress.com/2012/05/15/employerbranding-in-klein-und-mittelstandischen-unternehmen. Zugegriffen: 6. Sept. 2013.

Haitzer, A. 2011. *Bewerbermagnet. 365 inspirierende Ideen, wie IHR Unternehmen Top-Bewerber magnetisch anzieht*. Neubeuern: Quergeist.

Half, R. 2011. Generation Y legt Wert auf nette Kollegen. http://www.roberthalf.at/EMEA/Austria/Press%20Releases/Documents/051211_Generation_Y_legt_Wert_auf_nette_Kollegen_AT.pdf. Zugegriffen: 13. April 2013.

Hauser, F. 2009. Wahre Schönheit kommt von innen: Der Great Place to Work-Ansatz. In *Employer Branding. Arbeitgeber positionieren und präsentieren*, Hrsg. A. Trost. Köln: Luchterhand.

Immerschitt, W. 2009. *Profil durch PR*. Wiesbaden: Gabler.

Jobware. 2013. Inflation der Top-Firmen. http://www.jobware.de/Karriere/Inflation-der-Top-Firmen.html. Zugegriffen: 8. Juni 2013.

Jung, H. 2011. *Personalwirtschaft. 9. Aufl*. München: Oldenbourg Wissenschaftsverlag.

Kirschten, U. 2010. Employer Branding im demografischen Wandel. In *Erfolgreiches Personalmanagement im demografischen Wandel*, Hrsg. D. Preißnig. München: Oldenbourg Wissenschaftsverlag.

Königsteiner Agentur. 2011. Erfolgreiche Arbeitgebermarkenbildung in kleinen und mittelständischen Unternehmen. Ergebnisbericht zur Studie. http://www.hrblue.com/dateien/Studie_Erfolgsfaktoren_Arbeitgebermarkenbildung.pdf.

Kriegler, W. 2012. *Praxishandbuch Employer Branding. Mit starker Marke zum attraktiven Arbeitgeber werden.* Freiburg: Haufe-Lexware.

Luderer, M., und M. Frosch. 2008. Employer Branding in Kleinunternehmen. Die großen Chancen der Kleinen entdecken und nutzen. *Personalführung: Das Fachmagazin für Personalverantwortliche* (5): 42–49.

Lukasczyk, A. 2012b. Vom Personalmarketing zum Employer Branding. *Employer Branding. Die Arbeitgebermarke gestalten und im Personalmarketing umsetzen,* Hrsg. Deutsche Gesellschaft für Personalführung. 2. Aufl. Bielefeld: Bertelsmann.

Nagel, K. 2011. *Employer Branding. Starke Arbeitgebermarken jenseits von Marketingphrasen und Werbetechniken.* Wien: Linde.

Ochsenbein, G., und A. Jochem. 2011. Wie KMU ihren Bekanntheitsgrad steigern und erfolgreich(er) rekrutieren. *HR Today* (6). http://www.derarbeitsmarkt.ch/arbeitsmarkt/de/themen/archiv/707842/Wie_KMU_ihren_Bekanntheitsgrad_steigern_und_erfolgreich_er_rekrutieren. Zugegriffen: 13. Juni 2013.

RKW Expertenkreis. 2009a. Personalmarketing und Employer Branding. http://www.fachkraefte-toolbox.de/fileadmin-/media/Projektwebsites/Fachkraefte-Toolbox/Dokumente/service/03_Personalmarketing_090826.pdf. Zugegriffen: 3. Juni 2013.

RKW Expertenkreis. 2009b. Leitfaden Personalbedarfsplanung. http://www.fachkraefte-toolbox.de/fileadmin/media/Projektwebsites/Fachkraefte-Toolbox/Dokumente/service/01_Personalplanung_090826.pdf. Zugegriffen: 10. Mai 2013.

RKW Expertenkreis. 2011. 2. Arbeitgeberattraktivität – Handlungsfelder für das Personalmanagement. Praxismaterialien. http://www.rkwkompetenzzentrum.de/fileadmin/media/Dokumente/-Publikationen-/2011_LF_Praxismaterialien-2.pdf. Zugegriffen: 2. Juni 2013.

RKW Expertenkreis. 2013a. Ermittlung des Netto-Personalbedarfs. http://www.fachkraefte-toolbox.de/fachkraeftegewinnen/personalbedarfsplanung/6-netto-personalbedarf/. Zugegriffen: 1. Juni 2013.

RKW Expertenkreis. 2013b. Schätzverfahren. http://www.fachkraeftetoolbox.de/fachkraefte-gewinnen/personalbedarfsplanung/3-schaetzverfahren/. Zugegriffen: 1. Juni 2013.

Rothlauf, J. 2010. *Total Quality Management in Theorie und Praxis. Zum ganzheitlichen Unternehmensverständnis.* 3. Aufl. München: Oldenbourg Wissenschaftsverlag.

Rühl, M., und J. Hoffmann. 2008. *Das AGG in der Unternehmenspraxis: Wie Unternehmen und Personalführung Gesetz und Verordnungen rechtssicher und diskriminierungsfrei umsetzen.* Wiesbaden: Gabler.

Scheel, Y. 2011. Quantitative Personalplanung: Die Zukunft immer fest im Blick. http://www.personalplanung-der-zukunft.de/quantitative-personalplanung/. Zugegriffen: 12. März 2013.

Schmidt, C., J. Möller, M. Schmidt, F. Gerbershagen, F. Wappler, V. Limmroth, S. Padosch, und M. Bauer. 2011. Generation Y. Rekrutierung, Entwicklung und Bindung. *Der Anästhesist* (6), S. 517–524.

Schönborn, G., und K. M. Molthan. 2001. *Marken Agenda. Kommunikationsmanagement zwischen Marke und Zielgruppe.* Neuwied: Luchterhand.

Schuble, J., S. Masurat, und M. Eicher. 2009. Employer Branding für den Mittelstand. Leitfaden zur Top-Arbeitgebermarke. http://www.top-arbeitgebermarke.de/-templates/File/intern/leitfaden-employer-branding.pdf. Zugegriffen: 25. Mai 2013.

Schwartz, B. 2006. *Anleitung zur Unzufriedenheit. Warum weniger glücklicher macht.* 2. Aufl. Berlin: Ullstein Taschenbuch.

Seng, A., und S. Armutat. 2012. Einflussfaktoren des Employer Branding analysieren. *Employer Branding. Die Arbeitgebermarke gestalten und im Personalmarketing umsetzen,* Hrsg. Deutsche Gesellschaft für Personalführung. Bielefeld: Bertelsmann.

Sponheuer, B. 2010. *Employer Branding als Bestandteil einer ganzheitlichen Markenführung.* Wiesbaden: Gabler.

Stock-Homburg, R. 2010. *Personalmanagement: Theorien – Konzepte – Instrumente.* 2. Aufl. Wiesbaden: Springer Gabler.

Tavaloto, P. 2011. Voraussetzung Flexibilität: Erfolgreiche Zusammenarbeit unterschiedlicher Altersgruppen. *Personalmanager* (6), S. 25–28.

Trost, A. 2009. *Employer Branding. Arbeitgeber positionieren und präsentieren.* Köln: Wolters Kluwer.

Trost, A. 2012. *Talent Relationship Management. Personalgewinnung in Zeiten des Fachkräftemangels.* Berlin: Springer.

Wegmann, J. 2006. *Betriebswirtschaftslehre mittelständischer Unternehmen.* München: Oldenbourg Wissenschaftsverlag.

Wolff von der Sahl, J., C. Achtenhagen, M. Schröder, C. Hollmann, und D. Werner. 2012. Fachkräfte sichern. Personalbedarfsplanung. Bundesministerium für Wirtschaft und Technologie (BMWi). http://www.kompetenzzentrum-fachkraeftesicherung.de/fileadmin/media-/Themenportale-3/KoFa/PDFs-Instrumente/11_BMWi_Personalbedarfsplanung_web_bf.pdf. Zugegriffen: 23. Mai 2013.

YouGov Deutschland AG. 2013. Arbeitgeberimage. http://research.yougov.de/services/arbeitgeber-image/. Zugegriffen: 8. Juni 2013.

# Employer Branding-Ziele und strategische Planung

**5**

Die Basis für eine Employer Brand bildet eine sorgfältig erarbeitete Strategie (Kirschten 2010, S. 118). Eine **Employer Branding-Strategie** darf nicht als Selbstzweck verstanden werden, sondern als wichtiger Teil der Unternehmensstrategie (Stotz und Wedel 2009, S. 87). Wie schon zuvor beschrieben, bildet neben der Unternehmensstrategie auch die Unternehmensmarke eine wichtige Grundlage für den Aufbau einer authentischen Arbeitgebermarke. Bei der Strategiebildung muss daher eine enge Abstimmung zwischen der Employer Brand und der Unternehmensmarke erfolgen (Kirschten 2010, S. 118). Die Employer Brand muss ein Teil der bestehenden Unternehmensmarke sein, denn so können sich beide ergänzen und dadurch positive Synergieeffekte für das Unternehmen entstehen (Scholz 2011, S. 202).

Den Kern der Employer Branding-Strategie bildet die Arbeitgeberpositionierung. Erst eine identitätsbasierte Arbeitgeberpositionierung kann die Arbeitgeberqualität stärken, das Arbeitgeberimage verbessern und zur Wettbewerbsfähigkeit des Unternehmens als Arbeitgeber beitragen (Zielonka 2009, S. 520). Aber nur Arbeitgeber, die im täglichen Arbeiten das halten, was sie in ihrer Kommunikation versprechen, werden langfristig erfolgreich sein und im Wettbewerb bestehen (Pett und Kriegler 2007, S. 20). Abbildung 5.1 zeigt die entsprechende **strategische Ausrichtung des Employer Branding**.

Auf Basis der verdichteten Analyseergebnisse wird daher in Abschnitt 5.1 auf die Festlegung der **Employer Branding-Ziele** eingegangen und in der nächsten Phase des Employer Branding-Prozesses die **Arbeitgeberpositionierung** festgelegt (Abschn. 5.2). Die Arbeitgeberpositionierung bildet den Kern bzw. das Herzstück der Employer Brand, beschreibt sozusagen die Grundausrichtung des Unternehmens auf dem internen sowie externen Arbeitsmarkt und bildet die Grundlage für die anschließende Umsetzung des Employer Branding (Stotz und Wedel 2009, S. 103).

W. Immerschitt, M. Stumpf, *Employer Branding für KMU,*
DOI 10.1007/978-3-658-01204-5_5, © Springer Fachmedien Wiesbaden 2014

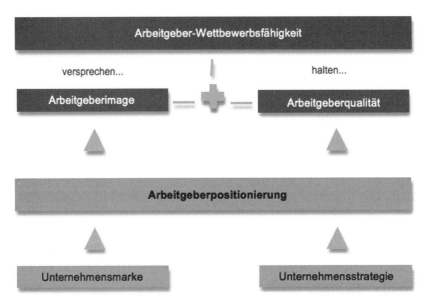

**Abb. 5.1** Strategische Ausrichtung des Employer Branding. (Quelle: in Anlehnung an Pett und Kriegler 2007, S. 19)

## 5.1  Definition der Employer Branding-Ziele

Unternehmen befinden sich in einem permanenten Wandel. Veränderungsprozesse werden idealerweise zielgerichtet umgesetzt. Zumindest bei gut geführten Unternehmen, für die das mehreren Autoren zugeschriebene Sprichwort in den Punkten zwei und drei nicht zutrifft: „The world has three kinds of people: those who make things happen, those who watch what happens, and those who wonder what happened." **Zielgerichtete Veränderungsprozesse** setzen aber auch voraus, dass es eine Soll-Perspektive gibt, dass also klar ist, wo die Reise hingehen soll (Immerschitt 2009, S. 120). Diese Entscheidung zu treffen, ist Aufgabenstellung für das Topmanagement, also des Vorstands bzw. der Geschäftsführung. Sie müssen auch die Linie dafür vorgeben, wie die Arbeitgebermarke künftig aussehen soll.

Bei dem Aufbau einer Employer Brand ist eine klare Zielformulierung von essentieller Bedeutung (Sponheuer 2010, S. 200; Tomczak et al. 2011, S. 4). Wie in Kapitel 3 bereits ausgeführt, ist die Arbeitgebermarke keine in dem Sinn eigene Marke, sondern ein Teil der Unternehmensmarke. Deshalb ist es wichtig, dass sich die Employer Branding-Ziele aus den Unternehmenszielen ableiten (Kirschten 2010, S. 124), die in der Regel als **hierarchisches Zielsystem** aufgebaut sind. Am einfachsten lässt sich ein solches Zielsystem in Form einer Pyramide darstellen (siehe Abb. 5.2), die aufzeigt, in welchem Zusammenhang die einzelnen Ziele zueinander stehen (Tomczak et al. 2011, S. 4).

Die Zielpyramide umfasst mehrere Ebenen, wobei die ersten drei Ebenen den Charakter von übergeordneten Zielen (Prämissen, Leitlinien) aufweisen (Meffert et al. 2011, S. 244). Zu den **übergeordneten Zielen** zählen die Unternehmensidentität, die Unternehmensgrundsätze und -leitlinien sowie an oberster Stelle der Unternehmenszweck (Meffert et al.

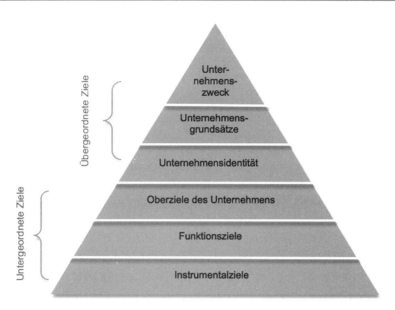

**Abb. 5.2** Hierarchie von Zielebenen. (Quelle: in Anlehnung an Meffert et al. 2011, S. 244)

2011, S. 244). Die übergeordneten Ziele legen die allgemeinen Unternehmensgrundsätze fest und bilden die Grundlage für die untergeordneten Ziele (synonym auch „Handlungs-ziele") (Freyer 2007, S. 343). Die **Handlungsziele** konkretisieren die übergeordneten Ziele und lassen sich in Oberziele, Funktionsbereichsziele und Instrumentalziele untergliedern (Freyer 2007, S. 343 f.). Dadurch soll eine **Mittel-Zweck-Beziehung** entstehen, das heißt, dass die Handlungsziele als Mittel zur Erreichung der übergeordneten Ziele dienen. Die einzelnen Ziele müssen sich auf allen Ebenen ergänzen und dürfen sich dabei nicht gegen-seitig behindern bzw. zu Zielkonflikten führen. Wenn alle Ziele zueinander komplemen-tär sind, dann erst dient die Zielerreichung eines Handlungsziels der Zielerreichung eines Oberzieles (Runia et al. 2011, S. 73).

Die Employer Branding-Ziele werden durch die Ableitung aus den übergeordneten Zielen den **HR-bezogenen Funktionsbereichszielen** zugeordnet. Eine konsequente Vor-gehensweise bei der Ableitung der Employer Branding-Ziele von den Unternehmenszielen sichert dabei eine enge Verbindung zwischen der Employer Branding- und der Unterneh-mensstrategie (Sponheuer 2010, S. 202). Beispielsweise würde die Erreichung des Ziels „Erhöhung der Anzahl der Bewerbungen auf offene Stellen um 10 % in den kommenden zwei Jahren" durch verstärkte Kommunikationsmaßnahmen die Bekanntheit des Unter-nehmens als Arbeitgeber steigern – im Rahmen des Employer Branding ist im übrigen vor allem die Steigerung des Bekanntheitsgrades als Arbeitgeber für KMU eines der wichtigs-ten Ziele (Tomczak et al. 2011, S. 5).

Für die Entstehung einer Arbeitgebermarke ist der öffentliche Diskurs eine Conditio sine qua non. Deshalb lohnt es sich, einen Blick auf die **kommunikativen Zielsetzungen** zu werfen. Sie lassen sich in drei Kategorien einteilen:

**Tab. 5.1** Beispiele für Employer Branding-Ziele. (Sponheuer 2010, S. 99 und 201; Tomczak et al. 2011, S. 4; Achtenhagen et al. 2012, S. 9)

| |
|---|
| Ebene Funktionsbereichsziele (HR/Marketing) |
| Steigerung der Bekanntheit als Arbeitgeber und Stärkung der Position am Arbeitsmarkt |
| Steigerung der Arbeitgeberattraktivität |
| Verringerung der Fluktuationsrate |
| Einstellung von Mitarbeitern mit einem hohen Fit zum Unternehmen |
| Steigerung der Mitarbeiterzufriedenheit, -motivation und -leistung |
| Instrumentalziele |
| Erhöhung der Anzahl der Bewerbungen auf offene Stellen um 10 % in den nächsten zwei Jahren |
| Erhöhung der durchschnittlichen Verweildauer der Mitarbeiter in den nächsten zwei Jahren um 10 % |

- **Wahrnehmungsziele:** In diese kognitive Kategorie gehört alles, was Aufmerksamkeit weckt, Bekanntheit schafft und Wissen vermittelt. Aufmerksamkeit ist eine knappe Ressource, aber Voraussetzung für alle Prozesse von Informationsvermittlung und -verarbeitung. Eine Arbeitgebermarke will also erreichen, dass bestehende Mitarbeiter über Entwicklungen im Unternehmen informiert sind und potentielle Bewerber auf das Unternehmen aufmerksam werden.
- **Einstellungsziele:** Sie setzen bei der emotionalen Ebene an, wollen also Akzeptanz steigern, Image stärken und Sympathie schaffen. Hier geht es also darum, Bewerbern, die oft nur ein oberflächliches Wissen über ihren künftigen Arbeitgeber haben, mit Informationen zu versorgen, um ein diffuses Bild mit einem klareren Profil zu versehen.
- **Verhaltensziele:** Bei diesen „aktivierenden" (Flaskamp und Schmidbauer 2003) Zielen geht es um die Ausbildung von Präferenzen, also die Zuwendung und Zustimmung sowie um soziales Vertrauen als Basis für die Stabilität und Belastbarkeit von Beziehungen. Hier geht es also darum, zum Schluss des Entscheidungsprozesses der „Wunscharbeitgeber" zu sein.

Weitere Beispiele für Employer Branding-Ziele finden Sie in Tab. 5.1.

### Adolf Heuberger Eloxieranstalt GmbH: Zielformulierung

Das Unternehmen Adolf Heuberger Eloxieranstalt in Graz ist ein Spezialist für Oberflächentechnik. Ausgelöst durch die Entwicklung von neuen Bearbeitungsverfahren, die Einführung eines Schichtbetriebs im Unternehmen und Stellenbesetzungsprobleme hat das Unternehmen mit 30 Mitarbeitern im Rahmen des Employer Branding-Prozesses folgende Ziele definiert:

- Deutliches Sichtbarmachen des Grundsatzes „Mitarbeiter sind das Wichtigste",
- Neukonzeption der Unternehmenshomepage und Erhöhung des Informationsgehaltes,

- Zusammenarbeit mit lokalen Multiplikatoren intensivieren,
- Teilnahme am Projekt „First-Job-Challenge" der Industriellenvereinigung Steiermark,
- Verbesserung der Mitarbeiterinformation und -kommunikation,
- Schaffung eines Aus- und Weiterbildungsangebots,
- Stärkere Einbindung der Mitarbeiter bei Änderungen im Betriebsgeschehen,
- Mitarbeiterzentrierte Arbeitsplatzgestaltung. (Steirische Wirtschaftsförderungsgesellschaft 2013)

In der Literatur gibt es unterschiedliche Zugänge, in welcher Prozessphase die Employer Branding-Ziele zu formulieren sind: Nach Franke sollen die konkreten Ziele einer Employer Brand noch vor der Analyse definiert werden, denn erst die Ziele bzw. die Aufgabenstellung bilden die Basis für die richtige Analyse und die entsprechenden Fragestellungen (Franke 2012, S. 49). Nach Sponheuer (2010, S. 201) bauen die Ziele – wie auch hier beschrieben – auf den Analyseergebnissen auf. Diese Herangehensweise ist vor allem dann sinnvoll, wenn das Unternehmen schon zu Projektbeginn eine konkrete Vorstellung über die Ziele einer Employer Brand hat oder Probleme, wie zum Beispiel eine hohe Fluktuationsrate, Stellenbesetzungsprobleme usw., schon identifiziert hat.

## 5.1.1 Steigerung der Reputation des Unternehmens

Ein zentrales Ziel des Employer Branding ist es, den Markenwert und damit die Reputation des Unternehmens zu steigern. Eine starke Arbeitgebermarke hat positive Auswirkungen auf die Reputation des Unternehmens. Der Begriff steht für **Einzelerwartungen und Erfahrungen über die Vertrauenswürdigkeit eines Stellenanbieters**. Reputation ist mehr als das Image. Sie beinhaltet auch Begriffe wie Glaubwürdigkeit, Vertrauenswürdigkeit und Verantwortungsbewusstsein. Neben unternehmerischen harten Fakten kommt somit eine soziale Kompetente hinzu, die von ungemein hohem Wert ist, weil sie unmittelbar den Unternehmenswert beeinflusst. Die Reputation festigt bestehende und verschafft neue Loyalitäten bei den Arbeitnehmern, die bei Unternehmen von hoher Reputation korrektes Verhalten voraussetzen. Das Berechenbarkeitsprinzip schafft dem „mobilen Menschen Vertrautheit und die Orientierung in veränderten Umwelten des Global Village" (Bauhofer 2004, S. 15).

Die in Fribourg lehrende Medien- und Kommunikationswissenschaftlerin Diana Ingenhoff hat die **Reputationsdimensionen** in funktional-kognitive (dazu gehören Qualität der Produkte, Managementfähigkeiten, Führungspersönlichkeit, Innovationspotential, wirtschaftlicher Erfolg und nationale Bedeutung) sowie soziale (Mitarbeiterwohl, Nachhaltigkeit und soziale Verantwortung) gegliedert. Beides zusammen resultiert in den affektiv-emotionalen Reputationsdimensionen Sympathie und Faszination. Die Reputation „konstituiert sich über einen längeren Zeitraum aus Erlebnissen, Gefühlen, Erfahrungen,

Eindrücken und Wissen, die Menschen aus der Interaktion mit der Person oder dem Unternehmen gewinnen und zu einem Gesamteindruck verdichten" (Bauhofer 2004, S. 17).

Einstellungen und Handlungen der für das Employer Branding relevanten Zielgruppen, also der (potentiellen und latenten) Bewerber sowie der aktiven Mitarbeiter sind zu einem großen Teil von der Reputation eines Unternehmens abhängig (Ingenhoff 2007, S. 55). Sie bündelt vertrauensvolles und kontinuierliches Handeln mit Bezug auf die Reputationsträger, sie reduziert die Komplexität hinsichtlich deren Auswahl, sie befreit von Kontrolle und lässt allfällige Machtpositionen als legitim erscheinen. Das Umgekehrte gilt freilich ebenso: Reputationsverlust destabilisiert durch Vertrauensverfall das Handeln, erhöht dessen Komplexität und entlegitimiert hierarchische Strukturen" (Eisenegger 2005, S. 36).

### 5.1.2 Reduktion der Rekrutierungskosten neuer Mitarbeiter

Die Bemühungen um die Bildung von Arbeitgebermarken haben natürlich nicht in erster Linie philanthropische Ursachen. Wenn eine Arbeitgebermarke erfolgreich aufgebaut und kommuniziert wird, ergeben sich bessere **Erfolgsaussichten bei der Rekrutierung neuer Mitarbeiter**. Damit verbunden ist eine **Reduzierung der Kosten**. Deshalb ist eine Segmentierung wichtig, da dadurch besser auf die Zielgruppen fokussiert werden kann: „Das Ziel ist nicht die ‚Masse', sondern die direkte Ansprache der fachlich und persönlich bestmöglichen Bewerber. Employer Branding stärkt die Qualität und die Passgenauigkeit der Bewerbungen und minimiert das Risiko von Fehlbesetzungen, wodurch der Personalbeschaffungsaufwand minimiert wird" (Buckesfeld 2010, S. 60).

Die Arbeitgebermarke hat zudem nicht nur Auswirkungen auf Bewerber, sondern auch auf bestehende Mitarbeiter. Mit dem Bekanntheitsgrad eines Unternehmens steigt auch dessen Reputation in der Öffentlichkeit und damit auch die Bindung der Mitarbeiter an das Unternehmen: Mitarbeiter erfüllt es mit Stolz, bei einem angesehenen Unternehmen zu arbeiten. Die kostenminimierenden Wirkungen hängen also neben den geringeren Rekrutierungskosten auch ursächlich mit der **Zufriedenheit bestehender Mitarbeiter** zusammen: „Stimmen Außen- und Innenbild der Arbeitgebermarke überein, so werden künftige Mitarbeiter in ihrer Arbeitgeberwahl bestätigt. Aktuelle und potenzielle Mitarbeiter, die zufrieden sind, hegen keine Wechselabsichten. Auch die Gefahr von Fehlbesetzungen, die für das Unternehmen erneute Rekrutierungskosten zur Folge hätten, reduziert sich" (Buckesfeld 2010, S. 29). Es müssen weniger Rekrutierungsmaßnahmen gesetzt werden, diese erbringen dafür genauer orientierte Bewerber mit sich, das wiederum reduziert den internen Selektionsaufwand.

### 5.1.3 Erhöhung der Motivation und der Leistungsbereitschaft

Employer Branding erhöht die **Leistungsbereitschaft der Mitarbeiter** und verstärkt ihr **Commitment** mit dem Unternehmen. Durch fehlende Motivation geht den Unternehmen sehr viel Geld verloren. Mitarbeiter zu motivieren ist demnach schon aus betriebswirt-schaftlichen Überlegungen ein Muss. Das Gegenteil scheint aber der Fall zu sein, zumindest wenn man einer Befragung der Hay Group Glauben schenkt, die jüngst publiziert wurde. Demnach gehen in Europa nur 63 % der Mitarbeiter engagiert an die Arbeit.[1] Nachlassende Motivation ist mit sinkendem Commitment verbunden. Laut der zitierten Befragung fühlen sich nur noch 57 % der Angestellten weltweit ihrem Arbeitgeber verpflichtet. Das wiederum führt dazu, dass bei entsprechend aufnahmefähigem Arbeitsmarkt viele Mitarbeiter wechseln. Es sollte zu denken geben, dass laut verschiedenen Studien weltweit jeder Fünfte Arbeitnehmer an einen Jobwechsel denkt, in Deutschland sind es 14 %, in Österreich sogar rund 20 %.[2]

Jeder Unternehmer weiß, wie teuer es ist, neue Mitarbeiter zu suchen und einzuschulen. Dieses Geld in **Mitarbeiterbindungsprogramme** investiert, wäre sicher besser angelegt. Der Philosoph und Theologe Clemens Sedmak vertritt die These, dass fehlende Motivation in hohem Maße auch dafür sorgt, dass Kreativität im Unternehmen verschüttet wird. Es brauche „Gelegenheiten, Kreativität zu beweisen (‚Schaffen Sie Chancen dazu'), Risikotoleranz (‚Man muss auch mal Fehler machen dürfen'), Pluralismus (‚Alle Meinungen zulassen') und die Freiheit (‚Kreativität braucht Freiraum')."[3]

### 5.1.4 Verbesserung der Mitarbeiterbindung

Der Unterschied zwischen einer auf den Bewerbermarkt gerichteten Rekrutierungsstrategie und dem echten Bemühen um die Bildung einer Arbeitgebermarke kann mit einer von Gunther Wolf sehr schön auf den Punkt gebrachten Frage erklärt werden: „Echt schön oder echt schön geschminkt?" Gewonnen wird der Wettbewerb nicht (allein) auf dem Stellenmarkt, sondern primär im eigenen Haus. „Es ist zuerst die Loyalität der bestehenden, leistungsbereiten und -fähigen Mitarbeiter zu vertiefen und ein Arbeitsklima zu erzeugen, in dem Erfolg, Flexibilität und Innovation großgeschrieben werden. Erst dann ist man in der Lage, auf dieser Basis ein authentisches Bild von sich auf dem Arbeitsmarkt zu vermitteln, mit dem sich neue und passende Arbeitnehmer gewinnen lassen" (Wolf 2012, S. 470).

Eine besondere Herausforderung ist natürlich die **Bindung von Leistungs- und Potenzialträgern**, denen auch Chancen für eine Fach- oder Führungskarriere zu eröffnen sind. Gerade bei den High Potentials wirken sich Anreizsysteme positiv aus, bei denen sie am Unternehmenserfolg beteiligt sind. Daneben spielen aber auch andere Faktoren für die Zufriedenheit mit dem bestehenden Arbeitsplatz eine wesentliche Rolle. Nicht zuletzt gilt

---

[1] Engagement von Mitarbeitern sinkt weltweit. In: Der Standard, vom 15./16. September 2012, S. K2.

[2] Siehe dazu: Wirtschaftswoche vom 5.8.2013, S. 11 und http://www.salzburg.com/nachrichten/oesterreich/wirtschaft/sn/artikel/jeder-fuenfte-oesterreicher-denkt-an-jobwechsel-20305/.

[3] http://portal.wko.at/wk/format_detail.wk?AngID=1&StID=547248&DstID=9143&titel=Damit, KMU,im, Innovationswettbewerb, mitmischen,k%F6nnen.

das für das Verhalten des unmittelbaren Vorgesetzten, das häufig als Grund für die Kündigung eines Jobs genannt wird.

Mit der Bildung einer starken Arbeitgebermarke kann ein „**Wir-Gefühl**" entwickelt werden. „Weiche Faktoren" spielen dabei eine ganz wesentliche Rolle, die oft sogar bedeutender sind als Vergütung, Förderprogramme oder Karrierechancen. Wenn die kommunizierten Unternehmenswerte auch tatsächlich gelebt werden, kann dadurch das Arbeitsklima positiv beeinflusst werden. Ein gutes Betriebsklima wiederum schafft ein Gruppenzugehörigkeitsgefühl und verbessert die interne Kommunikation. Studien zeigen, dass dadurch das Selbstwertgefühl steigt. Das bestätigt unsere KMU-Umfrage und belegen auch die Fallstudien in diesem Buch. Teil eines erfolgreichen Unternehmens zu sein, bringt Anerkennung im sozialen Umfeld und kann – falls es doch einmal zu einem Berufswechsel kommen sollte – positive Auswirkungen auf den Marktwert haben. Studierende schauen heute schon sehr genau, wo sie ein Praktikum absolvieren, da es sich später im Lebenslauf gut macht, wenn zumindest ein paar Monate Erfahrung bei einem bekannteren Unternehmen vorgewiesen werden können.

## 5.2 Bestimmung der Arbeitgeberpositionierung

Jedes Unternehmen, jedes Produkt und nicht zuletzt jede Person ist positioniert, wird als irgendwie anders gesehen als die anderen. Egal ob gewollt oder ungewollt, wer sich nicht selbst positioniert, wird positioniert. Schließlich kommunizieren wir immer, auch wenn wir das gar nicht wollen. Die Summe dieser Botschaften ist die **Positionierung**. Nicht anders verhält es sich mit Unternehmen, die sich als Arbeitgeber positionieren. Die Positionierung ist der kommunikative Inhalt, der sich im Bewusstsein der relevanten Adressaten – in unserem Fall also von Mitarbeitern und Bewerbern – als eine bestimmte Meinung festsetzt und Einfluss auf deren Emotionen, Einstellungen und Verhaltensweisen ausübt. Die Kernfrage ist also: Welches Bild wollen Sie als Arbeitgeber vermitteln?

Wie bereits ausgeführt, hat die Arbeitgebermarke ein authentisches Bild des Unternehmens als Arbeitgeber nach innen und außen zu kommunizieren. Deshalb ist es notwendig, dass die Positionierung nicht von der Identität, der Kultur und den gelebten Werten abweicht (Stotz und Wedel 2009, S. 103). Sehr häufig wird von den Unternehmen jedoch eine solche Vorgehensweise nicht praktiziert. Dies unterstreicht auch der Employer Branding-Report von StepStone (2011, S. 5): Im Zuge dieser Studie haben rund 80 % der Befragungsteilnehmer (Arbeitnehmer) angegeben, dass das kommunizierte Bild als Arbeitgeber nur sehr wenig mit dem tatsächlichen Unternehmensalltag zu tun hat. 50 % sprechen sogar von einer deutlich schlechteren Realität. Wie wichtig eine Auseinandersetzung mit der eigenen Identität ist, zeigt auch eine Analyse der DEBA: Mit Stand 2011 waren die Themen Weiterentwicklung, Karrierechancen, attraktive Aufgaben, Work-Life-Balance, Verantwortung, Team-Geist, Innovation und „erfolgreich" die im deutschsprachigen Raum vorwiegend kommunizierten Arbeitgeberpositionierungen. All diese Themen

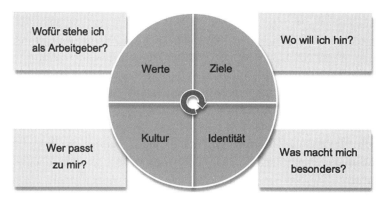

**Abb. 5.3** Inhalte der Arbeitgeberpositionierung. (Quelle: in Anlehnung an Kriegler 2012, S. 172)

sind im Unternehmen wichtig, darauf lässt sich aber keine **differenzierende Arbeitgeber-marke** aufbauen (Kriegler 2012, S. 124).

Wenn KMU den Prozess bisher ohne externe Unterstützung (Berater oder Agentur) durchgeführt haben, empfehlen wir, für die Festlegung der Arbeitgeberpositionierung, die Formulierung der Kernbotschaften und die Entwicklung eines Kreativkonzepts **einen externen Spezialisten hinzuzuziehen**, um ein wirksames Arbeitgeberprofil herausarbeiten zu können und einer eventuellen Betriebsblindheit vorzubeugen. Die Positionierung kann beispielsweise gemeinsam zwischen der installierten Projektgruppe und einem Experten in zwei halbtägigen Workshops erarbeitet werden.

Für die Festlegung der Positionierung soll geklärt werden, wofür das Unternehmen als Arbeitgeber steht, wo es in Zukunft hin will, was das Unternehmen besonders macht, mit welchen Themen es sich von der Konkurrenz unterscheiden kann und welche Mitarbeiter zum Unternehmen passen. Die Arbeitgeberpositionierung soll zusammengefasst auf den Werten, Zielen, der Identität und der Kultur des Unternehmens basieren, wie dies Abb. 5.3 darstellt.

Neben den Zielen des Employer Branding („Wo will ich hin?"), die bereits zuvor in Abschnitt 6.5 diskutiert wurden, sind es das Employer Brand Positioning Statement, die Unique Employment Proposition (UEP) und der Cultural fit, die die Arbeitgeberpositionierung – in der Literatur häufig auch als **Employer Value Proposition (EVP)** bezeichnet – ausmachen (Kriegler 2012, S. 173):

- **Employer Brand Positioning Statement:** Das Employer Brand Positioning Statement drückt aus, wofür das Unternehmen als Arbeitgeber steht (Kriegler 2012, S. 173). „Das Statement formuliert das gemeinsame Grundverständnis als Arbeitgeber und adressiert Themen wie Arbeitsumfeld, Teamarbeit, Führungsstil und Entwicklung" (Interbrand 2011, S. 3). Damit sich KMU gegenüber Großunternehmen am Arbeitsmarkt behaupten können, ist es wichtig, dass ihre spezifischen Stärken in der Positionierung einfließen (Achtenhagen et al. 2012, S. 7). Das Statement soll neben aktuellen Arbeitgeberattributen eine Zukunftsperspektive beinhalten (Kriegler 2012, S. 173), damit sie aufgrund des aufwendigen Prozesses vom Unternehmen auch längerfristig verfolgt werden kann (Stotz und Wedel 2009, S. 103). Die Positionierung übernimmt auch eine wichtige Identifikationsfunktion für die Mitarbeiter und Führungskräfte (Kriegler 2012, S. 173). Vor allem die Führungskräfte müssen sich mit ihr identifizieren können, denn ihnen kommt bei der Einlösung der Arbeitgeberpositionierung bzw. des Arbeitgeberversprechens eine besonders wichtige Rolle zu (Grubendorfer 2012, S. 138).

- **Unique Employment Proposition (UEP):** Die Unique Employment Proposition bringt prägnant auf den Punkt, was das Unternehmen einzigartig, glaubwürdig und differenzierend macht (Tomczak et al. 2011, S. 6; Kriegler 2012, S. 173). Die UEP übernimmt die Funktion eines Alleinstellungsmerkmals, vergleichbar mit der Unique Selling Proposition (USP) aus dem Produktmarketing (Franke 2012, S. 50). Während sich das Employer Brand Positioning Statement nach innen an die Mitarbeiter und die Führungskräfte richtet, liegt der Fokuspunkt der UEP nach außen (Kriegler 2012, S. 174). Wie schon beschrieben sollte die UEP nicht weit verbreitete Attribute wie „spannende Aufgaben" und „Karrierechancen" beinhalten, denn dadurch wird das Unternehmen aus Zielgruppensicht verwechsel- und austauschbar (Tomczak et al. 2011, S. 7).

- **Cultural fit:** Der letzte Baustein der Arbeitgeberpositionierung legt fest, welche Mitarbeiter aus fachlicher, persönlicher und kultureller Sicht zu Ihrem Unternehmen passen (Grubendorfer 2012, S. 174). Viele Unternehmen setzen bei der Personalauswahl auf Qualifikationen und Fachkompetenzen. Ein Mitarbeiter kann aber nur dann erfolgreich sein, wenn die Unternehmenskultur es zulässt. Hier geht es um die Frage, wie jemand sein muss, um im Unternehmen bzw. innerhalb der gelebten Kultur einen Beitrag zum Unternehmenserfolg leisten zu können (Grubendorfer 2012, S. 130).

Umgesetzt in eine entsprechende Kommunikation spiegelt sich die Positionierung in **Kernbotschaften** wider, die ein authentisches und glaubhaftes Bild des Unternehmens als Arbeitgeber vermitteln. Bei den Zielgruppen dürfen keine falschen Erwartungen geweckt werden (Achtenhagen et al. 2012, S. 7). Bei den Kernaussagen handelt es sich sozusagen um ein „reell einlösbares Leistungsversprechens" (Achtenhagen et al. 2012, S. 7). Dort werden dann entweder die Angebote herausgestellt, die Arbeitnehmern gemacht werden, es werden die Alleinstellungsmerkmale („Wir sind Markt- oder Technologieführer") des Unternehmens oder dessen Werte („Worauf wir Wert legen") herausgestellt. Andere Varianten fokussieren auf die Eigenschaften oder die Aufgaben der Bewerber („Wir suchen kommunikative Menschen für den Vertrieb"). Letztlich sollte daraus entstehen, was Cornelsen so formuliert hat: „… bestaunenswerte Meisterstücke der Legendenbildung, dank derer Ideen, Personen, Ereignisse sich unvergesslich in die Köpfe einbrennen – bis hinein ins letzte Dorf" (Cornelsen 2001, S. 11).

An dieser Stelle kommt häufig der Einwand, dass das doch nur etwas für globale Konzerne wäre, nicht aber für Klein- und Mittelbetriebe. Diese Auffassung lässt sich aber sehr einfach entkräften: Entscheidend ist, wie ein Unternehmen bei seinen definierten Zielgruppen positioniert ist. Wenn diese bei einem vorhandenen Bedarf zuerst an einen be-

**Abb. 5.4** Qualitäten einer Arbeitgeberpositionierung (Quelle: in Anlehnung an Kriegler, 2012)

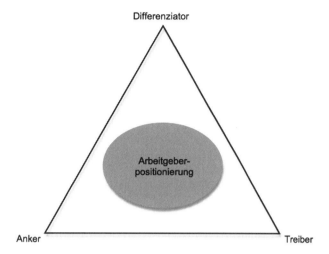

stimmten Anbieter denken, dann ist das Ziel bereits erreicht. Vier Fragen sind dabei zu beantworten, um erfolgreich zu sein:

1. Hat die Positionierung **Alleinstellungscharakter**? Hebt sich das Unternehmen also vom Mitbewerb ab? Diese Frage zielt auf zentrale Kernwerte der Arbeitgebermarke wie innovativ, traditionsbewusst, qualitätsorientiert, zukunftsorientiert, menschlich, verlässlich oder nachhaltig.
2. Steht die Positionierung für die **Kernkompetenz** des Unternehmens als Arbeitgeber?
3. Wird mit der Positionierung ein innerer **Bezug zu den definierten Zielgruppen** hergestellt?
4. Werden durch die Besetzung thematischer Lücken **Neuigkeitswerte** geschaffen, die bei den angesprochenen Zielgruppen zu einer Verschiebung der Perspektiven führt?

Positionierung meint hier also: Abheben vom Mitbewerber und Herausstellen der eigenen Stärken, um sich so dem Idealbild der Zielgruppen zu nähern. Das bedeutet, dass die Besonderheiten als Arbeitgeber herauszuarbeiten sind und für diese Aussagen auch die Glaubwürdigkeit sicher zu stellen ist. „Nur wenn die Markenidentität eindeutig definiert und umgesetzt wird, ist es durch die Kommunikation möglich, bei der Zielgruppe eine klare Vorstellung und Bilder zur Marke aufzubauen" (Buckesfeld 2010, S. 42).

Eine gute Arbeitgeberpositionierung hat damit drei **Qualitäten** (Kriegler 2012, S. 250; Abb. 5.4):

- Sie sorgt für Differenzierung in den Arbeitsmärkten, erhöht die Aufmerksamkeit und die Wiedererkennung (**Differentiator**).
- Sie stärkt die Kultur und Identität, gibt der Arbeitgebermarke mithin interne Glaubwürdigkeit und Stabilität (**Anker**).
- Sie treibt organisationale Veränderungen und richtet die Arbeitgebermarke an der Zukunft aus (**Treiber**).

Die Botschaften, die ein Unternehmen vermittelt, sollten unter dem Gesichtspunkt ausgewählt werden, ob sie sich dazu eignen, zu differenzieren, als Anker oder Treiber zu fun-
gieren. Damit beschäftigen wir uns im nächsten Kapitel.

## 5.3   Entwicklung eines Kreativkonzepts

Damit die Arbeitgebermarke erlebbar wird und ein konkretes Bild in den definierten
Zielgruppen vom Unternehmen als Arbeitgeber entstehen kann, ist die festgelegte Positionierung in ein Kreativkonzept zu übersetzen. Ein Kreativkonzept beinhaltet folgende
**Elemente**, die je nach Unternehmensgröße und Marketingbudget unterschiedlich stark
ausgeprägt sein können (Kriegler 2012, S. 250):

- Kreative Leitidee (visuelle Umsetzung der UEP),
- Motivserie (allgemeingültige oder nach Zielgruppen segmentiert),
- Design (muss mit dem bestehenden Corporate Design in Einklang stehen) sowie Farb-
  und Bildwelten (z. B. Fotos),
- Wording (wie sollen die Zielgruppen angesprochen werden: per Sie, per Du, locker,
  usw.),
- Employer Storytelling,
- Arbeitgeber-Claim.

Beim letzten Punkt, der **Entwicklung eines Arbeitgeber-Claims,** sollten folgende Punkte berücksichtigt werden (Achtenhagen et al. 2012, S. 7): Er sollte kurz, einprägsam und
kreativ sein, wenige oder nur eine realistische Botschaft enthalten sowie bei der Zielgruppe
sympathisch und glaubwürdig wirken. Ein Claim sollte bei den Zielgruppen Neugierde
wecken und einen Bezug zur Unternehmenstätigkeit haben. Damit die Employer Brand
für alle Zielgruppen erlebbar wird, muss definiert werden, mit welchen Botschaften und in
welcher Form diese angesprochen werden sollen (Graf und Pett 2009, S. 19). Mit welchen
Instrumenten und konkreten Maßnahmen die Employer Brand umgesetzt werden kann,
wird im folgenden Kapitel beschrieben.

### Orthomol pharmazeutische Vertriebs GmbH

Orthomol ist ein sogenannter Hidden Champion im Pharmabereich. Das Unternehmen hat seinen Sitz in Langenfeld und beschäftigt aktuell rund 450 Mitarbeiter. Orthomol hat im Rahmen eines Prozesses folgende Arbeitgeberpositionierung festgelegt
(Kriegler 2012, S. 372):
- Definierte Werte: Zuversicht, Tatendrang, Gelassenheit und Überzeugung
- Employer Brand Positioning Statement: Orthomol ist eine Gemeinschaft von Gleich-
  gesinnten, die souverän und entspannt den Siegeszug der orthomolekularen Idee vorantreiben.
- Arbeitgeber-Claim: Überzeugendes unternehmen.

# Literatur

Achtenhagen, C., J. Wolff, C. Hollmann, und D. Werner. 2012. Fachkräfte sichern. Employer Branding/Arbeitgebermarke. Berlin: Bundesministerium für Wirtschaft und Technologie (BMWi). http://www.kompetenzzentrumfachkraeftesicherung.de/fileadmin/media/Themenportale-3/KoFa/PDFs-Instrumente/06_BMWi_Employer_Branding_web_bf.pdf. Zugegriffen: 1. Juni 2013.

Bauhofer, B. 2004. *Reputation Management. Glaubwürdigkeit im Wettbewerb des 21. Jahrhunderts.* Zürich: Orell Füssli.

Buckesfeld, Y. 2010. *Employer Branding: Strategie für die Steigerung der Arbeitgeberattraktivität in KMU.* Hamburg: Diplomica-Verlag.

Cornelsen, C. 2001. *Lila Kühe leben länger. PR-Gags, die Geschichte machten.* Frankfurt: Ueberreuter.

Eisenegger, M. 2005. *Reputation in der Mediengesellschaft. Konstitution – Issues Monitoring – Issues Management.* Wiesbaden: Verlag für Sozialwissenschaften.

Flaskamp, J., und K. Schmidbauer. 2003. *Kommunikation als Gesamtkunstwerk. Praxisleitfaden für die Umsetzung von integrierter Kommunikation.* Berlin: Vistas.

Franke, C. 2012. Employer Branding. Das Werteversprechen auf dem Weg zur Arbeitgebermarke. *Arbeit und Arbeitsrecht. Die Zeitschrift für das Personal-Management* (7) (Sonderausgabe).

Freyer, W. 2007. *Tourismus-Marketing. Marktorientiertes Management im Mikro- und Makrobereich der Tourismuswirtschaft.* München: Oldenbourg Wissenschaftsverlag.

Graf, D., und J. Pett. 2009. *Employer Branding – der Weg zur Arbeitgebermarke. Als IT-Arbeitgeber attraktiver und wettbewerbsfähiger werden – Ein Leitfaden für die betriebliche Praxis.* Berlin: BITKOM Bundesverband Informationswirtschaft Telekommunikation und neue Medien e. V., Deutsche Employer Branding Akademie.

Grubendorfer, C. 2012. *Leadership Branding. Wie Sie Führung wirksam und Ihr Unternehmen zu einer starken Marke machen.* Wiesbaden: Springer Gabler.

Immerschitt, W. 2009. *Profil durch PR.* Wiesbaden: Gabler.

Ingenhoff, D. 2007. Integrated Reputation Management System (IReMS). Ein integriertes Analyseinstrument zur Messung und Steuerung von Werttreibern der Reputation. *prmagazin.*

Interbrand. 2011. Employer branding. Top oder flop? http://interbrand.com/Libraries/Articles/Interbrand-EmployerBranding-DE.sflb.ashx. Zugegriffen: 18. Juni 2013.

Kirschten, U. 2010. Employer Branding im demografischen Wandel. In *Erfolgreiches Personalmanagement im demografischen Wandel*, Hrsg. D. Preißnig. München: Oldenbourg Wissenschaftsverlag.

Kriegler, W. 2012. *Praxishandbuch Employer Branding. Mit starker Marke zum attraktiven Arbeitgeber werden.* Freiburg: Haufe-Lexware.

Meffert, H., C. Burmann, und M. Kirchgeorg. 2011. Marketing. *Grundlagen marktorientierter Unternehmensführung.* 11. Aufl. Wiesbaden: Springer Gabler.

Pett, J., und W. Kriegler. 2007. Ein Leuchtfeuer entzünden und andere überstrahlen. *Personalwirtschaft* (5): 18–26.

Runia, P., F. Wahl, O. Geyer, und C. Thewißen. 2011. *Marketing: Eine prozess- und praxisorientierte Einführung.* 3. Aufl. München: Oldenbourg Wissenschaftsverlag.

Scholz, C. 2011. *Grundzüge des Personalmanagements.* München: Verlag Franz Vahlen.

Sponheuer, B. 2010. *Employer Branding als Bestandteil einer ganzheitlichen Markenführung.* Wiesbaden: Gabler.

Steirische Wirtschaftsförderungsgesellschaft. 2013. Best Practices – Attraktiver Arbeitgeber KMU. Adolf Heuberger Eloxieranstalt. http://www.sfg.at/cms/2957/. Zugegriffen: 30. April 2013

StepStone. 2011. Der StepStone Employer Branding Report 2011. http://www.stepstone.de/Ueber-StepStone/upload/StepStone_-Employer_Branding_Report_2011_final.pdf. Zugegriffen: 18. Juni 2013.

Stotz, W., und A. Wedel. 2009. *Employer Branding. Mit Strategie zum bevorzugten Arbeitgeber.* München: Oldenbourg Wissenschaftsverlag.

Tomczak, T., B. Walter, und S. Henkel. 2011. Strategisches Employer Branding. GfM-Forschungsreihe 06/2011. http://www.-gfm.ch/files/marketing_wissen/forschung/forschungsbroschuere-_06_2011.pdf. Zugegriffen: 30. April 2013.

Wolf, G. 2012. Erfolgsfaktor Mitarbeiterbindung. *Arbeit und Arbeitsrecht* 2012 (8): 470–473.

Zielonka, J. 2009. Wie kleine und mittlere Unternehmen als Arbeitgeber wettbewerbsfähiger werden. *HR kompakt* 2009 (2): 52–54.

# Umsetzung von Employer Branding-Maßnahmen

Sobald die strategische Ausarbeitung für die Employer Brand beendet ist, liegt es in der Verpflichtung der Verantwortlichen, die Arbeitgeberpositionierung operativ umzusetzen. In dieser Phase besteht die Hauptaktivität darin, die Kommunikationsmaßnahmen zu gestalten und anzuwenden, damit die Wahrnehmung der Arbeitgeberattraktivität bei der wesentlichen Zielgruppe unterstützt und gestärkt wird (DGFP 2012, S. 53). Im Rahmen der Umsetzung stehen vor allem die **widerspruchsfreie Gestaltung der Arbeitgebermarkenbotschaft** sowie eine **konsistente Maßnahmenplanung** im Fokus. Im nachfolgenden Kapitel erläutern wir, wie Sie – abgeleitet aus dem Markenkern, den Markenattributen sowie der Positionierung Ihres Unternehmens – geeignete Botschaften finden und in ein integriertes Kommunikationskonzept einfließen lassen können (Abschn. 6.1). Alle internen und externen Aktivitäten müssen aufeinander abgestimmt sein (Achtenhagen et al. 2012, S. 8; Nagel 2011, S. 95). Die Wichtigkeit eines entsprechenden integrierten Kommunikationskonzeptes erläutern wir in Abschnitt 6.2 und stellen in Abschnitt 6.3 die internen und externen Maßnahmen der Kommunikation an den Kontaktpunkten der Arbeitgebermarke detailliert dar.

Jene Maßnahmen, die in diesem Kapitel genauer beschrieben werden, werden auf die **Praxisrelevanz für KMU** anhand ihrer Charakteristika aus dem zweiten Kapitel analysiert. Denn KMU verfügen beispielsweise nicht über den gleichen Ressourcenumfang von Finanzen, Zeit und Personen wie Grosunternehmen. Somit können sie auch keine übermäßigen Maßnahmen für die Mitarbeitergewinnung, -bindung und -entwicklung umsetzen (Müller et al. 2011, S. 11).

Der Rahmen der Möglichkeiten ist selbst innerhalb der Gruppe der KMU unterschiedlich: Aktivitäten, die für ein Mittelunternehmen realisierbar sind, müssen noch lange nicht für ein Kleinstunternehmen realisierbar sein. Die Entscheidung, ob eine Maßnahme für Ihr Unternehmen passend ist oder nicht, müssen Sie selbst treffen. Um darzustellen, wie gewisse Maßnahmen in der Praxis umgesetzt werden, haben wir eine Reihe von Fallbeispielen angeführt.

W. Immerschitt, M. Stumpf, *Employer Branding für KMU*, 91
DOI 10.1007/978-3-658-01204-5_6, © Springer Fachmedien Wiesbaden 2014

## 6.1    Entwicklung von konsistenten Botschaften

Wenn Sie sich selbst in Ihrem Unternehmen gerade mit der Frage beschäftigen, wofür Sie eigentlich als Arbeitgeber stehen, empfiehlt sich der so genannte „**Fahrstuhltest**", den Sie sehr einfach umsetzen können: Steigen Sie mit einem Bewerber, einem Mitarbeiter oder einem Familienmitglied in einen Aufzug und fahren sie mit ihm vom Erdgeschoss in den fünften Stock. Wenn Sie gerade keinen Fahrstuhl zur Hand haben, können Sie alternativ natürlich auch einfach auf die Uhr schauen und sich für dieses Experiment eine gute Minute Zeit nehmen. Jetzt legen Sie los und erzählen in einfachen Worten, warum gerade Ihr Unternehmen der beste Platz ist, um hier zu arbeiten. Fragen Sie dann Ihr Gegenüber, ob sie ihn oder sie überzeugt haben.

Vermutlich werden Sie mit dieser einfachen Übung die Kommunikationsdefizite in aller Deutlichkeit vor Augen geführt bekommen. Die Moral von dieser Geschichte: Sie kommen nicht umhin, sich im Zuge der Bildung einer Arbeitgebermarke intensiv damit auseinanderzusetzen, wofür Ihr Unternehmen eigentlich steht und was es so besonders macht. KMU haben – auch wenn sie das oft nicht glauben – sehr viele Themen, die sie herausstellen können.

**Die Positionierung als Arbeitgebermarke verlangt nach widerspruchsfreien Aussagen und dem Einsatz aufeinander abgestimmter Aktivitäten** Employer Branding kann auf keinen Fall losgelöst von der allgemeinen Unternehmenskommunikation funktionieren. Eine enge Verzahnung mit allen Auftritten der Marke ist notwendig, um ein widerspruchsfreies und unverwechselbares Bild eines Arbeitgebers zu zeichnen. Anders herum würden sinnlose Reibungsverluste bei den Zielgruppen entstehen und Synergieeffekte durch die Wirkungsverstärkung der einzelnen Maßnahmen verhindert. Was so selbstverständlich klingt, ist in der Praxis keinesfalls immer gegeben. In größeren Betrieben herrscht oft ein „**Abteilungs-Schrebergarten-Denken**", das in KMU in der Regel nicht vorhanden ist, zumal dann, wenn das Unternehmen von den Eigentümern geführt wird. Ein klarer Vorteil also für den Mittelstand.

Die **Topographie der Kommunikationsthemen**, die sich ganz spezifisch an Mitarbeiter und Bewerber richten, wird durch die Themenfelder und Dachbotschaften markiert, aus denen dann Teilbotschaften und Stoßrichtung der Arbeitgebermarke abgeleitet werden können. Wir haben es also mit einer Hierarchie von Botschaften zu tun: **kommunikative Leitidee – Kernaussagen – Einzelaussagen**. Schließlich ist auch noch die Tonalität der Inhalte zu definieren. Bei der Arbeit an den Botschaften steht die Dialoggruppe im Vordergrund. Das bedeutet, dass die Sprache an die Bedürfnisse der Anzusprechenden anzupassen ist. Darüber hinaus sollte eine Differenzierung nach Generationen erfolgen, da hier ganz unterschiedliche Anforderungen an den Arbeitgeber bestehen. Verzichten Sie aber darauf, sich sprachlich anzubiedern.

Die Erfahrung lehrt, dass sich Unternehmen mit der planerischen Gestaltung von Botschaften an Mitarbeiter und Bewerber sehr schwer tun. Personalnachrichten spielen bei den Unternehmen generell auch in der Medienarbeit eine eher untergeordnete Rolle.[1] In „Profil durch PR" wurden die Inhalte von Medieninformationen untersucht. Ergebnis: Nur rund jede zehnte Nachricht befasst sich mit Personen, mit Positionsneubesetzungen, Karrieren, Jubiläen oder Begegnungen, also Themen, die auf Arbeitnehmer abzielen. Dazu kommt, dass PR-Botschaften vielfach sehr kopflastig sind und keine Emotionen berücksichtigen.

**Botschaften müssen sich vom Einheitsbrei positiv abheben** Um der Kreativität auf die Sprünge zu helfen, gibt es einige bewährte Methoden, die es leichter machen, Arbeitgeberbotschaften „gegen den Strich zu bürsten", aus ihnen das Ungewöhnliche herauszuholen, herauszufinden, was aus dem Rahmen fällt und damit eine Chance bietet, von den Anzusprechenden wahrgenommen zu werden.

Jens-Uwe Meyer (2007, S. 8) nennt das den strukturierten Zugang zur verrückten Idee. Er wendet die so genannte **Apfel-Methode** an. Das **A** steht dabei für Assoziationen bilden und Analogien suchen. Dabei werden Gedanken rund um die verschiedenen Aspekte des Themas entwickelt und ähnliche Geschichten aus anderen Bereichen gesucht. **P** steht für Perspektivenwechsel und die Betrachtung aller Aspekte aus verschiedenen Richtungen sowie problemorientiertes Denken, also die Entwicklung von Themen ausgehend von Problemen und Bedürfnissen. **F** heißt Fragen über das Unternehmen und seine verschiedenen Seiten stellen, **E** bedeutet Ergebnisse kombinieren, bündeln und neu zusammenfassen und **L** die Lösungen bewerten.

Eine mögliche Umsetzung für die **inhaltliche Aufladung der Arbeitgebermarke** zeigt die nachstehende Grafik. Im Zentrum der Grafik steht Ihre Arbeitgeberpositionierung. Im äußeren Ring stehen die Themen, die sich für Ihr Unternehmen als Differentiator, Anker oder Treiber eignen. In den Zwischenräumen zwischen den Speichen stehen aus diesen Kriterien abgeleitete Botschaften, die kommuniziert werden können, um den jeweiligen Begriff mit greifbaren Inhalten zu versehen. Die Grafik, die bewusst auf einige wenige solcher Begriffe reduziert ist, kann individuell erweitert werden, je nachdem welche Arbeitgeberwerte Ihr Unternehmen kommunizieren will (Abb. 6.1).

Die nachstehenden Beispiele zeigen Ihnen die Systematik auf, wie Botschaften gefunden werden können. Wenn Sie Ihr eigenes Unternehmen näher ins Blickfeld nehmen, werden Sie problemlos noch Dutzende weitere Ideen entwickeln können.

**Ihrer Phantasie sind nur betriebswirtschaftliche Grenzen gesetzt** Drei Anmerkungen noch zur **Verbreitung der Botschaften**:

1. Machen Sie nicht den Fehler, zu viele Themen zu verwenden. Wählen Sie die Wichtigsten aus und kommunizieren Sie diese dann über die richtigen Kanäle, mit denen Sie am besten und kostengünstigsten Ihre Dialoggruppen ansprechen können. Denken

---

[1] Dazu die Untersuchung von Medienmitteilungen von Unternehmen in: Immerschitt 2009, S. 95.

**Abb. 6.1**  Botschaften. (Quelle: in Anlehnung an Kriegler, 2012)

Sie daran, dass zu viele Informationen nicht aufgenommen werden können. „**Keep it simple**", lautet das Gebot.

2. Verzichten Sie darauf, Themen prominent zu platzieren, die nur Eitelkeiten einzelner Bereiche Ihres Unternehmens bedienen oder immer schon Inhalt Ihrer Kommunikation waren. Jetzt haben Sie die Gelegenheit, alte Zöpfe abzuschneiden. **Scheuen Sie sich aber nicht, Ihre Botschaften immer wieder zu trommeln.** Erst wenn Ihnen selbst ein Thema schon sprichwörtlich „zum Hals hinaus hängt", können Sie davon ausgehen, dass Ihre Rezipienten zumindest rudimentär erreicht wurden.

3. Bleiben Sie in dem, was Sie kommunizieren, authentisch. Bewegen Sie sich nicht zu weit weg von der Realität. Auch dann nicht, wenn Sie die Perspektiven Ihres Unternehmens in das Zentrum der Kommunikation stellen wollen. Das kann nämlich leicht dazu führen, dass **zwischen vermitteltem Persönlichkeitsbild und dem tatsächlich erlebten Verhalten Bruchstellen entstehen (Credibility gap)** (Hofmann und Landman 1995, S. 104). Anders formuliert: „Eine Arbeitgeberpositionierung sollte nie so stark… gedehnt werden, dass das Band der Glaubwürdigkeit vollends reißt. Wie auch eine gute Unternehmensvision soll die Positionierung immer noch realistisch erscheinen, also innerhalb eines absehbaren Zeitraums erreichbar sein" (Kriegler 2012, S. 151).

Unsere KMU-Umfrage hat die quasi-statistische Wahrnehmung, die sich bei der Lektüre von Arbeitgeberpublikationen ergeben (vom Stelleninserat bis zur Mitarbeiterzeitung), leider bestätigt: Bei der Ausformulierung von Botschaften, die geeignet sind, zu einer interessant zu erzählenden Geschichte verdichtet zu werden, haben KMU noch „Luft nach oben". Ein Teilnehmer der Umfrage hat für sich die Erkenntnis gewonnen: „Spezifische Kernbotschaften wurden noch nicht entwickelt." Das trifft leider für sehr viele mittelständische Unternehmen zu. Dabei gilt, was ein Ideengeber für das Buch „Bewerbermagnet" geschrieben hat:

> Menschen, die ein sinnvolles Leben führen möchten, brauchen auch eine sinnvolle Arbeit. Menschen möchten sich selbst als Teil einer Sache wahrnehmen, die größer ist als sie selbst. Menschen brauchen eine Vision, die nicht offensichtlich nur die Brieftasche des Unternehmers füllt, sondern sie ins Herz trifft. (Haitzer 2011, S. 140)

Nachfolgend einige Beispiele von Botschaften und welche Kandidaten Sie damit gezielt ansprechen. Die gewählten Markenattribute sind solche, die in der Realität häufig vorkommen, es sind aber bei weitem nicht alle. Wenn Sie bei der Bildung Ihrer Arbeitgebermarke ganz von vorne beginnen, bilden Sie Arbeitsgruppen, in die Sie Mitarbeiter mit einbinden. Klären Sie zunächst die Werte und dann diskutieren Sie, wofür diese Werte stehen. So erhalten Sie sehr rasch ein buntes Bild an möglichen Botschaften. Wie Sie diese dann einsetzen, erörtern wir im Anschluss.

- **Beständigkeit:** Gehen wir davon aus, dass Ihr Unternehmen bereits eine längere Tradition aufweisen kann. Daraus lassen sich Botschaften formulieren, die insbesondere für Arbeitnehmer interessant sind, die auf Sicherheit Wert legen:
  - In Jahrzehnten der Existenz Ihres Unternehmens hatten Sie schon mit einigen wirtschaftlichen Krisen zu tun. Auch in schwierigen Zeiten haben Sie Ihren Mitarbeitern einen sicheren Arbeitsplatz geboten. Dieses Faktum lässt sich gut in der Firmengeschichte einbauen.
  - Sie sind nicht durch Quartalszahlen getrieben, sondern legen Wert auf Nachhaltigkeit. Sie achten auf verantwortungsbewussten Umgang mit den benötigten Ressourcen. Sie investieren einen hohen Prozentsatz Ihres Umsatzes in Forschung und langfristige Investitionen.
  - Als Unternehmen mit langer Tradition sind viele Mitarbeiter seit Jahren Teil Ihres Teams. Diesen Umstand feiern Sie jährlich und Sie kommunizieren das auch intern und extern.
  - Wer lange Zeit bei Ihnen ist, hat sich ein für Ihr Unternehmen enorm wichtiges Know-how aufgebaut. Sie lassen Ihre Mitarbeiter mit Erfahrung als Zeitzeugen in Publikationen zu Wort kommen.
  - Sie haben langjährige Kunden, zu denen Sie Vertrauen aufgebaut haben. Diese Kunden verwenden Sie in Ihrer Kommunikation nach außen als Testimonials. In der internen Kommunikation stellen Sie Geschäftspartnerschaften auf der persönlichen Ebene vor (z. B. Einkäufer und Verkäufer erzählen über gemeinsam erlebte Partnerschaft).

- **Work-Life-Balance**: Ihr Unternehmen bietet den Mitarbeitern Möglichkeiten, das Arbeitsleben mit der Privatleben gut zu vereinbaren. Dazu können Sie beispielsweise folgende Punkte thematisieren und damit etwa junge Eltern ansprechen:
  - Sie bieten Ihren Mitarbeitern auf deren individuelle Bedürfnisse abgestimmte Arbeitszeitmodelle an. Dadurch können sie Betreuungsaufgaben in der Familie gut mit der täglichen Arbeitszeit vereinbaren.
  - Jeder Mitarbeiter verfügt über die Möglichkeit, durch Gleitzeit Stundenguthaben aufzubauen, die für zusätzliche freie Tage angespart werden können.
  - Ältere Mitarbeiter können freiwillig wählen, ob sie noch die volle Normalarbeitszeit erfüllen oder bei der Arbeitszeit etwas „leiser treten" möchten.
  - Sie haben Kinderbetreuungsplätze im Unternehmen (Krabbelstube, Betriebskindergarten). Junge Mitarbeiterinnen können so früher wieder in den Arbeitsprozess eintreten. Eltern haben die Möglichkeit, die Mittagspause gemeinsam mit ihren Kindern zu verbringen.
  - Sie bieten den Mitarbeitern Freizeit- und Sportangebote an, die einfach und kostenlos in Anspruch genommen werden können.
  - Ihre Mitarbeiter können ihre Arbeitszeit so einteilen, dass sie beispielsweise zu Mittag eine Pause einlegen können, um zu relaxen (Power-Napping) oder Sport auszuüben.
  - Die Arbeitszeiten können in bestimmten Grenzen frei gestaltet werden. Die Regelarbeitszeit kann an fünf oder vier Tagen erbracht werden. Wenn die Entscheidung auf eine Vier-Tage-Woche fällt, kann der zusätzliche freie Tag frei gewählt werden.
  - Älteren Mitarbeitern bieten Sie die Möglichkeit, ihre Arbeitszeit in den letzten Jahren vor der Pensionierung zu reduzieren.
- **Soziale Verantwortung**: Die Metapher vom „Menschen, der im Mittelpunkt steht" ist in Ihrem Unternehmen nicht nur Rhetorik, sondern geübte Praxis. Sie sprechen damit Menschen an, die gesellschaftliche Verantwortung schätzen und auch selbst an den Tag legen.
  - Ihr Unternehmen realisiert Corporate Social Responsibility-Programme. CSR ist ein ganzheitliches, alle Nachhaltigkeitsdimensionen integrierendes Unternehmenskonzept, das alle freiwilligen sozialen, ökologischen und ökonomischen Beiträge eines Unternehmens zur Übernahme gesellschaftlicher Verantwortung beinhaltet.[2] Als Mittelbetrieb führen Sie solche CSR-Programme in Ihrem geographischen Umfeld durch und binden dabei auch Ihre Mitarbeiter ein.[3]

---

[2] http://de.wikipedia.org/wiki/Corporate_Social_Responsibility#Umsetzung_durch_die_Unternehmen.

[3] Das Thema „gesellschaftliche Verantwortung von Unternehmen für die Gesellschaft" wird sehr anschaulich vom deutschen Bundesministerium für Arbeit und Soziales dargestellt. Siehe dazu www.csr-in-deutschland.de/ueber-csr.html.

- Ihre Mitarbeiter werden für einen Teil ihrer Arbeitszeit freigestellt, um einem Engagement für die Allgemeinheit nachzugehen. Freiwillige Feuerwehr, Katastrophenschutz, Bergrettung, Altenbetreuung oder Arbeit für die Gemeinde werden so von Ihnen unterstützt.
- Durch Sponsoring von kulturellen, sozialen, sportlichen oder ökologischen Einrichtungen zeigt Ihr Unternehmen Verantwortung für die Gemeinschaft.
- Sie haben Programme zur Gesundheitsförderung Ihrer Mitarbeiter ins Leben gerufen.
- Sie unterstützen die Ausbildung von Kindern Ihrer Mitarbeiter.
- Sie ermöglichen Mitarbeitern die Pflege von Angehörigen durch flexible Arbeitszeiten.
- Sie veranstalten jährlich ein Event im Unternehmen, zu dem Sie die Familienangehörigen Ihrer Mitarbeiter einladen.

- **Aus- und Weiterbildung:** In Ihrem Unternehmen haben Sie ein Bildungsprogramm eingerichtet, das von allen Mitarbeitern in Anspruch genommen werden kann. Mit der Weiterbildung werden klar definierte Aufstiegschancen realisiert. Damit sprechen Sie in erster Linie karrierebewusste Menschen an.
  - Jeder Mitarbeiter hat ein „Bildungskonto", das er in Anspruch nehmen kann. Jedes Jahr kann ein bestimmter Betrag und ein definiertes zeitliches Ausmaß für externe Bildungsprogramme in Anspruch genommen werden. Geboten werden fachliche Programme ebenso wie Seminare zur Persönlichkeitsentwicklung.
  - Mit dem erfolgreichen Durchlaufen definierter Ausbildungsschritte werden interne Aufstiegschancen eröffnet. Führungspositionen werden in erster Linie durch qualifizierte Mitarbeiter aus dem eigenen Haus besetzt. Jeder Mitarbeiter hat ein eigenes „Karrierekonto", mit dem er seinen künftigen beruflichen Werdegang einschätzen kann.
  - Mitarbeiter, die neben dem Beruf eine akademische Ausbildung absolvieren möchten, bieten Sie die zeitliche Möglichkeit, ein Fernstudium, einen berufsbegleitenden Lehrgang an einer Fachhochschule oder ein universitäres Bachelor- oder Master-Studium zu absolvieren.
  - Neu eintretende Mitarbeiter bekommen einen Coach zugewiesen, der sein fachliches Wissen weitergibt und die Einschulungsphase kollegial begleitet.
  - Ihre Auszubildenden werden fachlich und schulisch so unterstützt, dass sie regelmäßig erfolgreich an Nachwuchswettbewerben (Berufsolympiaden) teilnehmen.
  - Über Ausbildungsschritte, die erfolgreich abgelegt wurden und Aufsteiger in Ihrem Unternehmen wird in den internen Medien, auf der Karriere-Website und auf den Karriereseiten der Fachzeitschriften und Regionalmedien berichtet.
  - Starke individuelle Leistungen, Beiträge zu Forschung oder Entwicklung werden intern und extern präsentiert.
  - Sie motivieren Ihre Mitarbeiter, ihr Wissen im Unternehmen oder auch in Vorträgen, Lehrveranstaltungen oder Seminaren weiterzugeben.

- **Internationalität:** Ihre Produkte und Dienstleistungen sind nicht nur auf dem Heimmarkt gefragt. Sie vertreiben diese in vielen Ländern der Welt, haben Auslandsstandorte und bieten Ihren Mitarbeitern die Möglichkeit, international tätig zu sein. Sie sprechen damit dynamische junge Menschen an, die kontakt- und reisefreudig sind.
  - Ihre Mitarbeiter haben Gelegenheit, attraktive Positionen innerhalb Ihres Unternehmens im Ausland zu übernehmen und die Möglichkeit, nach einigen Jahren wieder in ihre vorherige Position zurückzukehren.
  - Sie bieten umfangreiche Schulungen in Fremdsprachen an, damit sich Ihre Mitarbeiter bei ihren Auslandsjobs sprachlich verhandlungssicher bewegen können.
  - In der Einarbeitungsphase werden Ihren Mitarbeitern in Managementkursen interkulturelle Kompetenzen vermittelt.
  - Sie bilden mit Unternehmen Ihrer Branche Allianzen, um Mitarbeitern die Gelegenheit zu geben, Erfahrungen in anderen Ländern zu sammeln.
- **Unternehmenskultur:** Ihr Unternehmen hat eine ganz spezifische Kultur herausgebildet, die das Verhalten zwischen Unternehmensführung und Mitarbeitern sowie den Mitarbeitern untereinander kennzeichnet. Das Zusammenspiel von Werten, Normen, Denkhaltungen und Paradigmen wurde über Jahre entwickelt. Indem Sie diese Unternehmenskultur klar definieren und kommunizieren, stellen Sie sicher, dass Sie bei der Rekrutierung neuer Mitarbeiter bezüglich des „social fits" richtig liegen.
  - Die Verhaltensnormen in Ihrem Unternehmen werden nicht nur in Broschüren oder auf Postern publiziert, sondern auch tatsächlich gelebt.
  - Ihre Visionen und Missionen sind so formuliert, dass nachprüfbar ist, ob sie auch tatsächlich umgesetzt werden.
  - Zwischen Management und Mitarbeitern wird ein partnerschaftlicher Dialog geführt. Ihre Mitarbeiter sehen Sie als „Ideenpool" an, aus dem Sie Anregungen für die Weiterentwicklung generieren. Diese Ideen werden auch entsprechend honoriert.
  - Es gibt im Unternehmen nachvollziehbare Kennzahlen und Kriterien als Erfolgsmaßstab, sodass jeder Mitarbeiter den Leistungsstand selbst beurteilen kann.
  - In Ihrem Unternehmen herrscht ein ausgeprägter Teamgeist. Das zeigt sich in der täglichen Entwicklungsarbeit, aber auch in Aktivitäten außerhalb der Arbeitszeit: Es gibt gemeinsame Sportaktivitäten, Mitwirkung bei sozialen Projekten oder in den örtlichen Vereinen.
  - Sie haben ein interessantes und inspirierendes Arbeitsumfeld geschaffen und fördern die Vielfältigkeit Ihrer Mitarbeiterstruktur.
  - Ihre Mitarbeiter werden eingeladen, bei wichtigen Entscheidungen mitzureden. Die Ergebnisse von internen Workshops und Umfragen werden laufend publiziert und die Umsetzungserfolge dokumentiert.
  - Bei der Integration von Mitarbeitern mit Migrationshintergrund haben Sie ein eigenes Programm entwickelt, das auch die Familienangehörigen Ihrer Mitarbeiter einbindet.
  - Bei jährlichen Mitarbeitergesprächen werden wechselseitige Erwartungen formuliert, Ziele festgelegt und Entwicklungsmöglichkeiten aufgezeigt. Die Mitarbeiter

haben (anonym) die Möglichkeit, ein Aufwärts-Feedback über ihren direkten Vorgesetzten und über die Zusammenarbeit mit anderen Abteilungen abzugeben.

- **Benefits:** Neben der marktkonformen Entlohnung Ihrer Mitarbeiter haben Sie zusätzliche Benefits geschaffen, die einerseits geldwerte Vorteile bringen, andererseits aber auch den Teamgeist steigern. Damit sprechen Sie Mitarbeiter an, für die geldwerte Vorteile von besonderer Bedeutung sind.
  - Zum Gehalt gibt es Prämien bei Erreichen von betriebswirtschaftlich relevanten Zielen.
  - Produkte und Dienstleistungen Ihres eigenen Unternehmens und von Partnern Ihres Unternehmen können zu Sonderkonditionen erworben werden.
  - Bei Handelsunternehmen im Umfeld Ihres Unternehmens erhalten Ihre Mitarbeiter Sonderrabatte.
  - Die Gesundheit Ihrer Mitarbeiter ist Ihnen wertvoll. Deshalb haben Sie Fitness- und Sporteinrichtungen geschaffen, die kostenlos genutzt werden.
  - In der Kantine erhalten Ihre Mitarbeiter einen gesunden und preisgünstigen Mittagstisch. Wenn es keine Kantine gibt, können Sie z. B. wöchentlich einmal gemeinsam ein gesundes Mittagessen zubereiten.
  - Für einen klar umschriebenen Personenkreis gibt es Firmenautos, Smartphones, Tablet-PCs oder auch einen gewissen Betrag zur Gestaltung des individuellen Arbeitsumfeldes.
  - Sie feiern Firmenfeste, zu denen auch die Familien Ihrer Mitarbeiter mit eingeladen werden.
  - Wenn Mitarbeiter Ihres Unternehmens Nachwuchs bekommen, werden die Babys mit einem Geschenk willkommen geheißen.

Wenn Sie auf diese Weise ein ganzes **Bündel von Botschaften** entwickelt haben, liegt es nun an Ihnen, sich Gedanken zu machen, welche dieser Botschaften Sie für die interne und welche für die externe Kommunikation verwenden können. Nehmen wir beispielsweise das Thema soziales Engagement: Die Tatsache, dass Ihre Mitarbeiter freiwillig für Rettungsdienste arbeiten, können Sie sowohl nach außen als auch nach innen sehr gut verwenden. Sie können beispielsweise alle Kolleginnen und Kollegen, die Teile ihrer Freizeit für die Allgemeinheit verwenden, gemeinsam auszeichnen. Wenn Sie dazu die Chefs der Hilfsorganisationen, für die sie tätig sind, hinzuziehen, haben Sie eine erstklassige Geschichte, die sich multimedial verwenden lässt und sich für die Medienarbeit ebenso eignet wie für soziale Netzwerke, ihre eigene Webseite, ein Display bei der nächsten Berufsinformationsmesse, das Schwarze Brett oder die Mitarbeiterzeitung.

Andere Themen wiederum sind gar nicht für die Kommunikation nach außen geeignet. Manche werden sich nur auf der Karriere-Website wiederfinden oder eine nette Geschichte abgeben, die Sie bei der Weihnachtsfeier erzählen oder auf Facebook posten können. Ihre Aufgabe ist es, alle **personalrelevanten Geschichten** zu finden, aufzulisten, zu Botschaften zu verdichten und letztlich in ein Redaktionskonzept einfließen zu lassen. Sie werden sehen: Wenn Sie dieses Thema systematisch angehen, werden Sie viele Stories finden, die es lohnt, erzählt zu werden. Und sie kommen weg von den sonst leider so oft üblichen „Sprechblasen", die austauschbar und platt sind und deshalb auch in Ihrer Kommunikation keine Kraft entwickeln können.

## 6.2  Integriertes Kommunikationskonzept

Für die Kommunikation empfiehlt es sich, dass ein Arbeitgeber nicht mehr als vier Botschaften verwendet, diese allerdings ständig wiederholt und laufend in anderen Variationen platziert (Esslinger 2012, S. 181; Mrozek 2009, S. 52). Dementsprechend ist es notwendig, ein ganzheitliches, systematisches Kommunikationskonzept zu etablieren (Stotz und Wedel 2009, S. 121). Um ein klares Markenimage und dessen klare Verankerung bei der Zielgruppe zu erreichen, reicht es jedoch nicht aus, ausschließlich mit einem hohen Werbedruck präsent zu sein. Ständig wechselnde Auftritte und Inhalte von Kommunikationsmaßnahmen führen meist dazu, dass sich die Maßnahmen gegenseitig schwächen (Esch et al. 2009, S. 461). Es ist erforderlich, dass ein **„roter Faden"** durch alle Employer Branding-Maßnahmen und deren Kommunikation erkennbar ist (Quenzler und Frickenschmidt 2012, S. 50; Stotz und Wedel 2009, S. 121).

Der Ansatz der **Integrierten Kommunikation** kann als ein passendes Konzept für den Bereich der Arbeitgeberpositionierung angesehen werden:

> Integrierte Kommunikation ist ein strategischer und operativer Prozess der Analyse, Planung, Organisation, Durchführung und Kontrolle, der darauf ausgerichtet ist, aus den differenzierten Quellen der internen und externen Kommunikation von Unternehmen eine Einheit herzustellen, um ein für die Zielgruppen der Kommunikation konsistentes Erscheinungsbild des Unternehmens bzw. eines Bezugsobjektes der Kommunikation zu vermitteln. (Bruhn 2009a, S. 22)

Wie Bruhn beschreibt, muss der relevanten Zielgruppe ein **widerspruchsfreier Auftritt der Marke** dargeboten werden (Bruhn 2009a, S. 22). Dies bedeutet, dass alle kommunikativen Aktivitäten einer Employer Brand inhaltlich, sprachlich, zeitlich sowie formal aufeinander abgestimmt sind und ein konsistentes Bild vermitteln (Mrozek 2009, S. 50; Nagel 2011, S. 95; Schuble et al. 2009, S. 5).

Damit die Strategie der Integrierten Kommunikation auch realisiert werden kann, muss diese inhaltlich beschrieben und konkretisiert werden (Bruhn 2009b, S. 109). Ein entsprechendes Konzeptpapier gestaltet einen verbindlichen Rahmen für alle an der Kommunikation Mitwirkenden und charakterisiert sich durch Regeln sowie Richtlinien (Bruhn 2009c, S. 447). Es besteht aus drei Kernelementen: **Strategiepapier, Kommunikationsregeln** und **Organisationsregeln**, die nachstehend kurz beschrieben werden (Bruhn 2009a, S. 109; Abb. 6.2).

- **Strategiepapier:** In diesem Konzeptteil sind die „Strategiegrundsätze der Kommunikation" zu finden. Bestandteile sind die strategische Positionierung, kommunikative Leitideen sowie Leitinstrumente der Kommunikation (Bruhn 2009a, S. 448).

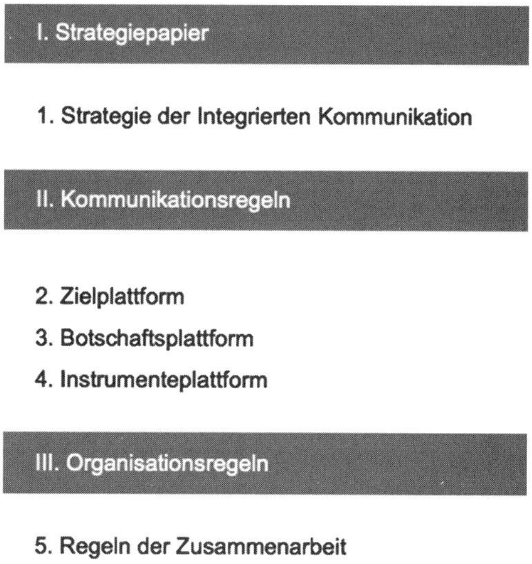

**Abb. 6.2** Elemente eines Konzeptpapiers der Integrierten Kommunikation. (Quelle: eigene Darstellung in Anlehnung an Bruhn 2009a, S. 200)

I. Strategiepapier

1. Strategie der Integrierten Kommunikation

II. Kommunikationsregeln

2. Zielplattform
3. Botschaftsplattform
4. Instrumenteplattform

III. Organisationsregeln

5. Regeln der Zusammenarbeit

- **Kommunikationsregeln:** Die Kommunikationsregeln werden anhand des Strategiepapiers entworfen und sind untergliedert in Zielplattform, Botschaftsplattform sowie Instrumentenplattform. In der Zielplattform werden die strategische Positionierung und die Ziele der Kommunikation des Unternehmens genau angeführt und definiert. Auf der Stufe der Botschaftsplattform sind Formulierungen der wichtigsten Botschaften der Kommunikation dargestellt, und im Zuge der Instrumentenplattform werden jene Mittel und Instrumente der Kommunikation beschrieben, die tatsächlich zu verwenden sind (Bruhn 2009a, S. 200, 2009c, S. 448).
- **Organisationsregeln:** Bei der Gestaltung dieser Regeln wird die unternehmensspezifische Organisationsform beachtet. Mit Hilfe der Organisationsregeln ist es einem Unternehmen möglich, klar festzulegen, wie die Kommunikation aufgebaut und ablaufen wird, wie die Zusammenarbeit der Bereiche zu funktionieren hat bzw. wer wofür zuständig ist und die Verantwortung trägt (Bruhn 2009a, S. 201).

Mit dem Fokus auf die Umsetzung der Integrierten Kommunikation wird im Folgenden nur auf die Kommunikationsregeln eingegangen. Diese beinhalten konkrete Handlungsanweisungen und Vorgaben (Bruhn 2009a, S. 201).

Um in dieser umfassenden Kommunikation ein System bzw. eine Ordnung zu haben, wird bei der Integrierten Kommunikation das **Prinzip der Hierarchisierung** verwendet. Entsprechend hinaus werden zentrale Elemente der Gesamtkommunikation ausgearbeitet und festgehalten sowie ein systematischer Aufbau der Ziele, Botschaften und Instrumente entwickelt (Bruhn 2009c, S. 452). Werden die drei hierarchischen Ordnungen in einen Zusammenhang gestellt (siehe Abb. 6.3), kann zwischen der vertikalen und der horizontalen Ordnung unterschieden werden. Bei der vertikalen Ordnung geht es um den Grad der Konkretisierung innerhalb der jeweiligen hierarchischen Ebene (Zielhierarchie, Botschaftshierarchie und Instrumentenhierarchie)(Bruhn 2009a, S. 226; Schlögl 2003, S. 57).

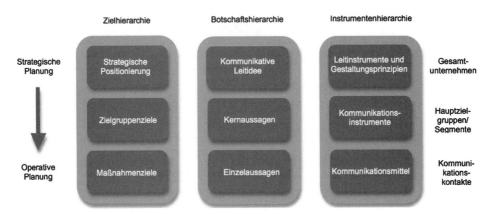

**Abb. 6.3** Vertikale und horizontale Ordnung der Inhalte der IntegriertenKommunikation. (Quelle: eigene Darstellung in Anlehnung an Bruhn 2009a, S. 227)

Dies bedeutet, dass innerhalb einer hierarchischen Ordnung eine simultane Umsetzung von oben bis ganz nach unten erfolgt. Bei der horizontalen Ordnung geht es um die Beziehungen zwischen den einzelnen Ordnungsebenen ebenso wie zwischen den Instrumenten, Botschaften und Zielen (Bruhn 2009a, S. 226 f.).

- **Zielhierarchie:** Hier existiert eine Systematik an Kommunikationszielen, die aus der strategischen Positionierung, Zielgruppenzielen und Maßnahmenzielen besteht (Bruhn 2009a, S. 201). Von höchster Wichtigkeit ist die strategische Positionierung, da sie langfristig ausgerichtet ist, die gesamte Kommunikation betrifft und somit als übergeordnete Zielsetzung – unabhängig von einzelnen Zielgruppen – gilt. Sie ist für alle nachgelagerten Entscheidungen im Bereich der Kommunikation zu berücksichtigen (Bruhn 2009b, S. 111). Die Zielgruppenziele sind hingegen mittelfristig ausgerichtet sowie nach Zielgruppen differenziert und bilden den inhaltlichen Rahmen für die Maßnahmenziele der Kommunikation. Die Maßnahmenziele stellen Kommunikationsziele dar, die in jedem Kommunikationskontakt mit der Zielgruppe erreicht werden sollen (Bruhn 2009a, S. 210).
- **Botschaftshierarchie:** Durch die Entwicklung der Botschaftshierarchie kann ein Unternehmen die Wahrscheinlichkeit minimieren, dass unterschiedliche und divergierende Aussagen getätigt werden, denn die Kommunikationsbotschaften bzw. Kommunikationsinhalte werden aufeinander abgestimmt (Bruhn 2009c, S. 450). Auch hier gibt es eine Hierarchisierung der Botschaften, von oben beginnend mit der kommunikativen Leitidee, gefolgt von Kernaussagen je Zielgruppe und Einzelaussagen, die Beleg- bzw. Beweischarakter haben (Bruhn 2009a, S. 201).
- **Instrumentehierarchie:** Der hierarchische Aufbau der Instrumentenplattform ist so gestaltet, dass zunächst grundlegende Prinzipien sowie Hauptinstrumente der Kommunikation festgehalten werden und diese im nächsten Schritt auf Instrumente und Mittel der Kommunikation heruntergebrochen werden (Bruhn 2009a, S. 201). Leitinstrumen-

te haben aus strategischer Perspektive eine wichtige Bedeutung, denn mit ihnen werden die zentralen Ziele der Kommunikation realisiert (Bruhn 2009a, S. 219). Für den Einsatz der Instrumente liegen genaue Grundsätze sowie ausführliche Beschreibungen von deren Zielen und Aufgaben vor. Des Weiteren ist festgehalten, wie die einzelnen Kommunikationsinstrumente mit den Leitinstrumenten zu integrieren sind. Damit ein einheitlicher Kommunikationsauftritt und ein Wiedererkennungseffekt am Markt entstehen kann, werden die Kommunikationsmittel genau beschrieben und definiert, formale Gestaltungsregeln festgelegt sowie die Verwendung von speziellen Medien innerhalb der Kommunikationsinstrumente bestimmt (Bruhn 2009c, S. 452).

Die Kommunikationsmaßnahmen über die Arbeitgeberqualität müssen mit den Kernbotschaften der Arbeitgeberpositionierung übereinstimmen und ein **stimmiges sowie konsistentes Bild des Unternehmens als attraktiven Arbeitgeber** am Arbeitsmarkt vermitteln (Esslinger 2012, S. 180 f.).

Großunternehmen haben im Bereich der Kommunikation nicht zwangsläufig einen Vorteil gegenüber KMU, denn alleine ein hohes Budget zu haben, bedeutet noch nicht, dass es einem Unternehmen ohne weiteres gelingt, das erwünschte Markenimage bei der Zielgruppe entstehen zu lassen (Esch et al. 2009, S. 462). Daraus kann abgeleitet werden, dass ein KMU unter Verwendung eines geringeren Budgets eine ebenso gute Wirkung bei Mitarbeitern und potenziellen Bewerbern erreichen kann wie ein Großunternehmen. Wichtig ist dabei nur, dass die einzelnen Employer Branding-Maßnahmen und deren Kommunikation – wie hier dargestellt – aufeinander abgestimmt sind und ein „roter Faden" erkennbar ist (RKW Expertenkreis 2011).

Gerade bei der Kommunikation macht es sowohl für große Unternehmen als auch für KMU Sinn, zeitliche Ressourcen zu investieren und solch ein **Konzeptpapier der Integrierten Kommunikation** zu entwerfen. Der Erfolg dieses Konzepts liegt insbesondere auch darin, dass eine gezielte Vernetzung sowie Abstimmung von Instrumenten und Maßnahmen stattfindet und zudem Synergien genutzt werden können (Stotz und Wedel 2009, S. 121). Mehrfach unterläuft Arbeitgebern nämlich der Fehler, dass die Aktivitäten der Employer Branding-Kommunikation von der Employer Branding-Strategie losgelöst werden und sich ausschließlich an den Präferenzen der Zielgruppen ausrichten, aber sich nicht an den Kernbotschaften der eigentlichen Markenstrategie orientieren (Esslinger 2012, 182 f.).

## 6.3   Interne und externe Maßnahmen an den Kontaktpunkten der Arbeitgebermarke

In den nachfolgenden Kapiteln beschäftigen wir uns mit den internen und externen Kommunikationsmaßnahmen an den Kontaktpunkten der Arbeitgebermarke. Wir haben dafür ein auf die Bedürfnisse von KMU abgestimmtes Phasenmodell erstellt. Größten Wert legen wir gerade an dieser Stelle auf den Bezug zur Praxis: Deshalb finden Sie hier auch ausführliche Fallbeispiele von Unternehmen, die in unterschiedlichen Bereichen bemerkenswerte Aktivitäten gesetzt haben.

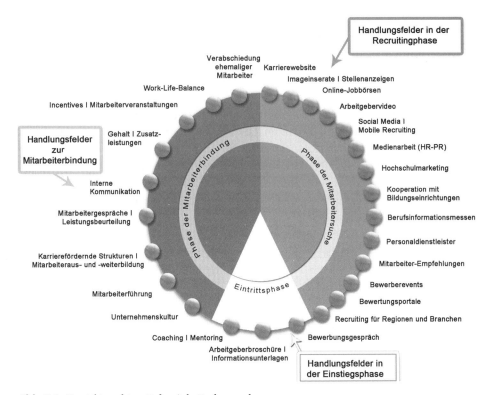

**Abb. 6.4**  Kontaktpunkte mit der Arbeitgebermarke

Als Kontaktpunkte („**Touchpoints**") sind alle Erlebnisse und Situationen zu sehen, in denen Mitarbeiter oder (potenzielle) Bewerber mit Ihrer Arbeitgebermarke in Berührung kommen und sie dadurch erleben. Diese Erlebnisse finden auch statt, wenn Sie diese nicht aktiv planen. Sie beeinflussen damit das Wissen um Ihre Arbeitgebermarke, die Einstellung dazu und letztlich auch das Verhalten Ihrer Dialoggruppen.

Sie müssen sich also zunächst bewusst machen, welche Berührungspunkte es mit Ihrer Arbeitgebermarke gibt. Diese Liste mit den möglichen Berührungspunkten ist lang. „Effektive Markensteuerung erfordert ein Verständnis darüber, welche Inhalte an welchen Kontaktpunkten tatsächlich vermittelt werden können."[4] Sie müssen letztlich für Ihr Unternehmen entscheiden, welche Gewichtung Sie den einzelnen Punkten geben. Um diese Entscheidung treffen zu können, müssen Sie zunächst die Kontaktpunkte identifizieren, danach nach ihrer **Wichtigkeit** bewerten und schließlich deren **Effektivität** beurteilen.

Abbildung 6.4 gibt einen Überblick über die wichtigsten Kontaktpunkte der Arbeitgebermarke in verschiedenen Stadien der Verbindung von Kandidaten für einen Job und bestehenden bzw. ehemaligen Mitarbeitern. Mitarbeiter Ihres Unternehmens haben ganz

---

[4] Institut für Marketing – Strategieberatung: Touchpoint Analyse. URL: http://www.institutfuermarketing.com/know-how/.

spezifische Erwartungshaltungen an die Kommunikation. Gleiches gilt auch für Jobsuchende: Je nachdem, in welcher Phase sich jemand befindet, hat er unterschiedliche Informationsbedürfnisse und Interessenlagen, die nachfolgend detaillierter beschrieben werden (Abb. 6.4).

## Literatur

Achtenhagen, C., J. Wolff, C. Hollmann, und D. Werner, Hrsg. 2012. *Fachkräfte sichern. Employer Branding/Arbeitgebermarke.* Berlin: Bundesministerium für Wirtschaft und Technologie (BMWi). http://www.kompetenzzentrumfachkraeftesicherung.de/fileadmin/media/Themenportale-3/KoFa/PDFs-Ins-trumente/06_BMWi_Employer_Branding_web_bf.pdf. Zugegriffen: 1. Juni 2013.

Bruhn, M. 2009a. *Integrierte Unternehmens- und Markenkommunikation. Strategische Planung und operative Umsetzung.* 5. Aufl. Stuttgart: Schäffer-Poeschel.

Bruhn, M. 2009b. *Kommunikationspolitik. Systematischer Einsatz der Kommunikation für Unternehmen.* 5. Aufl. München: Verlag Franz Vahlen.

Bruhn, M. 2009c. Planung einer Integrierten Kommunikation. In *Handbuch Kommunikation,* Hrsg. M. Bruhn, F. Esch, und T. Langner. Wiesbaden: Gabler.

Deutsche Gesellschaft für Personalführung e. V. (DGFP). 2012. *Employer Branding. Die Arbeitgebermarke gestalten und im Personalmarketing umsetzen.* 2. Aufl. Bielefeld: W. Bertelsmann.

Esch, F., F. Brunner, und S. Ullrich. 2009. Umsetzung der Integrierten Kommunikation. In *Handbuch Kommunikation,* Hrsg. M. Bruhn, F. Esch, und T. Langner. Wiesbaden: Gabler.

Esslinger, R. 2012. Kommunikationskonzept – Ihre Arbeitgebermarke zielgruppengerecht kommunizieren. In *Praxishandbuch Employer Branding. Mit starker Marke zum attraktiven Arbeitgeber warden,* Hrsg. W. Kriegler. Freiburg: Haufe-Lexware.

Haitzer, A. 2011. *Bewerbermagnet. 365 inspirierende Ideen, wie IHR Unternehmen Top-Bewerber magnetisch anzieht.* Neubeuern: Quergeist.

Hofmann, M., und C. Landman. 1995. Der integrierte Integrationsprozeß. Herausforderung zwischen Markt und Unternehmen. In *Integriertes Kommunikationsmanagement. Konzeptionelle Grundlagen und praktische Erfahrungen. Ein Handbuch für Öffentlichkeitsarbeit, Marketing, Personal- und Organisationsentwicklung,* Hrsg. R. Ahrens, H. Scherer, und A. Zerfaß. Frankfurt a. M.: Frankfurter Allgemeine Buch.

Immerschitt, W. 2009. *Profil durch PR.* Wiesbaden: Gabler.

Kriegler, W. 2012. *Praxishandbuch Employer Branding. Mit starker Marke zum attraktiven Arbeitgeber werden.* Freiburg: Haufe-Lexware.

Meyer, J. 2007. *Kreative PR.* Konstanz: UVK.

Mrozek, S. 2009. *Employer branding.* München: Rainer Hampp.

Müller, A., N. Scheidegger, S. Simon, und T. Wyssen, Hrsg. 2011. *Praxisleitfaden Arbeitgeberattraktivität: Instrumente zur Optimierung der Arbeitgeberattraktivität in kleinen und mittleren Unternehmen.* Chur: HTW Chur. http://www.htwchur.ch/uploads/media/Praxisleitfaden_Arbeitgeberattraktivitaet_-_Endversion_-_mit_Titelseite.pdf. Zugegriffen: 10. April 2013.

Nagel, K. 2011. *Employer Branding. Starke Arbeitgebermarken jenseits von Marketingphrasen und Werbetechniken.* Wien: Linde.

Quenzler, A., und S. Frickenschmidt. 2012. Wahre Schönheit kommt von innen. Arbeitgeberattraktivität ist mehr als eine Frage der Kommunikation. *Personalführung* (8): 50–57.

RKW Expertenkreis. 2011. 2. Arbeitgeberattraktivität – Handlungsfelder für das Personalmanagement. Praxismaterialien. http://www.rkwkompetenzzentrum.de/fileadmin/media/Dokumente/-Publikationen-/2011_LF_Praxismaterialien-2.pdf. Zugegriffen: 2. Juni 2013.

Schlögl, G. 2003. *Integrierte Unternehmenskommunikation. Vom einzelnen Werbemittel zur vernetzten Kommunikation.* Wien: WUV Universitätsverlag.

Schuble, J., S. Masurat, und M. Eicher. 2009. *Employer Branding für den Mittelstand. Leitfaden zur Top-Arbeitgebermarke.* Überlingen: compamedia, wbpr. http://www.top-arbeitgebermarke.de/-templates/File/intern/leitfaden-employer-branding.pdf. Zugegriffen: 25. Mai 2013.

Stotz, W., und A. Wedel. 2009. *Employer Branding. Mit Strategie zum bevorzugten Arbeitgeber.* München: Oldenbourg Wissenschaftsverlag.

# Phase der Rekrutierung neuer Mitarbeiter

In der Übersichtsgrafik zu den Kontaktpunkten der Arbeitgebermarke finden Sie auf der rechten Seite das Segment, in dem es um Maßnahmen der Rekrutierung neuer Mitarbeiter geht. Diese werden detailliert in diesem Kapitel dargestellt und im folgenden Kapitel mit konkreten Unternehmensbeispielen belegt.

Bei der Kommunikation in der **Phase der Mitarbeitersuche** treffen Sie auf potenzielle Bewerber mit unterschiedlichem Involvement. Da sind einerseits solche, die noch nicht in der Entscheidungsphase stehen. SchülerInnen und Studierende vor dem Abschluss gehören hierzu. Für Sie ist es wichtig, dass Ihr Unternehmen auf dem Radar bleibt. Je näher die Entscheidung rückt, desto höher sind Engagement und Interesse an potenziellen Arbeitgebern. Hier gilt es nun, dass Sie tiefergehende Informationen leicht zugänglich machen, die die Entscheidung positiv beeinflussen. Anders formuliert: Geht es zunächst darum, medial in Erscheinung zu treten. So suchen die möglichen Bewerber nach Inhalten, nach „**hard facts**", die die Entscheidung positiv beeinflussen können.

Bei der Besetzung vakanter Stellen im Unternehmen gibt es zwei Möglichkeiten, die relevanten Zielgruppen auf das Angebot aufmerksam zu machen: entweder aktiv oder passiv. **Aktive Rekrutierung** heißt, dass beispielsweise externe Lebenslaufdatenbanken von Internet-Stellenbörsen, Karrierenetzwerke wie Xing oder interne Kandidatenpools durchsucht werden. **Passive Rekrutierung** funktioniert über die Veröffentlichung von Stellenanzeigen in Printmedien, in Online-Karriereplattformen, auf der eigenen Internet-Karriereseite oder über sonstige zur Verfügung stehende Kanäle (Weitzel et al. 2011, S. 24).

Da mittelständische Unternehmen sich sehr genau überlegen, wofür sie Geld in die Hand nehmen, ist es wenig überraschend, dass alle Formen des Online-Recruitings auf dem Vormarsch sind. Laut einer an den Universitäten Bamberg und Frankfurt durchgeführten Studie über die **Recruiting Trends im Mittelstand** wird auch die staatliche Arbeitsagentur aus Kostengründen stark in Anspruch genommen (im Jahr 2011 waren es 45 % aller befragten KMU) (Weitzel et al. 2011, S. 25). Bei den tatsächlichen Einstellungen lagen die Online-Kanäle mit einer Erfolgsquote von mehr als einem Drittel an der Spitze, die Stellenanzeigen in Printmedien brachten es auf ein gutes Viertel, die Arbeitsagentur auf

W. Immerschitt, M. Stumpf, *Employer Branding für KMU*,
DOI 10.1007/978-3-658-01204-5_7, © Springer Fachmedien Wiesbaden 2014

ein Fünftel und andere Kanäle wie Leiharbeitsfirmen, Headhunter oder Personalberater lagen bei einem Sechstel knapp dahinter.

Unsere KMU-Befragung hat zum Thema externe Kommunikation ein sehr buntes und umfangreiches Bild an Maßnahmen ergeben, die umgesetzt werden. Das reicht von Publikationen in Fachmedien und das Sichtbarmachen von Ausbildungsangeboten über die Teilnahme an Karrieremessen und Veranstaltungen bis hin zu den verschiedensten Maßnahmen im Web 2.0 sowie der Kooperation mit anderen Unternehmen. Nur 40 % der KMU schalten Stellenanzeigen oder betreiben gezielt Medienarbeit, um auf sich als Arbeitgeber aufmerksam zu machen.

Deutliche Unterschiede belegt die Befragung auch zwischen größeren und kleineren Unternehmen. Während Unternehmen über 100 Mitarbeiter inzwischen in der überwiegenden Zahl eine eigene Karriere-Website haben, auf der Stellen ausgeschrieben werden und sich das Unternehmen als Arbeitgeber vorstellt, nutzt dieses Instrument bei den Kleinbetrieben so gut wie gar niemand. So ergibt sich ein sehr niedriger Wert von nur 15 % (Abb. 7.1).

## 7.1  Information und Bewerbung über die Karriere-Website

Wir beginnen die Darstellung der Kontaktpunkte der Marke mit der **Karriere-Website**, weil sie der Ausgangspunkt für alle weiteren Rekrutierungsaktivitäten ist. Ob Sie nun auf einer Hochschule ausstellen oder ein Online-Inserat auf einer der Plattformen posten: Immer sollten Sie die Möglichkeit nutzen, auf die umfangreicheren Informationen auf der eigenen Karriere-Website Ihres Online-Auftritts zu verweisen (compamedia 2013a; Teetz 2012, S. 138). Rund 90 % der Stellen von Großunternehmen werden mittlerweile auf den unternehmenseigenen Karriereseiten ausgeschrieben, über 70 % der Besetzungen finden über Online-Kanäle statt (Eger und Frickenschmidt 2009, S. 118). Unternehmen mit starken Marken verzeichnen hohe Zugriffszahlen auf ihren Karriere-Websites. Erstmals übertrifft die Zahl der Bewerbungen, die über die Webseiten der Unternehmen eingehen, alle anderen Formen der Bewerbungen wie Brief oder E-Mail.

Zudem informieren sich inzwischen neun von zehn Bewerbern auf der Unternehmens-Website über einen potenziellen Arbeitgeber, bevor sie sich dort bewerben. Viele KMU – und hier insbesondere die kleineren Unternehmen – verzichten leider noch viel zu oft auf eine gute Möglichkeit, bei Interessenten zu punkten. Zwar findet sich bei mittelständischen Unternehmen auf der Webseite inzwischen auch schon sehr häufig eine Rubrik „Karriere". Diese Karriere-Website hat allerdings in der Regel noch deutliche Mängel, beschränkt sich u. a. fast immer darauf, auf offene Stellen hinzuweisen. Gezielte Informationen über die Vorteile als Arbeitgeber fehlen dagegen.

Vorrangig suchen Interessenten **Informationen über Ihr Unternehmen als Arbeitgeber**. Dazu gehören natürlich harte Fakten über die Berufsfelder, die Sie anbieten, die Zahl der Mitarbeiter, aber auch Kennzahlen wie Umsatz, Niederlassungen im In- und Ausland, usw. Arbeiten Sie mit Links zu weiter führenden Informationen auf Ihrer Webseite. Denn

**Welche externen Kommunikationsmaßnahmen setzten Sie im Rahmen Ihrer Employer Branding-Aktivitäten?**

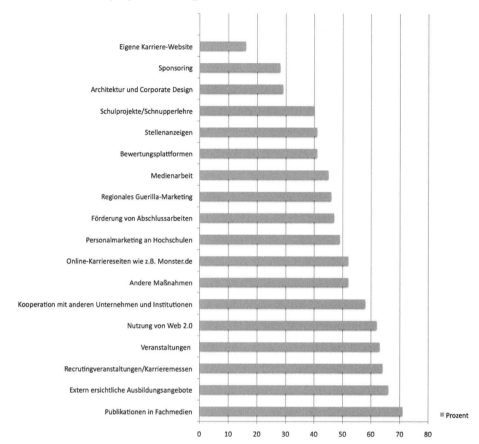

**Abb. 7.1** Externe Kommunikation

wenn jemand wirklich zu einem Punkt Näheres wissen will, führt das auf diese Weise sehr schnell zu zufriedenstellenden Antworten.

Ein weiterer Punkt ist, dass die **Interaktion mit dem Bewerber** bedeutender geworden ist und sich folglich die Möglichkeit der direkten Online-Bewerbung etabliert hat (Eger und Frickenschmidt 2009, S. 118). Auf der Karriere-Website entscheidet sich der Bewerber, ob er seine Zeit investiert und sich bei dem Unternehmen bewirbt, weshalb einige Kriterien in der Erstellung bzw. Gestaltung berücksichtigt werden sollten (Eger und Frickenschmidt 2009, S. 120).

Allen voran sind drei Aspekte bei einer Karriere-Website zu beachten: **Inhalt, Funktion und Design**. Inhaltlich sind auf jeden Fall offene Stellen anzuführen, denn sie bilden die Basis der Webseite. Zudem sollten Informationen über das Unternehmen an sich, dessen

Werte und Normen sowie über den Bewerbungsprozess vorhanden sein. Um im Sinne von Employer Branding zu handeln, sollten vor allem karrierespezifische Informationen angegeben und glaubwürdig dargestellt werden, da es somit möglich ist, sich von konkurrierenden Unternehmen abzugrenzen.[1]

Bei der Funktionalität ist es entscheidend, dass dem Bewerber die Möglichkeit gegeben wird, sich über die Schnittstelle Karriere-Website online zu bewerben. Das Design der Webseite hat das Ziel, das gesamte Employer Branding in einer entsprechenden Aufbereitung und Tonalität darzustellen. Der Karriere-Homepage muss es gelingen, die Employer Brand bestmöglich abzubilden und das Bindeglied zum Recruiting darzustellen (Eger und Frickenschmidt 2009, S. 122 ff.).

Auf der eigentlichen Karriere-Website können Sie sich kurz und knapp halten. Sie punkten, wenn Sie leserfreundlich und übersichtlich informieren. Was Ihre Bewerber in der Regel wissen wollen, kennen Sie ja ohnedies aus den Einstellungsgesprächen. Geben Sie einfach auf diese **FAQs** (Frequently Asked Questions) offen und ehrlich Antworten. Orientieren Sie sich in Ihren Aussagen an den Bedürfnissen Ihrer Bewerber, aber verlieren Sie dabei die eigene Arbeitgebermarke nicht aus den Augen. Erklären Sie u. a., wie die Einarbeitungsphase strukturiert ist, welche persönlichen Entwicklungschancen es gibt und welche Karrieremöglichkeiten vorhanden sind.

Neben diesen allgemeinen Ausführungen gibt es einige Inhalte, die Sie **unbedingt berücksichtigen** sollten:

- Geben Sie arbeitnehmerrelevante Informationen über Ihr Unternehmen, auch wenn manches schon bei „Wir über uns" vorkommt. Verzichten Sie keinesfalls darauf, auf der Karriereseite das Unternehmen näher vorzustellen. Jeder Bewerber will ohne große Surferei auf einen Blick wissen, mit wem er es zu tun hat. Bei der Durchsicht der Websites von Mittelständlern fällt überdies auf, dass eine – für Bewerber jedoch essentielle – Zahl, nämlich wie viele Kollegen auf ihn warten, kaum genannt wird.
- Ein Bereich, mit dem sich viele mittelständische Unternehmen schwer tun, ist die Darstellung der Werte und Normen der Zusammenarbeit. Das ist meist ein Beleg dafür, dass das Thema Employer Branding nicht strategisch angegangen wurde. Denn Werte und Normen lassen sich am einfachsten dann authentisch wiedergeben, wenn sie aus der Arbeitgebermarke abgeleitet sind.
- Nennen Sie die Ansprechpartner für Personalfragen mit Kontaktdaten und laden Sie zusätzlich ein Foto hoch. Wenn es zum Gespräch kommt, hat sich der Kandidat im wahrsten Sinne des Wortes schon vorher ein Bild von seinem Gegenüber gemacht.
- Fotos sind generell ein ganz wesentliches Stilmittel auf einer guten Karriere-Website. Mit Bildern vermitteln Sie ein sympathisches und attraktives Bild von sich. Sie zeigen z. B. Mitarbeiter bei der Arbeit, Innenansichten des Unternehmens, Sozialeinrichtun-

---

[1] Unter diese Art von Angaben fallen beispielsweise Entwicklungsmöglichkeiten, Zusatzleistungen, das Betriebsklima, Work-Life-Balance, Gestaltungsspielräume bei der Arbeit sowie die Attraktivität von Tätigkeiten. compamedia 2013a, o. S.; Eger und Frickenschmidt 2009, S. 120.

gen, Kantine, Fitnessraum oder was es sonst auch immer bei Ihnen geben mag. Nehmen Sie keine Fotos von gestylten Models. Das wirkt meist sehr realitätsfern und sorgt zudem bei den eigenen Mitarbeitern bestenfalls für Schmunzeln.

- Geben Sie karrierespezifische Informationen. Dazu gehören alle Themengebiete von der Jobbeschreibung über die Vergütung, den Teamgeist bis hin zum Gestaltungsspielraum bei den Aufgabenstellungen. Gerade hier lässt sich sehr gut mit Bewegtbildern arbeiten. Wer ist schon glaubwürdiger als ein künftiger Kollege, der jeden Tag erlebt, wie es im Job zugeht? Ein kleines Video, in dem beispielsweise Auszubildende erzählen, was sie lernen, wie die Ausbildung abläuft und welche Belohnung es durch den Betrieb gibt, wenn im Abschlusszeugnis gute Noten stehen, wirkt authentisch und spricht die Altersgruppe der Gefilmten an. Ein Beispiel dafür ist das Video von Schlotterer, mit dem Auszubildende für den seltenen Lehrberuf des Sonnenschutztechnikers gesucht werden.[2]
- Ein wichtiges Element sind Verlinkungen zu den Social Media-Plattformen und dem eigenen Blog. Dort wird beispielsweise beschrieben, wie mit Fehlern während eines Praktikums umzugehen ist.
- Stellen Sie Ihre Stellenanzeige auch auf Ihre Karriere-Website (allerdings nicht als pdf, sondern als HTML-Seite). Sie sind schließlich das zentrale Thema für mögliche Bewerber. Anforderungen und Leistungen müssen miteinander im Einklang stehen. In Österreich ist zudem gesetzlich vorgeschrieben, dass das gebotene Mindestgehalt und die allfällige Bereitschaft zur Überzahlung angegeben wird.
- Wenn Sie ein Bild von einem gestalteten Inserat einfügen, hat das den Nachteil, dass die Suchmaschinen die Inhalte nicht finden. Wenn Sie mehrere Jobs zu vergeben haben, unterteilen Sie diese in Rubriken, für die Sie auch optische Einteilungen vornehmen. Sehr gut gelöst hat das beispielsweise die Firma SPV AG, die wir als Fallbeispiel näher vorstellen.
- Stichwort Suchmaschinen: Natürlich möchten Sie, dass Ihr Stellenangebot auch online gefunden wird. Achten Sie deshalb darauf, dass die Formulierungen in der Online- und Offline-Stellenanzeige für Suchmaschinen optimiert sind.
- Jede offene Position sollten Sie zusätzlich über Social Media posten. Bei Inseraten oder am Messestand, auf den Foldern, die Sie Schülern und Studierenden überreichen, wenn Sie Vorträge halten oder auf Veranstaltungen vor Ort sind, gibt es einen QR-Code, der auf ein Bewerbervideo hinweist, das auf der Karriere-Website eingebettet ist.
- Je genauer erklärt wird, wie der Bewerbungsprozess abläuft, welche Unterlagen benötigt werden, wann mit Rückmeldungen zu rechnen ist und wie mit den Unterlagen im Falle einer Nichtberücksichtigung verfahren wird, desto mehr erhält der Kandidat das Gefühl, dass er wertgeschätzt wird.

Julian Ziesing, Leiter der Potentialpark-Studie, bringt die Anforderungen an Karriere-Websites im „Spiegel" auf den Punkt: „Es reicht nicht mehr, eine einigermaßen gute Seite zu haben. Den Unterschied mache das Talent Relationship, die Herstellung einer Bezie-

---

[2] www.schlotterer.at/de/unternehmen/sonnenschutz-lehre.

hung zwischen Unternehmen und Absolvent. Die Frage sei: ‚Wie schafft man eine Seite, die zwar viele Informationen bietet, aber nicht zur Bibliothek verkommt, sondern vielmehr Buchladen ist?' Hinter den Karriereseiten müssten Marketingkonzepte stehen, die Unternehmen wollen sich schließlich als attraktiver Arbeitgeber vorstellen".[3] Dazu gehört, dass sich die Karriere-Website von den Mitbewerbern abhebt, interaktiv ist und den Beweis antritt, dass der Arbeitgeber viel zu bieten hat.

Mittelständische Unternehmen können auf der Karriere-Website einen Vorteil gegenüber Großbetrieben ausspielen: Sie können sehr **persönlich auf Bewerbungen eingehen** und müssen nicht komplizierte Bewerbungsformulare oder Eingabemasken verwenden. Auch der Prozess, wie die Bewerbung weiter behandelt wird, muss nicht standardisiert vermittelt werden. All das kann ganz individuell auf die jeweilige Person, die sich bewirbt, zugeschnitten werden.

Diese **Individualität** können KMU auch bei der Bildsprache unterstreichen, das tun sie jedoch viel zu wenig: Bilder auf den Karriere-Websites fehlen oft ganz, und wenn welche verwendet werden, sind die abgebildeten Personen meist keine Firmenangehörige. Dabei wären „**echte Menschen**", denen Bewerber vielleicht auch auf der Straße begegnen können, viel besser als Stockfotos von Agenturen. Ein großes Manko ist bei den KMU zudem, dass kaum Videos eingesetzt werden. In drei Minuten ließe sich ein sehr guter Eindruck vermitteln, was das Unternehmen ausmacht, erklärt von Menschen, die wissen, wovon sie reden, nämlich den Mitarbeitern selbst. Davon ist weiter unten noch ausführlicher die Rede.

---

### LucaNet

Die besten Karriere-Websites überzeugen auch durch klare Ansagen, was geboten wird. Ein sehr gutes Beispiel dafür ist der Berliner Softwareanbieter LucaNet, der auf seiner Karriereseite sehr übersichtlich die Benefits für Mitarbeiter aufführt. Von der Gesundheitsförderung über Mitarbeiterrabatte, Weiterbildung, Handys und Firmenautos bis hin zur Anbindung an den öffentlichen Verkehr wird hier eine lange Liste von klar definierten Leistungen publiziert.[4]

---

### Hekatron

Die Firma Hekatron aus dem Landkreis Breisgau-Hochschwarzwald ist Hersteller von Systemen des anlagentechnischen Brandschutzes mit einem Problem, das auf der Karriere-Website ganz offen thematisiert wird, nämlich der Standort: Sulzburg hat weniger als 3.000 Einwohner und liegt am äußersten südwestlichen Zipfel Deutschlands auf halbem Weg zwischen Basel und Freiburg im Breisgau unweit der französischen Grenze. Konsequent wird der Freizeitwert ganz weit nach oben gestellt.[5]

---

[3] www.spiegel.de/unispiegel/jobundberuf/bewerberfang-im-internet-die-besten-karriereseiten-deutscher-unternehmen-a-678534.html.

[4] www.lucanet.com.

[5] www.hekatron.de.

## 7.2   Markenbildung durch Image- und Stellenanzeigen in Printmedien

Stellenanzeigen zählen zu den Grundbausteinen des Unternehmensauftritts hin zu den Bewerbern und können ein erster Anstoß in Richtung „employer of choice" sein (Bode und Adrion 2009, S. 179). Jobangebote wurden früher traditionell in Printmedien veröffentlicht, seit rund 15 Jahren werden jedoch immer mehr Inserate zusätzlich oder ausschließlich im Internet publiziert – sei es auf der eigenen Firmenhomepage oder auf gängigen Jobplattformen (Achilles und Bethkenhagen 2012, S. 203). Ein solches Inserat, unabhängig von Print oder Online, kann als kleine Imageanzeige gesehen werden und prägt die Wahrnehmung eines Kandidaten vom Betrieb (compamedia 2013b). Dies kann dazu führen, dass die Wirkung einer Stellenanzeige bei der Entscheidung, ob sich ein potenzieller Arbeitnehmer bewirbt oder nicht, mitspielt (Bode und Adrion 2009, S. 179). Demzufolge ist es für die Erstellung von Inseraten wichtig, die zentralen Aussagen der Arbeitgebermarke treffend zu vermitteln (Bode und Adrion 2009, S. 182; Stotz und Wedel 2009, S. 126). Des Weiteren sollte die Ausschreibung die relevantesten Informationen transportieren und zusätzlich den Leser emotional ergreifen (Achilles und Bethkenhagen 2012, S. 203).

So weit zum Postulat, dass Stellenannoncen den Kern der Arbeitgebermarke wiedergeben. Die Praxisprüfung des Auftritts von KMU zeigt leider ein anderes Bild: Kreativität und Originalität sind meist nicht sehr groß. Häufig beschränken sich die Inserate auf einen Titel, der den ausgeschriebenen Posten bezeichnet, auf die Aufzählung der geforderten Voraussetzungen des Kandidaten und die gebotenen Leistungen. Die Stellenanzeige zielt bei mittelständischen Unternehmen in erster Linie darauf ab, eine aktuelle Vakanz zu besetzen. Kreative und einprägsame Imageanzeigen, die auf die Arbeitgebermarke einzahlen, sind bei KMU dagegen die absolute Ausnahme.

Legt man herkömmliche Stellenanzeigen neben Todesanzeigen, ist der Unterschied optisch oft nicht sehr groß. Statt des Kreuzes hier steht das Logo dort.

Die Generation Y – also junge Menschen, die nach 1980 geboren wurden – können mit derartigen Formen der Kommunikation wenig bis gar nichts anfangen. Vielleicht ist auch das ein Grund dafür, dass die **Bedeutung der Printanzeigen** laut allen aktuellen Studien und auch unseren Umfrageergebnissen zufolge deutlich rückläufig sind. Vor 20 Jahren erwirtschafteten die überregionalen Tageszeitungen noch die Hälfte ihrer Einnahmen über Stellenanzeigen (Immerschitt 2013, S. 38). Heute können die Zeitungen von diesen Zeiten nur noch träumen. Die Karriereseiten in den Printmedien – insbesondere in den Tageszeitungen am Wochenende – spielen zwar nach wie vor eine gewisse Rolle beim Recruiting neuer Mitarbeiter, wenn auch die „Monopolstellung" früherer Tage nicht mehr gegeben ist. Viele Unternehmen gehen inzwischen vom klassischen Stelleninserat (zumindest als zentrales Recruiting-Instrument) wegen des zu geringen Returns on Investment ab. Der finanzielle Aufwand steht – so die kritische Anmerkung – in keiner Relation mehr zum Ergebnis. Wenn ein Inserat gerade einmal zwei Bewerber hervorbringt, die auf Grund ihres Lebenslaufes zu einem Gespräch eingeladen werden können, dann stehen die Ampeln eben für künftige Stellenanzeigen auf Rot.

---

**Verkehrsbetriebe Zürich**

Dabei ginge es auch ganz anders, wie das Beispiel der Verkehrsbetriebe Zürich zeigt: Auf Stellenausschreibungen der Verkehrsbetriebe der Stadt Zürich (VBZ) melden sich gewöhnlich rund 80 % männliche Bewerber. Also wird – eigentlich politisch völlig unkorrekt – gezielt nur nach Frauen gesucht. Die Inserate sind zudem deutlich größer als die zur Suche männlichen fahrenden Personals. Gezielt werden Quereinsteigerinnen für einen Wechsel zu motivieren versucht. Angesprochen werden „flinke Kellnerinnen, ambitionierte Coiffeusen und aufgeweckte Bäckerinnen", die sich zu Tramführerinnen ausbilden lassen möchten.[6] Auch ein Video mit einer Trambahn fahrenden Friseuse wurde gedreht. Der Erfolg war überwältigend, die Zahl der Frauen, die sich bewarb, hat sich fast verdoppelt.

---

Wenn Sie also ein Inserat für die Personalsuche schalten wollen, dann sollten Sie das Optimum herausholen. Und dafür gibt es eine Reihe von **Tipps** aus der Sicht des Employer Branding.

- Sie haben sich im Laufe der strategischen Herangehensweise an das Thema Employer Branding Gedanken gemacht, wofür Ihr Unternehmen eigentlich steht und was es von anderen hinsichtlich der Arbeitgebermarke unterscheidet. Machen Sie deutlich, was Ihr Unternehmen als Arbeitgeber ausmacht. Manchmal hilft es, wenn Sie versuchen, die Beschreibung so zu formulieren, als handle es sich um einen Menschen. Verwenden Sie einen **Slogan**, der den Markenkern in einem Satz umschreibt. Wie wäre es zum Beispiel mit „Augenmerk für Ihre Karriere" für eine Augenarztpraxis, „Wir wollen alles entwickeln – auch Ihre Karriere" für den innovativen Anlagenbauer, „Mit dem Herzen dabei. Fortschrittmacher willkommen" des Herstellers von Herzschrittmachern (ein real existierender Slogan mit fast schon britischem Humor) oder „Wir programmieren Ihre Zukunft" des Softwareherstellers. Eine Brauerei etwa sucht Mitarbeiter mit dem Slogan „Zum Wohl Ihrer Karriere", ein Gewürzhersteller fragt die Bewerber, ob sie „Mehr als Salz und Pfeffer?" seien. Wenn ja, seien Sie reif für eine Karriere mit Genuss.
- Entwickeln Sie eine **klare Bildsprache** für Ihre Stellenanzeigen. Im Grunde gibt es hier drei Möglichkeiten.

  1. Die erste ist, dass Sie Ihr Produkt oder Ihre Dienstleistung in den Mittelpunkt stellen. Automobilfirmen tun das gerne, weil ihre Produkte für sich sprechen und in der Zielgruppe auch positiv besetzt sind. Für den Maschinenbauer sprechen komplexe Anlagen, an deren Fertigstellung Techniker arbeiten, für den Lebensmittelhersteller die Labormitarbeiterin, die Proben untersucht. Spitäler zeigen gerne Ärzte oder Pfleger in ihren weißen und blauen Kitteln. Banken zeigen Mitarbeiter im Beratungsgespräch mit Kunden. Für Restaurants bietet sich an, Köche oder Servicepersonal bei der Arbeit zu zeigen. Gerade Köche haben zwischenzeitlich ja Kult-

---

[6] http://www.nzz.ch/aktuell/zuerich/uebersicht/erfolgreiche-frauensuche-der-vbz-1.18121611.

status erlangt, wie die vielen Kochshows im Fernsehen belegen. Worauf Sie aber verzichten sollten, sind Stockfotos von internationalen Agenturen. Die sind zwar günstig, aber nicht authentisch. Zeigen Sie Ihre ganz eigene Arbeitswelt mit realen Menschen. Wenn Sie das tun, holen Sie sich von den Abgebildeten aber immer vorher ein schriftliches Einverständnis Ihrer Mitarbeiter dafür ein.

2. Die zweite Möglichkeit, eine Anzeige optisch aufzuwerten, besteht darin, dass klar signalisiert wird, welche Art Mitarbeiter gesucht wird. Bei den großen Unternehmen hat sich inzwischen eingebürgert, dass sie bei der Suche nach Interessenten in Schüler, Studenten, Absolventen und Erfahrene unterscheiden. Entsprechend werden auch die Stellenangebote auf den Karriere-Websites beschrieben. Bei der Suche nach Auszubildenden werden also junge Leute ins Bild gesetzt, meist mit coolem Styling und ebensolcher Frisur sowie dem Blick des Welteroberers. Ein Handelsunternehmen setzt zwei Auszubildende auf das Dach eines Shops neben die Leuchtschrift. Der Slogan dazu lautet: „Lehrlinge mit Hausverstand wollen hoch hinaus."

3. Die dritte Variante schließlich setzt auf künstlerische Elemente. Der Automobilzulieferer, der aus seinen Bauteilen bunte Schmetterlinge zusammensetzt, fällt auf. Ebenso wie die Bank, die ihr neunteiliges Leitbild von einer Künstlerin illustrieren ließ und das Bild in den Stellenanzeigen als Eyecatcher verwendet. Denkbar wäre auch eine Karikatur eines bekannten Zeitungsillustrators aus der Region mit hohem Wiedererkennungswert oder Zeichnungen von Kindern der Mitarbeiter zum Thema „Mama und Papa am Arbeitsplatz". Der Kreativität sind auch hier keine Grenzen gesetzt.

- Beschreiben Sie die Position (auch) aus der **Sicht des Bewerbers**. Das heißt, dass Sie sich vorher überlegen, wer zu Ihnen passt und welche Bedürfnisse gerade der gesuchte Mensch haben könnte. Dazu macht es Sinn, sich mit den verschiedenen Typen auseinanderzusetzen. Ein Programmierer tickt in der Regel anders als ein Marketer und der wieder anders als ein Mechatroniker. Für den Auszubildenden stellen sich ganz andere Fragen als den Vertriebsprofi. Universitäts- und Fachhochschulabsolventen legen Wert auf Karrieremöglichkeiten sowie persönliche Entwicklungschancen. Erfahrene wünschen sich dagegen Führungsverantwortung und Gestaltungsfreiraum. Gehen Sie auf die unterschiedlichen Erwartungen ein und signalisieren Sie damit, dass Sie sich über jede Position und die dafür passenden Menschen Gedanken machen.

- Erzählen Sie, **was Sie zu bieten haben,** und beschränken Sie sich dabei nicht nur darauf, welchen Mindestlohn Sie zahlen. Die meisten Unternehmen bieten Nebenleistungen, die mit einem spezifischen Job verbunden sind. Der Vertriebsmitarbeiter wird meist ein Firmenauto haben, sehr häufig gibt es Gleitzeit, Weiterbildungsangebote usw. Wenn Sie überregional Mitarbeiter suchen, gehen Sie auch auf die Vorzüge Ihres Standortes ein. Für einen Wassersportler ist ein nahes Segelrevier vielleicht ein überzeugendes Argument, für den „Bergfex" die Piste vor der Haustür. Ein etwas abseits gelegener Betrieb im Schwarzwald weist darauf hin, dass es aus der Kleinstadt nicht weit ist in den Elsass, die Schweiz oder nach Freiburg im Breisgau und Baden-Baden.

- Schreiben Sie **verständlich, kurz und prägnant**. Verzichten Sie auf Phrasen. Mit Floskeln ernten Sie keinen Erfolg, schlimmstenfalls werden Sie auch noch durch den Kakao gezogen. „Weit her ist es mit der unternehmensseitigen Wertschätzung der Personalanzeige vielerorts offenbar nicht. Austauschbare Allgemeinplätze in den Aufgabenprofilen, holprige Unternehmenstexte mit viel ‚Blabla' und Anglizismen und eine Optik, die in ihrer Gesamtheit eher an amtliche Bekanntmachungen denn an ein eigentlich imageprofilierendes Werbemittel erinnert" (Stephan 2013), beklagt die Werber-Branchenzeitschrift w&v. Erschreckend sei es, „wie fahrlässig in vielen Unternehmen mit diesem Kommunikationskanal umgegangen wird – durch schludrig dahin geschriebene Texte, nicht vorhandene (bis mäßig ansprechende) Optik oder den Verzicht auf essentielle Informationen zu den Alleinstellungsmerkmalen des Arbeitgebers." Wie viele Chancen werden hier vergeben? Sicher denken viele Jobsuchende so, wie es in folgendem Zitat zum Ausdruck kommt: „Irgendwie klingen Stellenanzeigen immer gleich. Schreiben die Firmen die Stellenanzeigen voneinander ab? Warum beschreibt nie jemand, welcher MENSCH gesucht wird? Also das lebendige Wesen, mit all seinen Stärken, Schwächen, Macken und Hoffnungen? Dies könnte doch anhand von Beispielen echter Mitarbeiter erfolgen. Wie ticken die? Wie leben sie? Was motiviert sie?" (Haitzer 2011, S. 77)
- **Verlinken Sie Ihre Anzeigen** mit allen Ihren Online-Auftritten, natürlich Ihrer Karriere-Website, wo Sie noch sehr viel mehr Text über sich und die angebotene Position schreiben und auch den Ansprechpartner für den Bewerber zeigen. Verweisen Sie aber auch auf Karriereplattformen, auf denen Sie weitere Stellen anbieten. Drucken Sie einen QR-Code in der Anzeige ab, mit dem Sie auf ein Arbeitgebervideo verlinken. Erwähnen Sie Ihre Social Media-Aktivitaten, wo Sie ebenfalls Zusatzinfos mit „human touch" anbieten.

Unterziehen Sie sich der Aufgabe, Ihre bisherigen Stellenanzeigen nach den oben genannten Gesichtspunkten zu analysieren. Dazu gehört auch, dass Sie sich die **Wortwahl** näher ansehen. Fragen Sie dazu auch eigene Mitarbeiter oder Bewerber, inwieweit sie sich angesprochen fühlen. Hilfreich kann dabei eine Erhebung von LinkedIn im Jahr 2012 sein.[7] Platz 1 unter den überstrapazierten Phrasen geht an „kreativ" vor „verantwortungsbewusst" und „analytisch". Dahinter folgen „motiviert", „innovativ", „erfolgsorientiert", „organisiert", „kommunikative Fähigkeiten", „effektiv" und „internationale Erfahrung". Auswertungen von Stelleninseraten sehen bei den Floskeln zur Beschreibung des jeweiligen Unternehmens die Begriffe „führend", „begeistern", „Chancen", „teamfähig", „erfolgreich", „Karriere", „ausgezeichnet" und „Perspektive" ganz vorne. Was ein positives Bild zeichnen soll, führt zur Austauschbarkeit. In den wenigsten Kampagnen kommt die spezielle Note des Unternehmens zum Ausdruck.

Wir haben ein **Beispiel für eine Stellenanzeige** ausgearbeitet und dazu am Rand die wichtigsten Punkte vermerkt, die Sie beachten sollten (Abb. 7.2).

---

[7] http://www.karriere-ing.de/arbeitswelt/article/93551/0/Die_strapaziertesten_Schlagwoerter_in_
Online-Profilen/.

**Abb. 7.2** Jobanzeige Hotel Paradies

Ein ganz spezieller Fall sind **Stellenanzeigen der öffentlichen Hand**. Folgendes Beispiel wurde bewusst so weit verändert, dass kein Rückschluss auf die Ausschreiber gezogen werden kann. Es handelt sich um ein Beispiel aus Österreich; die Problematik ist in Deutschland aber dieselbe. Gleich im ersten Satz heißt es dort: „Gemäß §§ 1 und 2 des Bundesgesetzes über Transparenz bei der Stellenbesetzung im staatsnahen Unternehmensbereich (Stellenbesetzungsgesetz) gibt der Vorstand der (Name des Unternehmens) bekannt, dass die Bestellung eines kollektiv vertretungsbefugten Geschäftsführers vorgesehen ist." Möglichen Bewerbern wird mit solchen Formulierungen gleich einmal signalisiert, dass sie sich auf ein schön eng geschnürtes Korsett freuen dürfen. Solange der Staat oder öffentlich-rechtliche Unternehmen Vorteile wie unkündbare Verträge und Beamtenpensionen bieten konnten, wird das dynamischen Managern vermutlich gleich gewesen sein. Aber angesichts der jetzigen Praxis, befristete Verträge zu vergeben, wird sich auch der öffentliche Sektor überlegen müssen, wie er künftig taugliche Manager sucht.

## 7.3  Online-Stellenanzeigen als wichtigster Kanal des Recruitings

1.600 deutschsprachige Jobportale gibt es derzeit. Die größten sind Monster, Stepstone, jobware.de, JobScout24, Stellenanzeigen.de, FAZjob, Ingenieurkarriere und karriere.at. Sie bieten flächendeckend ein großes Angebot an Stellenangeboten und -nachfragen. Für mittelständische Unternehmen ist es bei den großen Online-Jobbörsen schwierig, eine hohe Sichtbarkeit zu erreichen. Anders ist das bei regionalen Plattformen, die sich nur auf eine Wirtschaftsregion oder auf eine bestimmte Sparte beschränken (Kary 2012, S. 21 f.).

Die Schaltung von **Stellenanzeigen in Online-Jobbörsen** wird zunehmend zu einem der wichtigsten, wenn nicht zum „wichtigsten Kanal in der Mitarbeitergewinnung" überhaupt (Die index-Expertenbefragung 2012, S. 13). Unsere Umfrage hat ergeben, dass praktisch kein Unternehmen mehr darauf verzichtet, Stellenanzeigen online zu stellen. Nicht zuletzt auch deshalb, weil der Return on Investment vergleichsweise gut ist.

Der Suchende kann durch Suchfilter auf Arbeitsfelder und Standorte eingrenzen. Wenn Sie durch diesen Filter durchkommen, hängt der Erfolg Ihrer Anzeige stark von der Präsentation ab. Für Stellenanzeigen auf Jobportalen gilt zunächst grundsätzlich das Gleiche wie bei Printanzeigen, was die grafische und inhaltliche Gestaltung betrifft. Bei den **gestalterischen Elementen** sollte auf die Einhaltung des Corporate Designs geachtet werden. „Die Kommunikation sollte immer die entwickelten Leitmotive und Schlüsselbilder enthalten und die Konsistenz der Informationen gewährleisten. Vorteile gegenüber den Stellenanzeigen in Printmedien liegen in der flexiblen und schnellen Änderung von Details, langen Schaltzeiten und geringen Kosten." (Pätzmann und Schlegel 2009, S. 14)

Die Stellenanzeige auf einem der Jobportale hat den Vorteil, dass hier auch Videos oder andere interaktive Tools verwendet werden können, was leider sehr häufig nicht gemacht wird. Meist begnügen sich die Anbieter von Stellen mit ungestalteten „**Bleiwüsten**". Denken Sie also daran, wenn Sie eine Stelle online schalten, dass Sie immer auch emotionale Elemente wie Bilder und Aussagen eines Mitarbeiters, einen Videoclip oder ähnliches mittransportieren.

Die verschiedenen Online-Jobbörsen haben jeweils ganz spezifische Vorgaben, wie ein Angebot auszusehen hat, dennoch sollten Sie die Möglichkeiten nutzen, die gerade durch Verlinkungen möglich sind. Wir haben auch hier wieder für Sie ein Beispiel erstellt (Abb. 7.3).

## 7.4  Nicht erzählen, sondern zeigen: Netmovies sind authentisch

Sie können noch so viel über Ihr Unternehmen erzählen. „Wirklich glaubhaft wird es erst, wenn Sie zeigen, wie der Arbeitsalltag bei Ihnen aussieht."[8] **Recruiting-Videos**, in denen Ihre Mitarbeiter zu Wort kommen, sind ein hervorragender Weg, um zu zeigen, wie es ist,

---

[8] www.softgarden.de/employer-branding-generation-y/.

**Abb. 7.3** Jobanzeige Hotel Paradies II

bei Ihnen zu arbeiten. Früher hieß es, dass Bilder mehr als tausend Worte sagen. Mit Bewegtbildern werden noch viel mehr Worte transportiert (Zerfaß und Manke 2009, S. 60).[9]

Das ist auch der Grund, warum „**Netmovies**" sich inzwischen zu einem wesentlichen Instrument der HR-Kommunikation entwickelt haben. Dazu trägt einerseits bei, dass mit bewegten Bildern sehr glaubwürdig Bewerber angesprochen werden können. Der enorme Vorteil von Bewegtbildern ist, dass sie sehr anschaulich sind, authentisch und glaubwürdig. Sie zeigen „echte" Menschen und können einen guten Eindruck von einem Unternehmen, einem Arbeitsplatz, künftigen Kolleginnen und Kollegen bzw. Vorgesetzten vermitteln. Der Alltag wird so erlebbar.

Umfragen belegen, dass Top-Kandidaten durch Videos stark angesprochen werden, weil sie diese als „modern, informativ und sympathisch" wahrnehmen (Zugehör 2009, S. 171). Wie innovativ und zum Teil schräg Videos sein können, in denen zu einem großen Teil Mitarbeiter der Unternehmen selbst zu Darstellern werden, hat Jessica Miller Merrell in einer Sammlung ihrer zwölf Favoriten zusammengetragen.[10] In ihrem Blogbeitrag formuliert sie einen **Appell für die Verwendung von Bewegtbildern**:

---

[9] Siehe dazu auch www.bewegtbildstudie.de.

[10] www.blogging4jobs.com/hr/12-best-recruiting-videos/.

Job postings with video icons are viewed 12 % more than postings without video. On average, employer customers receive a 34 % greater candidate application rate when they add video to their job postings. Keep in mind the average YouTube viewer spends 15 min a day checking out videos. They are a powerful way to relate and resonate with your candidate in a way the written word does not. Please note, not all of these are suitable for work, but they all tell a story about the type of candidate they are looking to apply for open positions at their organization.

Die Produktion von Netmovies ist heute nicht mehr allzu teuer. Die Verbreitung der Videos ist simpel: Einmal auf YouTube oder eine andere vergleichbare Plattform wie MyVideo oder Clipfish gestellt, lassen sich die Videos ganz einfach mit einem Link in jede Webseite oder Power Point-Präsentation einbinden. YouTube oder auch die anderen genannten Videoplattformen können sich ohne weiteres mit TV-Anbietern messen. Auf YouTube – seit dem Jahr 2006 eine Tochter von Google – werden täglich mehr als 65.000 neue Videos hochgeladen und mehr als 100 Mio. Clips angesehen, jeder davon bringt es im Tagesschnitt auf zehn Abrufe. Bei MyVideo werden täglich 9.000 neue Videos hochgeladen, 3,8 Mio. Videos stehen dort online. Bei den „Rennern" steigen die Zuschauerzahlen in Dimensionen, die sich die meisten Fernsehsendungen nur wünschen können.

Ohne **begleitende Online-PR** und intensives **Empfehlermarketing** verschwinden eingestellte Videos freilich meist im Internet-Nirwana. Das gilt auch für Netmovies, die ausdrücklich zum Zweck des Employer Branding gemacht wurden. Allein unter dem Suchbegriff „Wir suchen Mitarbeiter" finden sich auf YouTube über 600.000 Videos! Viele davon schaffen keine 100 Klicks, was darauf schließen lässt, dass sie schlecht promotet werden oder die Umsetzung unprofessionell ist. Bei aller Authentizität gilt, dass auch Bewerbervideos in ihrer Machart und in ihrem Stil etwa mit MTV-Clips mithalten können müssen. Das heißt: Schnelle Schnitte, kurze Statements, abwechslungsreiche optische Eindrücke. Deshalb ist Vorsicht geboten bei Vorschlägen wie: „Schreiben Sie einen internen Wettbewerb für das beste Video aus."

Es genügt nicht, das Video auf die eigene Website zu stellen. **Die Verbreitung muss crossmedial erfolgen.** Zum Beispiel kann ein Link mit E-Mails mitgeschickt werden. Videos eigenen sich perfekt, um über Facebook und Xing verbreitet zu werden. Dabei können Sie auch die eigenen Mitarbeiter mit einbinden, die Sie möglicherweise bei der Mitarbeitersuche durch das Teilen des Videoeintrags unterstützen.

Wieviel Aufwand betrieben wird und wieviel Selbstironie sowie Humor mitschwingt, wenn junge Menschen angesprochen werden sollen, belegen Linksammlungen wie die von Wollmilchsau.de.[11] Beispiele, wie authentische Netmovies aussehen können, die keinen allzu großen finanziellen Aufwand erfordern und damit mittelstandstauglich sind, finden Sie auf www.plenos.at/mustervideos-tourismus/.

---

[11] www.wollmilchsau.de/die-lustigsten-recruiting-videos/; was gut und was schlecht ankommt, wird am Beispiel von zehn aktuellen Bewerbervideos von http://karrierebibel.de/recruiting-videos-10-unternehmens-clips-von-genial-bis-grausam/ erklärt.

**Wo es keine Bewegtbilder gibt, können auch Fotos aus dem betrieblichen Alltag weiterhelfen** Ein Bild sagt mehr als tausend Worte, lautet eine alte Regel des Printjournalismus. Die Nutzung von Plattformen, auf denen Fotos gepostet werden können, zeigt, dass diese Regel heute nichts an ihrer Bedeutung eingebüßt hat. Flickr, Pitoresque, Picasa und andere sind Dienstleistungsportale, auf denen Fotos hochgeladen werden können. 5.000 Uploads pro Minute über die Website, per E-Mail oder auch Handy machen das kanadische Flickr (es wurde im Jahr 2010 in der Olympiastadt Vancouver programmiert) zum größten öffentlich einsehbaren Fotoalbum der Welt mit mehr als 40 Mio. registrierten Besuchern.

Unternehmen nutzen diese **Bilderverwaltungssoftware** noch nicht sehr systematisch, obwohl gerade die von Flickr gebotene Möglichkeit, Fotos mit Geotags zu verbinden, sehr interessant sein könnte. Was bedeutet das? Dass bei jedem mit einem Smartphone oder einer Digitalkamera mit integrierter Geoortung zu jedem Foto die Koordinaten mitgeliefert werden, sodass der Ort der Aufnahme ganz genau auf Google Maps bestimmt und angesteuert werden kann. So kann ein Baumeister beispielsweise Interessenten zu einem von ihm errichteten Gebäude führen oder ein Händler den Weg zu seinem Geschäft weisen.

## 7.5   Social Media und mobiles Recruiting für die Digital Natives

Die Generation der **Digital Natives**, die mit dem Internet aufgewachsen ist, bildet eine immer stärker werdende Gruppe unter den Berufstätigen. Diese Entwicklung hat auch ihre Auswirkungen auf die Personalarbeit, da ein Großteil der Kandidaten mobile Endgeräte benutzt und in sozialen Plattformen vertreten ist. Laut der ARD-ZDF-Online-Studie 2012 nutzen beispielsweise 88 % der 14–19-Jährigen die unterschiedlichen Netzwerke, davon verwenden 96 % Wikipedia, 90 % Videoportale wie YouTube und 88 % beschäftigen sich mit privaten Netzwerken bzw. Communitys (ARD-ZDF Online-Studie 2012).

Unternehmen stehen auf Grund dieser Entwicklungen vor der Herausforderung, Social Media-Kanäle zu nutzen und erfolgreich in ihre Personalarbeit einzubauen. Sie müssen sich direkt mit ihrer Zielgruppe auseinandersetzen und wissen, wo sie sich im Internet bewegt. Sie müssen auch die Ausdrucksweise der Generation Y kennen, denn nur so können sie ein **der Zeit angepasstes Personalmarketing praktizieren**, potenzielle Arbeitnehmer ansprechen und für das Unternehmen interessieren (Poreda 2012, S. 125).

Wie schnell sich die Situation aus der Sicht der Unternehmen gewandelt hat, zeigt der Beitrag von Hans-Christoph Kürn, der noch im Jahr 2009 formulierte, dass sich „Beziehungsportale aus heutiger Sicht schlicht nicht zur Personalgewinnung eignen" (Kürn 2009, S. 156). Heute stellt sich die Situation schon ganz anderes dar: Während die tatsächliche Nutzung bei KMU noch immer vergleichsweise gering ist, steigt die Awareness laufend. Das heißt, dass sehr genau beobachtet wird, ob etwa der Mitbewerber aktiv und erfolgreich ist. **Immer mehr KMU sind der Meinung, dass Social Media gut für die Rekrutierung sind** (Weitzel et al. 2011, S. 29).

Die Benutzung von Social Media von mittelständischen Unternehmen wird durchaus kontrovers debattiert. Wenn Sie sich für die Verwendung von Social Media-Kanälen entscheiden, hat dies Auswirkungen auf die betriebliche Kommunikation, denn Aussagen, die nicht glaubhaft ankommen, werden in diesen Medien schnell aufgedeckt. **Glaubwürdigkeit und Echtheit** zu vermitteln, spielt daher eine große Rolle (Hesse 2012, S. 247 f.).

Empirische Untersuchungen haben aus Sicht des Employer Branding folgendes Ranking der **relevanten Social Media-Dienste** in Deutschland ergeben: Xing, LinkedIn, Facebook, Twitter, StudiVZ, kununu, YouTube und Wer-kennt-wen (DGFP 2012, S. 126). Die Spitzenpositionen der Businessnetzwerke Xing und LinkedIn sind wenig überraschend. Interessant ist der Podiumsplatz von **Facebook**. Obgleich die Suchmöglichkeiten eingeschränkt sind, bietet es eine aufgelockerte Möglichkeit, sich vorzustellen, Interessenten abzuholen und ins Gespräch zu kommen. Ein Facebook-Auftritt kann gerade auch für KMU eine wichtige Option zur Imagebildung darstellen. Ein überdimensioniertes Budget ist dafür nicht erforderlich, jedoch sind die Kosten der Betreuung zu beachten.

Ein Blick auf die von Unternehmen erstellten Seiten zeigt, dass dort nur auf rund jeder zweiten freie Stellen ausgeschrieben werden. Ebenso wenige stellen das dahinter stehende Unternehmen ausführlich vor. Auch um die Interaktivität ist es schlecht bestellt. Auf nur 53 % der insgesamt 281 von atenta untersuchten Seiten wird geantwortet, wenn Fans Fragen stellen oder kommentieren. „Schockierend" nennt das der Karriere.blog. Immerhin haben laut der zitierten Studie 78 % der Seitenbetreiber eine dem Netzwerk angemessene Tonalität gefunden.[12]

---

**Skidata**

Ein gutes Beispiel für eine Karriere-Facebook-Seite ist die von Skidata.[13] Die Skidata-Gruppe zählt weltweit zu den führenden Anbietern von Zutritts-, Management- und Ticketing-Lösungen in Skigebieten, Einkaufzentren, Flughäfen, Sportstadien, Messen und Freizeitparks. Insgesamt ist das Unternehmen mit 16 Tochterunternehmen und zahlreichen Partnern in 73 Ländern präsent. Entsprechend ist die „Amtssprache" nicht nur auf Facebook Englisch. Dort wird auf offene Posten hingewiesen, Onboarding-Erfolgsgeschichten über neue Mitarbeiter werden geschrieben. Berufstätige Mütter werden vorgestellt, die glücklich mit einer 15-h-Arbeitswoche sind. Arbeitnehmer mit Migrationshintergrund kommen zu Wort, und natürlich gibt es auch Postings, in denen private Veränderungen von Mitarbeitern festgehalten sind.

Sehr intensiv werden die Social Media-Plattformen passiv genutzt: So gut wie jeder Human Resource Manager schaut sich die Bewerberprofile im Internet an, und natürlich in-

---

[12] www.karriere.at/blog/facebook-recruiting-studie.html.

[13] www.facebook.com/SKIDATACareers.

teressiert die Personalchefs auch, was die eigenen Mitarbeiter posten. Wäre es anders, wäre das auch von den Personalern fahrlässig, geben die jungen Leute doch freiwillig sehr viel über sich preis.

Wenn Erfolge bei der Nutzung von Social Media beim Recruiting bzw. auch bei der Information der eigenen Mitarbeiter ausbleiben, dann liegt das erfahrungsgemäß an einem grundlegenden Fehler: **Das Thema wird nicht systematisch angegangen**. Wenn Sie sich mit der Nutzung von Social Media auseinandersetzen, tun Sie das mit Bedacht und lassen Sie sich dabei beraten. Beginnen Sie mit einer Art **Gewissenserforschung**:

- Sind Sie bereit, authentische Einblicke in Ihre Arbeitswelt zu geben?
- Ist Ihre Dialogkultur im Unternehmen so ausgeprägt, dass Sie mit Feedback vernünftig umgehen können?
- Haben Sie ausreichende Personalressourcen für eine kontinuierliche redaktionelle Betreuung und das Online-Monitoring, um zeitnah reagieren zu können, wenn Fragen auftauchen?
- Sind Sie auch bereit, diese Ressourcen dauerhaft zur Verfügung zu stellen?
- Sind Sie in der Lage, einen Redaktionsplan zu erstellen, der zumindest für die ersten drei Monate schon einmal jede Woche ein interessantes Thema beinhaltet?
- Können Sie eigene Mitarbeiter motivieren, selbst Beiträge zu verfassen?
- Wenn ja, haben Sie auch vorgesehen, Ihren Freizeitredakteuren Unterstützung in Form von Schulungen zukommen zu lassen, und haben Sie daran gedacht, dass Sie Social Media-Richtlinien benötigen?[14]
- Ist Ihnen bewusst, dass Sie ein paar tausend Euro investieren müssen, um Ihre Seiten entsprechend graphisch zu gestalten, sie mit anderen Seiten zu verlinken und allenfalls auch zu bewerben?

**Mobile Endgeräte im Recruiting** Die Studie „Recruiting Trends 2013" geht davon aus, dass mobiles Recruiting weiter zunehmen wird. Rund die Hälfte der befragten größeren Unternehmen denkt, dass die Verbreitung mobiler Endgeräte auch einen großen Einfluss auf die Rekrutierung haben wird, entsprechend meinen rund 40 %, dass die Ansprache über mobile Endgeräte für die Rekrutierung sinnvoll ist und sich Kandidaten in Zukunft auf diesem Weg bewerben werden (Immerschitt 2013, S. 38). Derzeit haben aber maximal 10 % der Unternehmen die Darstellung ihrer Karriere-Website oder ihrer Online-Stellenanzeigen für Smartphones oder Tablet-PCs optimiert oder bieten APPs an. Zu den besten deutschsprachigen Mobile-Recruiting-Angeboten zählen Accenture, Daimler und Fresenius. Die Deutsche Telekom bietet Bewerbern die Möglichkeit, mit wenigen Klicks ihre Profile bei Xing oder LinkedIn hochzuladen und sich so dem Unternehmen vorzustellen.

---

[14] Es gibt eine teils geschriebene, teils informelle „Netiquette", die festlegt, wie miteinander kommuniziert wird, was zu tun und zu unterlassen ist. Als Unternehmen müssen Sie aber auch klar formulieren, was Ihre Mitarbeiter im Web tun oder lassen sollen. Solche Social Media-Richtlinien sind in vielen Unternehmen sogar Bestandteil des Dienstvertrages.

Die Online-Stellenbörsen bieten durchwegs Applikationen für mobile Endgeräte an, über die man nach offenen Stellen suchen kann. Deshalb ist es ziemlich sinnlos, wenn Unternehmen eine eigene APP programmieren lassen, mit der sie ihre Stellen promoten wollen. Die Zahl der User, die diese Applikation herunterladen und dann auch laufend nutzen, wird sich in sehr engen Grenzen halten. Viel sinnvoller ist es, die eigene Karriere-Website so zu optimieren, dass sie einfach auf mobilen Endgeräten gelesen werden kann.

Im Sinne des Employer Branding macht es Sinn, wenn **mobiler Mehrwert** geliefert wird, der das Unternehmen sympathisch macht: „Die Aufmerksamkeit attraktiver Kandidaten zu gewinnen, fällt Unternehmen wesentlich leichter, wenn sie bereits vor der aktiven Kontaktaufnahme in den Wahrnehmungsbereich des potenziell zu Rekrutierenden gerückt sind. Dafür ist es unerlässlich, der eigenen Unternehmenswerte bewusst zu sein, diese klar und zielgruppengerecht zu kommunizieren und potenzielle Bewerber in die Unternehmenskultur eintauchen zu lassen.“[15] Und dies sollte das Employer Branding auch beim mobilen Medienkonsum leisten.

Die einfachste Form des mobilen Recruiting ist die **Verwendung eines QR-Codes**. Davon war schon wiederholt die Rede. Aber wie funktioniert das mit diesem Quick Response (= schnelle Antwort)-Code? Auf eine so genannte Generatorseite[16] gehen, die gewünschte Internetadresse eingeben und schon wird die quadratische Matrix erstellt. Auf Anzeigen, Plakaten, Postern oder Firmenprospekten aufgedruckt kann sehr schnell (deshalb heißt es auch **Q**uick-**R**esponse-Code) auf entsprechende Karrieretipps (etwa auf der eigenen Webseite oder auch auf Jobplattformen) verlinkt werden. Auf der Seite der User braucht es dazu nur eine kostenlose App, aber die haben die meisten Smartphone-Besitzer ohnedies längst installiert.

Wie Unternehmen sich bei der Zielgruppe abseits der eigenen „mobil gemachten" Karriere-Website bekannt machen können, zeigt die Mensa-App. Hier wird den Studierenden jetzt schon an einer Reihe deutscher Universitäten ein Banner aufs Handy geschickt, wenn sie die Speisekarte ihrer Universitätsmensa checken. Und wenn Sie einen künftigen Mitarbeiter zum Bewerbungsgespräch eingeladen haben, können Sie ihn mit einer App überraschen, die ihm zeigt, wo er parken kann, wo der Empfang ist und in welchem Raum das Gespräch stattfinden wird.

Sie können auf diesem Weg auch ankündigen – wie das die Firma Fill macht – dass es beim Gespräch einen Gutschein für die Anreisekosten gibt. Hier ist nicht nur Platz für Informationen, sondern auch für Persönliches und Humorvolles. Ein Pod- oder Videocast mit einem Willkommensgruß des Personalchefs hätte hier Platz oder eine Karikatur, was Arbeiten bei Ihnen bedeutet. Profi-Karikaturisten von Zeitungen fertigen solche Auftragswerke auf Anfrage bisweilen an. Fragen lohnt sich.

---

[15] http://virtual-identity.com/story/wissen/mobile-employer-branding, S. 3.

[16] Anbieter gibt es jede Menge. Am besten einfach QR-Code erstellen, in die Suchmaschine eingeben, schon finden Sie Tausende Anbieter, die alle diesen kostenlosen – in Japan erfundenen – Service anbieten, z. B. www.goqr.me oder www.qrcode-generator.de/.

Bei KMU stehen der Nutzung des mobilen Recruitings zwei **Probleme** im Wege: Einerseits haben noch die wenigsten eine wirklich mobiltaugliche Karriere-Website (Junge Zielgruppe mobil erreichen 2013, S. 92). Andererseits scheuen sich aber auch viele Unternehmen davor, ihre Botschaften aggressiv zu promoten. Viele fürchten eher negative Reaktionen auf solches Pull-Marketing. Jüngere Zielgruppen hingegen erwarten sich über diesen Kanal Job- und Karrieretipps. Für die mittelständische Wirtschaft gibt es hier noch jede Menge zu tun, um den Anschluss an die Erwartungshaltung der Digital Natives nicht zu verlieren.

Allerdings gilt, was Matthias Bauer und Dagmar Tauer in ihrem white paper über Mobile Employer Branding geschrieben haben: „Je eher Unternehmen mit kreativen mobilen Lösungen auf ihre Zielgruppen zugehen, desto rascher wird es ihnen gelingen, sich entscheidend von der Konkurrenz abzuheben. Je integrierter Employer Branding-Maßnahmen geplant und umgesetzt werden, sowohl was Botschaften als auch Kanalnutzung angeht, desto eher gewinnen Unternehmen den ‚War for attention‘ bei den heiß umkämpften Top-Talenten.“[17]

## 7.6  Medienarbeit in Regional- und Wirtschaftsmedien

Der **Ruf des Unternehmens** spielt eine wesentliche Rolle bei der Auswahl von Arbeitgebern durch arbeitsuchende Talente. Sie möchten für eine Firma arbeiten, die in der allgemeinen Wahrnehmung als erfolgreich, dynamisch und modern gilt. Diese öffentliche Wahrnehmung wird wiederum sehr maßgeblich durch die Medien beeinflusst. Sie sind deshalb für ein erfolgreiches Employer Branding wichtige Ansprechpartner.[18]

Unternehmen sind für Bewerber interessant, wenn sie Erfolge vorweisen können und darüber in den Medien berichtet wird. Neue Produkte und Dienstleistungen, Erfolge auf Exportmärkten, Umsatzzuwächse, eine gute Ertragslage oder auch das Firmenjubiläum können Signale für potenzielle Bewerber sein, einen zweiten Blick auf Ihr Unternehmen zu werfen.

Von HR-PR (also Human Resources Public Relations) sollte allerdings nur dann die Rede sein, „wenn in der externen Kommunikation und mit Mitteln der PR Inhalte und Botschaften aktiv verbreitet sowie Geschichten erzählt werden, in denen die Arbeitswelt in Unternehmen, Unternehmen als Arbeitgeber oder Personalarbeit im Mittelpunkt stehen“ (Böcker 2009, S. 136). Und damit tun sich KMU meist sehr schwer. Ihnen fehlt entweder der Glaube daran, dass ihre Nachricht für die Medien interessant sein könnte, oder sie haben zu wenig praktische Erfahrung in der Medienarbeit und damit zu wenig „Gespür“ dafür, was eine Geschichte sein könnte. Weiter oben (S. 90 ff.) haben wir gezeigt, wie aktiv Botschaften gefunden werden können, die sich zur medialen Aufbereitung eignen. Das

---

[17] http://virtual-identity.com/story/wissen/mobile-employer-branding, S. 3.

[18] http://news.nzzexecutive.ch/nachrichten/startseite/den_ruf_der_firma_aktiv_gestalten_1.3500429.html.

sind immer solche, die einen Neuigkeitswert und dazu noch Relevanz für Bewerber, Angestellte und Führungskräfte haben.

Medien leben auch von der **Personalisierung**. Es gilt nach wie vor die Verlegererkenntnis, dass jeder Name eine verkaufte Zeitung ist. Deshalb spielen „Personalnachrichten" schon seit Anbeginn des Medienwesens eine wichtige Rolle. Es stimmt also nicht, dass HR-PR eine neuere Erfindung wäre, wie das Manfred Böcker (2009, S. 136 ff.) behauptet. Wenn man die Online-Presse-Corner von Unternehmen auf die Themen hin ansieht, die transportiert werden, kommt man auf einen Wert von immerhin rund 10 % aller Medienmitteilungen, die Personalinformationen zum Inhalt haben (Immerschitt 2013, S. 95).

Die Unternehmen haben mithin erkannt, dass sie mit Geschichten und Fakten für die Arbeitgebermarke punkten können. Ein Gutteil der HR-Medienaktivitäten beschäftigt sich mit dem Thema „Karriere", also der Bestellung neuer oder der Beförderung bestehender Mitarbeiter. Dies ist auch deshalb so, weil die Printmedien entsprechende „Köpfe"-Rubriken anbieten. Die meisten Tageszeitungen leisten sich am Wochenende ausführliche Beilagen zum Thema Karriere und Beruf. Rund um die Stellenanzeigen wird ein redaktionelles Umfeld geschaffen, um den Stellenwert für diesen Teil der Zeitung – der nebenbei bemerkt nach wie vor ein sehr bedeutender Umsatzbringer für die Medien ist – zu unterstreichen. Hier haben gute Geschichten von mittelständischen Unternehmen durchaus eine Chance auf Publikation, wenn sie bestimmte Voraussetzungen erfüllen. Sie müssen mediengerecht, aktuell und für die Leser interessant sein. **Human Ressource-Medienarbeit** von Unternehmen funktioniert nur dann, wenn sie den Bedürfnissen der Dialoggruppen (das sind nicht nur die Bewerber, sondern auch die Journalisten) entspricht.

Wenn „Gesichter" aus Ihrem Unternehmen in den Mittelpunkt gerückt werden, dann erfordert das Sensibilität im Umgang mit den Menschen und sehr **individuelle Vorgangsweisen**. Vor allem sollten Sie sich von jedem Mitarbeiter, der als Testimonial für Ihr Unternehmen auftritt, vorab eine schriftliche Einverständniserklärung geben lassen. Die Zustimmung zur Verwendung von Fotos oder Bewegtbildern sollte auf unbestimmte Zeit gelten, da es sonst etwa im Falle des Ausscheidens der Abgebildeten aus dem Unternehmen zu Problemen kommen kann.

## 7.7  Publikationen in Fachmedien

Die regelmäßige Zusammenarbeit mit den am Firmensitz erscheinenden Medien, den dortigen Radio- und Fernsehsendern, ist die eine Sache. Die andere sind **Fachmedien**. Gemeint sind damit Zeitschriften, die über die Branche berichten, in der Ihr Unternehmen tätig ist. Der deutschsprachige Raum ist mit einer übergroßen Fülle an derartigen Medien gesegnet. Nahezu 4.000 Titel von 800 Verlagen werden regelmäßig publiziert.[19] Wenn Sie herausfinden möchten, welche für Sie interessant sind, können Sie das über die diversen Medienverzeichnisse tun (aus denen Sie auch die jeweiligen Ansprechpartner in

---

[19] www.deutsche-fachpresse.de/verzeichnis_fachzeitschriften/.

den Redaktionen herauslesen können) oder im Internet recherchieren. Wenn Sie die Fachzeitschriften durchblättern, werden Sie auch sehr rasch sehen, welche Themen aufgegriffen werden, die für Sie aus Arbeitgebersicht interessant sein könnten.

Sehr gerne werden beispielsweise Menschen genommen, die etwas Neues entwickelt haben, die neue Märkte erschließen oder für eine spezifische Dienstleistung stehen. Viele Medien publizieren anwendungsbezogene Fachaufsätze, in denen Mitarbeiter von Ihnen als Autor genannt werden können. Sehr gefragt sind Referenzberichte, etwa im Zusammenhang mit Architektur oder im Anlagenbau. Auch hier können Sie **Mitarbeiter als Autoren oder als Interviewpartner** positionieren.

Natürlich berichten auch Fachzeitschriften über Jubiläen, bisweilen auch Firmenfeiern, bei denen Berufsjubilare geehrt werden, oder Gesundheitstage, an denen die gesamte Belegschaft samt Familien teilnimmt. Auszubildende, die soziale Verantwortung übernehmen und stundenweise in ein Seniorenheim gehen, um dort mit den alten Menschen zu plaudern, zu spielen oder mit ihnen spazieren zu gehen, können auch zum Thema werden. Sie sollten aber wissen, ob die Fachzeitschrift, der Sie eine solche Geschichte schicken, auch tatsächlich an solchen Themen interessiert ist.

Die Redaktion einer Architekturzeitschrift, die fertige Bauvorhaben mehrseitig publiziert und sonst nichts, wird sich vermutlich ärgern, wenn Sie eine Mitarbeitergeschichte schicken. Gleiches wird für das Maschinenbaumagazin gelten, das sich mit Konstruktionsfragen im Anlagenbau auseinandersetzt. Kurzum: **Es ist Ihre Verantwortung, zu wissen, welches Thema wo platziert werden kann.**

Wenn es Ihnen gelingt, ab und zu Fachbeiträge zu platzieren oder Ihr Unternehmen durch Mitarbeiterthemen zu positionieren, haben Sie gute Chancen, Ihr Unternehmen in der Branche auch als Arbeitgeber zu positionieren. Sie können damit sehr gezielt an Ihrem Image arbeiten, indem Sie etwa signalisieren, dass bei Ihnen anspruchsvolle Aufgaben zu lösen sind, dass im Team interessante Projekte entstehen, dass Sie als Arbeitgeber soziale Verantwortung übernehmen. Es liegt an Ihnen, die Botschaften gezielt zu platzieren.

---

**Maschinen-Grupp**

Das Baden-Württembergische Unternehmen besteht seit 80 Jahren und hat sich auf den Vertrieb von Holzbearbeitungsmaschinen spezialisiert. Vor kurzem wurde mit dem Ideen. Center ein neues Schauraum-Konzept umgesetzt, das die Firma Grupp als besonders innovativ positioniert. Am Sitz der Firmenzentrale in Nattheim wurden mit aufwändiger Multimediatechnik neue Wege in Information und Kommunikation mit den Kunden beschritten. Das Unternehmen fällt nicht nur durch innovative Präsentationsideen auf, es hat darüber hinaus durch Übernahmen anderer Fachhandelsunternehmen seinen Aktionsradius deutlich erweitert. Gesucht werden deshalb neue Mitarbeiter mit Fachkompetenz. Um sie anzusprechen, wurde unter anderem das Gespräch mit dem Fachmagazin BM gesucht, das ausführlich über das Ideen. Center und die Expansionsstrategie berichtete.[20]

---

[20] www.grupp.de/aktuelles/newspresse.html.

## 7.8    Networking an Universitäten und Fachhochschulen

Aus dem Instrumentenportfolio des externen Employer Branding wird dem **Networking** eine wichtige Bedeutung beigemessen (Stotz und Wedel 2009, S. 115). Dort, wo sich für die Firma interessante potenzielle Dienstnehmer aufhalten, ergibt sich die Gelegenheit, mit ihnen in Dialog zu treten. Ein idealer Weg, den gewünschten Nachwuchs nachhaltig für das Unternehmen zu interessieren, besteht darin, in bereits existierende Kommunikationsplattformen hineinzukommen, selbst welche aufzubauen oder eigene Veranstaltungen für Fachkreise zu organisieren.

Bei der Zusammenarbeit gibt es eine Vielzahl an möglichen Aktivitäten: Dazu zählen die Teilnahme oder die eigene Gestaltung von Veranstaltungen – wie Hochschulmessen, Fachvorträge, Dozententätigkeit als Lehrbeauftragter, Unternehmenspräsentationen –, Kontakte zu Professoren und Career-Service-Einrichtungen von Hochschulen sowie der Aushang von Jobangeboten und anderen Anzeigen (Oettinger 2012, S. 35 ff.). Diese Maßnahmen sollten selbst dann umgesetzt werden, wenn die zielgruppenrelevanten Personen noch nicht unmittelbar ins Berufsleben einsteigen oder eine berufliche Veränderung anstreben (Kriegler 2012, S. 294).

Inzwischen hat eine Reihe mittelständischer Unternehmen erkannt, dass sie sich mit vergleichsweise geringen Kosten auf akademischem Boden als Arbeitgeber präsentieren können. Die Aufwendungen für das **Hochschulmarketing** sind in den vergangenen Jahren insgesamt enorm angestiegen. Die Nachfrage nach jungen Akademikern aus den MINT-Studienfächern (also Mathematiker, Informatiker, Naturwissenschaftler und Techniker), aber auch nach Betriebs- und Volkswirten übersteigt das Angebot zum Teil erheblich. Welche Anstrengungen unternommen werden, diese Zielgruppe anzusprechen und für die Unternehmen zu gewinnen, zeigt das nachfolgende Fallbeispiel der PROFI AG im nächsten Kapitel.

Der tertiäre Bildungssektor (damit sind Universitäten und Fachhochschulen gemeint) ist – anders als früher – sehr an Kooperationen interessiert, weil ihm immer mehr der finanzielle Spielraum genommen wird und der Bildungssektor deshalb auf Drittmittel angewiesen ist.

Im Zuge des Hochschulmarketing ist es für KMU unabdingbar, sich auf bestimmte und bewusst gewählte Hochschulen zu beschränken. Zum einen sollte die fachliche Ausrichtung der Studiengänge dem notwendigen Know-how der Firma entsprechen, zum anderen ist die Standortnähe der Fachhochschule bzw. Universität zum Unternehmen wichtig (Stotz und Wedel 2009, S. 115). Wie das Fallbeispiel der PROFI AG zeigt, macht es für KMU Sinn, kleinere Universitäten oder Fachhochschulen näher in den Blick zu nehmen, weil sie dort nicht mit den großen Konzernen im Wettbewerb stehen.

Networking bietet die Möglichkeit für KMU, bei künftigen Schulabgängern bzw. Studierenden das Interesse am Unternehmen zu wecken und sich als attraktiver Arbeitgeber darzustellen. Dabei ist Hochschulmarketing durchaus mit einem eher geringen finanziellen Investment möglich, da der Fokus auf persönlichen Kontakt gelegt werden kann. Dennoch müssen personelle Ressourcen sowie das notwendige Know-how für die Realisierung der Employer Branding-Maßnahmen vorhanden sein.

Den Studierenden die Chance anzubieten, im Zuge eines **Praktikums** Einblicke in die Firma zu bekommen, kann sich für die Präsentation als ansprechender Arbeitgeber positiv auswirken. Somit können beide Seiten überprüfen, ob ein künftiges Arbeitsverhältnis in Frage kommt. Durch die Zusammenarbeit mit Fachhochschulen und Universitäten ergibt sich die Gelegenheit, **Abschlussarbeiten** zu betreuen und damit den Kontakt zu Studierenden, welche in Kürze das Studium abschließen, zu pflegen bzw. zu vertiefen (Seng 2012, S. 179).

Für KMU lohnt es sich, bei der Universität oder Fachhochschule, mit der sie den Kontakt suchen, zu schauen, ob es ein **Karrierecenter** gibt und welche Absolventen hier einen Job suchen. Die Aufgabe dieser Einrichtungen ist es, Absolventen der jeweiligen Alma Mater bei ihrer Jobsuche zu unterstützen.[21] Sie sollten hier auf jeden Fall Ihre „Visitenkarte" hinterlassen. Wie das funktioniert und wie Sie an die Absolventen herantreten können, hängt von der jeweiligen Universität oder Fachhochschule ab. Das herauszufinden kostet aber in der Regel nicht mehr als einen Anruf oder eine E-Mail. In der Regel werden die Türen auch weit offen stehen, wenn Sie sich anbieten, Abschlussarbeiten zu fördern, Veranstaltungen wie akademische Abschlussfeiern zu sponsern oder Studienrichtungsvertretungen zu unterstützen. Immer gefragt sind Praktika für Studierende. Scheuen Sie sich aber auch nicht, Lehrende zu Vorträgen für Kunden oder Mitarbeiter einzuladen oder gemeinsam mit einem Lehrstuhl ein Entwicklungsprojekt umzusetzen. Wenn Sie Absolventen von Universitäten oder Fachhochschulen auf Ihrer „Watchlist" haben, dann lohnt dieses Engagement allemal. Sie minimieren damit ihre Streuverluste und können in Ihrer Zielgruppe Ihre Reputation steigern.

### Winter 3D-Konstruktion

Die Winter 3D-Konstruktion stellt Anlagen für die Bearbeitung von Ballastwasser her, die zur Stabilisierung von Schiffen gebraucht werden. Das Unternehmen sitzt in Lübeck und hat 30 Mitarbeiter angestellt. Für diese Tätigkeiten sind Bauingenieure notwendig, die sich nur begrenzt auf dem Arbeitsmarkt aufhalten. Um diese Arbeitnehmer zu gewinnen, wird neben Social Media und der Publikation von Jobausschreibungen in regionalen Zeitungen auch Wert auf das persönliche Netzwerken gelegt. Der Geschäftsführer pflegt direkte und gute Beziehungen zu einigen Professoren an der dortigen Universität und bietet Studenten die Möglichkeit, Studienarbeiten und Diplomarbeiten mit Winter 3D-Konstruktion zu erarbeiten. Somit verschafft sich das Unternehmen Zugang zu künftigen Absolventen und möglichen potenziellen Mitarbeitern. Darüber hinaus ist Winter 3D-Konstruktion in Gremien aktiv, verfasst Veröffentlichungen und hält Vorträge über seine Kernkompetenzen. (Spies 2012a, S. 48)

**Messen**, auf denen Wirtschaft und Studierende einander treffen, sind heute auf akademischem Boden fast schon die Regel (Teetz 2008, S, 142 ff.). Die größte Jobmesse für Jung-

---

[21] Sie finden diese Karriereseiten mit den Suchbegriffen Jobcenter, Career Center, Jobbörse usw.

akademiker Deutschlands ist der Kölner Kongress mit bis zu 13.000 Teilnehmern. Hier tummeln sich alle großen Unternehmen. Für KMU wird es bei derartigen Mammutveranstaltungen schwer, Aufmerksamkeit zu erregen.

Viele Unternehmen sind zwischenzeitlich auch dazu übergegangen, Veranstaltungen im eigenen Haus oder in einer zum Thema passenden Location durchzuführen. Bei **Recruiting-Events im eigenen Haus** können Sie Ihr Unternehmen näher vorstellen. Die Teilnehmer an diesen Veranstaltungen erhalten dabei auch die Möglichkeit, sich die Arbeitsplätze näher anzusehen. Wenn Sie Studierende einladen, sollten Sie Fachkompetenz durch Vorträge zeigen, Workshops oder einen Expertentalk organisieren. Binden Sie in eine solche Podiumsdiskussion einen Lehrenden und vielleicht auch einen Studienrichtungsvertreter mit ein, die sich mit Fachleuten aus Ihrem Haus austauschen und dann – gesteuert durch einen Moderator – Fragen der Gäste beantworten. Sammeln Sie – wenn Sie nicht schon für die Einladung zum Event eine Vorselektion vorgenommen haben – die Kontaktdaten der Besucher und schicken Sie einige Tage nach der Veranstaltung eine Dankes-E-Mail. Hängen Sie daran eine Arbeitgeber-Informationsbroschüre und weitere Informationen an.

Nicht nur Abgänger von Hochschulen sind für den Mittelstand interessant, häufig gibt es mittlerweile auch Probleme bei der **Rekrutierung von Lehrlingen**. An Karrieremessen, bei denen Schüler angesprochen werden, führt deshalb kein Weg vorbei, wenn es um den persönlichen Kontakt mit künftigen Absolventen des sekundären Bildungssektors geht. In Deutschland fanden allein im Jahr 2013 183 Messen statt, in Österreich sind es vier.[22]

Wenn ganze Schulklassen diese Veranstaltungen besuchen, wollen diese vor allem die ihnen gestellten Aufgaben der sie begleitenden Pädagogen erledigen und vielleicht da oder dort ein kleines Präsent von der Berufsinformationsmesse mitnehmen. Machen Sie sich das zunutze und halten Sie derartige Give aways bereit. Damit halten Sie sich über einen bestimmten Zeitraum im Gedächtnis. Wichtig ist auch, dass sich an Ihrem Stand etwas rührt, ein Video in der Dauerschleife genügt da nicht. Überlegen Sie einfach, wie Sie die Besucher aktivieren und damit ins Gespräch mit ihnen kommen können. Das Angebot muss auch zielgruppengerecht sein: **Erwachsene sprechen auf andere Inhalte an als Jugendliche**.

Das Bemühen um den Nachwuchs beginnt freilich nicht erst in der sekundären oder tertiären Ausbildung. Das Interesse an der Technik versuchen viele Unternehmen sogar schon im Kindergartenalter zu wecken. Ein Beispiel dafür sind die „**Spürnasenecken**" – eine speziell für Kindergartenkinder entwickelte Einrichtung zum Forschen und Experimentieren. Kindgerecht möbliert und mit vielfältigen Forschungsutensilien ausgestattet, bietet die Spürnasenecke den Kindern 74 spannende Experimente, bei denen sie gemeinsam mit ihren Pädagogen Zusammenhänge aus den Themengebieten Physik, Chemie und Biologie erforschen.[23]

---

[22] Eine Übersicht über die Messetermine findet sich unter www.messeninfo.de/Karrieremessen-Y186-S1.html.

[23] www.plenos.at/schlotterer-fordert-forscher-nachwuchs/.

Wenn es darum geht, Ihr Unternehmen im Bewusstsein als Arbeitgeber zu bewahren, kann **Sponsoring** ein sehr brauchbares Instrument sein. Sie erreichen Ihre Dialoggruppe dort, wo sie sich freiwillig und gern aufhalten, also einer angenehmen, nichtkommerziellen Umgebung, zum Beispiel beim örtlichen Sport- oder Kulturverein, bei der Musikkapelle, einer sozialen Einrichtung, der Feuerwehr oder einer Umweltschutzorganisation. Sie zeigen mit Ihrem Engagement gesellschaftliche Verantwortung. Je nachdem, welchen Typus von Menschen Sie ansprechen wollen, sollten Sie Ihre Auswahl treffen.

Sponsoring kann den Bekanntheitsgrad steigern oder festigen, das Image des Sponsors beeinflussen und ein positives, öffentliches Klima erzeugen, hat aber Defizite im Transport von Informationen. Sponsoring braucht Zeit, ist ein mittel- bis langfristiges Instrument. Zu jedem ausgegebenen Euro muss mindestens der gleiche Betrag für die Vermarktung hinzugerechnet werden. Breitenwirkung wird nur erzielt, wenn entsprechende mediale Umsetzung unter möglichst wirkungsvoller Präsentation des Logos gewährleistet ist. Mitarbeiter und ihre Angehörigen bzw. auch die Kunden sollten in Sponsoringmaßnahmen eingebunden werden, um sie als Multiplikatoren zu gewinnen. Hier gilt der alte Leitspruch der Öffentlichkeitsarbeit: „**PR begins at home**".

## 7.9   Personalbeschaffung über Arbeitsämter und Personalberater

Unter den externen Beschaffungswegen von Arbeitskräften spielen **Arbeitsämter und Personalberater** nach wie vor eine nicht unerhebliche Rolle, wie Christian Scholz (2000, S. 457) in seinem Standardwerk über das Personalmanagement nachweist. Der Vermittlungserfolg hängt stark von der Situation am Arbeitsmarkt ab, „da die Dienste der Arbeitsverwaltung von freigesetzten Arbeitskräften eher bei angespanntem als bei entspanntem Arbeitsmarkt in Anspruch genommen werden" (Drumm 2008, S. 287). Der Anteil der staatlichen Arbeitsämter bei der Besetzung von offenen Stellen lag im Jahr 1996 noch bei 30 %, dürfte inzwischen auf Grund der Veränderung der gesetzlichen Rahmenbedingungen, aber auch der Arbeitsmarktsituation deutlich gesunken sein.

Nach einer Umfrage des BITKOM suchen knapp 40 % der Unternehmen Personal über die Agenturen für Arbeit. Das IAB schätzt, dass rund 45 % aller offenen Stellen in Deutschland den Arbeitsagenturen gemeldet werden.[24] Die durchschnittliche Dauer bis zur Besetzung einer offenen Stelle lag in Deutschland im Jahr 2011 bei 77 Tagen, bei Akademikern sogar bei 126 Tagen in West- und 87 Tagen in Ostdeutschland.[25]

In Österreich konnten im Jahr 2012 72 % der dem Arbeitsmarkt Service (AMS) gemeldeten offenen Stellen (das waren über das ganze Jahr gesehen rund 408.000) bereits innerhalb eines Monats besetzt werden. 23 % der Stellenbesetzungen erfolgten innerhalb

---

[24] http://de.statista.com/statistik/faktenbuch/159/a/gesellschaft/wirtschaft/stellen/.

[25] http://doku.iab.de/kurzber/2012/kb1112.pdf.

von drei Monaten, bei vier Prozent der Stellen dauerte die Besetzung bis zu sechs Monate und nur bei einem Prozent der gemeldeten Stellen dauerte die Besetzung länger.[26]

Wie lange sich ein Arbeitgeber in der Alpenrepublik gedulden muss, bis seine offene Stelle wieder besetzt ist, hängt sehr stark von der Branche ab: „Null Tage sind es beispielsweise für Arbeitgeber in religiösen Berufen. Schlechter schaut es etwa bei Spenglern und Rohrinstallateuren aus, wo 39 Tage vergehen, bis das AMS den Akt schließen kann. Montanistiker kommen gar auf 56 Tage. Im Schnitt war eine offene Stelle beim AMS nach 27 Tagen besetzt."[27] Auch innerhalb eines Bereiches kann die Suchdauer stark variieren. Bei Dienstleistungsberufen im Gesundheitswesen waren es im Vorjahr 16 Tage, bei Gesundheitsberufen hingegen 37 Tage.

Besonders bei höher Qualifizierten nehmen Unternehmen die Dienste **privater Personalberater** in Anspruch. Wie das nachstehende Fallbeispiel von Firstwaters zeigt, stoßen bei ausgesprochenen Mangelberufen auch die privaten Jobvermittler sehr rasch an ihre Grenzen.

Hinterfragen sollten Sie **Stellenanzeigen von Personalberatungsfirmen**. Die Regel ist, dass, statt des Logos des Unternehmens zu verwenden, das einen Mitarbeiter sucht, Werbung für das Beratungsunternehmen gemacht wird. Wenn Sie gezielt an der Entwicklung Ihrer Arbeitgebermarke arbeiten wollen, ist das eine vertane Chance. Der Text für die Anzeige muss in diesen anonymisierten Fällen dann entsprechend nichtssagend ausfallen. Ein Beispiel „Unser Kunde ist ein erfolgreiches, stark wachsendes Unternehmen mit internationaler Ausrichtung. Für die Erweiterung des Teams besetzen wir ab sofort die neu geschaffene Position …."

Nun mag schon sein, dass es bisweilen gute Gründe gibt, eine Stelle „undercover" zu vergeben, wenn beispielsweise der jetzige Positionsinhaber noch gar nicht weiß, dass seine Stelle neu besetzt wird, oder wenn es darum geht, im eigenen Haus oder bei den Mitbewerbern Reaktionen zu vermeiden. Aber ganz ehrlich: Wie oft ist das schon der Fall? Meistens ist es einfach nur Gedankenlosigkeit und überkommenes Denken, dass derartige – noch dazu nicht ganz billige – Inserate akzeptiert werden. Welchen Grund sollte es geben, folgendes Stellenangebot zu formulieren? „Wir sind einer der weltweit führenden Hersteller von High-Tech-Produkten und beliefern weltweit unsere Kunden mit modernsten Erzeugnissen. Zur Sicherung unserer Unternehmensziele in der internationalen Logistik suchen wir …" Schön für den Personalberater, der sich seine Werbung vom Kunden zahlen lässt – schlecht für die Arbeitgebermarke des Kunden.

---

[26] http://derstandard.at/1358305809770/AMS-70-Prozent-der-Jobs-innerhalb-eines-Monats-besetzt.

[27] http://derstandard.at/1360161066912/AMS-Bilanz-27-Tage-im-Schnitt-fuer-Stellenbesetzung.

## 7.10   Eigene Mitarbeiter als Botschafter und Empfehler

Die Mitarbeiter eines Unternehmens durchlaufen verschiedene Stationen, bis sie als **Botschafter einer Firma** agieren können. Am Beginn des Arbeitsverhältnisses erfolgt ein Abgleich zwischen wahrgenommener externer Kommunikation und dem tatsächlich erlebbaren internen Umgang sowie der Kultur. Stimmen diese zwei Welten zusammen, entsteht beim Mitarbeiter eine Präferenzbildung für das Unternehmen. Verankert sich die Präferenz beim Arbeitnehmer, kann Motivation entstehen. Über einen längeren Zeitraum hinweg entwickelt sich die Bindung zum Unternehmen und führt zu einem loyalen und leistungsorientierten Verhalten. Idealerweise verhalten sich die Mitarbeiter dann als Botschafter des Unternehmens und werben somit potenzielle neue Mitarbeiter (Nagel 2011, S. 23).

Die Informationen und persönlichen Eindrücke, die Mitarbeiter Ihres Unternehmens bei einem persönlichen Austausch vermitteln, können für einen möglichen Bewerberkandidaten für seine Arbeitsplatzwahl entscheidend sein, denn Hintergrundinformationen über mögliche Karrierewege oder das Betriebsklima gelten als glaubwürdiger, wenn sie von Personen erzählt werden, die direkt dort arbeiten, als von Werbeaussagen und glamourösen Präsentationen (Dehlsen und Franke 2009, S. 157; Petkovic 2008, S. 239).

„**Menschen schauen Menschen gerne zu, Menschen hören Menschen gerne zu, Menschen reden gerne über Menschen**" (Böcker und Schelenz 2008, S. 30). In der Kommunikationsstrategie ist also entscheidend, dass der Mensch im Fokus steht. Folglich stellt es eine gute Möglichkeit für Unternehmen dar, die eigenen Mitarbeiter in die Employer Branding-Kampagne zu integrieren und diese als Gesichter der Kampagne auftreten zu lassen, denn so gewinnt die Darstellung der Arbeitgebermarke ein hohes Ausmaß an Glaubwürdigkeit und Authentizität (Nagel 2011, S. 131 f.).

Bei der Rekrutierung neuer Mitarbeiter war es früher durchaus üblich, dass offene Stellen in der Familie, im Freundes- und Bekanntenkreis oder auch oft ganz schlicht an Stammtischen oder in Vereinen kolportiert wurden. Heute würde man dazu „**Empfehlungsmarketing**" sagen. Zwischenzeitlich wurde dieser Dialog durch den „Markenmonolog" insbesondere der großen Unternehmen ersetzt (Dehlsen und Franke 2009, S. 150). Heute wird das Prinzip der „kommunikativen Einbahnstraße" wieder verlassen.

Potenzielle Mitarbeiter fordern mehr ein als Hochglanzbroschüren, denn „das Vertrauen in glamouröse Präsentationen und kernige Werbeaussagen der Unternehmen schwindet," schreiben Dehlsen und Frank (2009, S. 157). Der Trend geht in Richtung einer verstärkten Face-to-Face-Kommunikation als auch zu Social Media-Plattformen, deren Stärke ja auch im – wenn auch virtuellen – Dialog liegen. Dazu gehört auch die genaue Beobachtung dessen, was beispielsweise auf Bewertungsportalen publiziert wird.

KMU sollten die Chance wahrnehmen, ihre regionale Bekanntheit weiter auszubauen. Um diesem Aspekt mehr nachzugehen, sollten Sie die Employer Branding-Kampagne mit den Gesichtern der eigenen Mitarbeiter gestalten. Denn speziell in ländlichen Gebieten kennen sich die Leute. Wenn Menschen aus der Nachbarschaft Firmentestimonials sind, weckt dies Aufmerksamkeit (RKW Expertenkreis 2011, S. 23).

Das eigene Mitarbeiterteam kann im Gespräch, in Foren oder in Videos am besten als **Botschafter des Unternehmens** nach außen auftreten. Es gibt also durchaus gute Gründe, „neben dem Employer Branding auch Employee Branding zu betreiben – also Mitarbeiter als aktive Kräfte bei der Gestaltung und Kommunikation einer Arbeitgebermarke anzuerkennen und sie aktiv in diese Aufgabe einzubinden" (Dehlsen und Franke 2009, S. 157).

Mitarbeiter tragen nur dann wirkungsvoll zum Markenerfolg bei, wenn sie die Markenwerte verstanden haben und sich emotional der Marke gegenüber verpflichtet fühlen. Karsten Kilian (2012, S. 46) unterscheidet vier Typen, die sich in den Kategorien Markenwissen und emotionaler Verpflichtung voneinander unterscheiden. **Markenbotschafter** ist, wer weiß, was zu tun ist und sich auch verpflichtet fühlt, diese Anforderungen auch zu erfüllen. Zuschauer sind solche, die zwar wissen, was zu tun wäre, sich dem Unternehmen und seinen Werten gegenüber aber nicht verpflichtet fühlen. Unberechenbar sind Mitarbeiter, die sich zwar dem Unternehmen gegenüber verpflichtet fühlen, aber nicht das notwendige Umsetzungsverständnis haben. Teilnahmslose haben abgeschaltet. Sie wollen und können für das Unternehmen nicht positiv in Erscheinung treten. Die Zahl der Mitarbeiter, die auf „Durchzug" geschaltet haben, ist leider enorm.

Damit Mitarbeiter zu **Botschaftern der Arbeitgebermarke** werden können, muss in drei Felder investiert werden (DGFP 2012, S. 111):

- **Vermittlung von Wissen:** Die Mitarbeiter müssen erfahren, wofür die Marke steht und durch welche Verhaltensweisen sie an den Kontaktpunkten erlebbar wird.
- **Werthaltungen und Commitment:** Nach dem vermittelten Wissen muss auch das Wollen vorhanden sein, sich der Arbeitgebermarke verpflichtet zu fühlen. Ist eine emotionale Bindung vorhanden, führt dies nachweisbar zu höherer Leistungsbereitschaft, größerem Engagement und weniger Fehlzeiten. Zudem erhöht sich die Weiterempfehlungsbereitschaft.
- **Ausbau von Fähigkeiten:** Sind Wissen und Wollen vorhanden, muss der Mitarbeiter fachliche und soziale Kompetenzen besitzen, um die Markenwerte im Umgang mit externen Anspruchsgruppen vermitteln zu können.

Dabei sind die Führungskräfte gefordert. Sie müssen die Markenwerte in ihrer täglichen Arbeit vorleben. Die Motivation der Mitarbeiter, positiv als Multiplikatoren aufzutreten, setzt voraus, dass die interne Kommunikation verstärkt wird. Finden Sie zum Beispiel über Befragungen oder Workshops heraus, worin Ihre Mitarbeiter die Einzigartigkeit des Unternehmens sehen, worüber sie auch bereit sind, positiv zu berichten. Mit einem Wort: Sie müssen durch den aktiven Dialog mit dem Management und über Incentives motiviert werden, sich tatsächlich zu engagieren.

Einige KMU haben **Mitarbeiterempfehlungsprogramme** gestartet. Die Spanne geht dabei von Verpflichtung zur Empfehlung von potenziellen Mitarbeitern bis zu Prämienzahlungen im Falle von erfolgreichen Bewerbernennungen. Diese Maßnahme ist allerdings nicht ganz unumstritten, weshalb sie auch von einigen Unternehmen strikt abgelehnt wird. Das wohl schlagendste Argument ist, dass durch diese Art von Empfehlung – etwa von Familienmitgliedern – „Seilschaften" entstehen, die stärker sein können, als es für das Unternehmen gut ist. In unseren Fallbeispielen haben wir einige gefunden, die zeigen, wie Mitarbeiter motiviert werden können, künftige Kollegen zu werben. Zwei Beispiele sollen zeigen, in welchem Spektrum sich das abspielen kann: Die Salzburger Sparkasse lädt Mitarbeiter, die erfolgreich einen neuen Kollegen akquirieren, gemeinsam zu einem feudalen Frühstück in das Restaurant Hangar 7 von Red Bull ein. In anderen Fällen bekommen die erfolgreichen Vermittler Gutscheine eines Einkaufszentrums und bei extremen Mängellagen sogar „Kopfprämien" bis zu 5.000 €.

## 7.11  Spielen um den Job: Recruitainment und Bewerberevents

**Recruiting-Events** galten lange Zeit als hervorragende Möglichkeit, „als Arbeitgeber Zeichen (zu) setzen und potenziellen Mitarbeitern tiefen Einblick in ihre Kultur und Arbeitsweise (zu) gewähren" (Wangnick 2008, S. 76). Inzwischen ist die Euphorie allerdings wieder etwas abgekühlt. Wohl nicht zuletzt deshalb, weil mit Events zu viel Spiel und zu wenig Arbeit verbunden ist, wodurch leicht ein falscher Eindruck vermittelt werden kann.

Große Unternehmen laden Bewerber zu **Wochenendveranstaltungen mit Workshop-Charakter** ein. Die Interessenten erfahren dabei einiges über das Unternehmen und mögliche künftige Aufgabenfelder. Bei L'Oreal etwa werden Studenten zu einem virtuellen Wettbewerb eingeladen, bei dem sie eine neue Produktlinie und dazu eine Marketingkampagne entwickeln (Pätzmann und Schlegel 2009, S. 26). Die Unternehmen ihrerseits finden durch Interviews und die Lösung von Fallstudien durch die Eingeladenen heraus, wer sich aktiv einbringt, Problemlösungskompetenz mitbringt und sich im Team Gehör zu verschaffen vermag.

**Recruitainment** ist ein Kunstwort aus Recruiting und Entertainment. Darunter fallen Aktivitäten, mit denen Bewerber spielerisch für das Unternehmen begeistert werden. „Spielen um den Job: ‚Recruitainment' bringt den Spaßfaktor in den Bewerbungsprozess", lautet die Parole (Thurn 2012, S. K2). So dienen bspw. Online-Spiele den Unternehmen dazu, das eigene Image zu heben und ein erstes Screening von den Bewerbern zu bekommen. Umgekehrt kommt es beim Homo ludens gut an, wenn der erste Schritt zum neuen Job einen gewissen Fun-Faktor enthält. Stressfrei ist das freilich auch nicht, schildert der „Spiegel" Erfahrungen von Teilnehmern.[28]

Für große Unternehmen haben die Tests den Vorteil, dass sie vergleichsweise kostengünstig sind, rechnet das Hamburger Nachrichtenmagazin vor: 17.000 Bewerbungen angehender Bankkaufleute erhielt die Targo-Bank im Jahr 2011, 225 Auszubildende wurden am Ende eingestellt. Ein Online-Test mit einer Wartungsgebühr von 16.000 EUR pro Jahr sei billiger und objektiver als ein weiterer Mitarbeiter in der Personalabteilung. Für KMU lohnt der Aufwand (noch) nicht. Bislang hat sich noch niemand gefunden, der sich des

---

[28] www.spiegel.de/karriere/berufsstart/recruitainment-firmen-suchen-mit-onlinespielen-bewerber-a-846599.html.

Themas für ganze Branchen angenommen hätte. Ein Spiel, mit dem etwa die Dienstleistungseinstellung für den Handel oder den Tourismus getestet wird, könnte sehr leicht für viele Unternehmen adaptiert und individualisiert werden. Daran hat bisher noch niemand gedacht. Aber: Was nicht ist, kann ja noch werden.

Einen Schritt in diese Richtung hat der Bundesverband Tischler Schreiner Deutschland im Jahr 2010 mit der witzig gemachten Kampagne „Tischler vs. Schreiner" gemacht. Auf StudiVZ, Plakaten an Schulen und in Ausbildungsbetrieben, Viralspots im Netz und weiteren Online-Maßnahmen wurde um Nachwuchs geworben. Dabei traten Teams gegeneinander in Wettkämpfen an. Gewinne gab es für die meisten Votes. Vielleicht kommt demnächst der Schritt hin zu einem Online-Testtool.

Zur Kategorie Recruitainment gehören auch **Events und Wettbewerbe**. In den Medien wird immer wieder über Einladungen zu Schnitzeljagden und Camps, zu Branchenveranstaltungen und -messen oder Workshops für Aufsteiger berichtet. Das machen die großen Unternehmen. Für KMU empfiehlt sich der enge Kontakt zu den in der Region befindlichen Schulen. Einladungen zu Führungen durch das Unternehmen können schon früh prägend wirken. Das gilt auch für Einladungen zu Tagen der offenen Tür. Mit Aktionen wie „Mädchen in die Technik" wird versucht, mehr junge Frauen in technische Berufe zu bringen. Wenn Sie bei der einen oder anderen Aktion teilnehmen möchten, hören Sie sich einfach bei Ihrer Interessenvertretung um, welche bewährten Möglichkeiten es hier schon gibt.

Erfolgreich funktionieren auch „**Schnuppertage**", die in Österreich und der Schweiz etwa im Rahmen der Schulausbildung am Ende der Pflichtschulzeit angeboten werden – trotz der bürokratischen Hürden, die teilweise vorhanden sind.[29] Wie soll jemand den Beruf „live erleben", wenn folgende Einschränkungen vom Gesetzgeber auferlegt werden: „Der Jugendliche darf zu keiner Arbeit verpflichtet werden und unterliegt keinen Weisungen des Betriebsinhabers (mit Ausnahme von jugendschutzrechtlichen Bestimmungen, Bestimmungen des Arbeitnehmerschutzes und arbeitshygienischen Vorschriften). Sollte der Jugendliche einzelne Handgriffe ausprobieren dürfen, ist dabei auf die körperliche und geistige Reife Bedacht zu nehmen. Der Unternehmer verstößt sonst gegen die Bestimmungen des Kinder- und Jugendlichenbeschäftigungsgesetzes!" Über den Sinn dieser Bestimmung sollte der Gesetzgeber vielleicht einmal nachdenken.

## 7.12    Arbeitgeber-Rankings und Bewertungsplattformen

Seit einigen Jahren werden für den Arbeitsmarkt jährlich zahlreiche Studien veröffentlicht, welche Firmen aus verschiedenen Perspektiven begutachten. Die Ergebnisse resultieren dann in **Arbeitgeber-Rankings** (Beck 2012, S. 39; Stotz und Wedel 2009, S. 21). Grundsätzlich können zwei Arten von Arbeitgeberstudien unterschieden werden: Studien zur Qualität der Arbeitgeber – die „besten" Arbeitgeber – und Studien zum Image – die „beliebtesten" Arbeitgeber (Beck 2012, S. 21). Eine positive Teilnahme an derartigen

---

[29] http://portal.wko.at/wk/format_detail.wk?AngID=1&StID=322975&DstID=982.

Arbeitgeber-Rankings kann einem Unternehmen dazu verhelfen, das Arbeitgeberimage zu verbessern sowie die Bekanntheit zu steigern (Schuble et al. 2009, S. 21).

Veröffentlichungen von Ranglisten der „besten Arbeitgeber" sind in den letzten Jahren in Mode gekommen. Auch deshalb, weil sich die Unternehmen selbst der Prüfung durch externe Dienstleister unterziehen. Solche Audits kosten einige tausend Euro – je nach Größe des Unternehmens.[30] Für die teilnehmenden Unternehmen ergibt sich ein doppelter Nutzen: Sie erfahren, wie sie tatsächlich von ihren Mitarbeitern und möglichen Bewerbern gesehen werden, andererseits können sie die Rankings auch für die eigene Kommunikation nutzen. Es klingt halt einfach gut, wenn man zu den „Top-Arbeitgebern" gehört. Die bekanntesten Zertifizierungsmodelle sind Great Place to Work, Top Arbeitgeber Deutschland, Fair Company, das Absolventenbarometer und www.die-besten-arbeitgeber.com. Neu auf dem Markt ist seit kurzem das Befragungs- und Benchmarktool www.jobklima.com.

In der Literatur werden die Ranglisten allerdings durchwegs kritisch gesehen: „Für allgemeine Trends und Tendenzaussagen sind solche Rankings … zu begrüßen und können auch für den Employer Branding-Prozess eine Orientierung i.S. eines Benchmarkings mit anderen Arbeitgebern und im Hinblick auf die Zielgruppenbedürfnisse, Wunschvorstellungen etc. geben. Keine Aussagequalität besitzen solche Rankings hinsichtlich der tatsächlichen Arbeitgeber-Qualität, da … die Befragten … die Qualität als Arbeitgeber in den seltensten Fällen beurteilen können." (Beck 2012, S. 34)

Dieses Instrument kann für KMU dennoch interessant sein, denn sie stehen im Wettbewerb mit den großen Unternehmen hinsichtlich der künftigen Arbeiternehmer und kämpfen meist auch mit einem geringen Grad an Bekanntheit. So existiert eine große Anzahl an Unternehmen, die als innovative und leistungsfähige Unternehmen gelten – sogenannte Hidden Champions – und trotzdem bei ihrer Zielgruppe nicht bekannt sind (Beck 2012, S. 34 f.). Ungeachtet dessen muss ein KMU die finanziellen Aufwendungen für die Teilnahme an solchen Arbeitgeber-Rankings berücksichtigen und die **Kosten-Nutzen-Relation** im Auge haben.

---

**Kemmer & Hein**

Das Unternehmen Kemmer & Hein OHG ist eine Autowerkstatt, die sich auf die Restaurierung von Oldtimern spezialisiert hat und in Speyer (Deutschland) sitzt. Die Lehrlinge bei Kemmer & Hein haben es insofern etwas schwieriger, denn sie lernen in der Berufsschule alles rund um moderne Autos, während sie im Betrieb mit historischen Fahrzeugen konfrontiert sind. Da die klassische Ausbildung zum KFZ-Mechaniker den Lernenden nicht das entsprechende Werkzeug für die Oldtimerreparatur an die Hand gibt, liegt es bei Kemmer & Hein selbst, dafür einen Weg zu finden, was in einer guten Ausbildungsleistung resultiert. Um diesen Spagat zu bewältigen, braucht die Firma sehr gute Lehrlinge bis hin zu Abiturienten. Folglich ist es für das Unternehmen wichtig,

---

[30] www.greatplacetowork.de/storage/documents/DBA_2013_Anmeldeformular.pdf, www.deutschlands100.de oder www.toparbeitgeber.com/TopArbeitgeberDeutschland.aspx.

qualifizierten und leistungsstarken Nachwuchs anzusprechen. Das KMU nahm im Jahr 2005 erstmals an dem Wettbewerb „Bundesbildungspreis des Deutschen Kraftfahr-zeuggewerbes" teil und erreichte den dritten Platz. Durch den Erfolg ist es der Firma gelungen, den potenziellen Nachwuchs zu gewinnen, denn durch die gute Reputation des Drittplatzierten konnte die Aufmerksamkeit auf die Eckpunkte der Ausbildung gesteuert und somit die Attraktivität des Handwerks für gut qualifizierte Jugendliche gesteigert werden. Kemmer & Hein OHG nimmt seit dem Jahr 2005 immer wieder er-folgreich an Wettbewerben zum Thema Ausbildung teil. So wurde aus einer ehemaligen kleinen Hinterhofwerkstatt eine in Deutschland bekannte Ausbildungsstätte. (RKW Expertenkreis 2011, S. 37 ff.)

Ebenfalls noch relativ jung sind **Bewertungsplattformen**, auf denen Mitarbeiter oder Be-werber die Unternehmen, für die sie arbeiten, gearbeitet oder sich beworben haben, beno-ten. Die bekannteste davon ist kununu. Das Wort stammt aus der afrikanischen Sprache Suaheli und bedeutet „unbeschriebenes Blatt". „Wir haben damals einen Namen gesucht, der knapp, innovativ und unverwechselbar sein sollte", schreiben die Betreiber der Platt-form, die vor kurzem von Xing übernommen wurde.[31] Mit rund einer Viertelmillion Be-wertungen zu rund 80.000 Unternehmen (Stand Anfang 2013) haben die Benotungen auf der in Wien betriebenen Plattform einige Bedeutung für größere Unternehmen gewonnen, die schon einmal auf über 200 Bewertungen kommen. Bei dieser Größenordnung ergibt sich eine gewisse Validität der Aussagen. Bei ein oder zwei Bewertungen kann das natür-lich nicht behauptet werden.

Jedenfalls sollten Sie einen Blick auf Ihre Bewertung werfen. Wenn Sie schlecht be-wertet wurden, sollten Sie schauen, woran das liegt, wenn gar keine Bewertung vorliegt, könnten Sie überlegen, ob es nicht Sinn machen würde, Mitarbeiter oder Bewerber zu ermutigen, ihre Einstellung zu posten. Gänzlich ignorieren wäre jedenfalls verkehrt, denn auch mittelständische Unternehmen kommen bisweilen auf einige tausend Klicks. Eine positive oder negative „Benotung" (1 ist auf kununu die schlechteste Bewertung, 5 die bes-te) kann da schon darüber entscheiden, ob sich ein interessanter Bewerber für oder gegen eine Kontaktaufnahme entscheidet.

Sollten Sie für sich zur Überzeugung kommen, dass kununu für Sie eine interessante Plattform zur Präsentation Ihres Unternehmens als Arbeitgeber ist, können Sie dort auch kostenpflichtig ein **Unternehmensprofil** anlegen.[32]

---

[31] www.kununu.com/info/fragen#1.

[32] Die wichtigsten Informationen dazu finden Sie in den FAQs untert www.kununu.com/unternehmen/kundenfragen.

## 7.13   Bildung einer Arbeitgebermarke für Regionen und Branchen

Employer Branding ist längst nicht mehr auf einzelne Betriebe beschränkt. Inzwischen kümmern sich auch bereits Regionen in Randlagen (Kerber 2009, S. 98) oder ganze Bundesländer (Kamp 2013, S. 24 f.) wie die deutschen Klassenbesten am Arbeitsmarkt – Bayern und Baden-Württemberg – darum, Handlungspläne zur Fachkräftesicherung (Regionalagentur Westfälisches Ruhrgebiet 2011, S. 3) zu erstellen. Auch Branchen, in denen es schwerfällt, ausreichende Nachwuchskräfte zu finden, tun sich zusammen, um gemeinsam Imagewerbung zu betreiben. Ein gutes Beispiel dafür ist etwa die Aktion „Tischler vs. Schreiner"[33] des Bundesfachverbandes Tischler Schreiner Deutschland. Ein anderes die Employer Branding-Strategie der Tourismuswirtschaft im Bundesland Salzburg.[34]

In den Interviews für die in diesem Buch dargestellten Fallbeispiele wurden auch Kombinationen von **Kooperationen von Branchen und Regionen** genannt. Mit gemeinsamen Aktionen machen etwa die Maschinenbauer im oberösterreichischen Innviertel auf ihre Unternehmen aufmerksam. Städte, deren Charme sich erst auf den zweiten Blick entfaltet, kämpfen „um kluge Köpfe", wie die Frankfurter Allgemeine Sonntagszeitung über die Probleme der Stuttgarter Vor-Stadt Böblingen schrieb.[35]

Will sich eine Region als Arbeitgebermarke positionieren, bedeutet das, dass die „Sichtbarkeit der Leistungsfähigkeit der Region" (Regionalagentur Westfälisches Ruhrgebiet 2011, S. 3) gewährleistet sein muss, was angesichts der „Kleinteiligkeit der Betriebe" nicht immer einfach ist. Außerdem erfordert Employer Branding für Regionen den Einbezug einer großen Anzahl von Stakeholdern. „Das regionale Leistungsbündel reicht aus der Sicht zuziehender Facharbeitskräfte schließlich von den Naturschönheiten über einen attraktiven Wohnungsmarkt bis hin zu regionalen Unternehmen als interessante Arbeitgeber" (Regionalagentur Westfälisches Ruhrgebiet 2011, S. 3).

Wie weit das Spektrum an Maßnahmen reichen kann, zeigt der **Handlungsplan für die Region Hellweg-Hochsauerland**. Hier sind nur einige der spannendsten und innovativsten Ideen angeführt (Regionalagentur Westfälisches Ruhrgebiet 2011, S. 31 ff.):

- Frühkindliche MINT-Förderung durch das Projekt Pfiffikus,
- Auspendler und Bildungswanderer zurückgewinnen,
- Erhalt der Beschäftigungsfähigkeit im Alter,
- Zielgerichtete Umschulungs- und Weiterbildungsmaßnahmen für Quereinsteiger,
- Frauenerwerbsquote über Potenzialberatung und Bildungsscheck erhöhen,
- Integration von Migranten und Menschen mit Behinderung in den Arbeitsmarkt,
- Installation eines „Relocators", der Zuzügler bei der Vorbereitung des Umzuges, der Beschaffung von Wohnraum, der Erledigung von Formalitäten, der Auswahl geeigne-

---

[33] www.born2btischler.de/tischler-sein/.

[34] www.wirtschafts-nachrichten.com/west.4271.html.

[35] Frankfurter Allgemeine Sonntagszeitung, 28. April 2013, S. 36 ff.

ter Schulen bis hin zum Wiederaufbau eines geeigneten sozialen Umfeldes am neuen Wohnort unterstützen soll,

- Entwicklung neuer Ansätze zur Erhöhung der Arbeitgeberattraktivität von KMU,
- Zertifizierung familienfreundlicher Unternehmen,
- Einführung eines Dual-Career-Service: Unterstützung für Partner neuer Beschäftigter insbesondere bei der beruflichen Neuorientierung.

Besonders in deutschen Regionen abseits der Ballungszentren finden sich immer öfter Betriebe zusammen, um gemeinsam an der Lösung des Problems des zunehmenden Fachkräftemangels zu arbeiten. Ein Beispiel dafür ist ein Autohaus in der Stadt Brilon im Sauerland, das im nach folgenden Kapitel beschrieben wird.

## Literatur

Achilles, W., und E. Bethkenhagen. 2012. Job_Ad I 2.0: Die (R) Evolution der Online-Stellenanzeige. In *Personalmarketing 2.0. Vom Employer Branding zum Recruiting,* Hrsg. C. Beck. 2. Aufl. Köln: Wolters Kluwer.

ARD-ZDF Online-Studie. 2012. Web-2.0-Nutzung nach Geschlechtern und Alter. http://ard-zdf-onlinestudie.de/index.php?id=354. Zugegriffen: 31. Mai 2013.

Beck, C. 2012. Personalmarketing 2.0 – Personalmarketing in der nächsten Stufe ist Präferenz-Management. In *Personalmarketing 2.0. Vom Employer Branding zum Recruiting,* Hrsg. C. Beck. 2. Aufl. Köln: Wolters Kluwer.

Böcker, M. 2009. HR-PR: Mit Geschichten und Fakten für die Arbeitgebermarke punkten. In *Employer Branding. Arbeitgeber positionieren und präsentieren,* Hrsg. A. Trost. Köln: Wolters Kluwer.

Böcker, M., und B. Schelenz. 2008. *HR-PR. Personalarbeit und Public Relations. Erfolgreiche Strategien und Praxisbeispiele.* Erlangen: Publicis KommunikationsAgentur.

Bode, S., und M. Adrion. 2009. Wissen, was ankommt. Employer Branding im Stellenmarkt. In *Employer Branding. Arbeitgeber positionieren und präsentieren,* Hrsg. A. Trost. Köln: Wolters Kluwer.

compamedia. 2013a. Werkzeugkasten Karrierewebseite. http://www.top-arbeitgebermarke.de/wegweiser-employer-branding/werkzeugkasten/karrierewebsite. Zugegriffen: 1. Juni 2013.

compamedia. 2013b. Werkzeugkasten Stellenanzeigen. http://www.top-arbeitgebermarke.de/wegweiser-employerbranding/werkzeugkasten/stellenanzeigen. Zugegriffen: 4. Juni 2013.

Dehlsen, M., und C. Franke. 2009. Employee Branding: Mitarbeiter als Botschafter der Arbeitgebermarke. In *Employer Branding. Arbeitgeber positionieren und präsentieren,* Hrsg. A. Trost. Köln: Wolters Kluwer.

Deutsche Gesellschaft für Personalführung e. V. (DGFP). 2012. *Employer Branding. Die Arbeitgebermarke gestalten und im Personalmarketing umsetzen.* 2. Aufl. Bielefeld: W. Bertelsmann Verlag.

Die index-Expertenbefragung. 2012. *Employer Branding 2012: Personalrecruiting im Umbruch: Mehr Kommunikation auf der Agenda.* Berlin: Index Agentur.

Drumm, H. 2008. *Personalwirtschaft.* 6. Aufl. Berlin: Springer Verlag.

Eger, M., und S. Frickenschmidt. 2009. Die Karrierewebsite: Verbindung zwischen Employer Branding und Recruiting. In *Employer Branding. Arbeitgeber positionieren und präsentieren,* Hrsg. A. Trost. Köln: Wolters Kluwer.

Frankfurter Allgemeine Sonntagszeitung. 2013. 28. April 2013.

Haitzer, A. 2011. *Bewerbermagnet. 365 inspirierende Ideen, wie IHR Unternehmen Top-Bewerber magnetisch anzieht*. Neubeuern: Quergeist.

Hesse, G. 2012. Social Media. In *Personalmarketing 2.0. Vom Employer Branding zum Recruiting*, Hrsg. C. Beck. Köln: Wolters Kluwer.

Immerschitt, W. 2013. Ihr Unternehmen spannend erzählen. *HR Performance* (2).

Junge Zielgruppe mobil erreichen 2013. *Werben & Verkaufen, 42* (o. H.).

Kamp, M. 2013. Kleiner Krieg. *Wirtschaftswoche* (29).

Kary, J. 2012. Jobportale im Vergleich. *Markt und Mittelstand* (10).

Kerber, N. 2009. *Regionen als Arbeitgebermarken. Am Beispiel des Wirtschaftsraums Außerfern*. Innsbruck: Universität Innsbruck.

Kilian, K. 2012. Mitarbeiter als Markenbotschafter. *Absatzwirtschaft* (1–2).

Kriegler, W. 2012. *Praxishandbuch Employer Branding. Mit starker Marke zum attraktiven Arbeitgeber werden*. Freiburg: Haufe-Lexware.

Kürn, H. 2009. Kandidaten dort abholen, wo sie sind: Wie Web 2.0 das Recruiting und Personalmarketing verändert. In *Employer Branding. Arbeitgeber positionieren und präsentieren*, Hrsg. A. Trost. Köln: Personalwirtschaft – Magazin für Human Resources.

Nagel, K. 2011. *Employer Branding. Starke Arbeitgebermarken jenseits von Marketingphrasen und Werbetechniken*. Wien: Linde.

Oettinger, A. 2012. Professionelles Personalmarketing an Hochschulen. In *Personalmarketing 2.0. Vom Employer Branding zum Recruiting*, Hrsg. C. Beck. Köln: Wolters Kluwer.

Pätzmann, J., und J. Schlegel. 2009. *Kommunikation als ein Instrument des Employer Branding. Working Paper 7*. Hochschule Neu-Ulm.

Petkovic, M. 2008. *Employer Branding. Ein markenpolitischer Ansatz zur Schaffung von Präferenzen bei der Arbeitgeberwahl*. 2. Aufl. München: Rainer Hampp Verlag.

Poreda, M. 2012. Social Media einsetzen beim Employer Branding. In *Employer Branding. Die Arbeitgebermarke gestalten und im Personalmarketing umsetzen*, Hrsg. Deutsche Gesellschaft für Personalführung. 2. Aufl. Bielefeld: W. Bertelsmann Verlag.

Regionalagentur Westfälisches Ruhrgebiet. 2011. Regionaler Handlungsplan der Region Westfälisches Ruhrgebiet für die Initiative zur Fachkräftesicherung in Nordrhein-Westfalen. www.regionalagentur-wr.de/tiny/1g/. Zugegriffen: 29. Nov. 2011.

RKW Expertenkreis. 2011. 2. Arbeitgeberattraktivität – Handlungsfelder für das Personalmanagement. Praxismaterialien. http://www.rkwkompetenzzentrum.de/fileadmin/media/Dokumente/-Publikationen-/2011_LF_Praxismaterialien-2.pdf. Zugegriffen: 2. Juni 2013.

Scholz, C. 2000. *Personalmanagement. Informationsorientierte und verhaltenstheoretische Grundlagen*. 5. Aufl. München: Vahlen.

Schuble, J., S. Masurat., und M. Eicher. 2009. Employer Branding für den Mittelstand. Leitfaden zur Top-Arbeitgebermarke. Überlingen: compamedia, wbpr. http://www.top-arbeitgebermarke.de/-templates/File/intern/leitfaden-employer-branding.pdf. Zugegriffen: 25. Mai 2013.

Seng, A. 2012. Employer Branding im Mittelstand. In *Employer Branding. Die Arbeitgebermarke gestalten und im Personalmarketing umsetzen*, Hrsg. Deutsche Gesellschaft für Personalführung. 2. Aufl. Bielefeld: W. Bertelsmann Verlag.

Spies, R. 2012a. Wir können auf der Stelle acht Mitarbeiter einstellen. Winter 3DKonstruktions agiert in speziellem Umfeld. *Personalführung* (8).

Stephan, J. 2013. Wie man Stellen ausschreibt. http://www.wuv.de/karriere_job/karriere_tipps/wie_man_stellen_ausschreibt. Zugegriffen: 4. Juni 2013.

Stotz, W., und A. Wedel. 2009. *Employer Branding. Mit Strategie zum bevorzugten Arbeitgeber*. München: Oldenbourg Wissenschaftsverlag.

Teetz, T. 2008. Hochschulmessen: Markt für Karrieren. In *Personalmarketing 2.0. Vom Employer Branding zum Recruiting*, Hrsg. C. Beck. Köln: Wolters Kluwer.

Thurn, N. 2012. Recruiting. Sie wollen doch nur spielen. *Kurier*, 29. September.

Wangnick, N. 2008. Recruiting Events als Instrument des Personalmarketings. In *Personalmarketing 2.0. Vom Employer Branding zum Recruiting*, Hrsg. C. Beck. Köln: Luchterhand Verlag.

Weitzel, T., A. Eckhardt, S. Laumer, und A. Stetten. 2011. *Recruiting Trends im Mittelstand 2011*. Bamberg: Goethe-Universität Frankfurt a. M.

Zerfaß, A., M. Mahnke. 2009. Von Print zu Video? Bewegtbild im Internet als Herausforderung für die Unternehmenskommunikation. *prmagazin* (1).

Zugehör, R. 2009. Im Rampenlicht: Webvideos als Instrument der Personalrekrutierung. In *Employer Branding. Arbeitgeber positionieren und präsentieren*, Hrsg. A. Trost. Köln: Wolters Kluwer.

# Fallbeispiele für Rekrutierungsmaßnahmen

**8**

In den nachstehenden Beiträgen erzählen Geschäftsführer, Personalmanager und Kommunikationsverantwortliche von Unternehmen aus Deutschland und Österreich, welche Akzente sie bei der Rekrutierung (und an anderen Kontaktpunkten ihrer Arbeitgebermarke) gesetzt haben.

## 8.1 Kommunikationskampagne „Pflege deinen Traum" für die SALK

- **Unternehmen:** SALK – Salzburger Landeskliniken sind als Universitätsklinikum Zentralkrankenhaus für das Land Salzburg und das angrenzende Oberbayern.
- **Standort:** Drei Standorte in der Stadt Salzburg und in St. Veit im Pongau
- **Mitarbeiter:** 5.300, davon 2.300 in Pflegeberufen
- **Gründungsjahr:** 2004 Zusammenschluss des Landeskrankenhauses, der Christian Doppler Klinik und der Landesklinik St. Veit
- **URL:** www.salk.at
- **Interviewpartner:** Mag. Mick Weinberger, Leiterin Kommunikation und Marketing, und Andreas Brieger, Sprecher der Pflegeschule (14.03.2013)

W. Immerschitt, M. Stumpf, *Employer Branding für KMU,*
DOI 10.1007/978-3-658-01204-5_8, © Springer Fachmedien Wiesbaden 2014

Die SALK sind kein mittelständisches Unternehmen. Mit 5.300 Mitarbeitern und 1.800 Betten ist das Universitätskrankenhaus eines der vier Zentralkrankenhäuser Österreichs. Am Bildungszentrum der SALK werden jährlich rund 650 PflegemitarbeiterInnen ausgebildet. Um diese geht es in diesem Beitrag. Denn die Pflegeberufe leiden an akutem Nachwuchsmangel. Die Zahl und Qualität der Bewerber für eine der drei Eingangsklassen an der klinikeigenen Ausbildungseinrichtung ist in den letzten Jahren deutlich gesunken. Das hat vor zwei Jahren dazu geführt, dass sich die Schulleitung Gedanken zu machen begann, wie das Problem gelöst werden könnte. Ein erster Schnellschuss ist entstanden. SchülerInnen wurden fotografiert, eine kleine Kampagne unter dem Motto „Job mit Zukunft" aus dem Hut gezaubert. Die Resonanz war groß. Vor allem intern wurde heftig und höchst kontrovers diskutiert. Eine zentrale Kritik der SchülerInnen war, dass sie sich partout nicht in Zivilkleidung im Schulumfeld abgelichtet sehen wollten, sondern in ihrer blauen Klinikuniform.

Für Mick Weinberger, verantwortlich für Kommunikation und Marketing der SALK, war die Diskussion Anlass, das Thema strategisch anzugehen. Eine Arbeitsgruppe mit Schülern wurde gebildet, die Motive von 17-Jährigen beim Start einer dreijährigen Ausbildung analysiert und schließlich die Kommunikationsagentur Plenos mit der Ausarbeitung einer Kampagne beauftragt. Entstanden sind Radiospots, City Light-Plakate (Abb. 8.1), Kinospots, Inserate und ein starker eigener Online-Auftritt mit allen Informationen unter dem Titel „Pflege deinen Traum". Die SchülerInnen selbst sind – auf der Basis eines gemeinsam mit der Agentur aufgestellten Redaktionsplanes – dafür verantwortlich, dass der Dialog via Facebook läuft.

**Aufmerksamkeit durch Provokation wecken** Aufmerksamkeit wird durch provozierende Headlines erregt: „Ich brauch keinen Beruf" oder „Ich will nicht arbeiten" lauten

**Abb. 8.1** Kampagne SALK

die Überschriften. Die Auflösung lautet dann: „Ich brauche eine Berufung" oder „Ich will helfen". „Wir wollten für den Nachwuchs provozieren", resümiert Andreas Brieger, der als Schülersprecher eine ganz wesentliche Rolle bei der Entwicklung der Kampagne gespielt hat. Er ist auch selbst eines der fotografierten „Models", die sich ausschließlich aus dem Kreis der Pflegeschüler rekrutierten. Sie mussten auch akzeptieren, dass sie in einer regen internen Diskussion gefragt wurden, warum sie auf den Fotos ernst schauen, wo doch Pflege sehr viel mit Vermittlung einer optimistischen Stimmung zu tun habe. Der Erfolg gibt den Erfindern der Kampagne allerdings recht. „Wir sind jetzt bei der Zielgruppe sehr genau am Punkt. Schon zu Jahresbeginn hatten sich 150 Bewerber für den neuen Lehrgang gemeldet. Normal waren es um diese Zeit nur 30", weiß Mick Weinberger.

**Dichtes internes und externes Kommunikationsprogramm** Die Pflegekampagne ist nicht die einzige Kommunikationsmaßnahme, mit der Information nach innen und außen an Mitarbeiter sowie mögliche Bewerber herangetragen werden. Die Liste der Maßnahmen ist sehr lang, orientiert sich auch an deutschen Vorbildern, die in einigen Bereichen der Kommunikation Vorreiter sind. Auffallend ist der starke Einsatz von audiovisuellen Medien. Netmovies gibt es heute zu den unterschiedlichsten Themen. Gemeinsam mit dem ORF wird auch ein eigener Klinik-TV-Kanal betrieben. Für die Mitarbeiter gibt es monatliche Newsletter. Die „just-in-time"-Eilmeldung „SALK brandaktuell" wird dann publiziert, wenn es wirklich brennt. Im internen Online-Forum wird oft sehr kontrovers diskutiert (und auch Unternehmens- beziehungsweise Gewerkschaftspolitik gemacht). Da hier auch manche Journalisten mitlesen, ist dies neben den offiziellen Medienmitteilungen auch eine zweite Informationsplattform für die Medien.

Großer Wert wird auch auf Face-to-Face-Kommunikation gelegt. Ein Mal pro Jahr treffen sich bis zu maximal 600 Mitarbeiter zu einem Open Space, um über die Weiterentwicklung von laufenden Projekten zu diskutieren. Nach getaner Arbeit wird ein gemeinsames Sommerfest gefeiert. Die 300 Führungskräfte versammeln sich sogar zwei Mal pro Jahr, um sich gemeinsam über das Strategiekonzept „Universitätsmedizin 2016" auszutauschen. Selbstverständlich gibt es Mitarbeitergespräche mit 360-Grad-Feedback.

Strikte Vorschriften gibt es durch die Objektivierungsgesetze für das Recruiting. Genaue Richtlinien legen fest, in welchen regionalen und überregionalen Medien Stellenanzeigen geschaltet werden müssen. Weil die Resonanz nicht immer zufriedenstellend ist, geht die SALK neuerdings auch auf Karrieremessen.

**Umdenken im Einstellungsprozess und bei den Einstiegsgehältern** Ungeachtet des Rekrutierungserfolgs denken die SALK auch darüber nach, den gesamten Prozess der Phase nach dem Neueintritt von Absolventen der Pflegeschule neu zu strukturieren. Das beginnt mit der Aufnahmeprozedur im Team. In internen Arbeitskreisen wird über das Coaching der neuen Mitarbeiter oder auch über die Einteilung der Dienste nachgedacht. Langsam zeichnet sich auf Grund des Kampfes um Pflegenachwuchs auch ein „Paradigmenwechsel" beim bisherigen Hierarchiedenken ab. Das wurde nämlich im Zuge der Erarbeitung der Kommunikationskampagne von den Nachwuchskräften als gravierendes Manko aufgezeigt.

Auch über die Einstiegsgehälter wird derzeit verhandelt. Sie sollen höher, dafür die Gehaltskurve für ältere Mitarbeiter etwas abgeflacht werden. Die SALK-Mitarbeiter machen jedes zweite Jahr einen „Biennalsprung" mit automatischer Gehaltserhöhung um 10 %. Dazu kommen noch die jährlichen Anpassungen laut Tarifvertrag. Pflegemitarbeiter (wie auch Ärzte und Verwaltungspersonal) kommen so am Ende einer langen Laufbahn zu stattlichen Gehältern. Mick Weinberger ist jedenfalls überzeugt, dass Gehalt und Aufgabengebiet nicht verantwortlich sein können und dass es schwieriger wird, junge Leute für den Pflegeberuf zu interessieren. Auch das Aufgabengebiet und die Sicherheit des Arbeitsplatzes sprechen für den Job. „Der Beruf ist sehr vielfältig, die Spezialisierung steigt", weiß Andreas Brieger. Außerdem werden drei ganz unterschiedliche Ausbildungswege angeboten: Die allgemeine, die psychiatrische und die Kinder- und Jugendpflege. Innerhalb dieser Zweige gibt es wieder eine Reihe von Spezialisierungen, von der Rehabilitation bis zur Sterbebegleitung. Wer einmal den Weg eingeschlagen hat, bleibt in der Regel auch im Unternehmen. Die Fluktuation liegt deutlich unter 5 % – ein Wert, der Mick Weinberger notwendig erscheint, um auch den notwendigen frischen Wind von außen in die Uniklinik zu bringt.

## 8.2  Social Media als Rezept gegen MINT-Mangel bei dmc digital media center GmbH

- **Unternehmen:** dmc digital media center GmbH ist laut Selbstbeschreibung der größte unabhängige und inhabergeführte E-Commerce-Dienstleister Deutschlands. Das Leistungsspektrum reicht von der Strategie, Planung und Konzeption über die konsistente Umsetzung in allen digitalen Kanälen bis hin zur Vermarktung und Kundenbindung.

- **Standort:** Das Unternehmen wurde im Jahr 1995 in Fellbach bei Stuttgart gegründet, hat inzwischen die Firmenzentrale nach Stuttgart verlegt und unterhält seit einigen Jahren auch eine Niederlassung in Berlin.
- **Mitarbeiter:** 266
- **Gründungsjahr:** 1995
- **URL:** www.dmc.de
- **Interviewpartner:** Alexandra Beisch, Personalreferentin (11.06.2013)

Als Nummer zwei im E-Commerce-Dienstleister-Ranking und Nummer fünf unter den deutschen Internetagenturen weist dmc die für diese Branche üblichen MINT-Mangelerscheinungen auf. Allerorts fehlen *Mathematiker, Informatiker, Naturwissenschaftler* und *Techniker*, so natürlich auch in Baden-Württemberg. Als rasch wachsendes Unternehmen, das seinen Umsatz binnen eines Jahrzehnts fast vervierfacht hat, leiden die Schwaben unter der Lücke zwischen Angebot und Nachfrage bei Informatikern. Dabei strengt sich die fünfköpfige Personalabteilung im Recruiting extrem an. „Wir tun alles, was nicht illegal ist", gab die Geschäftsführung als Parole aus. „Was wir noch nicht gemacht haben, ist, uns vor das Gebäude des Mitbewerbers hinzustellen, um dessen Mitarbeiter abzuwerben", merkt Personalreferentin Alexandra Beisch mit einem Augenzwinkern an.

Der Bedarf an Informatikern, Projektmanagern oder Software-Entwicklern ist enorm. Nicht nur, weil der Mitarbeiterstand laufend wächst, sondern auch wegen der Fluktuation. Diese liegt zwischen zehn und 13 %. Das hängt mit zwei Faktoren zusammen. „Junge Leute, die bei uns den ersten oder zweiten Job übernommen haben, wollen auch einmal etwas anderes sehen." Außerdem kommt es gerade bei Projektspitzen immer wieder zu Überforderungssyndromen. Die Kosten, die durch den daraus resultierenden Abgang entstehen, beziffert Beisch auf einige tausend Euro pro Jahr.

**Investitionen in Familienfreundlichkeit und Karriereförderung** Damit die Drop-out-Quote nicht zu groß wird, investiert dmc sehr viel in Wohlfühlfaktoren. An heißen Tagen fährt die Geschäftsführung schon einmal mit einem Eiswagen vor, um das Team zu erfrischen. Bei einem Altersdurchschnitt der Mitarbeiter von 33 Jahren spielt das Thema Familienfreundlichkeit eine enorme Rolle. Aktuell gibt es über 100 dmc-Kinder. Da auch im

Management selbst Väter und Mütter sitzen, werden generell keine Meetings nach 17 Uhr angesetzt. Wird ein Kind einmal krank, werden die ersten drei Tage zu hundert Prozent (und nicht nur zu 70 %) bezahlt. Den Eltern wird die Möglichkeit eingeräumt, individuelle Arbeitszeitmodelle zu nutzen, im Home Office zu arbeiten oder auch die Wiedereingliederung nach der Geburt zunächst auf Stundenbasis zu beginnen. Fast alle Väter nutzen die Möglichkeit, sich zwei Monate um das Baby zu kümmern. Außerdem gibt es freiwillig zwei Tage Sonderurlaub zur Geburt. Mitarbeiter mit schulpflichtigen Kindern werden bei der Urlaubsplanung bevorzugt.

Wert wird auch auf die Karriereförderung gelegt. Sehr gute Erfahrungen gibt es mit dem strukturierten Feedbacksystem. Jeder Mitarbeiter hat Anrecht auf ein bis zwei Mitarbeitergespräche pro Jahr, bei dem Ziele definiert, Entwicklungsmaßnahmen besprochen und wechselseitige Verbesserungsmöglichkeiten dokumentiert werden.

Wo künftig noch mehr investiert werden sollte, meint Alexandra Beisch, wäre die Personalentwicklung in den Teams. Sie denkt dabei an Team-Assessments, an die Verbesserung von Teamstrukturen und nicht zuletzt auch an die Entwicklung der Personalführungsfähigkeiten der Abteilungsleiter. „Die Reduktion der Fluktuation kann nur funktionieren, wenn wir noch stärker auf die Bedürfnisse der Mitarbeiter eingehen", davon ist die Personalverantwortliche überzeugt.

**Go digital bei der Rekrutierung** Wer selbst E-Commerce-Lösungen entwickelt, für den ist es selbstverständlich, dass der Schwerpunkt bei den Rekrutierungsmaßnahmen im „digitalen Raum" liegt. Dabei vertritt Alexandra Beisch die Auffassung, dass „nicht jeder Kanal ausgereizt werden muss. Statt dessen sollten die zum Unternehmen und zur Bewerberzielgruppe passenden Kanäle kontinuierlich bedient werden." Für dmc sind das in erster Linie Xing, kununu, YouTube und Facebook. Bei Xing ist die Basis das Firmenprofil als „seriöse Visitenkarte". Dann werden über die vorhandenen Filter ganz gezielt Kandidaten mit den passenden Profilen und Interessen angesprochen. Gepostet werden kurze Texte mit Tags wie „Systemarchitekturen | Platzhirsch | Karriere" aber auch „leckerer Kaffee". Die Sprache ist bewusst ganz nahe an den Kandidaten dran. Die Reaktionen sind sehr positiv, weil die Angesprochenen nicht mit langen Stellenanzeigen „zugemüllt" werden. Ein bis zwei aktive Bewerbungen pro Woche kommen über Xing herein, vor allem seit kununu Teil der sozialen Plattform geworden ist. Dort hat dmc ein Profil angelegt und animiert die eigenen Mitarbeiter, ihre Eindrücke zu posten. Das Ergebnis ist eine beachtliche Zahl an guten Bewertungen, was sich unter dem Strich positiv auswirkt. 3,6 auf der fünfteiligen Bewertungsskala macht sich gut, zumal 30.000 Interessenten die Ergebnisse bislang bereits gescreent haben.

Facebook wird dafür genutzt, Begeisterung zu wecken. Ein Skitag im Pitztal und das orangene Eismobil brachten es auf fast 2.000 Likes, ebenso der neue „Firmenhund" eines Mitarbeiters. Die offenen Stellen werden dagegen auf Facebook sehr dezent publiziert. Mit den auf der eigenen Webseite und auf YouTube geposteten Videos wollen die E-Commerce-Experten vor allem zeigen, wie sie „ticken". Das Potpourri an Web 2.0-Maßnahmen bringt vor allem eines: relativ kostengünstige Möglichkeiten zur Positionierung und Etablierung der Arbeitgebermarke (Abb. 8.2).

„Best-Of" 2012/2013

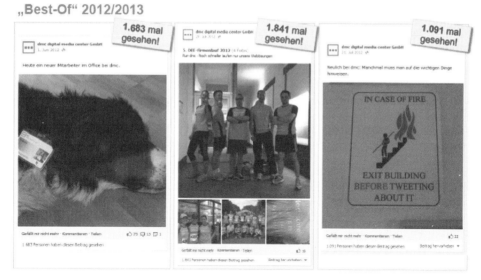

**Abb. 8.2** Auf Facebook werden Themen gepostet, die menscheln. dmc hat mit diesen drei Einträgen jeweils über tausend Kontakte hergestellt. Sehr gut funktionieren Tiere, sportliche Leistungen von Mitarbeitern oder ein witziges Schild, das Mitarbeiter darauf hinweist, dass sie im Brandfall erst das Haus verlassen und dann über den Vorfall einen Tweet (= eine Meldung auf Twitter) schreiben sollten

Sehr aktiv sind die Stuttgarter auch im Hochschulmarketing. Bei den Kontaktmessen verschiedener Universitäten und Fachhochschulen in Süddeutschland sind sie mit Messeständen vertreten. Regelmäßig schreiben vier bis fünf Studierende ihre Diplomarbeiten im Unternehmen über technische und kaufmännische Fragestellungen.

Das Reservoir reicht aber nicht mehr aus, um alle offenen Stellen zu besetzen. Deshalb hat sich dmc inzwischen auch international umgesehen. Zunächst fiel der Blick auf Spanien und dann eher zufällig auf Russland und die Ukraine. Inzwischen arbeiten drei Informatiker aus der Heimat der Klitschkos in Schwaben. Sie haben sich „prima integriert" und werden auch als Kollegen sehr geschätzt („das sind richtige Sonnenscheine"). Mit den drei Ukrainern sitzen auch einige Mitarbeiter aus Armenien, Indien, Italien, Russland und den USA im Deutschkurs, damit sie sich beim täglichen Smalltalk leichter tun. Wenn es um Fachliches geht, ist dann ohnedies Englisch angesagt. Ausgewählt wurden sie – wie alle neuen Mitarbeiter – nach ihren Bewerbungsunterlagen und danach, wie diese gestaltet, gegliedert und geschrieben waren. Natürlich wurden auch die Fachkenntnisse angesehen, vor allem aber zählte der Gesamteindruck. Hier kommt dann wieder der Teamgedanke zum Tragen. Für die dmc-Personaler gilt die Vorgabe, Bewerber auch danach beurteilen, ob sie mit ihnen auch privat nach Feierabend zu tun haben wollten. Die Scherzfrage, ob ein Sixpack hilfreich für die Einstellung wäre, stellt sich angesichts des MINT-Mangels nicht. Da zählen dann doch schon eher die inneren Werte.

## 8.3   Volksbank Bühl entstaubt Kommunikation mit Social Media

- **Unternehmen:** Die Volksbank Bühl weist im Jahr 2012 eine Bilanzsumme von 950 Mio. € auf. 68.000 Kunden werden in der Region betreut. Die Genossenschaft hat 42.500 Mitglieder.
- **Standort:** Bühl liegt im Westen Baden-Württembergs im Landkreis Rastatt, 10 km von Baden-Baden und 50 km von Straßburg entfernt.
- **Mitarbeiter:** 307
- **Gründungsjahr:** 1869
- **URL:** www.volksbank-buehl.de
- **Interviewpartner:** Franz Sebastian Welter, Bereichsdirektor Unternehmensentwicklung, Elektronische Vertriebswege, IT-Organisation und -Sicherheit, Produkt und Innovationsmanagement, Social Media Management (01.03.2013)

Banken und Social Media – das war lange Zeit ein „no go" – und ist es auch heute noch bei vielen Geldinstituten. Umso bemerkenswerter ist der strategische Einsatz von Facebook, Xing & Co. durch die Volksbank Bühl. Der Einstieg erfolgte vor vier Jahren und war von Beginn an von Claus Preiss (CEO, Volksbank Bühl) und Franz Sebastian Welter getragen. Zu Beginn seiner Karriere hatte Welter eine Ausbildung zum Informatikkaufmann absolviert und dann berufsbegleitend den Bachelor in Betriebswirtschaft an der Steinbeis-Hochschule Berlin absolviert. In seiner Bachelor-Thesis beschäftigte sich Welter mit den Chancen und Risiken von Social Media für die genossenschaftliche FinanzGruppe und stieß auf offene Ohren bei seinem Vorstand, den er mit dem Vorschlag konfrontierte, das im Studium erworbene Know-how doch für die eigene Bank zu nutzen. Freilich ging es damals nicht primär darum, die Volksbank als Arbeitgeber zu positionieren. Vielmehr war das Ziel, Lösungen für Kunden darzustellen.

Sehr rasch zog das Unterfangen dann seine Kreise. Das Leitbild hat neben den Kunden die Leistungsfähigkeit der Bank, die Verbundenheit zur Region und die Mitarbeiter in Blick. Die Abbildung dieser vier Säulen wurde folgerichtig sehr rasch zur zentralen Aufgabenstellung auch in der Online-Kommunikation. Damit begann eigentlich auch ein Employer Branding – ohne dass es damals einen formellen Beschluss gegeben hätte, das zu tun.

**Abb. 8.3** SWR-Comedian
Pierre W. Krause blödelte
sich als Praktikant durch den
Arbeitstag in der Volksbank
Bühl; diese sammelte auf You-
Tube viele Klicks und positives
Feedback

„Social Media sind für uns ein Instrument, um auch online mit den Menschen in der
Region verbunden zu sein. Viele von ihnen bewegen sich ganz selbstverständlich in sozialen Netzwerken. Wir treffen sie dort, pflegen den offenen Dialog, stoßen Themen an und
nehmen Anregungen auf“, berichtet Franz Sebastian Welter, zwischenzeitlich Prokurist
und Bereichsdirektor für Unternehmensentwicklung. Der Umgang mit der Community
ist für eine Bank angenehm unverkrampft.

Legendär ist der Besuch des SWR-Comedians Pierre M. Krause, der sich als „Praktikant“ durch einen Arbeitstag blödelte. Das sehenswerte Video wurde auf YouTube weit
über 20.000 Mal angesehen,[1] auf Facebook weitere 60.000 mal. Gleich die Eingangssze-
ne zieht den Zuschauer richtig rein: Krause sitzt mit einem Bankmitarbeiter im men-
schenleeren Foyer und meint stöhnend: „Ganz schön was los hier!“ Nachsatz: „Habt ihr
eigentlich ein Problem mit Burn-out?“ Die Resonanz der offensichtlich amüsierten Bühler Kundschaft war durchwegs positiv, auch auf eine andere lustige Aktion, die gepostet
wurde: In der für die Badener wichtigen Fasnacht hatten die „Bühler Hexen“ in der örtlichen Sparkasse ein Riesen-Sparschwein entführt und in die Volksbank getragen. Nach
anfänglichem Rätselraten, was mit dem Entführungsopfer passieren solle, beklebten die
Genossenschaftsbanker das Sparkassen-Rüsseltier mit Volksbanklogos und brachten es
unversehrt an die ursprünglichen Eigentümer zurück. Die Postings zur Fasnachtsaktion
waren extrem positiv. Statements wie: „Es spricht für ein gutes Betriebsklima innerhalb
der Unternehmen; das ist nicht überall so“, zahlten unmittelbar auf die Arbeitgebermarke
ein. „Wir versuchen, uns unverstaubt und auf der Höhe der Zeit zu präsentieren“, erläutert
der 30-jährige Welter. Dazu passt natürlich, dass über Facebook alles gespielt wird, was für
die eigenen Mitarbeiter motivierend und potenzielle Bewerber interessant sein könnte: besondere Leistungen, Abschluss von Ausbildungen, Ehrungen (Abb. 8.3).

---

[1] http://www.youtube.com/watch?v=OfCD1LcbE9.M.

Sehr gezielt wird das Web 2.0 auch als Marktforschungsinstrument eingesetzt. Da wird beispielsweise auf Facebook gefragt, wie die Idee einer australischen Bank gesehen wird, Online-Banking über ein Facebook-App anzubieten.

**Crowdsourcing in der InnovationsWerkstatt** Sehr intensiv vernetzt sich die Volksbank Bühl mit Mitarbeitern, Interessierten und Experten über die InnovationsWerkstatt.[2] Der Blog ist seit dem Jahr 2010 online. „Wer die Zukunft erfolgreich gestalten will, muss Trends frühzeitig erkennen, ihre Relevanz für die Praxis richtig einschätzen und sie in geeignete Lösungen überführen. Genau das leistet das Team der InnovationsWerkstatt. Unsere zehn Trendscouts eint die gemeinsame Mission: Sie sich auf der Suche nach neuen Entwicklungen, die unsere Mitglieder und Kunden nach vorn bringen.", liest man im neuen Geschäftsbericht. Nach mittlerweile etwa zwei Jahren sind ca. 200 Artikel erschienen und es wurden in Deutschland über 100.000 Leser erreicht.

Auch die Mitarbeiter sind eingeladen, sich beim Crowdsourcing zu engagieren. Dafür hat die Bank mit „Volksbank Bühl Connect" eine eigene interne, nur für Mitarbeiter zugängliche Enterprise-2.0-Plattform eingeführt. Dort wird unter anderem ein Ideenmanagement abgebildet und im Rahmen dieses Ideenmanagements auch Ideenkampagnen durchgeführt. Dabei handelt es sich um eine Art internes Crowdsourcing. Aktuelle Problemstellungen werden ausgeschrieben, damit alle Kolleginnen und Kollegen der Volksbank Bühl Ideen einreichen können. Natürlich werden auf der Plattform auch viele weitere Anwendungsbereiche abgebildet. Dazu gehört auch der Mikroblog „Preis(s)fragen" des Vorstandsvorsitzenden Claus Preiss. Dieser nutzt diesen Mikroblog, um in regelmäßigen Abständen von seiner Arbeit als Vorstand oder von aktuellen Fragestellungen zu berichten. Neben Preis(s)fragen und dem Ideenmanagement gibt es einen Bereich für Open Projects – das sind, in Anlehnung an die Entwicklung von Open-Source-Software, offene Projekte, die von Beginn bis zum Ende komplett transparent durchgeführt werden. Jeder kann sich einbringen. Auch ein Unternehmensblog ist auf der Plattform zu finden. Videos werden für die interne Kommunikation genutzt. Und selbstverständlich gibt es Profile, eine Vernetzungsmöglichkeit und Instant Messaging. „Employer Branding beginnt ja schließlich nicht erst mit der Außenkommunikation", so Welter. „Eine offene interne Kommunikation ist für mich ein zentraler Bestimmungsfaktor in Bezug auf die Arbeitgeberattraktivität. Deshalb sind Enterprise-2.0 oder Social-Business-Plattformen von nicht zu unterschätzendem Wert für die Arbeitgeberattraktivität eines Unternehmens."

**Intensives Einführungsprogramm für neue Mitarbeiter** Neue Mitarbeiter bildet die Volksbank Bühl in der Regel selbst aus. Nicht zuletzt auch deshalb, weil die Erfahrung der Vergangenheit zeigt, dass passende Spezialisten am Markt ohnedies meist nur schwer zu bekommen sind. Abiturienten und Realschüler durchlaufen in ihrer Ausbildung ein genau strukturiertes Programm.

---

[2] http://blog.volksbank-buehl.de/dienstleistungen/.

Für die Auszubildenden gibt es während der ersten beiden Wochen ein Einführungsprogramm, bei dem das Kennenlernen von verschiedenen Abteilungen und der Azubis im zweiten und dritten Lehrjahr im Vordergrund steht. An der Seite der jungen Leute steht ein Team aus ABBAs – Ausbildungsbeauftragte, die die praktischen und theoretischen Lerninhalte und -fortschritte begleiten und als Coaches zur Seite stehen. Als Ansporn dient das Projekt „VR Fox": Der Azubi, der binnen eines Vierteljahres die besten Leistungen in einem definierten Gebiet erbringt, darf drei Monate lang einen VW Fox kostenlos fahren – Sprit inklusive. Kommen doch einmal erfahrene Mitarbeiter von außen, werden sie von ihrer jeweiligen Führungskraft durch die erste Zeit begleitet. Dazu gibt es eine Checkliste von der Personalabteilung, welche Aufgaben zu erledigen sind.

Neben diesen Maßnahmen hat die Bank vor einigen Jahren ihre hauseigene Training & Coaching-Akademie gegründet. Dort werden inhouse durch erfahrene Trainer und Coaches mehrjährige Weiterbildungen und Fachseminare durchgeführt.

Aber natürlich werden nicht alle Weiterbildungen intern abgebildet. Die Volksbank Bühl hat mittlerweile ein recht umfangreiches Stipendienprogramm. Bereits über zehn Mitarbeiter der Volksbank Bühl studieren berufsbegleitend Betriebswirtschaft, Wirtschaftspsychologie oder Marketing. Auch Franz Sebastian Welter selbst hat den MBA berufsbegleitend absolviert und arbeitet derzeit im Rahmen des TOP-Programmes am Diplom als „Certified Manager of Banking". Neben der Möglichkeit, berufsbegleitend zu studieren, gibt es auch ein umfangreiches Angebot an der Geno-Bankakademie, wo beispielsweise der Bankfachwirt absolviert werden kann.

Aber nicht nur in die Ausbildung wird investiert. Auch dem Gemeinschaftserleben wird breiter Raum gegeben, Betriebsfeste, Weihnachtsfeiern, Ausflüge, Public Viewing bei der Fußball-WM oder der traditionelle Weihnachtsmarkt sorgen für das nötige „Wir-Gefühl". Das erleichtert auch das zentrale Anliegen der Aktivitäten im Web 2.0: „Nur wer den Austausch mit anderen pflegt, kann von ihrem Know-how profitieren, eigene Ideen gemeinsam vorantreiben und so sein Wissen ausbauen." Diese Philosophie kommt so gut an, dass die Fluktuation mit weniger als 5 % sehr niedrig ist. Aber es hilft auch, den Rekrutierungsbedarf niedrig zu halten. Denn auch das spürt die Volksbank Bühl: „Gute Leute zu bekommen, wird zunehmend schwerer, und das wiederum bestärkt uns in der Strategie, auf die eigene Mannschaft zu setzen sowie intensiv in die Weiterbildung und Fortbildungsmaßnahmen unserer Kolleginnen und Kollegen zu investieren."

## 8.4   Profi Engineering Systems AG: Busshuttle zum IT-Job

- **Unternehmen:** Die PROFI Engineering Systems AG ist ein Systemhaus, das IT-Prozesse und Systemlandschaften unter anderem in Kooperation mit IBM und SAP effektiver und effizienter macht.
- **Standort:** Der Stammsitz ist in Darmstadt, darüber hinaus ist PROFI in 13 weiteren Städten in Deutschland – von Freiburg und München im Süden bis Bremen, Hamburg und Berlin im Norden – vertreten.

- **Mitarbeiter:** 340
- **Gründungsjahr:** 1984
- **URL:** www.profi-ag.de
- **Interviewpartner:** Lutz Hohmann, Vorstand in den Bereichen Finanzen und Personal (04.07.2013)

Als Unternehmen der IT-Branche lebt die PROFI Engineering Systems AG mit Stammsitz in Darmstadt davon, dass sie genügend Mitarbeiter an Bord hat, die in der Lage sind, innovative IT-Projekte zu stemmen. In den letzten Jahren begann sich die Engpasssituation dramatisch zuzuspitzen. „Immer mehr Unternehmen kämpfen um die begrenzten Personalressourcen. Und zwar nicht nur IT-Firmen", weiß Lutz Hohmann, der als Vorstand den Bereich Personal verantwortet: „80 % der Innovationen in der gesamten Wirtschaft sind softwaregetrieben. Beispielsweise im Automobilbau. Das verschärft den Druck, sich als Unternehmen attraktiv zu machen und wahrgenommen zu werden." Sehr massiv bemüht sich das Unternehmen um „Profis für PROFI", die noch in der Ausbildung an Universitäten und Fachhochschulen stehen.

**Duale Studiengänge werden aktiv betreut**  Bis zu 400.000 EUR nimmt PROFI jedes Jahr für das Hochschulmarketing in die Hand. Ein eigener Bereich wurde dafür eingerichtet, den ein Mitarbeiter der ersten Stunde leitet. Er kam – wie auch der Firmengründer – vor fast 30 Jahren von der Technischen Universität Darmstadt und hat noch heute eine große Affinität zur Wissenschaft. Allein elf Studierende der Internationalen Berufsakademie in Darmstadt sind derzeit im kooperativen Studiengang während ihrer Bachelor- oder Masterausbildung als Wirtschaftsinformatiker im Unternehmen tätig. Dazu kommen Studierende der dualen Hochschulen in Stuttgart und Karlsruhe.[3]

Neben der engen Kooperation mit den kooperativen Studiengängen werden auch Studierende von Universitäten und Fachhochschulen im gesamten Bundesgebiet durch die jeweiligen Geschäftsstellenleiter bei deren Bachelor- und Master-Arbeiten betreut. Derzeit entstehen zehn wissenschaftliche Abschlussarbeiten auf diesem Weg. Nicht zuletzt werden auch Aushilfsjobs angeboten, bei denen sich Studierende nebenbei etwas dazuverdienen können.

Mit dem Engagement für die dual Studierenden kommt die PROFI AG schon sehr früh mit dem Nachwuchs in Verbindung. In den praktischen Ausbildungsphasen soll eine möglichst positive Vorstellung davon vermittelt werden, welche Aufgaben nach dem Studium im Beruf warten könnten. Dafür wurde ein eigenes Team gebildet, das sich ausschließlich darum bemüht, dass die Studierenden und Auszubildenden sehr schnell auch Verantwortung in den Fachbereichen übertragen bekommen. Die Studierenden werden an verschiedenen Standorten des Unternehmens mit konkreten Projekten betraut. Nicht nur im Tagesgeschäft werden die Studierenden in das betriebliche Gefüge eingegliedert. Sie werden auch zum jährlichen „Unternehmens-Kickoff" eingeladen, bei dem strategische Themen angesprochen werden, aber auch der Erfolg des abgelaufenen Jahres gefeiert wird. „Das soll ein Stück weit vermitteln, dass wir viel abverlangen, aber auch Spaß bei der Arbeit haben", unterstreicht Hohmann.

**Auf der Hochschulmesse wächst die Konkurrenz** Wie sich der Arbeitsmarkt in den letzten Jahren zu Gunsten der Studierenden gewandelt hat, zeigt die konactiva der Technischen Universität Darmstadt. Vor einigen Jahren hatte die PROFI AG eine gewisse Alleinstellung, heute ist der Mitbewerb höchst aktiv. Die konactiva ist mit über 250 Unternehmen nicht nur eine der größten, sondern auch eine der ältesten studentisch organisierten Unternehmenskontaktmessen in Deutschland. Das erfordert eine Messepräsenz, die sorgfältig vorbereitet werden muss. „Wir nehmen als Standpersonal authentische Personen, die ganz frisch nach dem Studium bei uns angefangen haben oder Studierende, die sich in einer kooperativen Ausbildung befinden," erläutert Hohmann. Damit werden Barrieren abgebaut.

**Job sucht Informatiker: Bustour zu Unternehmen**   Ein interessantes Projekt hat die IHK Darmstadt gestartet, an dem sich auch die PROFI AG beteiligt. Es zeigt, dass heute nicht

---

[3] Als dualer Studiengang (oder auch kooperativer Studiengang) wird ein mit einer Berufsausbildung verbundenes Hochschulstudium bezeichnet. Der Vorteil eines solchen Studiums ist das Erlangen zweier anerkannter Abschlüsse in sehr kurzer Zeit, da beide parallel absolviert werden. So ist es teilweise möglich, ein Bachelor-Studium plus Auslandssemester und eine Berufsausbildung inklusive Praxis in nur 3,5 Jahren zu absolvieren. Kombiniert werden gewöhnlich beruflich miteinander kombinierbare Fachgebiete, etwa ein Bachelor of Arts – Business Administration in Verbindung mit einem Berufsabschluss im kaufmännischen Bereich oder in diesem Fall ein Wirtschaftsinformatikstudium mit einer IT-Ausbildung im Betrieb.

**Abb. 8.4** IT-Werbung, PROFI
AG

mehr junge Leute einen Job, sondern der Job nach Bewerbern sucht: In drei Shuttle-Bussen werden bis zu 150 Studierende zu Unternehmen aus der Region gebracht. Darunter sind Software-Entwickler, IT-Sicherheitsspezialisten, aber auch Systemhäuser und das Europäische Satellitenkontrollzentrum ESOC. Die Veranstaltung richtet sich an Absolventen der Informatik oder Wirtschaftswissenschaften, aber auch an Studierende höherer Semester, die sich für einen Werkvertrag oder ein Praktikum interessieren. „Wir präsentieren uns dabei der Altersgruppe entsprechend und organisieren auch eine Abendveranstaltung", erzählt Lutz Hohmann.

Trotz aller Bemühungen im Hochschulmarketing verlangt das Unternehmenswachstum nach mehr: Klassische Anzeigen werden platziert, Jobbörsen im Internet bespielt und sogar ein nur für die PROFI AG arbeitender Headhunter wird beschäftigt. Prämien gibt es für Mitarbeiter, die aus ihrem Bekanntenkreis erfolgreich einen Informatiker empfehlen. „Hirea Friend" heißt diese Aktion. Rege genutzt wird schließlich auch ein Austauschprogramm mit IBM, aus dem schon einmal der eine oder andere neue Mitarbeiter rekrutiert wird (Abb. 8.4).

**Bemühungen, die Fluktuation zu reduzieren** Wie in der gesamten IT-Branche üblich, kämpft auch die PROFI AG mit dem Problem einer relativ hohen Fluktuation: Jeder zehnte Mitarbeiter beendet im Schnitt jedes Jahr sein Arbeitsverhältnis. Die Rechnung, die Lutz Hohmann aufstellt, ist einfach: „Wenn wir alleine bei den Mitarbeitern im Alter von 25 bis 32 Jahren die Betriebszugehörigkeit um ein bis zwei Jahre erhöhen, würde die Profitabilität für das Unternehmen immens nach oben schnellen, weil dann die Ausbildungskosten herein gespielt werden können." Ein Hebel, um dieses Ziel zu erreichen, ist die nach Zugehörigkeit zum Unternehmen gestaffelte betriebliche Altersversorgung, die vor zwei Jahren eingeführt wurde.

Ein anderer Ansatz ist die Weiterentwicklung der Unternehmenskultur. „Wir bieten unseren Mitarbeitern große Freiräume, sich zu entwickeln", unterstreicht der Personalvorstand. Dazu gehört auch ein intensives Bildungs- und Weiterbildungsprogramm im Rahmen des PROFIKollegs. Die Richtgröße an alle ist, dass 20 % der Arbeitszeit – also ein Tag pro Woche – der Ausbildung gewidmet werden muss. Dazu gehört auch, dass erfahrene Mitarbeiter selbst Fortbildungsprogramme entwickeln, um ihr Wissen an die jüngeren Mitarbeiter weiterzugeben. Diese Wissensvermittlung beginnt am ersten Tag. Es gibt eine ausgeprägte Willkommenskultur: Bis zu einem Jahr steht den neuen Kolleginnen und Kollegen ein Pate zur Seite.

Die Aufwendungen für die Stärkung der Arbeitgebermarke beziffert Hohmann auf rund 5 % der Gehaltssumme – Tendenz steigend. Denn die Anforderungen der Mitarbeiter nehmen angesichts der Arbeitsmarktsituation zu. Das zeigen Mitarbeiterbefragungen, die immer wieder neue Projekte entstehen lassen. Auf diesem Weg kam die betriebliche Altersversorgung in die Gänge oder auch die Ideenbörse: wer brauchbare Vorschläge liefert, bekommt Prämien, die schon einmal bis zu 5.000 EUR ausmachen können. Ein Thema, das bislang noch der Umsetzung harrt, sprachen die IT-Profis bei der letzten Befragung an: eine Beteiligung am Unternehmenserfolg.

## 8.5 Wenn Headhunter die Nadel im Heuhaufen nicht mehr finden: Firstwaters

- **Unternehmen:** Firstwaters ist ein „Ingenieurbüro für Banken". Das Unternehmen hat sich auf die Konzeption und Umsetzung von Organisations- und IT-Projekten für Banken und Finanzdienstleister in ausgewählten, hoch komplexen Geschäftsfeldern spezialisiert.
- **Standort:** Das Unternehmen wurde in Goldbach im nördlichen Bayern gegründet und übersiedelte im Jahr 2012 in die unterfränkische Stadt Aschaffenburg.
- **Mitarbeiter:** 40
- **Gründungsjahr:** 2000
- **URL:** www.firstwaters.de
- **Interviewpartner:** Dr. Jörg Digmayer, Manager und Recruiting-Verantwortlicher (19.06.2013)

Das Beratungsgeschäft – zumal das in einer ganz speziellen Nische mit dem Schwerpunkt IT, Informatik und Wirtschaftswissenschaft – stellt für jeden Recruiter eine besondere Herausforderung dar. „Wir suchen Experten mit ganz speziellen Profilen. Unsere Ansprüche sind hoch und unsere Aufträge verteilen sich in erster Linie auf Investmentbanken in ganz Deutschland." Gesucht wird nach der Nadel im Heuhaufen, weiß Dr. Jörg Digmayer, der bei Firstwaters für das Recruiting zuständig ist. Die Bewerber müssen nicht nur fachlich kompetent sein, sie müssen auch reisefreudig sein, weil sie während der Woche irgendwo im Bundesgebiet im Einsatz und nur an den Wochenenden zu Hause sind. Nicht zuletzt verlangt die Kundenklientel den banküblichen Dresscode: Anzug und Krawatte, was für manchen Softwarespezialisten ein Hinderungsgrund ist. Die überwiegende Zahl der Mitarbeiter kam bisher aus der Sphäre der Kunden oder aus arbeitsteiligen „Mammutprojekten", so der Firstwater-Recruiter. Im einen Fall suchten sie in der Beratung eine neue Herausforderung, im anderen die Flexibilität einer kleineren Firma.

In den ersten zehn Jahren wurde der Expansionskurs personell über Personalberatungsfirmen bewältigt. Auch wenn das Headhunting „unheimlich teuer" ist, so Digmayer, war die Erfolgsquote so hoch, dass sich die Aufwendungen lohnten. Die Personaldienstleister übernehmen Recherche und spitzen die Profile der Kandidaten so zu, dass im Unternehmen selbst viel Aufwand wegfällt. Outsourcing war für Firstwaters jahrelang ein bequemer Weg, an Spezialisten zu kommen. „Wir haben für jede offene Position drei bis vier Profile bekommen, davon zwei Kandidaten zum Gespräch eingeladen und letztlich den Bestgeeigneten eingestellt", erzählt Digmayer über vergangene Erfahrungen. Seit einigen Jahren funktioniert dieser Weg nämlich nicht mehr wie früher. Der Arbeitsmarkt sei leergefegt. Zwar werden auch jetzt noch mehrere Kandidaten vorgeschlagen, diese entsprechen aber immer seltener den Vorstellungen. Im Jahr 2013 hat sich der Bankendienstleister vorgenommen, bis zu 15 neue Mitarbeiter aufzunehmen, um die Wachstumsziele zu erreichen. Mitte des Jahres waren es bereits sieben Neueinstellungen und Digmayer hofft, dass das Ziel bis Jahresende eingehalten werden kann. Allerdings räumt er ein, dass das langfristige Wachstum in den letzten fünf Jahren etwas hinter den Planungen hergelaufen ist. Die Qualität der abgelieferten Arbeit wurde höher eingestuft als die Erreichung der quantitativen Ziele.

**Diversifizierte Rekrutierungsmaßnahmen** Nachdem Headhunting an seine Grenzen gestoßen ist, wurde Employer Branding strategisch aufgesetzt. Firstwaters ließ sich beraten, welche Recruiting-Maßnahmen sinnvoll sind. Zunächst wurde die Suche ausgeweitet. Auf eigene Faust wurden Online- und Printanzeigen geschaltet. Das erwies sich zwar als günstigerer Weg als der über Headhunter, allerdings zeigte sich auch, dass die Qualität der Bewerbungen weiter gesunken ist. Nun haben sich die Bankenspezialisten in die Reihe der Unternehmen gestellt, die sich gezielt an Universitäten und Hochschulen von Passau über München bis Frankfurt präsentieren. Einen Namen in der Zielgruppe wollen sich die Aschaffenburger durch Fachmedienarbeit und Referate bei Konferenzen machen. Autoren aus dem Unternehmen sollen mit ihren Beiträgen in Special-Interest-Magazinen auf Firstwaters aufmerksam machen. Das Auditverfahren als „Top Job" wurde erfolgreich absolviert.

**Fluktuation durch interessante Herausforderungen niedrig halten** Wenn es schon zunehmend schwerer wird, passendes Personal zu finden, ist es umso wichtiger, die Fluktuation gering zu halten. Bei Firstwaters ist sie deutlich geringer als im Branchenvergleich. Abgänge gibt es dann, wenn ein Mitarbeiter die „Herumreiserei satt hat oder es ihn in die Selbständigkeit zieht", weiß Digmayer. Der Hebel für die Mitarbeiterbindung sind interessante Herausforderungen und spannende Projekte. Damit das sichergestellt ist, werden Teammitglieder schon einmal bei einem Kunden abgezogen, wenn die Gefahr besteht, dass ein Job langweilig zu werden droht. Gutes Betriebsklima, kurze Kommunikationswege, unkomplizierter Umgang miteinander und viele Freiräume sind weitere Ingredienzien. Insgesamt werden die Mitarbeiter sorgsam und fair behandelt, resümiert Digmayer: „Weil wir klein und flexibel sind, können wir in Einzelfällen auf besondere Situationen von Mitarbeitern etwa bei Elternzeit oder Weiterbildungsmaßnahmen flexibler reagieren als ein Großunternehmen." So gibt es beispielsweise keine Ziel-, sondern Entwicklungsvereinbarungen. Dabei geht es um Feedback auf die laufende Arbeit, Coachings, Seminare und Learnings. „Wir vermitteln bei den zwei Mal jährlich stattfindenden Gesprächen, wie wir uns die persönliche und fachliche Weiterentwicklung vorstellen", erzählt Digmayer. Wobei dieser Zugang auch dadurch erleichtert wird, weil es im Unternehmen noch nie Mitarbeiter gab, die zu wenig Engagement gezeigt haben: „Wir achten schon bei der Auswahl darauf, dass wir ‚Überzeugungstäter' anstellen, die zeigen wollen, was sie können. Wäre es anders, könnten sie beim Kunden auch gar nicht bestehen."

**Dislokation als Herausforderung für die interne Kommunikation** Als disloziertes Unternehmen erweist sich die interne Kommunikation als Herausforderung. Den Teamspirit vermittelt bei jedem Beratungsauftrag ein Senior Consultant, der das Unternehmen schon länger kennt. Auf der Metaebene findet der klassische Dokumentenaustausch statt, es gibt laufende Infomails und mehrmals im Jahr gemeinsame Veranstaltungen. Sommerfeste mit der ganzen Familie oder auch einmal ein Tag auf einem Segelboot am Starnberger See schaffen Bindung. Vor allem dann, wenn dabei die geplanten Strategiegespräche zu Gunsten eines relaxten Beisammenseins ganz spontan über Bord geworfen werden.

## 8.6  Deutscher Meister der Mitarbeiterbewertung: aam it

- **Unternehmen:** Die aam it ist ein Engineering- und IT-Dienstleister.
- **Standort:** Das Unternehmen hat seine Zentrale in der Hansestadt Wismar in Mecklenburg-Vorpommern. Niederlassungen bestehen in Hamburg-Norderstedt, Kaltenkirchen, Wismar, Kiel, Lübeck, Hannover, Berlin, Leipzig, Gera, Stuttgart und München.
- **Mitarbeiter:** 75
- **Gründungsjahr:** 2009

- **URL:** www.aam-it.eu
- **Interviewpartner:** Tarja Jäppinen, Personalmanagerin (08.04.2013)

Die Arbeitgeber-Bewertungsplattform kununu hat für Deutschland ein Ranking der Top-10-Arbeitgeber im Bereich Beratung und Dienstleistung in der Kategorie „Kollegenzusammenhalt, Arbeitsatmosphäre, Gehalt und Benefits", erstellt. Die aam it (aam steht für automotive | aerospace | manufacturing | information technology) hat im Jahr 2013 den ersten Rang erzielt, ist sozusagen „Deutscher Meister in der Mitarbeiterbewertung". Der Screenshot zeigt, dass es bei den Mitarbeitern bei 75 Erfahrungsberichten 50 sehr gut und ein befriedigend gab. Die Bewerber fühlten sich offenbar alle sehr gut behandelt. Ein Wert von 4,67 (bei fünf möglichen Punkten) bei 75 abgegebenen Statements von Mitarbeitern und 4,85 bei zweiundzwanzig Bewerbermeinungen ist exzellent. Jedenfalls reichte es zum Klassenprimus in Deutschland.

Warum das Ranking so hervorragend ist, hat faktische Gründe, ist aber auch auf gezielte Steuerung zurückzuführen. Zum Faktischen: Firmenchef Renee Böttcher hat vor der Gründung des eigenen Unternehmens berufliche Erfahrungen in der Dienstleistungsbranche gesammelt und wollte sich bewusst abheben von den anderen Anbietern auf dem Markt. Die Beziehung zu den Projektmitarbeitern sollte familiär ohne Anbiederung, dialogorientiert und finanziell attraktiv sein. „Wir nehmen Rücksicht auf familiäre Bedürfnisse, niemand wird aus Hamburg nach München beordert, wenn er oder sie das nicht will", weiß Teamleiterin Tarja Jäppinen zu berichten. Der zwischenmenschliche soziale Aspekt passe einfach und werde auch gepflegt, zum Beispiel auch bei einem mehrtägigen Firmenausflug, der zuletzt nach Schweden führte.

Zur Steuerung der geäußerten Meinungen: Nachdem kununu derzeit noch eines der wichtigsten Marketinginstrumente des jungen Unternehmens ist, wird ein besonderer Wert auf ein positives Abschneiden auf der Bewertungsplattform gelegt. Die Mitarbeiter werden darüber auch informiert und gebeten, ihre Meinung kundzutun. Rund die Hälfte der Mitarbeiter hat sich dem Wunsch nicht verschlossen, was zum angeführten Ergebnis geführt hat (Abb. 8.5).

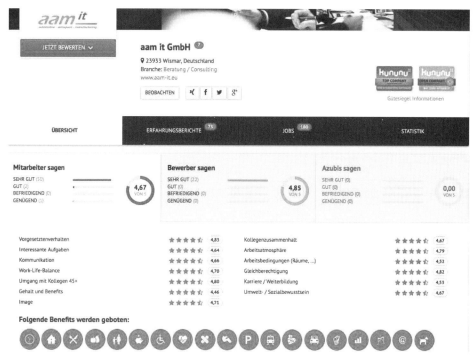

**Abb. 8.5**  aam it auf kununu.at

Eine offene und sachliche Kommunikationsebene sei auch das wichtigste Werkzeug, um mit Kritik und Anregungen umzugehen. Kritik wird nicht gelassen gesehen, es gehöre im Unternehmen auch dazu, sich aktiv damit auseinanderzusetzen. Mittelfristig werde bei weiterem Wachstum vor allem die Arbeit an der Beständigkeit der Unternehmenskultur und die Festigung der Strukturen ein Thema sein. Dazu gehört z. B., dass neue Projektmitarbeiter vor Dienstantritt bereits optimal vorbereitet sind und wissen, welches Umfeld und welche Kollegen sie im Projekt erwarten.

Natürlich hat die aam it bei kununu ein eigenes bezahltes Firmenprofil und postet auch alle auf der eigenen Karriere-Website eingestellten offenen Positionen über kununu, wobei die Online-Inserate über eine Schnittstelle täglich direkt und automatisch hochgeladen werden. Mit Interesse verfolgt die aam it die Entwicklung von zu erwartenden Zusatzangeboten, die sich aus der Übernahme der Wiener Jobplattform durch Xing ergeben.

Über weitere Rekrutierungsinstrumente denkt das aam it-Management nach und hält sich fortwährend auf dem Laufenden, unter anderem soll Facebook aktiv genutzt werden. Andere online-Jobplattformen werden bei Bedarf genutzt.

„Fachkräftemangel ist für die aam it ein Fremdwort", meint Frau Jäppinen. Es gäbe genügend Möglichkeiten und Rekrutierungswege, um Fachkräfte zu erreichen. Insbesondere auch das eigene, sich stetig erweiternde Netzwerk sowie fachspezifische oder regionale Jobboards stehen im Fokus.

## 8.7    Employer Branding in der ganzen Region: Autohaus Witteler

- **Unternehmen:** Autohäuser Paul Witteler GmbH & Co. KG und Hans Witteler GmbH & Co. KG
- **Standort:** Brilon in Ostwestfalen. Witteler vertreibt Pkw und Lkw verschiedener Marken. An drei Standorten werden unter anderem Automobile von Mercedes, Ford, Mazda und Skoda verkauft und gewartet.
- **Mitarbeiter:** 160
- **Gründungsjahr:** 1926
- **URL:** www.witteler-automobile.de
- **Interviewpartner:** Paul Witteler, Geschäftsführer (08.04.2013)

Das bevölkerungsreichste Bundesland Deutschlands, Nordrhein-Westfalen, wird von den derzeit rund 17,8 Mio. Einwohnern bis zum Jahr 2030 gut 650.000 verlieren. Minus 4 % klingt vergleichsweise wenig, wäre da nicht ein eklatantes Gefälle zwischen den Metropolen und den Randzonen. Während Münster, Bonn, und Köln ein zweistelliges Einwohnerwachstum vorausgesagt haben und die Landeshauptstadt Düsseldorf um knapp 6 % zulegen wird, schrumpfen die Randzonen eklatant.[4] Die größten Binnenwanderungsbewegungen gibt es bei den Akademikern, die zum Studieren weggehen und dann in den Großstädten bleiben. „Wir müssen sehen, dass die Leute merken, dass es auch in der Region vielfältige Ausbildungsmöglichkeiten und attraktive Unternehmen gibt", schildert der Eigentümer der Autohäuser Witteler die Situation. Er versucht, dem heraufdämmernden Fachkräftemangel seines Unternehmens mit 160 Mitarbeitern gemeinsam mit einer Reihe von Industriebetrieben in Brilon zu begegnen. Warten, bis das Problem auch im eigenen Betrieb akut wird, erscheint ihm jedenfalls keine Lösung zu sein. Er selbst findet noch genug junge Leute für eine Ausbildungsstelle. Von anderen Autohäusern, die keine Premiummarke im Portefeuille haben, hört er aber, dass sie Lehrstellen nicht besetzen konnten. Noch schwerer fällt der ortsansässigen Industrie die Personalsuche.

---

[4] www.it.nrw.de/presse/pressemitteilungen/2012/pres_112_12.html.

Große Unternehmen wie der Holzwerkstoffhersteller Egger, ABB, Hoppecke, Centrotherm, Impuls Küchen oder Rembe haben sich jüngst unter „Unternehmensinitiative Big Six Brilon" gefunden, um dem Problem der Marginalisierung der Betriebe der Stadt durch Gemeinschaftsaktivitäten zu begegnen. Paul Witteler setzt dabei auf die Zusammenarbeit mit weiteren strategischen Partnern, in der Stadt selbst mit der Brilon Wirtschaft und Tourismus, aber auch mit der Wirtschaft in Südwestfalen, der IHK oder der weiter oben beschriebenen Initiative der Region Hellweg-Sauerland. Gemeinsames Ziel ist, die jungen Leute, die hier aufwachsen, an die Region zu binden.

**Stabilität und sichere Arbeitsplätze als Hauptargument** Ein starkes Argument in der Kommunikation ist die hohe Stabilität und Arbeitsplatzsicherheit, die die Unternehmen zu bieten haben. „Wir pflegen hier mit den Mitarbeitern und Kunden kontinuierliche Verbindungen, die sich über Jahrzehnte bewähren". Bei den meistens von Familien getragenen Unternehmen der Region gäbe es kein „hire and fire".

Diese Erfahrung hat Paul Witteler auch im eigenen Betrieb gesammelt. Die Marken, die vertrieben werden, haben gewechselt, nicht aber die Kunden. Auch die Fluktuation bei den Mitarbeitern ist gering. Das ist typisch für das Hochsauerland, wo die Menschen fest verankert und sehr geerdet sind. Dementsprechend fällt auch der Nachweis nicht schwer, dass über Jahrzehnte sichere Arbeitsplätze geboten wurden.

**Unterstützung bei der Weiterbildung** Für karrierebewusste Mitarbeiter ist das oft zu wenig, sie wollen Aufstiegsmöglichkeiten. Die Ausbildung vom Automobilkaufmann zum Verkäufer wird längst schon gemeinsam mit den Herstellern finanziert – vielleicht schon bald auch ein duales Studium neben dem Job. Das habe es zwar in der Vergangenheit im eigenen Betrieb noch selten gegeben, er würde sich aber nicht verschließen, wenn es dafür einen Bedarf gäbe, und er wäre auch bereit, dazu einen finanziellen Beitrag zu leisten, räumt Paul Witteler ein. Bisher war das aber noch nicht notwendig, ebenso wenig wie bei Handwerkern, die ihre Ausbildung zum Meister absolvieren. Allerdings bekommen die schon jetzt den Handschlag, dass sie nach erfolgreicher Meisterprüfung mit offenen Armen wieder empfangen werden. Wofür ihm momentan noch die Fantasie fehlt, sind Verträge mit Mitarbeitern, die sich nach absolviertem Studium oder einer Fachausbildung auf eine bestimmte Zeit vertraglich an das Unternehmen binden. „Was habe ich davon, wenn der Mitarbeiter dann seinen Job widerwillig ausübt?", fragt sich Witteler höchstwahrscheinlich zu Recht.

**Früh den Kontakt zu den Schulen suchen** Die Autohäuser Witteler investieren in die Ausbildung junger Leute in den eigenen Betrieben. Dabei werden sie von Anfang an von den Abteilungsleitern betreut, über Ausbildungsinhalte informiert und in die Teams integriert. Rekrutiert werden in erster Linie Hauptschul- und Realschulabgänger, die oft schon während der Schulzeit Erfahrungen bei einem Praktikum gesammelt haben. Das passiert in Form von dreiwöchigen Arbeitszyklen, manchmal kommen die 14- bis 15-Jährigen aber auch ein halbes Jahr jeweils einen Tag in der Woche. Anrecht auf eine Entlohnung haben

**Abb. 8.6** Intensiv bemüht sich das Autohaus Witteler um den Berufsnachwuchs. Praktische Erfahrungen im Betrieb sammeln Schüler schon bei Praktika

die „Schnupper-Azubis" dabei nicht, sie bekommen aber auf freiwilliger Basis einen kleinen Obulus. Das bringt Anerkennung und bindet früh an den Autohändler. „Bis zu 90 % der bei uns mit einer Ausbildung beginnenden jungen Leute haben wir vorher schon gesehen", freut sich Witteler. Bedauerlich findet er es, dass in Gymnasien in dieser Richtung noch zu wenig passiert. Allenfalls gibt es einmal Interessenten, die während der Ferien im Betrieb mitarbeiten (Abb. 8.6).

**Gemeinsame Arbeit am Jahreszielplanbuch** Sehr begrüßenswert findet Witteler den neu geschaffenen Ausbildungsfinder der IHK. Auf diesem Weg und auch über die Bundesagentur für Arbeit erhofft er sich weitere Bewerber. Wenn Mitarbeiter bei den Autohäusern zu arbeiten beginnen, dann bleiben sie auch meist. Sie werden dann in eine relativ dichte interne Kommunikation eingebunden, die vom jährlichen Mitarbeitergespräch bis zur Jahresabschlussfeier reicht. Ein Spezifikum bei Witteler ist die gemeinsame Arbeit am Jahreszielplanbuch. Hier werden die Unternehmensziele im Team erarbeitet. Einmal im Quartal wird dann über den aktuellen Stand berichtet. Bei diesen Informationen wird auch offen kommuniziert, falls es einmal kneift – wie etwa im Krisenjahr 2008. „Diese Transparenz motiviert mehr als ein finanzieller Benefit", weiß Paul Witteler. Das hat er im Laufe der Jahre gelernt. Heute weiß er, dass nicht alles gleich in Geld umgemünzt werden muss. Wichtiger ist aus seiner Sicht, dass es ein gemeinsames Interesse der Unternehmensführung und aller Mitarbeiter gibt, das auch gemeinsam verfolgt wird.

# Einstiegsphase neuer Mitarbeiter

In der Übersichtsgrafik zu den Kontaktpunkten der Arbeitgebermarke (Abb. 6.4) finden Sie im unteren Bereich das Segment, in dem es um den Einstieg neuer Mitarbeiter geht. Mit den Maßnahmen, die sich entsprechend mit der Integration von Beschäftigten geht, beschäftigen wir uns in diesem Kapitel. Hierbei handelt es sich um einen sehr sensiblen Zeitabschnitt, der dennoch oft unterschätzt wird. Neue Mitarbeiter, die sich Willkommen fühlen, können rasch zu Leistungsträgern werden. Solche, für die das nicht gilt, sind rasch wieder weg. Eine jüngst publizierte Zahl aus Österreich sollte zu denken geben: 1,3 (von insgesamt 3,4) Mio. Arbeitsverhältnissen werden jährlich gekündigt, 70 % davon noch im ersten Jahr. Welche Kostenlawine hier ausgelöst wird, lässt sich unschwer abschätzen.

Zu dem Zeitpunkt, zu dem sich ein Bewerber bei Ihrem Unternehmen bewirbt, hatte er bereits einige Berührungspunkte mit Ihnen und wird im Laufe des Bewerbungsprozesses noch einige weitere Kontaktpunkte durchlaufen. Damit beim Bewerber ein positives Bild über seinen möglichen künftigen Arbeitgeber entstehen kann, ist es notwendig, dass es Ihnen im Recruiting-Prozess gelingt, konsistent aufzutreten (Kriegler 2012, S. 297; Nagel 2011, S. 22). Dazu sollten die Recruiting-Maßnahmen an der Employer Brand ausgerichtet sein (Witrahm 2012, S. 79).

Bewerber um eine Arbeitsstelle werden zunächst durch externe Kommunikation angesprochen. So lange sie noch nicht vor einer Entscheidung stehen (beispielsweise Studierende zu einem frühen Zeitpunkt ihres Studiums), geht es darum, dass Ihr Unternehmen als möglicher Arbeitgeber in Erinnerung behalten wird. Sobald eine konkrete Entscheidung bezüglich einer Bewerbung (also beispielsweise bei Studierenden oder Schulabgängern kurz vor dem Abschluss) ansteht, beginnt das Interesse größer zu werden. Je näher die Entscheidung rückt, desto wichtiger werden konkrete und vertiefende Kommunikationsinhalte bezüglich des Arbeitgebers und des späteren Betätigungsfeldes.

Recruiting hat zum Ziel, Ihren definierten unternehmensinternen Personalbedarf – qualitativ und quantitativ – zu decken (Witrahm 2012, S. 79). Daher sollten Sie einen gut **strukturierten und professionellen Bewerbungsprozess** etablieren, denn dieser ist Grundvoraussetzung für die Sicherstellung der Qualität und kann sowohl zeitliche als auch

W. Immerschitt, M. Stumpf, *Employer Branding für KMU*,
DOI 10.1007/978-3-658-01204-5_9, © Springer Fachmedien Wiesbaden 2014

finanzielle Einsparungen mit sich bringen. Darüber hinaus hat die Abfolge der Bewerbung eine Auswirkung darauf, ob Ihre Firma für den Jobsuchenden in den engeren Kreis der möglichen Arbeitgeber kommt. Ist der Umgang mit den Kandidaten nicht angemessen, kann das nicht nur dazu führen, dass er sich gegen Ihr Unternehmen entscheidet (Stotz und Wedel 2009, S. 117), es kann Ihnen auch passieren, dass Sie auf den Bewertungsplattformen ein böses Posting bekommen. Folglich ist es für Ihre Präsentation als attraktiver Dienstgeber wichtig, dass der gesamte Personalgewinnungsprozess schlüssig aufgebaut ist und der Arbeitgeberpositionierung entspricht. Das beginnt mit einer Eingangsbestätigung für die Bewerbung, dem Begutachten der Bewerbungsunterlagen, der Einladung zu einem Gespräch, möglichen Tests und Assessment Center und reicht bis hin zur Zu- oder Absage (Kriegler 2012, S. 117).

Für den Unternehmensauftritt ist es auch bedeutend, **welche Mitarbeiter den Bewerbern gegenübertreten**. Diese sollten über die Arbeitgeberpositionierung voll im Bilde sein, damit sie in der Lage sind, das Unternehmen entsprechend zu präsentieren (Kriegler 2012, S. 67). Mögliche interne Kontaktpersonen sind zum Beispiel Recruiter, Hiring Manager aus den Fachabteilungen, Mitarbeiter, die die Messestände betreuen, Mitarbeiter mit telefonischem Bewerberkontakt sowie Führungskräfte, die an Hochschulen Vorträge durchführen (Kriegler 2012, S. 298).

## 9.1 Bewerbermanagement bei der Kandidatenauswahl

Wenn Ihr Unternehmen deutlich mehr Bewerbungen erhält, also offene Positionen vorhanden sind, haben Sie schon sehr viel richtig gemacht. Mit der Zahl der Bewerber steigt in der Regel auch deren Qualität. Der **Umgang mit Initiativbewerbungen** ist aber auch zugleich ein guter Indikator, wie sehr die eigene Arbeitgebermarke gepflegt wird. Wenn eine Anfrage gar nicht in Ihr Suchschema fällt, ist das Mindeste, was Sie tun können, ein nettes Absageschreiben zu verfassen. Gehen Sie dabei auch auf persönliche Hinweise im Persönlichkeitsprofil des Bewerbers ein. Sie zeigen damit Interesse. Vergessen Sie nicht, dass ein Absageschreiben eine sehr große emotionale Bedeutung für den Bewerber hat (Aldering 2008, S. 87). Jedes Absageschreiben enttäuscht, bringt im Extremfall eine berufliche Wunschvorstellung zum Platzen oder rüttelt am beruflichen Selbstbewusstsein des Kandidaten. Unternehmen können hier viel Porzellan zerschlagen.

Es gibt das schöne Ondit, dass **man einander immer zwei Mal im Leben begegnet**. Vielleicht ist der gerade abgelehnte Bewerber zu einem anderen Zeitpunkt ein potenzieller Mitarbeiter, vielleicht nimmt er eine freundliche Absage zum Anlass, Ihr Suchprofil an jemanden Passenden weiterzugeben oder ist möglicherweise ein (potenzieller) Kunde.

Aus diesen Gründen sollten Absageschreiben besonders ernstgenommen werden: Freundlich, individuell, orthographisch korrekt und zeitnah sollte die Antwort erfolgen. Gute Wünsche für die berufliche Zukunft gehören zu einem professionellen Absageschreiben. Bewerber, die eigentlich gut zum Unternehmen passen, Sie aber aktuell nicht einstellen können, sollten Sie auf jeden Fall zu einem Gespräch einladen. Ein gutes Beispiel dafür ist die Firma Fill, deren vorbildliches Vorgehen bei den Aktivbewerbern ausführlich als Fallbeispiel beschrieben wird. Dort werden alle Interessenten zu einem Gespräch eingeladen und dann wird von ihnen ein Jobprofil angelegt. So entsteht ein riesiger Talentpool, der zu einem späteren Zeitpunkt aktiviert werden kann, auch wenn vielleicht im Moment des Gespräches keine Verwendungsmöglichkeit besteht.

**Gespräche mit Bewerbern** um eine Position haben grundsätzlich zwei **Zielsetzungen**: Einerseits soll damit ein positives Bild vom Unternehmen vermittelt werden, das die Kandidaten in ihrem sozialen Umfeld weitergeben. Leider ist das offenbar nicht immer der Fall, wie auf kununu nachgelesen werden kann, wo sich Bewerber häufig darüber beklagen, dass der Gesprächspartner nicht ordentlich vorbereitet war oder die Gesprächssituation als unangenehm empfunden wurde.

Andererseits ist das Ziel des Bewerber- und Auswahlgespräches, die richtige Auswahl zu treffen. Je besser strukturiert das Gespräch ist, desto größer ist die Wahrscheinlichkeit, dass Bewerber später auch beruflichen Erfolg in der angestrebten Position haben: „Entscheidend für den Personalmarketingaspekt eines Gesprächs ist eine bewerberorientierte Gestaltung sowie die wahrgenommene Kompetenz und Souveränität des Interviewers, von welcher Rückschlüsse auf das Gesamtunternehmen gezogen werden. Um eine möglichst valide diagnostische Urteilsbildung zu ermöglichen, ist eine genaue Anforderungsanalyse und entsprechende Anpassung des Leitfadens sowie die (teil-)strukturierte Befragung im Hinblick auf erfolgskritische Kompetenzen notwendig" (Aldering 2008, S. 87).

An dieser Stelle seien einige Ideen erwähnt, die Martin Haitzer über die angeführten **Mindestanforderungen an ein konstruktives und wertschätzendes Gespräch** für den Bewerbungs- und Auswahlprozess zusammengetragen hat (Haitzer 2011, S. 67 ff.):

- Begrüßen Sie den Bewerber mit Namen z. B. auf einem Flipchart im Eingang oder reservieren Sie sogar einen Parkplatz auf seinen Namen.
- Der Bewerber bekommt schon vor dem Gespräch per Post einen Reise- oder Tankgutschein gemeinsam mit weiteren Infos über das Unternehmen.
- Schicken Sie am Morgen vor dem Bewerbungsgespräch eine SMS, in der Sie sich auf den Vorstellungstermin beziehen.
- Wenn Sie sich für einen Bewerber entschieden haben, schicken Sie ihm schon seine Visitenkarte und den Firmenausweis mit dem Hinweis, dass auch die anderen Utensilien für seinen künftigen persönlichen Arbeitsplatz bereits vorbereitet werden (Handy, PC, Schlüssel usw).
- Teilen Sie Ihrem neuen Mitarbeiter mit, wer sich in der Anfangsphase als Scout um ihn kümmern wird.

KMU können sich vermutlich gerade im Recruiting- und Bewerberprozess von Großunternehmen durch einen eigentlichen Nachteil, nämlich ihrem geringeren Bekanntheitsgrad, positiv abheben. Denn durch ihren geringeren Bekanntheitsgrad erhalten KMU mit hoher Wahrscheinlichkeit auch eine geringere Anzahl an Bewerbungen. Gelingt es einem KMU, den Bewerberprozess zu strukturieren und an der Employer Brand auszurichten, sollte es durch das geringere Ausmaß an eingehenden Bewerbungen möglich sein, jeden Bewerber adäquat und der Arbeitgeberpositionierung entsprechend zu behandeln und somit einen positiven Eindruck als Arbeitgeber zu hinterlassen. Bewerber berichten ihre Erfahrungen im Bewerberprozess oft an ihr Umfeld und diese positive Mund-zu-Mund-Propaganda sollte sich ein KMU zunutze machen (Stotz und Wedel 2009, S. 117).

Für die Unternehmenskultur bzw. für die Motivation der eigenen Mitarbeiter ist es ratsam, neue Stellen als erstes intern auszuschreiben, bevor die Vakanzen auf dem Arbeitsmarkt publiziert werden. Somit besteht die Chance für bestehende Arbeitnehmer, die bereits das Unternehmen sowie dessen Kultur kennen, sich intern beruflich weiterzuentwickeln (Stotz und Wedel 2009, S. 107).

Als KMU können Sie das **Instrument des internen Recruitings** genauso einsetzen wie Großunternehmen, allerdings ist zu bedenken, dass sich die berufliche Weiterentwicklung für Mitarbeiter auf Grund der flachen Hierarchien meist auf der horizontalen Ebene bewegen wird und die vertikalen Aufstiegschancen eher seltener geboten sind. Zu berücksichtigen ist bei der Rekrutierung auch der jährliche Bedarf an Personal. Laut einer Studie des Österreichischen Stellenportals karriere.at haben 38 % der befragten KMU einen jährlichen Personalbedarf von unter fünf Mitarbeitern, 29,6 % der Firmen benötigen mehr als 20 neue Mitarbeiter pro Jahr (Karriere.at Informationsdienstleitung 2008, S. 10).

Jedenfalls sollten Sie als mittelständisches Unternehmen den Fokus darauf haben, die passenden Kandidaten zu finden und nicht die besten (DEBA 2010a, S. 5). Für ein KMU ist es somit wichtig, zum einen genau zu wissen, was den Arbeitnehmern an tatsächlicher Entwicklung geboten werden kann, und zum anderen sollte ein KMU somit nur jene potenziellen Mitarbeiter ansprechen, denen diese Möglichkeiten auch entsprechen. Denn nicht jedes KMU kann beispielsweise eine hierarchische Entwicklung bieten – aber auch nicht jeder Bewerber strebt eine solche Entwicklung an.

## 9.2   Informations- und Willkommensunterlagen für Newcomer

Mitarbeiter, die neu in ein Unternehmen kommen, werden in der Regel in eine Welt versetzt, in der es Rituale, Traditionen, Gewohnheiten, Freundschaften (um nicht zu sagen: Seilschaften) und ganz spezifische Erwartungshaltungen gibt. In diesem Umfeld müssen sie sich erst einmal zurechtfinden. Kandidaten für eine Stelle, aber auch neu eintretende Mitarbeiter, suchen daher gebündelte Informationen. Vieles an Inhalten kann für beide Dialoggruppen verwendet werden, einiges müssen sie mutieren. Dazu eignet sich am besten eine **Arbeitgeberbroschüre**, in der die wichtigsten Themen kurz und bündig dargestellt sind. Stellen Sie darin Ihr Unternehmen mit allen seinen Facetten als Arbeitgeber vor. Diese Broschüre können Sie aufwändig drucken, wenn Sie damit signalisieren möchten, dass Sie großen Wert auf Qualität legen. Sie können die paar Seiten aber auch einfach nur kopieren und binden bzw. heften. Das hat den Vorteil, dass Sie für den jeweiligen Mitarbeiter individualisierte Seiten mit einfügen können.

Natürlich sollten alle in der Broschüre publizierten Inhalte auch online verfügbar sein. Viele Unternehmen stellen diese Information als blätterbaren Katalog auch ins Netz. Der neueste Clou sind animierte Seiten. Hier starten zum Beispiel nach dem Umblättern kleine Videos, die auf der Seite eingebettet sind, animierte Grafiken bewegen Gegenstände oder lassen Entwicklungskurven „wachsen." Ein virtueller Rundgang durch das Unternehmen, ein kurzes Willkommensvideo des Firmenchefs oder auch ein Interview mit zufriedenen Geschäftspartnern machen die Information lebendig.

In die Information für Kandidaten und neue Mitarbeiter gehört ein Überblick über das Unternehmen, seine Geschichte, die wichtigsten handelnden Personen, Informationen über das Leitbild, die Ziele und Werte. Sie sollten das **Mitarbeiterhandbuch** auch benutzen, um die Erwartungen an den neuen Mitarbeiter zu formulieren und umgekehrt auch die Leistungsversprechen des Unternehmens zu formulieren. Weiterbildungsmöglichkeiten, Karrierepläne oder Nebenleistungen können dargestellt werden. Hier kann aber auch alles hineingepackt werden, was es an sonstigen Benefits gibt, vom eigenen Fitnessbereich über vergünstigte Einkaufsmöglichkeiten bis hin zu Firmenfesten, Betriebsausflügen oder Impfaktionen. Bei den Fallstudien können Sie nachlesen, wie die Vamed Vitality World das in je drei Versprechen des Unternehmens und der Mitarbeiter auf den Punkt bringt. In dieser Willkommensbroschüre können aber auch so banale Dinge erklärt werden wie: Wo ist die Kantine oder – wenn nicht vorhanden – wo gehen die Mitarbeiter in der Regel hin, wenn sie sich etwas für die Mittagspause besorgen wollen. Bei größeren Unternehmen kann auch ein Organigramm, ein Übersichtsplan vom Standort oder eine Karte mit den Niederlassungen hilfreich sein.

## 9.3 Neue Mitarbeiter in ihre Aufgaben einführen

Nach der Einstellung von neuen Mitarbeitern kommt eine weitere entscheidende Phase, nämlich die **Einarbeitungsphase**. Auch ihr sollte besondere Aufmerksamkeit geschenkt werden, denn zum einen gibt es nur einen ersten Eindruck und zum anderen können den Firmen hohe Kosten entstehen, wenn neue Mitarbeiter ins kalte Wasser geworfen werden (Stotz und Wedel 2009, S. 108). Durch eine umfangreiche und geplante Einschulung lernt der Mitarbeiter die Firma schneller kennen und kann die Tätigkeiten schnell und eigenständig umsetzen (Lorenz und Rohrschneider 2009, S. 131).

Rund ein Drittel des Jahresgehalts laufen für Rekrutierung und Einschulung an. Der Return on Investment ist im ersten Jahr gering. Wenn nun in der Probezeit oder nach wenigen Monaten das Dienstverhältnis vom neuen Mitarbeiter wieder gekündigt wird, ist das Investment verloren. Das ist der Grund, warum immer mehr Unternehmen sich um das so genannte „**Onboarding**" kümmern. Die neuen Mitarbeiter sollen sich willkommen fühlen und für ihre Arbeit so gut wie möglich vorbereitet werden. Die Programme fördern den Kontakt und Austausch mit erfahrenen Kollegen und bieten Trainings- sowie Weiterbildungsmöglichkeiten. „Wenn Onboarding-Programme gut geplant und ausgeführt werden, können sie bewirken, dass die neuen Mitarbeiter schneller produktiv sind und gute Arbeit abliefern, weil sie die Kultur kennen, die notwendigen Informationen haben und tragfähige Beziehungen und Netzwerke im Unternehmen aufgebaut haben" (Lohmann 2013). Die Begleitung in der Onboarding-Phase sollte eigentlich schon aus betriebswirtschaftlicher Sicht eine Selbstverständlichkeit sein.

Es gibt einen engen Zusammenhang zwischen Erwartungshaltung und Realität. Erfüllen sich die Erwartungen nicht oder werden Arbeitgeberversprechen nicht eingehalten, sind besonders junge Leute sehr schnell bereit, einen Schlussstrich zu ziehen. Einer von drei neu eingetretenen Mitarbeitern verlässt daher – statistisch gesehen – das Unternehmen in den ersten zwölf Monaten wieder. Wenn sich derartige Fehlbesetzungen in Ihrem Unternehmen im Durchschnitt in ähnlichen Größenordnungen bewegen, kostet Sie das sehr viel Geld, das Sie sparen können.

Wenn Sie Gäste zu sich nach Hause einladen, würde Ihnen vermutlich nie einfallen, diese an der Garderobe stehen zu lassen und sich dann nicht mehr um sie zu kümmern. Offensichtlich passiert das im übertragenen Sinn häufig bei neu eingestellten Mitarbeitern. Sie werden ins kalte Wasser geworfen und mehr oder weniger sich selbst überlassen. Das erklärt auch, warum viele schon nach kurzer Zeit wieder das Weite suchen. „In vielen Unternehmen startet das Onboarding mit einem gewissen Chaos: Viele sind überrascht und schaffen es nicht, schon am ersten Arbeitstag Computer, Visitenkarten und Telefon bereitzustellen" (Talent Mangement trifft Learning, S. 42).

Auch ein KMU kann diesen wichtigen Kontaktpunkt mit dem Mitarbeiter im Unternehmen gut gestalten und betreuen. Wie das funktioniert, zeigt das nachstehende Fallbeispiel von Schlotterer. Was allerdings bedacht werden muss, ist eine deutliche Rollenaufteilung im Einarbeitungsprozess, da die Anzahl der Beschäftigten geringer ist als in Großunternehmen. Ein Vorteil kann jedoch auch sein, dass durch die **Nähe des Geschäftsführers zu seinen Mitarbeitern** diesem im Einarbeitungsprozess eine wichtige Rolle zukommt. Dies kann den neuen Arbeitnehmern ein hohes Maß an Anerkennung vermitteln und somit zu einer Steigerung der Motivation der neuen Mitarbeiter beitragen.

### 4 flow AG

Die 4flow AG ist in der Logistikberatungs-, -management- und -software-Branche angesiedelt, hat ihren Hauptsitz in Berlin und beschäftigt dort etwa 80 sowie weltweit an die 200 Mitarbeiter. 4flow hat im Unternehmen einen umfassenden Prozess zur Mitarbeiterintegration implementiert. Es wird den neuen Mitarbeitern mit verschiedenen Aktivitäten signalisiert, dass sie willkommen sind und erwartet werden. Die Maßnahmen reichen von einem Willkommen-im-4flow-Team-Schreiben nach der Vertragsunterzeichnung über die Hilfe bei der Wohnungssuche bis hin zu Einladungen zu Mitarbeiterveranstaltungen, noch bevor der neue Kollege überhaupt begonnen hat zu arbeiten. Darüber hinaus erhält der neue Angestellte zwei Wochen vor Arbeitsbeginn ein Schreiben mit genauen Unternehmensinformationen inklusive der Angabe der wichtigen Ansprechpersonen. Am ersten Arbeitstag ist der Arbeitsplatz gänzlich vorbereitet inklusive Laptop, eigenem Einschulungsplan, Visitenkarten, Willkommenskarte und einem Blumenstrauß. Den persönlichen Gesprächen kommt eine wichtige Rolle zu, denn frisch Eingetretene dürfen Gespräche mit Vorstandsmitgliedern, Führungskräften und Verantwortlichen aus wichtigen Bereichen des Unternehmens führen. Der Onboarding-Prozess endet nach vier Monaten mit einem gemeinsamen Gespräch mit der HR-Abteilung, in dem der gesamte Prozess reflektiert und über die bisherigen Erfahrungen gesprochen wird. (Stotz und Wedel 2009, S. 186; 4flow AG 2013)

In unseren Fallbeispielen wird der **Integration von „New Joinern"** großes Augenmerk geschenkt. Wie es richtig gemacht wird, zeigen die Fallbeispiele von Schlotterer, dmc oder der Vamed Vitality World: Die neuen Mitarbeiter bekommen einen Plan für die Einschulungsphase mit auf den Weg, sowie einen Coach, der sie in den ersten Wochen oder oft sogar Monaten begleitet. In diesem Plan ist festgelegt, welche Stationen durchlaufen werden, welche Einschulungsmaßnahmen geplant sind und natürlich welche Aufgaben in dieser Phase zu erledigen sind. Am Schluss der Einarbeitungsphase steht ein Kontrollgespräch mit dem Geschäftsführer oder dem Leiter der Personalabteilung. Dabei geht es auch um die Frage, ob in der Bewerbungsphase das Bild vermittelt wurde, das der neue Mitarbeiter in den drei Monaten im Betrieb erlebt hat. Gefragt wird auch nach den Verbesserungsvorschlägen. Gerade neu eintretende Mitarbeiter haben noch eine sehr gut geschärfte Wahrnehmung, was positiv und was negativ ist.

Die Integration neuer Mitarbeiter beginnt oft schon vor dem Eintritt mit einem ungezwungenen ersten Treffen außerhalb der Arbeitszeit, bei Firmenevents oder internen Meetings. Bei dmc in Stuttgart etwa wird am ersten Tag eine Einstiegsveranstaltung organisiert. Der neue Mitarbeiter wird abgeholt, begrüßt und bekommt ein umfangreiches Infopaket. Zu Mittag trifft er sich dann zum Smalltalk mit seinem künftigen „Paten", der sich dann vier bis sechs Wochen um den Newcomer kümmert. Vor allem soll der Jobbegleiter bei der Integration in bestehende innerbetriebliche Netzwerke helfen. In Betrieben mit hoher Fluktuation – etwa bei Saisonbetrieben – werden zunehmend auch Wissensdatenbanken eingerichtet, über die sich die Newcomer rasch zu Recht finden können. Lesen Sie dazu mehr beim Fallbeispiel der PrivateCityHotels.

Hilfreich sind auch Checklisten, in denen festgelegt wird, was wann zu geschehen hat, also: was muss bereits am ersten Tag vorbereitet sein (Schlüssel, Visitenkarten, Computer, Spind, usw.) und welche Stationen durchläuft der neue Mitarbeiter in den ersten Monaten. Wichtiger Bestandteil in dieser Phase sind auch Schulungs- und Trainingsmaßnahmen. Die sollten allerdings wohl dosiert werden, weil sonst leicht ein Überforderungssyndrom entsteht.

## Literatur

4flow AG. 2013. 4flow. Unternehmen. http://www.4flow.de/home/unternehmen.html. Zugegriffen: 21. Mai 2013.

Aldering, C. 2008. Bewerber- und Auswahlgespräche als Instrumente des Personalmarketings. In *Personalmarketing 2.0. Vom Employer Branding zum Recruiting*, Hrsg. C. Beck, Köln: Wolters Kluwer.

Deutsche Employer Branding Akademie (DEBA). 2010a. *Starthilfe für KMU. Als Arbeitgeber attraktiver werden.* Berlin: Deutsche Employer Branding Akademie.

Haitzer, A. 2011. *Bewerbermagnet. 365 inspirierende Ideen, wie IHR Unternehmen Top-Bewerber magnetisch anzieht.* Neubeuern: Quergeist.

Karriere.at Informationsdienstleitung. 2008. *Fremdwort Employer Branding. Wie Österreichs Klein- und Mittelbetriebe ihre Arbeitgebermarke zur Personalgewinnung und -bindung einsetzen.* Linz/ Wien.

Kriegler, W. 2012. *Praxishandbuch Employer Branding. Mit starker Marke zum attraktiven Arbeitgeber werden.* Freiburg/München: Haufe-Lexware.

Lohmann, T. 2013. Eingliederungsprogramme für New Joiner reduzieren die Fluktuationsrate im ersten Jahr. http://www.pwc.de/de/prozessoptimierung/onboarding.jhtml. Zugegriffen: 21. Mai 2013.

Lorenz, M., Rohrschneider, U. 2009. *Praxishandbuch Mitarbeiterführung.* Planegg/München: Rudolf Haufe Verlag.

Nagel, K. 2011. *Employer Branding. Starke Arbeitgebermarken jenseits von Marketingphrasen und Werbetechniken.* Wien: Linde Verlag.

Stotz, W., Wedel, A. 2009. *Employer Branding. Mit Strategie zum bevorzugten Arbeitgeber.* München: Oldenbourg Wissenschaftsverlag.

Witrahm, A. 2012. Recruiting. In *Employer Branding. Die Arbeitgebermarke gestalten und im Personalmarketing umsetzen,* Hrsg. Deutsche Gesellschaft für Personalführung. 2. Aufl. Bielefeld: W. Bertelsmann Verlag.

# Fallbeispiele für die Einstiegsphase

**10**

In den nachstehenden Beiträgen erzählen Geschäftsführer, Personalmanager und Kommunikationsverantwortliche von Unternehmen aus Deutschland und Österreich, welche Akzente sie in der Phase des Onboardings neuer Mitarbeiter (und an anderen Kontaktpunkten ihrer Arbeitgebermarke) gesetzt haben.

## 10.1 Mit dem Handbuch in die Vamed Vitality World

- **Unternehmen:** Die Vamed Vitality World ist österreichischer Marktführer bei Thermen (28,5 % Marktanteil, jährlich 2,4 Mio. Gäste).
- **Standort:** Zentrale in Wien und acht Thermen in Österreich. Derzeit betreibt das Tochterunternehmen des weltweit tätigen Gesundheitskonzerns VAMED acht Standorte in sechs Bundesländern: Aqua Dome – Tirol Therme Längenfeld, Vitalhotel & Therme Geinberg, Therme Laa, Tauern Spa Zell am See – Kaprun, St. Martins Therme & Lodge im Burgenland, Gesundheitszentrum Bad Sauerbrunn, Therme Wien und das la pura women's health resort im Kamptal.
- **Mitarbeiter:** 1.400 Mitarbeiter; je Therme im Schnitt ca. 175; Employer Branding wird weitgehend am jeweiligen Standort umgesetzt
- **Gründungsjahr:** 2006
- **URL:** www.vitality-world.com
- **Interviewpartner:** Tom Bauer, Chief Operation Officer (15.01.2013)

W. Immerschitt, M. Stumpf, *Employer Branding für KMU,*
DOI 10.1007/978-3-658-01204-5_10, © Springer Fachmedien Wiesbaden 2014

Die Vamed Vitality World fällt ein wenig aus dem KMU-Rahmen, da sie Teil eines Gesundheits- und Tourismuskonzerns ist. Die Mutter – Vamed – beschäftigt über 3.700 Mitarbeiter und erzielt mit der Planung, der Errichtung und dem Management von Gesundheitseinrichtungen und Tourismusresorts einen Umsatz von 740 Mio. EUR. Die Tochter Vamed Vitality World ist verantwortlich für acht Thermen in Österreich. Beim Employer Branding lässt die Vitality World ihren vor Ort operativ verantwortlichen Geschäftsführern und Personalmanagern aber weitgehend freie Hand. Erst beim mittleren Management – auf Abteilungsleiterebene – beginnt der Abstimmungsprozess mit der Firmenzentrale und auch der Mitarbeiter-Queraufstieg. Insofern treffen auf die Unternehmensgruppe die meisten Charakteristika und damit auch Probleme am Arbeitsmarkt in der Tourismuswirtschaft zu. Mit einer großen Ausnahme: „Der Name Vamed vermittelt Sicherheit und bietet Chancen für Karrieren innerhalb der Gruppe", erklärt Tom Bauer, der als COO der VAMED Vitality World auch für Personalfragen zuständig ist.

Obwohl Teil eines großen Unternehmens setzen die einzelnen Thermen auf die Eigenmarken, zumal sie in den jeweiligen Regionen auch zu den Leitbetrieben gehören. Dabei wird Employer Branding nicht immer sehr stringent und strategisch durchgezogen, weiß Bauer. „Wir sind noch nicht dort, wo wir gerne sein möchten. Die Umsetzung von Employer Branding wurde erst ein Thema, als die ‚Schallmauer' von tausend Mitarbeitern durchbrochen wurde." Im Moment des Gesprächs wurden an der Abstimmung und Festlegung der Arbeitgeberpositionierung noch die finalen Details erarbeitet. Ein neuer Claim, der in der Außendarstellung das Besondere des Unternehmens auf den Punkt bringen würde, ist in Ausarbeitung.

Der Leidensdruck ist derzeit ganz offensichtlich noch nicht groß genug, die Fluktuation mit durchschnittlich 4 % für Tourismusunternehmen sehr niedrig, rund zwei Drittel aller Angestellten sind schon länger im Betrieb. 80 % der Mitarbeiter kommen direkt aus der jeweiligen Thermenregion, ungewöhnlich für den österreichischen Tourismus ist, dass 95 % der Angestellten Inländer sind. Solche Werte schafft kaum ein Tourismusunternehmen, die zu einem hohen Maß auf Saisoniers aus der EU oder Drittstaaten angewiesen sind.

**Abb. 10.1** Mitarbeiterhandbuch Vamed. Auf 34 Seiten
informiert die Vamed Vitality
World neue Mitarbeiter über
ihren Arbeitsplatz, Leitbild,
Werte und Visionen, die Spielregeln der Zusammenarbeit,
den Mitarbeiter-Wohnpark
sowie den Betriebsrat

Das ändert freilich auch nichts daran, dass es Engpassberufe gibt, die einfach zu we-
nige junge Leute lernen oder ausüben möchten. Eng wird es deshalb bei Köchen und im
Verkauf. Seit zwei Jahren setzt die Vitality World deshalb auf interne Schulungen und
Trainingsprogramme. Zum Teil werden Mitarbeiter auch ins Ausland geschickt. Dass
auf Weiterbildung großer Wert gelegt wird, wird neu eintretendem Personal schon beim
Einstellungsgespräch erläutert. „Dass wir in die Ausbildung investieren, ist einer unserer
Trümpfe", weiß Tom Bauer (Abb. 10.1).

**Gegenseitige Versprechen**  Das Versprechen, durch Weiterbildung Karrieremöglichkeiten
zu eröffnen, wird den Mitarbeitern schon bei der Einstellung abgegeben. Der Korpsgeistes
wird auch durch einen „Buddy" vermittelt, der neue Mitarbeiter während der ersten drei
Monate begleitet, um sie bestmöglich zu integrieren. Großer Wert wird auf den Umgang
miteinander gelangt. „Wir sehen uns als sehr humanes Unternehmen und leben das auch
untereinander", beschreibt Bauer das Betriebsklima. Im Handbuch für neue Mitarbeiter
wird das in drei Versprechen formuliert: Den Belangen der anderen ist echtes Interesse

entgegen zu bringen. Der Gast steht im Mittelpunkt, für ihn ist im Team zu arbeiten und schließlich soll das eigene Wissen weitergegeben werden, damit alle von den Erfahrungen profitieren. Jährlich finden mit jedem Mitarbeiter zwei Mal Karrieregespräche statt.

**Ansporn und Benefits**  Mit den Mitarbeitern werden Ziele und „klare Spielregeln" vereinbart. Anerkannt wird aber nicht nur das Erreichen der Ziele, sondern auch das Bemühen darum. Die Vamed Vitality World bildet rund 100 Lehrlinge aus. Wenn sie einen ausgezeichneten Abschluss schaffen, gibt es Prämien. Für alle Mitarbeiter gibt es Zuschüsse zu Vorsorgeuntersuchungen und Impfaktionen. Natürlich gibt es auf Leistungen der Resorts – auch für Übernachtungen mit der ganzen Familie in den Hotels – Ermäßigungen, freien Eintritt in den Fitnessstudios, Saunen und Thermen, Gratisverpflegung während der Arbeitszeiten und einige andere Benefits.

**Einfache Kommunikationsmaßnahmen mit großer Wirkung**  In der internen und externen Kommunikation setzt die Vitality World auf ein breites Spektrum von Maßnahmen. Natürlich gebe es eine Mitarbeiterzeitung, auf der Karriere-Website finden sich laufend einige Dutzend Jobangebote, regionale Medieninformationen mit HR-Themen werden publiziert und Inserate in Zeitungen geschaltet. Am erfolgreichsten sind besonders in der internen Kommunikation oft die einfachen Dinge. Alle Geburtstag-Feiernden eines Monats werden zu einem Essen eingeladen. Bei derartigen Zusammenkünften ist oft der Vorstandsvorsitzende anwesend. Für ein Foto mit ihm stellen sich die Mitarbeiter gerne auch einmal an. Auch die persönlich geschriebenen Geburtstagskarten der Geschäftsführung kommen gut an.

Bei der externen Kommunikation bringen die Maßnahmen am meisten, „bei denen wir auf unsere künftigen Mitarbeiter direkt zugehen", ist Tom Bauer überzeugt. Vorträge an den Tourismusschulen erweisen sich als erfolgreich. Social-Media-Plattformen steht Bauer als Rekrutierungsinstrument skeptisch gegenüber. Ganz gezielt setzt das Unternehmen auf die Mundpropaganda durch die eigenen Mitarbeiter. Eine Fortsetzung in der medialen Kommunikation findet diese Strategie derzeit aber noch nicht: Fotos von Mitarbeitern als Testimonials aus den verschiedenen Bereichen – Hotellerie, Gastronomie, Spa, Therapie, Verwaltung und Technik – werden nur ganz rudimentär verwendet und auch Imagevideos, die Interessenten einen Einblick in die Arbeitswelt verschaffen würden, gibt es noch nicht.

**Präventionsmaßnahme Mitarbeiterwohnung**  Das könnte sich freilich bald ändern, meint Bauer im Gespräch mit den Autoren. Die Arbeitgebermarke werde permanent weiter entwickelt. Vorbilder sind hier auch große internationale Hotelketten, in denen der COO selbst berufliche Erfahrungen gesammelt hat. Ein großes Vorhaben steht auf der Agenda: „Ich bin ein großer Fan von Mitarbeiterhäusern mit Atmosphäre, in denen sich die Kolleginnen und Kollegen in modern ausgestatteten Wohnungen zurückziehen können und in denen es auch Freizeiteinrichtungen gibt, eine Sauna oder einen Fitnessraum etwa", erläutert Tom Bauer. In einem enger werdenden Arbeitsmarkt sei das eine Präventionsmaßnahme, da es für das Unternehmen teurer sei, keine oder zumindest nicht die richtigen Mitarbeiter zu bekommen, als ihnen ein entsprechendes Wohnumfeld zu schaffen.

## 10.2   Der 90-Tage-Plan für neue Mitarbeiter von Schlotterer

- **Unternehmen:** Schlotterer ist österreichischer Marktführer bei außenliegenden, nicht textilen Sonnenschutzsystemen.
- **Standort:** Am Standort Adnet (bei Salzburg) werden jährlich mehr als 300.000 Sonnenschutz- und Insektenschutzelemente produziert. Jahresumsatz 2012: 55 Mio. EUR
- **Mitarbeiter:** 360 Mitarbeiter, davon 19 Lehrlinge, die meisten sind angehende SonnenschutztechnikerInnen
- Gründungsjahr: 1976
- **URL:**www.schlotterer.at
- **Interviewpartner:** DI. Peter Gubisch, Geschäftsführer (13.02.2013)

Die Arbeitsmarktsituation in Salzburg ist sehr gut, sagt Peter Gubisch. Und fügt im nächsten Satz hinzu: „Für Arbeitnehmer". Bei extrem niedrigen Arbeitslosenzahlen im Bundesland tat sich das Unternehmen in der Vergangenheit sehr schwer, gutes Personal zu bekommen. Vor allem bei Technikern und Nachwuchskräften für den seltenen, und daher auch weitgehend unbekannten Lehrberuf des Sonnenschutztechnikers war es schwer, den wachsenden Bedarf an Mitarbeitern zu decken. Eine Herausforderung für ein Unternehmen, das seit zehn Jahren jedes Jahr einen Zuwachs bei den Beschäftigten verzeichnete. 240 neue Arbeitsplätze wurden in diesem Zeitraum geschaffen, zuletzt zwischen 20 und 30 pro Jahr.

Die Engpasssituation hat sich seit zwei Jahren gewandelt. Damals begann das Unternehmen mit strategischem Employer Branding. Der Schwerpunkt wurde dabei auf das Thema Medienarbeit gelegt. Die Veränderung war sehr schnell merkbar. Während früher bei Stellenanzeigen in den Regionalmedien einige Bewerbungen „hereintröpfelten", sind es heute deutlich mehr und vor allem ist die Zahl der Initiativbewerbungen gestiegen. „Wir können heute unter den Interessenten aussuchen", freut sich Gubisch. Die Botschaften, die über die Medien mehrfach im Jahr getrommelt werden: „Wir sind Marktführer, wir bieten unseren Mitarbeitern tolle Arbeitsbedingungen, wir wachsen weiter und brauchen deshalb immer gute Mitarbeiter." (Abb. 10.2).

**Abb. 10.2** Der seltene
Lehrberuf des Sonnenschutztechnikers wird bei Schlotterer über die Medienarbeit
promotet. (Quelle: Salzburger
Nachrichten)

Die Produktion der Sonnenschutzsysteme in Adnet wächst kräftig. Bild: SN

# 360 Jobs für Sonnenschutz

**Durchblick.** Der Trend zu Glasflächen belebt das Geschäft mit Raffstores, die Hitze abhalten, Licht hereinlassen und für gute Sicht nach außen sorgen.

THOMAS AUINGER

ADNET (SN). Sonnenschutztechniker ist ein Lehrberuf mit Zukunft, aber derzeit eher noch ein Geheimtipp. Die Firma Schlotterer in Adnet bildet 19 Lehrlinge aus, davon 16 Sonnenschutztechniker, und heuer kommen sieben neue hinzu.

Andere Branchen und Unternehmen können von solchen Zuwachsraten nur träumen: Der mit 360 Mitarbeitern drittgrößte Betrieb des Tennengaus (hinter Bosch und Voglauer) steigerte im Vorjahr den Umsatz um 16,5 Prozent auf 55 Millionen Euro. 30 neue Jobs wurden 2012 geschaffen, 20 sollen es 2013 sein. „Als ich vor zwölf Jahren hier begann, hatten wir 110 Mitarbeiter", erinnert sich Geschäftsführer Peter Gubisch. „Wir haben seit 2002 den Umsatz pro Jahr um durchschnittlich 15 Prozent gesteigert." Die Glasflächen würden immer größer, „auf Sonnenschutz kann nicht mehr verzichtet werden". Auch Pollenschutzgewebe an Fenstern boomen, zumal die Zahl der Allergiker steigt. Schlotterer entwickelt alle Produkte im Haus selbst. Mehr als verdoppelt hat man die Produktion des TageslichtRaffstores Retrolux.

In Adnet werden jährlich mehr als 300.000 Sonnenschutz- und Insektenschutzelemente in mehreren Tausend Varianten und über 200 Farben produziert. Alle Mitarbeiter seien am Erfolg beteiligt, betont der kaufmännische Leiter Wolfgang Neutatz. „Auch im Vorjahr hat das für jeden etwa ein zusätzliches Monatsgehalt ausgemacht." Pendler bekommen Jahreskarten für Bahn und Bus zum halben Preis.

**Mitarbeiter als Testimonials** Ein angenehmer Nebeneffekt, der mit der HR-Medienarbeit erreicht wurde, ist, dass die bestehenden Mitarbeiter stolz auf ihr Unternehmen sind und auch als Botschafter für das Unternehmen auftreten. Diesen Effekt positiver Berichterstattung habe er anfangs völlig unterschätzt, bekennt Gubisch: „Heute kommen einige Bewerber über Mundpropaganda aus dem Umfeld unserer Mitarbeiter zu uns."

Die Mitarbeiter treten gerne als Testimonials auf und sind stolz auf das eigene Unternehmen, das immer wieder positiv im Fernsehen und den Zeitungen vorkommt. In Stellenanzeigen werden angehende Sonnenschutztechniker gezeigt und mit drei Kernbotschaften zitiert: „Ich will die besten Chancen, die beste Ausbildung, das beste Betriebsklima." Was die Teenager im Betrieb lernen, erzählen sie in einem Video auf der Karriere-Webseite des Unternehmens, das mittels QR-Code auch vom Inserat aus am Handy oder Tablet gestartet werden kann. Dabei wurde sehr auf Authentizität geachtet: Der Migrationshintergrund einiger der Lehrlinge ist hörbar – wie der Stolz auf ihren Job.

Größter Wert wird bei Schlotterer auf das seit vielen Jahren geübte Einstellungsprozedere gelegt. Am ersten Tag erhalten die Neuankömmlinge eine Einstiegscheckliste. Dort ist vermerkt, was alles vorbereitet wurde: Zugangschip zum Werk, Anlage der Daten in der EDV, Übergabe von Handy, Notebook oder Stand-PC, Firmenauto beim Außendienst usw. Dazu gibt es einen 90-Tage-Plan, in dem minutiös vermerkt ist, welche Einschulungsmaßnahmen in den ersten drei Monaten geplant sind. Das reicht von der Einführung in Brandschutzmaßnahmen bis zum Umgang mit dem ISO-Netzwerk. Dem neuen Kollegen bzw. der der neuen Kollegin steht ein Coach zur Seite, der sich in dieser Einstiegsphase um die Einhaltung der geplanten Maßnahmen kümmert und für alle Fragen zur Verfügung steht. Am Ende dieser 90 Tage steht ein Gespräch mit dem Vorgesetzten, bei dem immer auch die Frage gestellt wird, ob in der Bewerbungsphase das Bild vermittelt wurde, das der neue Mitarbeiter in den drei Monaten im Betrieb erlebt hat. Gefragt wird auch nach den Verbesserungsvorschlägen. Diese strukturierte Integration neuer Mitarbeiter habe ihn bei seinem eigenen Eintritt seinerzeit tief beeindruckt, erinnert sich Peter Gubisch.

**Beteiligung am Unternehmenserfolg** Exzeptionell ist Schlotterer auch bei der Mitarbeiterbeteiligung. Jeder Mitarbeiter – egal ob im Management, in der Produktion oder im Vertrieb – ist am Unternehmenserfolg beteiligt. Ein Viertel des über dem definierten Mindestertrag liegenden Jahresertrages wird ausgeschüttet, ein weiteres Viertel geht an die Eigentümer, die Hälfte bleibt im Unternehmen zur Stärkung der Substanz und weiterer Expansion. Als andere Metallbauunternehmen vor einigen Jahren streikten, lehnten das die Mitarbeiter bei Schlotterer ab. Die Konsequenzen für das Unternehmen, die bevorstehenden Preisverhandlungen bei den Kunden und damit auch die eigene Prämie waren sehr einfach zu erklären. Niemand wollte die Ausschüttung, die rund ein Monatsgehalt ausmacht, durch einen Streik gefährden oder zumindest reduzieren.

Die Ergebnisbeteiligung hilft auch bei der Suche nach Einsparungen. Am Beginn jeden Jour fixes werden für das „Roce-Buch" Vorschläge gesammelt. Roce (ausgesprochen wie der seinerzeitige Bayern München-Stürmer Roque Santa Cruz) steht für „Return on Capital Employed". Es gibt ein Commitment, dass jeder Vorschlag aufzugreifen ist. Wenn jemandem etwas in einer anderen Abteilung auffällt, von dem er annimmt, dass das besser zu machen wäre, lautet heute die Antwort nicht mehr: „Das geht dich nichts an", sondern: „Danke für den Hinweis, aber du hilfst uns bitte bei der Umsetzung." Auf diese Weise wurden in den letzten vier Jahren 1,6 Mio. EUR an jährlichen Kosten gespart. Ein Viertel davon wanderte direkt in die Prämie aller Mitarbeiter, im Schnitt also über 1.000 EUR.

**Erfolg erleichtert Großzügigkeit** Peter Gubisch – dessen Prämie wie die aller Mitarbeiter am Gesamterfolg bemessen wird – weiß, dass vieles nur deshalb möglich ist, weil das Unternehmen auf einer Erfolgswelle schwimmt. Manches werde dadurch viel einfacher. So zum Beispiel auch die Großzügigkeit bei Ausbildungsmaßnahmen: Wer ein Seminar besuchen möchte, dem wird das bezahlt, auch die Kosten eines Studiums, das nebenbei absolviert wird. Immer wieder machen Techniker neben der Arbeit den Diplomingenieur an der Fachhochschule. Neben dem Fleiß müssen die Seminaristen freilich auch ihre Freizeit opfern. Die Großzügigkeit zahlt auf das Betriebsklima ein. „Jeder hilft jedem und alle wissen, dass ein gutes Betriebsklima nicht vom Management dekretiert werden kann, sondern durch den positiven Umgang miteinander entsteht", resümiert der Schlotterer-Chef. Die Fluktuation in der Verwaltung liegt bei rund 2 %, in der Produktion bei 4 %.

**Offene Kommunikation nach innen** Nachdem ein nicht unerheblicher Teil des Einkommens aller Mitarbeiter von der Beteiligung abhängt, wird sehr offen über die Entwicklung der Geschäftszahlen informiert. Monatlich gibt es einen Aushang am Schwarzen Brett mit den neuen Produktionszahlen, Infos über Neukunden, Messebeteiligungen, aber auch persönliche Informationen über Mitarbeiter, deren Jubiläen, Hochzeiten und Zuwachs. Zwischendurch gibt es ein E-Mail-Update durch die Geschäftsführung. Nachdem sehr offen in einer sehr flachen Hierarchie argumentiert wird, wurde das strenge Korsett der jährlichen Mitarbeitergespräche etwas gelockert. Wenn der Vorgesetzte oder der Mitarbeiter das möchten, werden diese Gespräche geführt, sonst können sie auch einmal ausfallen. Alle zwei Jahre wird eine Vorgesetztenbeurteilung und eine Mitarbeiterbefragung durchgeführt. Die Mitarbeiterbefragung wird seit dem Jahr 2005 auf Basis der im Jahr 2005 durchgeführten Befragung durch Hewitt durchgeführt. Damit ist es möglich, das Ergebnis durch den „Engagementfaktor" einer Benchmark zu unterziehen.

**Mitarbeiter als Testimonials** Ein angenehmer Nebeneffekt, der mit der HR-Medienarbeit erreicht wurde, ist, dass die bestehenden Mitarbeiter stolz auf ihr Unternehmen sind und auch als Botschafter für das Unternehmen auftreten. Diesen Effekt positiver Berichterstattung habe er anfangs völlig unterschätzt, bekennt Gubisch: „Heute kommen einige Bewerber über Mundpropaganda aus dem Umfeld unserer Mitarbeiter zu uns."

Die Mitarbeiter treten gerne als Testimonials auf und sind stolz auf das eigene Unternehmen, das immer wieder positiv im Fernsehen und den Zeitungen vorkommt. In Stellenanzeigen werden angehende Sonnenschutztechniker gezeigt und mit drei Kernbotschaften zitiert: „Ich will die besten Chancen, die beste Ausbildung, das beste Betriebsklima." Was die Teenager im Betrieb lernen, erzählen sie in einem Video auf der Karriere-Webseite des

Unternehmens, das mittels QR-Code auch vom Inserat aus am Handy oder Tablet gestartet werden kann. Dabei wurde sehr auf Authentizität geachtet: Der Migrationshintergrund einiger der Lehrlinge ist hörbar – wie der Stolz auf ihren Job.

**Bewusste Auswahl der Kanäle in der Außendarstellung** Sehr genau überlegt wird bei Schlotterer auch, welche Kanäle in der externen Kommunikation bespielt werden. Die wichtigste Rolle spielt die Medienarbeit. Sehr skeptisch ist Gubisch bei Social Media. „Zu aufwändig und nicht wirklich zu steuern", lautet die Begründung. Dafür setzt das Unternehmen auf Stellenanzeigen in den Regionalzeitungen, die eigene Karriere-Webseite und Absolvententage für Lehrlinge. Ansonsten werden Netmovies für die Lehrlingssuche gepostet, teilweise Online-Jobbörsen bespielt oder für Kindergärten Spiele angekauft, die die Kleinsten schon mit Technik in Verbindung bringen sollen. ier schwingt die Erkenntnis mit, dass bei sinkenden Schülerzahlen die Rekrutierung künftiger Mitarbeiter nicht früh genug beginnen kann.

## 10.3   BKK firmus: Im permanenten Dialog zwischen Team und Leitung

- **Unternehmen:**Die BKK firmus ist aus dem Zusammenschluss mehrerer Betriebskrankenkassen entstanden und betreut aktuell 83.000 Kunden aus unterschiedlichen Branchen.
- **Standort:** Der Firmensitz ist in Bremen, eine weitere Hauptverwaltung ist in Osnabrück, dazu gibt es 17 weitere Niederlassungen in Bremen, Niedersachsen und Nordrhein-Westfalen.
- **Mitarbeiter:** 130
- **Gründungsjahr:** Die älteste der beteiligten Betriebskrankenkasse entstand im Jahr 1841, der Zusammenschluss erfolgte im Jahr 2003.
- **URL:** www.bkk-firmus.de
- **Interviewpartner:** Marc Pohlmann, Personalmanagement (08.07.2013)

Gerade im Finanzdienstleistungsbereich wird größter Wert auf eine strukturierte, direkte Kommunikation gelegt. Wie das in der Praxis aussieht, zeigt das Beispiel der BKK firmus. Einmal im Monat findet eine Zusammenkunft der Geschäftsführung mit den Referatsleitern statt. Die Ergebnisse werden am darauffolgenden Freitag von den Führungskräften direkt an ihre jeweiligen Teams kommuniziert, um alle Mitarbeiter auf dem aktuellen Stand der Unternehmensentwicklung zu halten.

Die Teams wiederum treffen sich wöchentlich, manchmal sogar täglich, um anstehende Themen zu kommunizieren und zu diskutieren. „Wir haben eine sehr ausgeprägte Informationskultur", weiß Marc Pohlmann, bei BKK firmus für das Personalmanagement zuständig. Dazu gehören auch die zweimal im Jahr stattfindenden Mitarbeiterevents. Um die strategische Ausrichtung, die Pläne für das kommende Jahr, die Präsentation gesetzlicher Änderungen oder die Ergebnisse verschiedener Projektgruppen geht es im Jahresschlussmeeting, an das sich die Weihnachtsfeier anschließt. Beim Sommerevent stehen eher Teambuilding und das gesellige Beisammensein im Vordergrund.

Formelle Mitarbeitergespräche zwischen Teamleitung und Mitarbeitern finden zweimal im Jahr statt. Dabei werden konkrete und nachprüfbare Ziele vereinbart, deren Erreichen auch mit Prämien bedacht wird. Das Kennzahlensystem, nach dem dies bewertet wird, ergibt Ausschüttungen zwischen einigen hundert bis zur 4.000 EUR Prämie pro Mitarbeiter. Wie die Messgrößen aussehen, wird gemeinsam festgelegt, da es jeden Monat aktuelle Auswertungen gibt, und da jeder weiß, wo er steht, entstehen auch kaum Diskussionen über Höhe und Berechtigung der Zahlungen. Der positive Nebeneffekt dieser Form der finanziellen Belohnung ist, dass alle Mitarbeiter sehen, dass sie einen wesentlichen Beitrag zum Gesamterfolg leisten. Marc Pohlmann schildert das anhand der Poststelle der Betriebskrankenkasse.

**Jeder Einzelne hat Anteil am Erfolg**   Da sich das Unternehmen vorgenommen hat, binnen 48 h alle Anfragen zu beantworten, kommt der Verteilung von eingehender Post eine enorme Bedeutung zu. Deshalb wurde vereinbart, dass alle Briefe bis 11 Uhr eingescannt und an das jeweils zuständige Team in den 19 Niederlassungen verteilt sein müssen. Das hatte Auswirkungen beispielsweise auf die Einteilung des Postteams, das morgens unter Hochdruck an der zeitgerechten Verteilung der Kundenbriefe arbeitet. Dort kommt dann auch einmal erhöhter Stress auf, wenn EDV-Probleme auftreten oder in einem schneereichen Winter auf den Straßen kein Durchkommen mehr ist. „Jeder unserer 130 Kolleginnen und Kollegen weiß, dass er für das Ganze zuständig ist; dass das Unternehmen steht, wenn im eigenen Team etwas nicht funktioniert", erläutert Pohlmann die Erkenntnis dieser Übung.

Die ausgeprägte Gesprächskultur wird durch schriftliche Informationen unterstützt. Alle zwei bis drei Monate wird ein Newsletter versandt, der auf bis zu sieben Seiten über Produkte und Projekte, Highlights aus dem Kundenverkehr aber auch Persönliches von Mitarbeitern berichtet. Zur Informationswiedergabe wurde auch mit einer einfachen Form eines Wiki begonnen. Diese Form des Know-how-Transfers soll künftig ausgebaut werden. Ein Projekt wurde auch im Bereich Social Media gestartet: Mit Facebook will sich

**Abb. 10.3** Jeder ist für den Gesamterfolg verantwortlich. Das gilt beim Seilziehen wie bei der Verteilung der täglichen Post

die BKK firmus zunächst an Kunden und Bewerber richten, in der Folge soll die Plattform aber auch für den informellen, internen Informationsaustausch genutzt werden. An diesen Projekten arbeiten viele Teams und Personen mit. Gerade beim Thema Web 2.0 sind die Auszubildenden als „Digital Natives" von Anfang an mit an Bord (Abb. 10.3).

**130 Personalentwicklungspläne** Bei den Mitarbeitergesprächen werden nicht nur Ziele vereinbart und Leistungen beurteilt. Ein wesentlicher Teil sind auch Schulungsmaßnahmen und Personalentwicklungspläne. Im Vordergrund steht das persönliche Vorwärtskommen. Das reicht von fachspezifischen Weiterbildungen und Training on the Job über Zeitmanagement, Kommunikations- und Präsentationstrainings bis hin zu berufsbegleitenden Studien. Für jeden der 130 Mitarbeiter wird ein individueller Plan erstellt, was den Vorteil hat, dass der Fokus der Betrachtung auf dem Individuum und nicht auf dem Gießkannenprinzip liegt. Aus dem Gesundheitsprogramm heraus ist ein Kurs zum Erlernen des 10-Finger-Systems beim Schreiben entstanden. Wer das nämlich nicht beherrscht, lautete die Erkenntnis, muss sehr häufig den Kopf verlagern, was wiederum zulasten der Nackenmuskulatur geht. Die Telefonisten im Kommunikationstraining wiederum haben ein anderes Problem: Das dauernde Sprechen belastet die Stimme, die nun von einer Logopädin trainiert wird.

**Quereinsteiger aus anderen Ausbildungsberufen** Seit der Gründung der BKK firmus ist die Zahl der Mitarbeiter von 100 auf 130 gestiegen. Zugleich ist das Personal, das als Sozialversicherungsfachangestellter (SOFA) ausgebildet wurde, deutlich gesunken. Während früher fast alle Mitarbeiter die klassische SOFA-Ausbildung durchlaufen haben, sind es heute gerade noch zwei Drittel.

Das hat einerseits etwas damit zu tun, dass Realschüler, Abiturienten und Handelsschüler wählerischer, andererseits damit, dass die Anforderungen vielfältiger geworden sind. „Das hat uns dazu gebracht, uns auch in anderen Ausbildungsberufen umzusehen", erklärt Pohlmann. Krankenpfleger, Krankenschwestern, EDV-Techniker, Wirtschaftsprüfer, Finanzbuchhalter, aber auch ein Arzt und ein Jurist gehören inzwischen zum Personal.

Bei einer Fluktuationsrate von rund 5 % ist permanente Personalsuche angesagt. Anzeigen in Lokalzeitungen werden geschaltet, auch wenn das Ergebnis diesen Weg eher unwirtschaftlich macht. Kostengünstiger sind dagegen einige fachspezifische Internetportale. Pohlmann setzt aber auch auf die Kooperation mit der Fachhochschule Osnabrück, auf Empfehlungen durch eigene Mitarbeiter und auf Xing. Die eigenen Bemühungen um eine positive Unternehmenskultur und die Auszeichnung als Top-Job-Arbeitgeber haben sich als hilfreich erwiesen, zumal in einer Branche, die in den letzten Jahren in Deutschland nicht nur positive Nachrichten produziert hat.

## 10.4   Schindlerhof: Mitarbeiter werden in die Vogelperspektive gebracht

- **Unternehmen:** Der Schindlerhof ist ein in 6 Bauetappen gewachsenes „Hoteldorf" mit fünf Häusern und 92 Zimmern. Der Schwerpunkt liegt bei Tagungen.
- **Standort:** Das Hotel liegt im Norden Nürnbergs Richtung Erlangen.
- **Mitarbeiter:** 70
- **Gründungsjahr:** 1984
- **URL:**www.schindlerhof.de
- **Interviewpartner:** Nicole Kobjoll, geschäftsführende Gesellschafterin (19.06.2013)

Es muss schon etwas Außergewöhnliches geschehen, wenn es ein Nürnberger Hotel schafft, in der Tourismusbranche Österreichs in aller Munde zu sein. Der Schindlerhof, so geht ein Gerücht in der Alpenrepublik um, schenkt ehemaligen Mitarbeitern eine teure Markenuhr. Die zeigen ihr Geschenk so stolz her, dass sich die Franken vor Initiativbewerbungen kaum retten können. Die Saga ist nicht ganz korrekt, birgt aber einen wahren Kern, stellt Nicole Kobjoll richtig, die das Haus in zweiter Generation führt. Tatsächlich habe es schon mal teure Horlogerie der Nobelmarken Breitling oder Jaeger-LeCoultre zur Belohnung gegeben. Allerdings nicht für ausscheidende Mitarbeiter, sondern für solche, die sich um den Gewinn des European Quality Awards verdient gemacht haben. Richtig ist, dass sich das Bemühen um die eigene Arbeitergebermarke für die Hoteliersfamilie lohnt: Jedes Jahr bewerben sich rund hundert Anwärter für eine Lehrstelle und doppelt so viele für eine Position als Profi. Bei derzeit 70 Mitarbeitern und einer vergleichsweise niedrigen Fluktuation lässt sich damit gut an der Vision arbeiten, die besten Mitarbeiter der Branche zu haben. Um das zu erreichen, muss mehr geboten werden, als es die Norm ist. An dieser Unternehmensphilosophie haben schon die Eltern von Nicole Kobjoll intensiv gearbeitet.

Ein wenig hält es die Eigentümerfamilie mit dem griechischen Philosophen Heraklit: „Panta rhei, alles fließt, nichts ist in Stein gemeißelt". Das Instrument dafür sind so genannte Ideenblätter. Jeder Mitarbeiter ist gehalten, einmal pro Monat einen Verbesserungsvorschlag einzubringen. „Unsere Mitarbeiter sollen ihren Job selbst mitgestalten. Wir bringen sie durch die monatliche Nachdenkaktion in eine Vogelperspektive, denn die Draufsicht bringt Motivation, nicht aber die Froschperspektive", weiß die Hotelchefin. Alle Ideen – auch die der Eigentümerfamilie – werden intern publiziert und diskutiert. Wenn keine zündende Idee entsteht, wird bisweilen auch einmal nachgeholfen. So geschehen bei der Ideenblockade der Zimmerfrauen. Nach einer Einladung zum gemeinsamen Abendessen standen auf deren Liste gleich 40 Verbesserungsvorschläge.

Ideen entstehen auch aus der Organisationsstruktur heraus. Schon beim Blick auf die Webseite des Hotels fällt auf, dass Mitarbeiter viele Führungspositionen bekleiden. Neben den üblichen Spitzenjobs in Küche, Restaurant, Rezeption oder Bankett gibt es auch eine Qualitätsmanagerin und eine Herzlichkeitsbeauftragte. Damit aber nicht genug. Im Grunde hat jeder Mitarbeiter einen eigenen Verantwortungsbereich. Ältere Azubis kümmern sich um die Begrüßung der neuen Auszubildenden. In jedem Team gibt es Zuständige für die Organisation von Stammtischen, die monatlichen Parties, individualisierte Geburtstagskarten und -geschenke und vieles mehr.

**Azubis sind für den Umweltbericht verantwortlich** Die Ideenblätter werden nicht nur gesammelt publiziert und diskutiert, sondern unter Einbindung des Urhebers auch umgesetzt. So entstand auch der Umweltbericht, den vor einigen Jahren Azubis angeregt hatten und für den sie seither auch zuständig sind. Dass jeder Mitarbeiter mit seinen Ideen ernstgenommen wird, ist Teil der „Spielkultur", wie beim Schindlerhof die Unternehmenskultur heißt. Die erste Maßnahme im Umweltbereich war vor gut zehn Jahren die Umweltzertifizierung nach ISO 14001. In den letzten Jahren wurden eine Reihe weiterer konkreter Maßnahmen umgesetzt. So werden die Restaurantabfälle von einem Biomüllentsorger abgeholt, der sie in Biogas umwandelt. Ein Vorschalter wurde eingebaut, um der Entwicklung von Legionellen vorzubeugen, und ein Weinlehrpfad mit fünf alten Rebsorten aus der Region vor dem Hotel eingerichtet. Der Innenhof wurde neu bepflanzt und damit das Kleinklima positiv verändert. Vor zwei Jahren wurde ein Umwelt-ABC erstellt und eine neue, energiesparendere Heizung eingebaut, als Kompensation dafür, dass der Stromverbrauch in anderen Bereichen, durch einen begehbaren Weinschrank oder eine beheizte Lounge auf der Dachterrasse, erhöht wurde – eine Maßnahme, die bei den Gästen richtig gut ankommt.

Aktivitäten wie diese im Bereich Umwelt werden immer wieder zu allen möglichen Wettbewerben eingereicht, mit dem Ergebnis, dass sich in der Liste der Auszeichnungen gut und gerne drei Dutzend Preise finden. Darunter so renommierte wie der Ludwig-Erhard-Preis, der gern auch als der deutsche „Wirtschaftsoscar" tituliert wird, Great Place to Work, Bestes Tagungshotel oder der European Quality Award. Nicole Kobjoll sieht das unter zwei Blickwinkeln: Solche Auszeichnungen machen dem ganzen Team großen Spaß und ganz nebenbei „hilft es auch noch dem Renommee des Ladens".

**Umfassende Information über Mitarbeiter-App** Ein wesentlicher Faktor des Erfolgskonzeptes der Arbeitgebermarke Schindlerhof ist die offene Kommunikation. Jeder Beschäftigte kennt beispielsweise die Periodenzielplanung und die gesamte Bilanz. Zwei Mal pro Jahr werden die Zahlen bei einem Seminar durchgesprochen. Jeder weiß, dass die Teamkosten 32,5 % der Gesamtkosten ausmachen. Sind es weniger, wird die Differenz an die Teams ausgeschüttet. Steigen sie – wie in den Krisenjahren 2008/2009– darüber, kommen aus dem Kreis der Mitarbeiter höchst brauchbare Einsparungsvorschläge. Früher wurden Geschäftsdaten in Besprechungen oder über das Schwarze Brett kommuniziert – auch das Akademieangebot zur Weiterbildung –, mit dem Ergebnis, dass nach der Publikation des Seminarkalenders die Buchungslage hervorragend war und dann gegen Ende des Jahres einschlief (Abb. 10.4).

Die interne Kommunikation wurde völlig neu aufgestellt. Dem lag die Erkenntnis zugrunde, „dass sich ein 19-jähriges Mädchen nicht vor ein Schwarzes Brett stellt, dafür aber sehr handyaffin ist." Also wurde eine Mitarbeiter-Applikation programmiert, die nun alle wichtigen Informationen auf das Smartphone bringt. Stammtische und Teamparties werden über eine interne Facebook-Gruppe vereinbart, Dienstpläne, schulische und betriebliche Einteilungen der Azubis am Display gelesen. Der Akademieplan ist ganzjährig präsent, die Buchung eines Kurses erfolgt via E-Mail nach Freigabe durch den jeweiligen Teamleader. Der tägliche Erfolgsspiegel mit Daten über die Auslastung des Hotels, des Restaurants und der zehn Tagungsräume findet sich auf der mobilen App genauso wie die Protokolle von Führungsmeetings, alle Ideenblätter, Balanced Scorecards, die „Spielkultur", die Speisekartenwelt mit ihren Zutaten oder einfach nur „Bilder der Herzlichkeit". Eine studentische Projektgruppe hat den Erfolg untersucht und festgestellt, dass drei Viertel der Mitarbeiter täglich eingeloggt sind und das Tool nutzen.

Der Erkenntnis, dass nicht nur die Gäste, sondern auch die Mitarbeiter immer weniger Lust haben, zu lesen, wird zunehmend mit bewegten Bildern begegnet. Vom Imagefilm über kleine Schulungsmovies bis hin zu einer Darstellung der Führungsgrundsätze oder der Arbeit der Herzlichkeitsbeauftragten wird alles mit laufender Kamera dokumentiert.

**Rechtshirnige Entscheidung über Incentives** Bei der Vielzahl an Maßnahmen, die der Schindlerhof setzt, stellt sich natürlich die Frage nach den Kosten. Die verblüffende Antwort von Nicole Kobjoll: „Ich habe das noch nie ausgerechnet. Ich bin nicht der linkshirnige Typ", und meint damit, dass sie das Thema intuitiv, mit einem Gefühl für das große

**Abb. 10.4** Mitarbeiter-App
Schindlerhof. Mit einer eigenen
App können die Mitarbeiter
des Schindlerhofs per Handy
alle Infos abrufen, die sie sonst
auch im Intranet finden

Ganze angeht. Um die 40.000 EUR im Jahr dürften das wohl sein, auf keinen Fall aber mehr als 4 % der Gehaltssumme.

Einer rechtshirnigen Entscheidung entsprang vermutlich auch die Idee, dass jeder neue Mitarbeiter sein Wunschgehalt selbst festlegen kann. Die Erkenntnis nach einigen Praxisjahren: Die meisten stufen sich niedriger ein, als möglich wäre, weil sie den Job unbedingt haben wollen. Die Einstiegsgehälter werden bei derartigem Understatement gleich hochgesetzt und im Laufe der aktiven Zeit bei jedem Mitarbeitergespräch thematisiert. Auf Kontinuität wird beim Schindlerhof Wert gelegt. Stolz macht Nicole Kobjoll, dass unter den Mitarbeiter ein gutes Dutzend Rückkehrer zu finden ist. Dass sie den Weg aus dem In- und Ausland wieder in die Frankenmetropole finden, ist auch Facebook zu danken. „Ich bin mit vielen unserer ehemaligen Mitarbeitern über das soziale Netzwerk in Kontakt und frage einfach nach, wenn wir konkret jemanden suchen."

Teamleader bleiben im Schnitt acht Jahre, Auszubildende dagegen nur so lange, bis ihre Lehre beendet ist. „Die sollen raus auf Lehr- und Wanderjahre und sollen auch einmal was anderes sehen, solange sie jung sind", beschreibt Kobjoll ihre Philosophie. Sie selbst war

zur Ausbildung zum Bachelor in International Hospitality Management an der Hotelfach-
schule in Lausanne, wohin sie durch einen „gefinkelten, manipulativen Akt ihres Vaters"
kam. Der damalige Groll über die Finte, die sie vom Sprachenstudium weg in die Touris-
musausbildung führte, ist längst verflogen. Heute taugt sie als Anekdote, die irgendwie zu
der eingangs erzählten Geschichte mit den Luxusuhren passt.

# Phase der Mitarbeiterbindung

# 11

Eine Arbeitgebermarke kann dann plausibel nach außen kommuniziert werden, wenn die Arbeitnehmer sie auch wirklich verstehen sowie annehmen und folglich auch leben (Nagel 2011, S. 127). Daher muss nach dem Strategieprozess die firmeninterne Implementierung bei den eigenen Mitarbeitern und Führungskräften erfolgen (Kriegler 2012, S. 212). Damit die interne Positionierung als attraktiver Arbeitgeber für die Beschäftigten spürbar ist, stehen zahlreiche Instrumente der Bereiche interne Kommunikation sowie der Organisations- und Personalentwicklung zur Verfügung (Kriegler 2012, S. 226). In diesem Kapitel beschäftigen wir uns damit, welche Maßnahmen zur Mitarbeiterbindung von KMU gesetzt werden können. Konkrete Praxisbeispiele stellen diese Maßnahmen im Folgekapitel konkret anschaulich dar.

Der aktuelle und zukünftig noch stärkere Mangel an Fachkräften rückt das Thema Mitarbeiterbindung immer stärker in den Mittelpunkt des unternehmerischen Handelns (RKW Expertenkreis 2011, S. 5). Dadurch, dass Employer Branding eine große Auswirkung auf die Mitarbeiteridentifikation hat, muss beim Vorhaben, ein Mitarbeiterbindungskonzept zu erstellen, die Employer Brand einbezogen und erlebbar gemacht werden (Armutat 2012, S. 85). Die Kommunikation ist hier besonders relevant, denn die Bindung der Arbeitnehmer kann sich erst dann entwickeln, wenn sie die Werte, die mit den Bindungsmaßnahmen vermittelt werden, auch effektiv bemerken und die damit verbundene Anerkennung wahrnehmen (Armutat 2012, S. 88).

Auch hier sind in der Literatur zahlreiche mögliche **Maßnahmen** zu finden, wie zum Beispiel folgende (Stotz und Wedel 2009, S. 109 ff.):

- Personalentwicklungsmaßnahmen,
- Kinderbetreuungszuschuss,
- Betriebliche Altersvorsorge,
- Betriebssport,
- Monetäre Anreize (Prämien, Fahrtkostenzuschuss, Zusatzversicherung),

W. Immerschitt, M. Stumpf, *Employer Branding für KMU,* 189
DOI 10.1007/978-3-658-01204-5_11, © Springer Fachmedien Wiesbaden 2014

- Mitarbeiterevents-/reisen,
- Ideenmanagement.

Gerade bei den umfangreichen Instrumenten im Bereich Mitarbeiterbindung muss jedes KMU für sich genau definieren, was einerseits den eigenen Werten entspricht und somit realistisch sowie authentisch zu implementieren ist, und andererseits, was im Rahmen der vorhandenen Ressourcen möglich ist.

Nachstehend nun einige Beispiele, die unterschiedliche Umsetzungsmöglichkeiten für KMU darstellen:

---

**MACH Personalentwicklung**

MACH ist ein Software- und Beratungsunternehmen mit dem Fokus auf E-Government und Public Management mit Hauptsitz in Lübeck. Dort werden etwa 140 Mitarbeiter beschäftigt, während das gesamte Unternehmen etwa 210 Mitarbeiter umfasst. Als Eckpfeiler der Unternehmenskultur gelten das gemeinsame Lernen und Arbeiten, gegenseitiges Ermutigen sowie Gespräche untereinander, denn der gegenseitige Wissenstransfer spielt eine wichtige Rolle bei MACH. Das Weiterbildungsangebot ist für die Größe der Lübecker Firma beachtlich. Zwei Wochen im Jahr bietet das Unternehmen den Beschäftigten 30 parallel stattfindende Seminare, Workshops sowie weitere Veranstaltungen zur methodischen und fachlichen Weiterentwicklung. Jeder einzelne Mitarbeiter verfügt über ein 8-tägiges Weiterbildungskontingent pro Jahr. Darüber hinaus nimmt zu Beginn jeder neue Mitarbeiter im Bereich Vertrieb, Beratung und Software bei MACH an einem fünfwöchigen Ausbildungsprogramm teil. (Spies 2012b, S. 49)

---

**Spitzmüller – Mitarbeiterevents**

Die Spitzmüller AG ist in Gengenbach ansässig und berät mit ihren 42 Mitarbeitern mittelständische Unternehmen in Innovations- und Finanzierungsbelangen. Bei der Spitzmüller AG herrscht eine offene Kommunikationskultur. Alle Kollegen kennen sich und haben füreinander stets ein offenes Ohr. Auch der Vorstand nimmt sich von dieser Kultur nicht aus und führt eine etwas andere Art der Jahresgespräche. Er zieht seine Wanderschuhe an und begibt sich mit seinen Mitarbeitern in ungezwungener Atmosphäre auf eine Wanderung und bespricht das vergangene Jahr. Weitere Gelegenheiten für den Austausch bieten die Weihnachtsfeier, das Richtfest bei der Erstellung des neuen Firmengebäudes oder Teambuilding-Maßnahmen (z. B. Fahrsicherheitstraining). Den Mitarbeitern werden zahlreiche Veranstaltungen und andere Möglichkeiten geboten, sich während des Jahres besser kennenzulernen. (compamedia 2013b)

Motivierte und zufriedene Beschäftigte sind leistungsbereiter sowie engagierter und sind damit das Kernelement des Unternehmenserfolges. Dementsprechend ist es erforderlich, dass Arbeitnehmer mit entsprechenden Instrumenten und Aktivitäten für ein stets aktives Mitarbeiten in der Firma motiviert und an das Unternehmen gebunden werden (Stotz und Wedel 2009, S. 108).

Eine mögliche und sinnvolle Variante, wie das **interne Employer Branding** aufgeteilt werden kann, stellt die Gliederung der Deutschen Employer Branding Akademie dar. Denn für einen Mitarbeiter sollte – gleich wie für einen Bewerber – an allen Kontaktpunkten das Markenversprechen der Employer Brand spürbar sein. Die DEBA (2013b) unterscheidet **vier Handlungsfelder** für die interne Umsetzung des Employer Branding:

- HR-Portfolio,
- Führung,
- Interne Kommunikation,
- Gestaltung der Arbeitswelt.

Da es für einen Arbeitnehmer so eindeutig wie nur möglich spürbar sein soll, dass sein Unternehmen die Inhalte der Employer Brand wirklich umsetzt und auch mit Ernsthaftigkeit vorantreibt, gilt es, die vier Handlungsfelder im Sinne der Arbeitgeberpositionierung im Unternehmen auszugestalten (Kriegler 2012, S. 212).

## 11.1 Optimierung der Unternehmenskultur

Eine kraftvolle Arbeitgebermarke, die ein glaubwürdiges und authentisches Markenversprechen im Rahmen eines attraktiven Auftritts vermittelt, ist wohl eines der besten Instrumente, um qualifizierte und passende Mitarbeiter vom umkämpften Arbeitsmarkt zu rekrutieren. Entscheidend ist jedoch, dass das Markenversprechen nach außen auch innen von den Führungskräften umgesetzt wird, denn auch die herausragendste Strategie der Arbeitgeberpositionierung verblasst nach einer gewissen Zeit, wenn Mitarbeiter, und allen voran Führungskräfte eines Unternehmens, sich nicht entsprechend der Marke verhalten. Somit ist die interne Überzeugungsarbeit speziell der Führungskräfte eine große Herausforderung im Employer Branding-Prozess (Siebrecht 2012, S. 105 f.).

Die **Werte eines Unternehmens** zeigen sich in der Firmenphilosophie, in der Unternehmensleitung – wo die Manager für die propagierten Werte stehen – und auch in den Wertvorstellungen, die zwar zu spüren, aber nicht konkret zu fassen sind. Sie drücken sich in bestimmten Sitten, Ritualen, Umgangsformen, aber auch in Statussymbolen oder Projekten einer Firma aus. Da sich alle Kategorien gegenseitig beeinflussen, kann über die Veränderung von Abläufen, Spielregeln und gezeigten Werten langsam auch die innere Haltung der Mitarbeiter beeinflusst werden. Damit dies funktioniert, muss das Management die neuen Werte und Normen vorleben – und das geschieht nur selten (Leitl 2013).

Unternehmenskultur hat viel mit einem Eisberg gemeinsam (Hockling 2012): Der größte Teil liegt unter Wasser und ist nicht auf Anhieb zu erkennen. Über der Wasserlinie werden Leitbilder, Visionen, Mission Statements, deklarierte Werte, Regeln, Prozesse und Strukturen sichtbar. Unter der Wasserlinie finden sich Einstellungen und Gefühle, verdeckte Regeln und Tabus, Umgangsformen, Anekdoten und Legenden.

Wie ein Unternehmen tickt, welche Werte, Spielregeln oder auch Ängste herrschen, zeigt sich im Informellen. Hier schleichen sich geheime Regeln ein, bilden sich Subsysteme heraus. Wie lernt man diese ungeschriebenen Regeln kennen? Mit Einfühlungsvermögen, Sensibilität und Verständnis für solche informellen, kulturell geprägten ungeschriebenen Regeln. Zu erkennen, nach welchen Werten gelebt und gearbeitet wird, ist eine Sache. Die Wahrnehmung reicht aber nicht aus. Führungskräfte müssen auch die bestehende Kultur anerkennen und wertschätzen. Es kommt also darauf an, die Unterschiede und Gemeinsamkeiten zu verstehen und sie bei Führungsprozessen und Entscheidungsstrukturen zu berücksichtigen. Außerdem sollten sich Entscheider damit beschäftigen, was die Wahrnehmungen und Handlungen der Mitarbeiter bestimmt.

Studien zeigen, dass einer der ausschlaggebenden Faktoren für die Zufriedenheit sowie die Leistungsbereitschaft von Mitarbeitern die direkte Führungskraft ist (Kriegler 2012, S. 228; RKW Expertenkreis 2011, S. 112). „Dem Verhalten der Führungskräfte kommt in der internen Verankerung und ‚Verglaubwürdigung‘ der Arbeitgebermarke entscheidende Bedeutung zu. Es ist wichtig, dass das Management der oberen und mittleren Ebenen konform zu den Werten und Botschaften der Arbeitgebermarke agiert" (Kriegler 2012, S. 228). Führungskräfte haben die Aufgabe, ihre Handlungen nach den Werten und Botschaften der Arbeitgebermarke auszurichten und das Markenversprechen direkt erlebbar zu machen, sodass dieses auch allen Mitarbeitern klar ist. Sie sollten die Führungsgrundsätze vermitteln und auch leben (Grubendorfer 2010, S. 115 f.).

Mögliche **Führungsgrundsätze** sind beispielsweise eine konstruktive Handhabung von Fehlern, das Engagement, Ideen in das Unternehmen einfließen zu lassen, den Mitarbeitern Verantwortung zu übergeben, die offene Kommunikation innerhalb der Firma, eine klare Regelung des Informationszugangs und eine konstruktive Meetingkultur (Stotz und Wedel 2009, S. 112). Darüber hinaus beeinflusst Führung auch das gesundheitliche Befinden von Mitarbeitern. Freiräume zuzulassen, die Leistung der Mitarbeiter und deren Persönlichkeit anzuerkennen sowie die Vorbildfunktion der Führungskraft beispielsweise in Bezug auf die Umsetzung der Work-Life-Balance spielen dabei eine wichtige Rolle (RKW Expertenkreis 2011, S. 13).

Setzt eine Führungskraft auf gute Beziehungsnetzwerke, will sie Talente entwickeln, sind ihr traditionelle Werte, aber auch Ziele und Herausforderungen wichtig, hat sie gute Chancen, eine bestehende Unternehmenskultur zu verändern. Voraussetzung dafür ist, überhaupt erst eine Führungskultur zu schaffen. „Nur wenn es der Führung ernsthaft auf Innovationen, auf Unverwechselbarkeit und Anerkennung ankommt, wenn sie keine Herausforderungen scheut und Fehler als Investition betrachtet, ändert sich eine Unternehmenskultur. Und das zeichnet echte Führungskunst überhaupt aus", schreibt Sabine Hockling (2012, o. S.) in der „Zeit".

Die **führungsspezifischen Charakteristika von KMU** wurden bereits in Kapitel zwei dargestellt. Die beiden dort dargelegten Kriterien – Prägung durch die Eigentümerpersönlichkeit und flache Hierarchien – stellen einen Vorteil für KMU im internen Employer Branding-Prozess dar. Wird davon ausgegangen, dass in einem KMU Employer Branding nur dann praktiziert wird, wenn der Geschäftsführer davon überzeugt ist, ist die flache Hierarchie und somit die Nähe zur Belegschaft ein entscheidender Erfolgsfaktor. Bei einem KMU mit einer überschaubaren Mitarbeiteranzahl kann die Idee und die Philosophie der Employer Brand vom Geschäftsführer über kurze Informationswege sowie über direkte Kommunikation hin zu den Mitarbeitern transportiert und vorgelebt werden. KMU mit einer größeren Beschäftigungsanzahl werden schon mehr Hierarchie aufweisen und dennoch haben sie den Vorteil, dass das Vorleben der Markenwerte eine größere und direktere Durchlässigkeit hat als bei Großkonzernen.

---

**Innocate solutions – Personalentwicklung/Kommunikation**

Innocate solutions ist ein IT-Dienstleistungsunternehmen mit Hauptsitz in Düsseldorf und beschäftigt 25 Mitarbeiter. Dieses Unternehmen beweist sich als attraktiver Arbeitgeber, in dem eine offene Kommunikationspolitik gelebt wird sowie bewusst Strategien zur Motivation der Mitarbeiter verfolgt werden. Die größte Anzahl an Mitarbeitern ist bei diesem KMU im Außendienst tätig. Da es dem Unternehmen wichtig ist, gemeinsam zu lernen und alle Mitarbeiter auf dem gleichen Wissensstand zu haben, wurde jeden Freitag ein wöchentlicher Infotermin installiert. In entspannter Atmosphäre, mit Obst, Knabbereien und Getränken reflektiert die Belegschaft die vergangene Woche. So wird ein gemeinsames Lernen sichergestellt und jeder Mitarbeiter ist auf dem aktuellen Stand. Den beiden Geschäftsführern ist es wichtig, dass alle Mitarbeiter in bedeutende Entscheidungen eingebunden werden, denn dies fördert die Motivation der Mitarbeiter und bringt eine positive Dynamik mit sich (compamedia 2013a). Dass die Kommunikationskultur von Innocate solutions bei den Mitarbeitern positiv aufgenommen und geschätzt wird, zeigt die Aussage von Kirstin Switalski: „Die offene Kommunikation gefällt mir hier besonders gut, denn das schafft eine Atmosphäre, in der das Arbeiten leicht fällt. Neue Ideen sind hier nicht nur immer herzlich willkommen, sondern man kann diese auch umsetzen und dabei Verantwortung übernehmen". (innocate solutions 2013, S. 39)

---

## 11.2   Interne Führung der Arbeitgebermarke

Die interne Führung der Arbeitgebermarke ist wichtig für das Selbstverständnis der Mitarbeiter und deren Auftritt nach außen sowie ihre Bindung nach innen (Wiese 2005, S. 19). Nach innen stärkt eine starke Arbeitgebermarke die **emotionale Bindung und die Loyalität der Mitarbeiter**. Die Bedeutung dieser Faktoren wird oft unterschätzt, denn schließlich sind es die Mitarbeiter, die täglich im Kontakt mit dem Kunden sind und die Versprechen der Marke erfüllen müssen. Laut einer Studie von Gallup haben 87 % der Arbeitnehmer in Deutschland gegenüber ihrem Unternehmen nur eine geringe oder gar keine emotionale Bindung. Der daraus resultierende volkswirtschaftliche Schaden wird auf mehr als 100 Milliarden Euro geschätzt.[1] In den letzten Jahren scheint deshalb das Bemühen zuzunehmen, die Werte der Arbeitgebermarke in den Köpfen der Mitarbeiter zu verankern. Eine Reihe von Unternehmen hat die Bedeutung der inneren Stärkung der Arbeitgeber bereits erkannt (Krobath und Schmidt 2010, o. S.), was auch unsere Befragung belegt.

Im besten Fall können – wie wir weiter oben gezeigt haben – Mitarbeiter zu Botschaftern der Arbeitgebermarke werden. Um das zu erreichen, stehen in der Phase der Mitarbeiterbindung **drei Stellhebel** zur Verfügung:

- **Markenorientierte Führung:** Die Arbeitgebermarke muss Bestandteil der Führungskultur des Unternehmens werden. Dabei geht es um ein authentisches Vorleben dessen, wofür die Arbeitgebermarke steht. Nur so kann es gelingen, Mitarbeiter zu begeistern und für Veränderungen zu gewinnen. Wir gehen hier näher auf das Thema Mitarbeitergespräche, Aus- und Weiterbildung sowie Führungskräfteförderung und Teamentwicklung ein.
- **Markenorientiertes Personalmanagement:** Von der Integration neuer Mitarbeiter über die Arbeitsplatzgestaltung bis hin zur Work-Life-Balance reichen hier die Maßnahmen.
- **Markenorientierte Kommunikation:** Bei der direkten Kommunikation muss die Art und Häufigkeit der kaskadenartigen Gespräche (Topmanagement – Abteilungsleiter – Mitarbeiter) und Veranstaltungen festgelegt werden. Bei der indirekten Kommunikation reicht das Spektrum vom Intranet über Newsletter bis hin zur Mitarbeiterzeitung.

## 11.3  Dialog zwischen Mitarbeiter und Führungskraft

Die so genannte **Face-to-Face-Kommunikation**, also der Dialog zwischen Mitarbeiter und Führungskraft, wird immer wichtiger in Unternehmen und ist Voraussetzung für eine Zusammenarbeit, die von Zufriedenheit gekennzeichnet ist (Kinter et al. 2009, S. 44). Ein strukturiertes Mitarbeitergespräch reflektiert und bewertet die Ergebnisse und erbrachten Leistungen der vergangenen Periode und dient dazu, das kommende Jahr zu planen (Stotz und Wedel 2009, S. 112). Je qualifizierter die Rückmeldungen ausfallen, desto höher ist die Chance, eine Leistungssteigerung bei den Mitarbeitern zu erzielen (RKW Expertenkreis 2011, S. 13). Entscheidend ist die Kommunikationskultur, die sich hier zeigt. Mitarbeiter suchen nicht nur Orientierung, wohin die Reise des Unternehmens geht. Sie wollen auch wissen, wie ihre Leistung gesehen wird.

---

[1] www.gallup.com/strategicconsulting/158132/nachrichten-aus-deutschland.aspx.

Die **Bedeutung des Mitarbeitergesprächs** bestätigen auch einige Studien. Bei den von karriere.at befragten österreichischen KMU setzten bereits 80 % das Instrument des regelmäßigen Mitarbeitergesprächs ein (Karriere.at Informationsdienstleitung 2008, S. 22). Zu einem ähnlichen Ergebnis kommt eine Studie, die in den Jahren 2012/2013 von Kienbaum Management Consultant durchgeführt wurde: Hier machten 85 % der befragten Unternehmen mit einer Mitarbeiteranzahl < 1.000 die Angabe, dass sie Mitarbeitergespräche in ihrem Unternehmen umsetzen (Kienbaum Management Consultant 2012/2013, S. 43). Das Gespräch mit Vorgesetzten kann zur Schaffung von Vertrauen und Sicherheit beitragen sowie emotionale Bedürfnisse erfüllen. Daher wird ihm im Employer Branding-Prozess eine wichtige Rolle zugeschrieben (Stotz und Wedel 2009, S. 152 f.).

**Gegenstand des Gespräches** ist die Formulierung der Unternehmensziele. Ganz nebenbei sei bemerkt, dass es auch in kleineren Unternehmen nicht schadet, sich von Zeit zu Zeit Gedanken zu machen über das, was erreicht werden soll. Die Ziele sollten realistisch und doch fordernd sein. Durch eine klare Aufgabenvereinbarung wird festgelegt, was der einzelne Mitarbeiter zu diesem Erfolg beiträgt. Besprochen werden im Mitarbeitergespräch auch die persönlichen Stärken, die Potenziale und wie diese weiter entwickelt werden können. Hierher gehört auch, wie Erfolge honoriert werden. Nicht zuletzt hat auch der Mitarbeiter das Recht, einen wertschätzenden Umgang einzufordern. Das geschieht in größeren Unternehmen inzwischen in Form eines anonymen Aufwärtsfeedbacks, wie es im Fallbeispiel Salzburger Sparkasse beschrieben wird.

Für den Mitarbeiter hat das strukturierte Mitarbeitergespräch zahlreiche **Vorteile**: Er bekommt eine persönliche Standortbestimmung, ihm wird eine längerfristige berufliche Perspektive aufgezeigt und nicht zuletzt wird ihm verdeutlicht, dass er Mitverantwortung für den Gesamterfolg trägt. Die Führungskräfte bekommen Feedback darüber, wie ihr Verhalten ankommt, sie stärken den Teamgeist und sorgen für Transparenz bezüglich der Stärken und Schwächen ihrer Mitarbeiter. Zudem bekommen Sie so auch einen Eindruck davon, wie sie am besten gefördert werden können. Für das Unternehmen schließlich liegt der Vorteil strukturierter Mitarbeitergespräche darin, dass die Ziele des Unternehmens und die seiner Mitarbeiter in Einklang gebracht werden, dass die Mitarbeiter Verantwortung für das Ganze übernehmen und sie entsprechend ihren Fähigkeiten und Talenten optimal eingesetzt werden.[2]

In Mitarbeitergesprächen werden viele **Fehler** gemacht. Wolfgang Mentzel, Svenja Grotzfeld und Christine Haub zählen in ihrem Buch über Mitarbeitergespräche die fünf häufigsten auf:[3]

- **Zeitmangel:** Das Gespräch findet unter Zeitdruck und Hektik statt.
- **Überheblichkeit**: Der Vorgesetzte tritt auf unnötige Weise überheblich auf.
- **Unklare Anweisungen:** Arbeitsaufträge werden nicht klar definiert und mitgeteilt.

---

[2] Siehe dazu den Leitfaden zum Mitarbeitergespräch der Erste Bank/Sparkassengruppe.

[3] http://www.faz.net/aktuell/beruf-chance/arbeitswelt/mitarbeitergespraeche-gut-dass-wir-darueber-gesprochen-haben-11604307.html.

- **Fehlende Mitsprachemöglichkeit:** Bei Änderungsentscheidungen hat der Mitarbeiter keine ausreichende Möglichkeit zur Mitsprache.
- **Falsche Form der Kritik:** Auf einer unsachlichen Ebene werden nur negative Aspekte beleuchtet.

Das Thema Mitarbeitergespräch wird in den diversen Foren sehr kontrovers diskutiert. Die Meinungen schwanken zwischen „Mitarbeiterführung ist nicht auf einen Termin im Kalender beschränkt" bis hin zu „Wieso muss das Mitarbeitergespräch nur ein Mal pro Jahr stattfinden, warum nicht zwei oder vier Mal?" Große Unternehmen halten strukturierte Mitarbeitergespräche ganz bestimmt nicht aus Jux und Tollerei ab. Sie wissen um die Vorteile. Die Frage lautet also, wie so ein Gespräch gelingen kann. Zunächst sollte der Termin mindestens eine Woche vorher angekündigt werden. Es sollte keine Störung geben und genügend Zeit eingeplant werden. Gute Vorbereitung, respektvoller Umgang miteinander, aufmerksam zuhören, konstruktive Kritik und Orientierung am großen Ganzen und nicht an Einzelfällen sind wesentliche Voraussetzungen für ein gutes Ergebnis.

Die Kehrseite der Medaille gibt es freilich auch zu beachten: „Wenn hinter den Gesprächen das Arbeitsklima, die Vertrauensbasis, der gegebene Stellenwert durch das Management, die Motivation und die Kommunikationskultur nicht stimmen oder gar fehlen, bewirken auch Mitarbeitergespräche nichts, sondern machen Defizite höchstens noch erkennbarer und erzeugen somit noch mehr Frustration" (Micheli 2010). Für Mitarbeitergespräche gilt, was für alle Instrumente gilt: Sie sind immer nur so gut wie jene, die sie handhaben; Glaubwürdigkeit, Professionalität und das Klima, in dem sie stattfinden, sind ausschlaggebend für den Erfolg.

Die **Durchführung von Mitarbeitergesprächen bei KMU** ist durch die geringe Mitarbeiteranzahl machbar und realistisch. Die Gespräche sollten allerdings strukturiert geführt und dokumentiert werden. Der Ansatz, dass „man ja ohnedies jeden Tag miteinander in Kontakt ist", die Tür immer offen steht und man miteinander beispielsweise täglich beim Mittagstisch rede, ist jedenfalls falsch. Hier werden Sie niemals individuelle Wünsche, Anliegen und Probleme hören, da diese oft nicht für die Ohren der Kollegen gedacht sind. Auch können Sie selbst als Vorgesetzter kein offenes Feedback geben, da auch das nicht vor dem ganzen Team gemacht werden sollte.

Mitarbeitergespräche sind allerdings bei weitem nicht die einzige Form des Dialoges. Unternehmen unterliegen ständiger Veränderung. Die Mitarbeiter in diesem Prozess mitzunehmen, zählt zu den wichtigsten Erfolgsfaktoren. Die Firma Fill hat diesen Prozess strukturiert. In den Rekreationszonen stehen Touchscreens mit eigener **„Employee Relationship Management"-Software**.[4] Diese beinhaltet auch ein Befragungswerkzeug, über das laufend die Meinung der Mitarbeiter eingeholt wird. Die Ergebnisse werden danach über die verschiedenen Kanäle kommuniziert und von der Unternehmensleitung auch kommentiert. Auf diese Art werden alle Mitarbeiter in die Veränderungsprozesse eingebunden und schon zu Beginn eines Prozesses abgeholt und mitgenommen. Der Dialog

---

[4] www.core-smartwork.com.

zwischen Führungskräften und Personal überwindet emotionale Barrieren, das Unternehmen wird zu einer lernenden Institution, in der der Wandel als Entwicklung und damit als etwas Natürliches gesehen wird.

## 11.4   Wissen und Verständnis durch interne Kommunikation schaffen

Grundvoraussetzung für den Erfolg eines Unternehmens ist der hohe Informationsgrad. Nur wenn die Mitarbeiter wissen, was im Unternehmen passiert und was sich am Markt tut, können sie zum Erfolg beitragen und zielgerichtet agieren (Bruns et al. 2008, S. 75). Strategische Mitarbeiterkommunikation zielt auf eine Verbesserung der Kommunikationsflüsse und die Vermeidung kostspieliger Fehlinterpretationen aufgrund von Widersprüchen im Führungsverhalten und Vertrauenslücken. Die **interne Kommunikation** hat eine wichtige Bedeutung für die Leistung einer Firma, denn sie bekräftigt das Verständnis zwischen Beschäftigten und der Unternehmensleitung (Dörfel 2008, S. 11). Folglich ist es erforderlich, dass Mitarbeiter stets über wichtige aktuelle Geschehnisse im Unternehmen im Bilde sind (Dörfel 2008, S. 124). Durch die interne Kommunikation kann ein Unternehmen auch die eigenen Wertevorstellungen und Grundsätze, sprich die Unternehmenskultur, vermitteln (Dörfel 2008, S. 11). Eine offene und durchlässige interne Kommunikation ist notwendig, um glaubwürdig zu sein (Dörfel 2008, S. 11; Stotz und Wedel 2009, S. 124).

Aus diesen Gründen sollten schon beim Start einer Employer Branding-Initiative die Arbeitnehmer über Ziele sowie Hintergründe informiert und aufgeklärt werden (Nagel 2011, S. 128). Alle Instrumente der internen Kommunikation an- und auszuführen, würde den Umfang dieser Arbeit überschreiten. Daher wird im Folgenden eine Auswahl der in der Literatur häufig dargestellten **Instrumente und Aktivitäten** angeführt (Dörfel 2008, S. 125):

- Intranet,
- Mitarbeiterzeitschrift,
- Newsletter,
- Wikis & Blogs,
- Informationsbroschüren über HR-Produkte,
- Mitarbeiterbefragung,
- Regelmäßiger Erfahrungsaustausch.

Drei davon, nämlich das Intranet, Mitarbeiterzeitschrift und Mitarbeiterbefragung, sollen im Folgenden etwas genauer beschrieben werden, da diese zu den zentralen und gängigen Instrumenten der internen Kommunikation zählen.

**Intranet** Das Intranet ist ein Online-Netzwerk, mit dem ausschließlich unternehmensintern gearbeitet werden kann. Es bietet Mitarbeitern die Möglichkeit, Informationen einzuholen oder auch untereinander zu kommunizieren. Häufig wird das Intranet dazu verwendet, dass beispielsweise offene Stellenausschreibungen platziert werden, Wissen ausgetauscht wird oder einfach wichtige Details zur Unternehmensentwicklung präsentiert werden (Stotz und Wedel 2009, S. 125). Somit empfiehlt es sich, auch das Thema Employer Branding durch das Intranet im Unternehmen zu platzieren (Nagel 2011, S. 128). Die Kienbaum-Studie „HR Strategie & Organisation" bestätigt, dass das Intranet das Medium ist, um die Arbeitgebermarke intern zu festigen (Kienbaum Management Consultant 2012/2013, S. 43). Mitarbeiter erhalten im Intranet stets wichtige und aktuelle Informationen zur Arbeitgeberpositionierung oder auch Arbeitgeber-Nutzenargumente seitens des Unternehmens (Nagel 2011, S. 128). Für die professionelle Nutzung ist es aber entscheidend, die Information gut zu selektieren und nur relevante Teile zu transportieren. Zusätzlich bedarf es eines klaren Ordnungssystems, denn sonst besteht die Gefahr, dass es zu einem themenschluckenden Kommunikationsmittel wird, in welchem Mitarbeiter mehr suchen als finden (Berg und Kalthoff-Mahnke 2011, S. 240).

Dieses Instrument bietet sich jedoch nicht für jedes KMU als sinnvolle Maßnahme an. Für ein Kleinstunternehmen, beispielsweise für einen regionalen Installateur, dessen Mitarbeiter keinen eigenen fixen Büroplatz haben, da sie ständig beim Kunden sind, ist die Etablierung eines Intranets als internes Kommunikationsmedium nicht zweckmäßig und wäre daher momentan noch ein zu großer finanzieller Aufwand. Für die nähere Zukunft wäre allerdings die Entwicklung von Mitarbeiter-Applikationen für mobile Endgeräte – also Smartphones oder Tablet-PCs – zu beobachten. Interessante Ansätze dazu zeigt unser Fallbeispiel des Nürnberger Hotels Schindlerhof oder der PrivateCityHotels.

---

**Maiers Bettenwarenfabrik**

Dieses KMU ist in Bad Boll angesiedelt, vertreibt Bettwaren und hat lediglich 37 Mitarbeiter angestellt. In Maiers Bettwarenfabrik sind Beschäftigte, die querdenken, Dinge kritisch hinterfragen und Ideen einbringen nicht nur gern gesehen, sondern erwünscht, denn hier herrscht die Haltung vor, dass jegliche Anregungen und Vorschläge es wert sind, weiterverfolgt zu werden. Damit diese Kultur gelebt wird, laden die zwei Geschäftsinhaber die Mitarbeiter regelmäßig zu „Querdenker-Abenden" ein. Neben diesem kreativen Kommunikationsinstrument hat das Unternehmen eine Facebook-Gruppe sowie ein Unternehmenswiki installiert und ein „Mitwisser-Board" etabliert, im Rahmen dessen von unternehmensbedingten Neuigkeiten bis hin zu Freizeitaktivitäten alles ausgetauscht wird. (compamedia 2013d)

---

**Mitarbeiterzeitschrift** Oft ergibt sich die Fragestellung, ob Print-Medien den Online-Medien weichen müssen – speziell bei der internen Kommunikation. Doch beide Kommunikationskanäle haben ihre Vorteile und werden somit berechtigt im Kommunikationsmix angewandt. Ein entscheidender Nutzen, den die Mitarbeiterzeitschrift gegenüber den Online-Medien mit sich bringt, ist der, dass die Berichte und Informationen „schwarz auf weiß" abgebildet sind und ihnen somit mehr Glaubwürdigkeit entgegengebracht wird. Die vermittelte Information wirkt hier nachhaltiger als ein Wort auf dem Bildschirm (Berg und Kalthoff-Mahnke 2011, S. 242; Burkhardt und Kircher 2008, S. 42). Viele Unternehmen schicken die Mitarbeiterzeitung auch nach Hause. Das hat den Vorteil, dass die Lektüre in einer entspannten Atmosphäre stattfinden kann und zudem auch die nächsten Angehörigen erfahren, was es Neues im beruflichen Umfeld des Mitarbeiters gibt.

Mitarbeiterzeitschriften sollten in regelmäßigen Abschnitten erscheinen, wobei regelmäßig bei KMU in der Regel zwei bis vier Ausgaben pro Jahr bedeutet (Stotz und Wedel 2009, S. 125). Sie sollten Botschaften vermitteln, die nachvollziehbar sind sowie emotional ansprechen, denn nur so kann die Information auch die entsprechende Wirkung bei Mitarbeitern auslösen (Burkhardt und Kircher 2008, S. 43). Benchmark-Analysen haben ergeben, dass der Erfolg von Mitarbeiterzeitschriften maßgeblich von zwei Komponenten beeinflusst wird: Der Anteil an Fotos sollte etwa die Hälfte des gesamten Umfanges ausmachen. Die Hälfte des redaktionellen Raumes sollte mit Persönlichem gefüllt werden. Mitarbeiter wollen wissen, wer neu ist im Unternehmen, wer ein Jubiläum feiert, Nachwuchs bekommen hat oder auch eine Ausbildung erfolgreich abgeschlossen hat. Mitarbeiterzeitungen, die als rein geschäftspolitisches Mitteilungsorgan verstanden werden, erreichen ihre Leser nur unterdurchschnittlich.

Durch das Medium ist es möglich, die Bindung sowie Motivation der Beschäftigten zu beeinflussen. Wenn Sie den Verantwortlichen für die Mitarbeiterzeitschrift Freiräume für den inhaltlichen Aufbau gewähren und diese sich an den Wünschen und Vorlieben der Leser orientieren, wird das Medium zu einer ansprechenden, unterhaltenden und emotionalen Zeitschrift. Auf diese Art und Weise können Sie Ihr Interesse an Ihren Mitarbeitern zum Ausdruck bringen und zur Motivation der Belegschaft beitragen (Burkhardt und Kircher 2008, S. 43).

Um eine entsprechende Mitarbeiterzeitschrift zu erstellen, ist eine Budgetfreigabe notwendig (Burkhardt und Kircher 2008, S. 44). Gerade dieser Aspekt kann für die Umsetzung in einem KMU hinderlich sein. Jedes KMU muss stets im Rahmen seiner Möglichkeiten und Ressourcen eruieren, ob die Realisierung eines solchen Instrumentes sinnvoll ist. Bei der Gestaltung einer Mitarbeiterzeitschrift für ein KMU müssen jedoch keine Großkonzerne als Vorbild gelten. Wie zuvor erläutert, ist vor allem die Ausrichtung der Inhalte an den Leserinteressen ausschlaggebend – aufgrund seiner überschaubaren Größe und seiner Nähe zu den Mitarbeitern kann ein KMU diesen Aspekt gut umsetzen.

**Mitarbeiterbefragung**  Im Zuge eine Mitarbeiterbefragung erhalten Sie einen Eindruck über die Zufriedenheit der Arbeitnehmer und deren Arbeitswelt. Sie ermöglicht einen Überblick über das Betriebsklima. Diese Informationen erhält der Arbeitgeber dadurch, dass die Arbeitnehmer im Hinblick auf die subjektiven Erwartungen und Anliegen einen anomyen, normierten Fragebogen ausfüllen (Schuhmacher und Geschwill 2009, S. 112). Damit Anonymität und Neutralität bewahrt werden kann, ziehen Firmen häufig externe Dienstleister oder aber auch Universitäten oder Fachhochschulen zur Durchführung und Auswertung einer Mitarbeiterbefragung hinzu (Lauer 2010, S. 135).

Die Mitarbeiterbefragung ist nicht mit dem Ende der Befragung abgeschlossen, denn entscheidend sind die Folgeprozesse im Anschluss: Rückmeldung der Ergebnisse und deren Diskussion sowie Probleme zu identifizieren, Maßnahmen zu entwerfen, umzusetzen, zu evaluieren und zu monitoren (Lauer 2010, S. 136 f.).

Flache Hierarchien, überschaubare Strukturen und die Nähe zur Belegschaft könnten von Unternehmensleitungen von KMU als Grund gegen eine Mitarbeiterbefragung genannt werden. Denn möglicherweise vertreten manche die Sichtweise, dass sie aufgrund der Überschaubarkeit und der scheinbaren Nähe zu den Arbeitnehmern bereits alle ihre Probleme und Änderungswünsche kennen. Sollte es doch zu einer Durchführung der Befragung kommen, muss speziell in einem KMU genau definiert werden, wer für dieses Projekt verantwortlich ist, denn wie zuvor beschrieben, existieren in KMU oft keine Personalabteilungen, die sich dieses Projektes annehmen. Neben den personellen Ressourcen muss ein KMU natürlich auch die finanziellen Aufwendungen budgetieren und sie dem Nutzen gegenüberstellen.

Mit interner Kommunikation assoziieren viele Unternehmer immer noch die eingleisige Vermittlung von Informationen über interne Medien. Das wiederum löst bei KMU meist den Reflex aus: „Das brauchen wir nicht, ist viel zu teuer und kostet viel zu viel Arbeitszeit." Dem kann eine unter gelernten Kommunikatoren häufig verwendete Rechnung entgegengehalten werden. Sie lautet, dass der Energieaufwand für das Management immer gleich ist, egal, ob zuerst ordentlich kommuniziert wird und dann die gewünschten Aktivitäten gesetzt werden, oder ob nicht ordentlich kommuniziert wird und nachträglich erklärt werden muss, warum es gescheit gewesen wäre, bestimmte Handlungen zu setzen.

Dabei ist gerade in der Kommunikation zur Bildung einer Arbeitgebermarke die medial vermittelte Einwegkommunikation ohnedies nicht der Weisheit letzter Schluss, weil sie nicht in der Lage ist, Haltungen zu verändern. Anders verhält sich das mit **persönlicher, dialogorientierter Kommunikation**. Das Web 2.0 ermöglicht die Informationsweitergabe mit Feedback-Schleifen. Viele Unternehmen haben dafür bspw. interne Facebook-Seiten eingerichtet oder arbeiten mit Wikis bzw. Kombinationen aus beidem, wie beispielsweise Hotelkit.net. Das weiter unten beschriebene Fallbeispiel der Maschinenbaufirma Fill zeigt, dass durch permanente Befragungen der Mitarbeiter zu strategischen Entscheidungen der Unternehmensführung ein hohes Maß an Interesse an der Entwicklung des Unternehmens entsteht.

Großen Einfluss auf die Bereitschaft, sich mit den Botschaften und der Positionierung des Unternehmens auseinanderzusetzen, haben alle **informellen Kommunikationswege**. Den sogenannten „Flurfunk" können Sie auch ganz gezielt durch die Schaffung von Dialogräumen, eine veränderte Meeting-Kultur mit Spielregeln, Abläufen und Nachbereitung anregen, wie das bei Schlotterer gelebt wird. Teamstrukturen werden aufgebrochen durch abteilungsübergreifende Meetings etwa bei einem gemeinsamen Frühstück, bei dem alle Themen angesprochen werden, die mehrere Teams betreffen.

Anreichern können Sie diese Plattformen zur Stärkung der Arbeitgeberpositionierung durch die **Arbeitsplatzgestaltung**. Bei Fill etwa werden die Sitzungszimmer nach den Werten des Unternehmens benannt, beim Anmelden des Computers meldet sich die Präsentation mit einer Wertebotschaft. Solche eher ungewöhnliche Projektionsflächen werden als **Ambient Medien** bezeichnet. Andere Beispiele sind Aufsteller für den Schreibtisch, Aufkleber auf Türen oder Spiegeln, in Aufzügen oder Toiletten, Beschriftungen von Stufen, Wänden oder Maschinen. Seien Sie ruhig kreativ in der Vermittlung Ihrer Botschaften.

Bei größeren Unternehmen – vor allem solchen mit dislozierten Niederlassungen – haben Intranet, Mitarbeiterzeitung, Newsletter, Infoscreens, Aushänge am Schwarzen Brett oder Beileger zu den Gehaltsabrechnungen einen hohen Stellenwert in der Informationsvermittlung. Einstellungsveränderungen werden damit aber kaum erreicht, noch haben sie unmittelbare Auswirkungen auf die Handlungen im Sinne der Arbeitgeberpositionierung.

## 11.5 Karriereförderung durch Aus- und Weiterbildung

Weiterbildungsmöglichkeiten, die ein Unternehmen bietet, spielen besonders für karriereorientierte Mitarbeiter eine wichtige Rolle. Dem steht die Erkenntnis gegenüber, dass in Deutschland jedes zweite Unternehmen kein **Talentmanagement-Programm** hat, um intern potenzielle Fach- und Führungskräfte zu identifizieren (Institut der deutschen Wirtschaft in Köln 2012).

Die Möglichkeit, Karriere zu machen, ist für ehrgeizige Mitarbeiter häufig ein Kriterium, sich für den Einstieg bei einem großen Unternehmen zu entscheiden. KMU mit ihren flachen Hierarchien haben hier einen klaren Nachteil. Das ist auch den von uns befragten Unternehmern bewusst: Karrieremöglichkeit liegt bei den Punkten, die einen attraktiven Arbeitgeber ausmachen, ganz vorne auf der Liste.

Dennoch müssen sich die mittelständischen Betriebe mit dem Thema befassen, wollen sie bei qualifizierten Arbeitskräften nicht völlig unter die Räder kommen. Unsere Fallbeispiele zeigen, dass sie das inzwischen auch immer häufiger systematisch angehen. Die fehlenden internen Karrieremöglichkeiten kompensieren sie dabei durch die systematische Entwicklung der eigenen Mitarbeiter. Das dient der kontinuierlichen Anpassung der Fähigkeiten und Kompetenzen an den tatsächlichen Bedarf. Die Förderung des eigenen Personals eröffnet aber auch (zumindest vertikale) Karrieremöglichkeiten und steigert somit auch die Attraktivität als Arbeitgeber für Mitarbeiter, die sich weiterentwickeln möchten.

Mitarbeiter sind an Weiterbildung interessiert, da sie sich durch das Erlernen neuer Fähigkeiten bessere Aufstiegsmöglichkeiten im Unternehmen erwarten. Lebenslanges Lernen führt häufig zu einer abwechslungsreicheren Gestaltung der beruflichen Aufgaben. Auch das ist eine Motivation für Mitarbeiter, sich in diesem Bereich zu engagieren (Pätzmann und Schlegel 2009, S. 22). Es ist empirisch belegt, dass die Mitarbeiterzufriedenheit und Loyalität steigt, wenn die Möglichkeit besteht, den eigenen Wissensstand zu erhöhen.

Das aktive Angebot, Seminare, Kurse oder Studiengänge zu besuchen, ist eine Form der Wertschätzung und signalisiert dem Mitarbeiter, dass Ihr Unternehmen eine längerfristige Zusammenarbeit einplant. Sie sollten das Thema Weiterbildung immer bei den Mitarbeitergesprächen einplanen. Überlegen Sie selbst, was für das Unternehmen nützlich ist. Fragen Sie aber auch die Mitarbeiter, wo sie sich gerne verbessern würden. Kommunizieren Sie auch, welche Budgetmittel sie für die Fortbildung auszugeben bereit und in der Lage sind.

## 11.6   Monetäre Anreize und Gesten der Anerkennung

Das Gehalt und die damit verbundenen geldwerten Vorteile sind sicher das primäre Motiv für die berufliche Tätigkeit, natürlich nicht das einzige, aber das wichtigste, weil es die Grundbedürfnisse des Lebens abdecken muss. Bis zu einer gewissen Grenze korreliert höheres Gehalt mit steigendem Engagement. Nicht zu unterschätzen ist die Bedeutung des Vergleichs mit Kollegen im Unternehmen oder dem Mitbewerb. Kommt ein neuer Mitarbeiter von außen, dessen Gehalt das des schon länger angestellten Kollegen übersteigt, ist Ärger vorprogrammiert. Ein Indikator hierfür sind die Stellenanzeigen österreichischer Unternehmen, die seit einiger Zeit verpflichtet sind, das gebotene Gehalt in den Inseraten anzugeben. Das Einstiegsgehalt wird fast immer am unteren Rand der Skala angesetzt, wobei fast nie der Hinweis fehlt, dass übertariflich bezahlt wird und je nach Erfahrung auch ein Zuschlag möglich ist.

Neben dem Fixgehalt spielen auch **Erfolgsbeteiligungen** eine große Rolle. In der Regel fördern sie den Wunsch der Angestellten, zu einem positiven Ergebnis beizutragen (Pätzmann und Schlegel 2009, S. 14). Allerdings darf der Anteil der flexiblen Gehaltsbestandteile nicht zu hoch sein, da dies eine gewisse Unsicherheit auslöst: „Was passiert, wenn es einmal nicht so läuft, wie geplant?" Das Sicherheitsbedürfnis sollte nie unterschätzt werden, wie auch das Fallbeispiel der perbit-Software zeigt.

Kaum ein Unternehmen verzichtet auf die obligatorische Weihnachtsfeier, viele veranstalten gemeinsam oder auf Abteilungsebene Betriebsausflüge, bieten Vorzugspreise für die eigenen Produkte und Dienstleistungen oder organisieren Einkaufsgutscheine für Unternehmen der Region. Ob **Mitarbeiterveranstaltung oder Benefits**, die neben dem Gehalt gewährt werden: In allen Fällen wird die Motivation der Mitarbeiter gesteigert. Ein perfektes Beispiel dafür ist das Maschinenbauunternehmen Fill, das in der nachstehenden Fallstudie mit seinen umfangreichen Aktivitäten vorgestellt wird.

Den Schwaben wird das Wort in den Mund gelegt, dass „nit gschompfa globt gnuag isch". Für Leser, die des Schwäbisch-Alemannischen nicht mächtig sind, heißt das übersetzt: „Nicht geschimpft ist genug gelobt." Mit diesem früher durchaus üblichen Zugang zum Thema Motivation werden Sie heute nicht mehr weit kommen. Heute sind Gesten der Anerkennung gefragt. Die müssen nicht immer viel kosten, wie das Beispiel von Job-Alpin zeigt: Geschäftsführerin Romana Linke empfiehlt den von ihr betreuten Hotels, die Zimmermädchen doch nach dem Großreinemachen vor Saisonbeginn in den Wellness-Bereich einzuladen, sie dort mit einer Handmassage zu verwöhnen und eine Stunde lang bei frisch gepresstem Orangensaft zu verwöhnen.

## 11.7   Gestaltung der Arbeitswelt: Work-Life-Balance

Arbeit, soziale Beziehungen, eigene Bedürfnisse, Gesundheit und Sinn möchte die Generation Y gerne in eine gefühlte Ausgewogenheit bringen. Dieser Anspruch, ein Equilibrium herzustellen, wird als „**Work-Life-Balance**" zusammengefasst. Dieses Unternehmenskonzept umfasst „viel mehr als den Ausgleich zwischen Beruf, Familien und Privatleben. (Es) umfasst betriebliche Rahmenbedingungen, Führungskultur und persönliche Einstellungen, abzulesen am besseren Recruiting, weniger Personalfluktuation und Krankenstand, besserer Widerstandsfähigkeit des Unternehmens gegenüber kritischen Situationen, besserem Ruf und zufriedeneren Kunden" (Holzer 2013, S. 178). Work-Life-Balance erfordert einen ständigen Abgleich der Ziele von Mitarbeitern und Unternehmen. Christian Steiner hält ein Plädoyer für motivierende Mitarbeitergespräche, Coaching der Führungskräfte und Veranstaltungen mit hohem Firmenwert. Das **Hineinhören in die Bedürfnisse und Lebensumstände** der eigenen Mitarbeiter bringt auch ein besseres Verständnis der Mitarbeiter untereinander, wie das Fallbeispiel von bremenports zeigt.

Die **Gestaltung der Arbeitswelt** der Beschäftigten ist ein bedeutsames Element in der Welt des internen Employer Branding (Siebrecht 2012, S. 56), denn selbst leistungswillige Arbeitnehmer können erst in einer angemessenen Umgebung ihre eigentlichen Fähigkeiten ausleben (Stotz und Wedel 2009, S. 113). Die Positionierung des Arbeitgebers muss sich auch in der täglichen Gestaltung der Arbeit widerspiegeln (Siebrecht 2012, S. 105 f.), in der Verteilung, Strukturierung und Organisation der Tätigkeiten ebenso wie in der Anordnung und Ausstattung der Büros (Kriegler 2012, S. 234). Wenn ein Unternehmen dies umsetzt, kann die Differenzierung zum Mitbewerber verbessert werden (Siebrecht 2012, S. 56).

Mögliche Ansatzpunkte für den Aufbau der Arbeitswelt stellen nachstehende Punkte dar, die häufig in der Literatur erwähnt werden (Kriegler 2012, S. 234; Stotz und Wedel 2009, S. 114):

- Arbeitszeitmodelle,
- Arbeitsautonomie,
- Aufbauorganisation (Hierarchien) und Teamorganisation,
- Gesundheitsmanagement,
- Büroräumlichkeiten, Arbeitsplatz- und Raumgestaltung.

Im Folgenden werden die Punkte Arbeitszeitmodelle, Gesundheitsmanagement sowie Büroräumlichkeiten, Arbeitsumfeld und Raumgestaltung etwas genauer betrachtet.

**Arbeitszeitmodelle** Bei den Arbeitszeitmodellen gibt es unterschiedliche Möglichkeiten der flexiblen Gestaltung: Teilzeit, Gleitzeit, Vertrauensarbeitszeit, Telearbeit, u.v.m. (Gmür und Thommen 2007, S. 336). Wenn ein Unternehmen postuliert, dass in der Unternehmenskultur Vertrauen und Freiräume eine bedeutende Rolle haben, sollte es sich im Vorfeld schon darüber im klaren sein, welche praktischen Auswirkungen und einschneidenden Konsequenzen ein Markenversprechen wie dieses mit sich bringt (Kriegler 2012, S. 234).

Dass das Angebot der unterschiedlichen Arbeitszeitmodelle in KMU umsetzbar ist, belegt die Studie des österreichischen Karriereportals karriere.at: rund zwei Drittel der österreichischen KMU bieten ihren Beschäftigten flexible Arbeitszeitgestaltung, wobei 18,4 % bereits Home-Office-Lösungen anbieten (Karriere.at Informationsdienstleitung 2008).

Wie im zweiten Kapitel beschrieben, findet derzeit ein Umbruch der Arbeitswelt statt. Es sind unterschiedliche Einstellungen zur Arbeit vorherrschend, und für manche Mitarbeiter wird es zum Beispiel immer wichtiger, dass sie ihr Privatleben besser mit dem Beruf abstimmen und vereinbaren können (RKW Expertenkreis 2011, S. 16). Herrscht hier ein Gleichgewicht, wird von Work-Life-Balance gesprochen. Für viele Menschen stehen nicht mehr die Karriere und das Gehalt im Fokus, sondern die Möglichkeit, neben dem Beruf das Familienleben oder persönliche Interessen ausleben zu können (Müller et al. 2011, S. 82).

Insbesondere wenn man die verschiedenen Generationen, die in einem Unternehmen tätig sind, genauer betrachtet, werden unterschiedliche Bedürfnisse nach Selbstverwirklichung deutlich. Gerade mit einem Angebot an flexiblen Arbeitszeiten können KMU auf die unterschiedlichen Erwartungen und Einstellungen der Belegschaft reagieren und sich positiv als Arbeitgeber positionieren.

---

**Dornseif Winterdienst**

Das Familienunternehmen Dornseif ist ein Winterdienstleister in Münster und beschäftigt 32 Mitarbeiter (compamedia 2013c). Fokus des Unternehmens ist es, zufriedene Mitarbeiter zu haben und es ihnen zu ermöglichen, Familie und Beruf gut miteinander zu vereinbaren. Dafür hat Dornseif das Projekt „Dreamwork" ins Leben gerufen. Das Ergebnis ist eine Broschüre, in der alle Maßnahmen für die Mitarbeiter zusammengefasst und die mitarbeiterorientierte Unternehmensphilosophie zu finden sind (Dornseif e. Kfr. 2013). Das Unternehmen ermöglicht den Mitarbeitern familienfreundliche, individuelle Arbeitszeitmodelle. Pausen können auf Vertrauensbasis gemacht werden. So beschreibt Markus Dornseif die Unternehmenssicht zum Thema Arbeitszeitmodelle: „Wir versuchen, die Wünsche unserer Mitarbeiter ganz unkompliziert zu erfüllen, indem wir ihren jeweiligen Arbeitsumfang unter Berücksichtigung der persönlichen Anforderungen festlegen." Eine innovative Möglichkeit für die Beschäftigten bei Dornseif ist die Inanspruchnahme der zwei mobilen Home Office-Koffer.

---

**Gesundheitsmanagement**  Ein weiteres zentrales Handlungsfeld im Bereich Employer Branding ist das Gesundheitsmanagement (Festing et al. 2011, S. 11). Darunter sind sämtliche Aktivitäten, die zur Steigerung und zum Erhalt der gesundheitsbedingten Leistungsfähigkeit der Belegschaft beitragen, zu verstehen (Stotz und Wedel 2009, S. 114). Durch die Arbeitgebermarke kann ein Unternehmen die umgesetzten Maßnahmen, die der Gesundheitsvorsorge der Mitarbeiter dienen, kommunizieren und seine Arbeitgeberattraktivität steigern (RKW Expertenkreis 2011, S. 17). Nur wenigen KMU ist es aufgrund der begrenzten finanziellen Ressourcen möglich, seinen Mitarbeitern beispielsweise ein firmeninternes Fitness-Studio zu bieten. Doch auch sie können im kleinen Rahmen, wie beispielsweise durch gemeinsame sportliche Aktivitäten nach der Arbeit, das betriebliche Gesundheitsmanagement unterstützen.

**Scheuch**

Die Firma Scheuch hat ihren Sitz in Oberösterreich und beschäftigt rund 233 Mitarbeiter. Im Rahmen des Projekts „G'sund und aktiv" wurden im Zeitraum von 2007 bis 2010 zahlreiche Maßnahmen im Unternehmen implementiert. Eine Auswahl: Angebot von Coaching-Gesprächen, Messung der Lärm- und Strahlenbelastung, die Neugestaltung der Kantine, Angebot einer vegetarischen Jause, Massagemöglichkeit, ergonomische Hilfestellung für den Arbeitsplatz sowie ein Plan für gesunden Rücken. Zudem wurde eine Kontaktperson für Gesundheitsfragen etabliert. (Österreichische Kontaktstelle für betriebliche Gesundheitsförderung 2013)

Die **Gestaltung des Arbeitsumfeldes** beginnt schon beim Bürogebäude selbst, zieht sich durch bis zum Bürokonzept und dem eigentlichen Arbeitsplatz (Stotz und Wedel 2009, S. 113 f.). Für Mitarbeiter ist die Gestaltung des Arbeitsumfeldes neben der Führungskultur und dem Arbeitsklima ein wichtiger Aspekt, der sich auf das Wohlbefinden und die innere Antriebskraft auswirkt (Walter 2005, S. 155). Die Organisation der Büroräumlichkeiten bzw. des Arbeitsplatzes kann nach drei verschiedenen Gesichtspunkten erfolgen. Einerseits geht es um die Ausrichtung an den körperlichen Gegebenheiten, andererseits um die Bezugnahme auf physiologische Aspekte. Des Weiteren sollte im Zuge der psychologischen Betrachtung darauf geachtet werden, dass beispielsweise Leistungs- und Konzentrationsfähigkeit durch die Raumgestaltung bestmöglich unterstützt werden (Walter 2005, S. 154 f.). Dementsprechend ist bei der Gestaltung des Arbeitsumfelds mit Bedacht vorzugehen, und auch die Arbeitgeberpositionierung sollte sich in diesen Aspekten widerspiegeln (Stotz und Wedel 2009, S. 113 f.). Da die Generation Y die Arbeitszeit auch als Lebenszeit empfindet und der Job Spaß machen soll, wird besonderer Wert auf eine angenehme Atmosphäre gelegt. Außerdem sollte der Arbeitsplatz dem neuesten Stand der Technik entsprechen, insbesondere, wenn der Aufgabenbereich technisch geprägt ist. Notebook, Tablet-PC und Smartphone gehören bei jungen Mitarbeitern zur „Mindestausstattung"; sie sind so etwas wie kommunikative Grundnahrungsmittel geworden.

Um die Arbeitgebermarke in der Firma weiter auszustrahlen, können auch etwas weniger gängige Kommunikationsformen verwendet werden. So können beispielsweise Objekte wie Bürogeräte, -möbel, Wände sowie Türen herangezogen werden und mit Kernaussagen der Employer Brand versehen werden. In der Werbesprache wird hier von „**Ambient Medien**" gesprochen. Dies macht es den Unternehmen möglich, die Employer Brand beim eigenen Personal mit humorvollen und sympathieschaffenden Motiven zu präsentieren. Eine denkbare Möglichkeit ist z. B., einzelne Stufen im Treppenhaus mit Botschaften zu bekleben oder die Türen eines Fahrstuhls mit dynamischen Bildern zu versehen. Bei dieser Art von Kommunikation ist es erfolgsentscheidend, dass die Darstellung als interessanter Arbeitgeber auf lustige und präzise Weise erfolgt. Darüber hinaus sollte stets eine Verbindung zum jeweiligen Kommunikationsobjekt hergestellt werden (Kriegler 2012, S. 232).

Die Platzierung der Employer Brand mit solchen eher unüblichen Methoden ist vermutlich selbst für ein KMU gut machbar, denn hierzu bedarf es vor allem kreativer Denk-

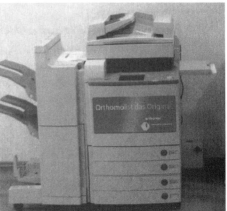

**Abb. 11.1**  Orthomol

weisen, die nicht zwingend mit großen finanziellen Aufwendungen verbunden sind und
dennoch eine beachtliche Wirkung erzielen können.

---

**Orthomol pharmazeutischer Vertrieb**

Orthomol ist ein Erzeuger und Vertreiber von Mikronährstoffkombinationen für
unterschiedliche Anwendungsbereiche. Das pharmazeutische Vertriebsunternehmen
hat seinen Sitz in Langenfeld bei Düsseldorf und beschäftigt ca. 450 Mitarbeiter. Orthomol wünscht sich, dass alle von den eigenen Produkten sowie dem Unternehmen selbst
überzeugt sind. Dies spiegelt sich auch im Arbeitgeberclaim „Orthomol. Überzeugendes Unternehmen" wider. Ein Mitarbeiter wird bei Orthomol „Orthomolist" genannt.
Im Rahmen des internen Employer Branding werden mit Hilfe von Ambient Medien
humorvolle Botschaften mit dem Wort „Orthomolist" platziert. In einem Meetingraum
hängt beispielsweise ein Schild mit der Aufschrift: „Orthomolist eintreten – auch für
seine Meinung". Auf einem Gabelstapler im Lager liest man die Aufschrift: „Orthomolist Schicht für Schicht paletti". Ein weiteres Beispiel sind die Kopierer, die mit einem
Schild versehen sind: „Orthomolist das Original" (Kriegler 2012, S. 272) (Abb. 11.1).

**Familienfreundliche Maßnahmen**  Die ehemalige deutsche Bundesfamilienministerin
Ursula von der Leyen hat bei der Vorstellung des Arbeitsberichts „Erfolgsfaktor Familie" darauf hingewiesen, welchen Stellenwert inzwischen familienfreundliche Maßnahmen
haben: „Die gut ausgebildeten Menschen gehen weg oder ziehen erst gar nicht an einen
Standort, wenn die Arbeitsbedingungen nicht familienfreundlich sind. Die innovativen,
wachen Unternehmen… haben das schon länger verstanden. Deshalb bieten sie flexible
Arbeitszeiten an oder investieren in betriebliche Kinderbetreuung…. Wenn Beschäftigte
in guter Balance Familie und Beruf vereinbaren können, bringt das auch dem Unterneh-

men über geringere Fehlzeiten und Fluktuation, mehr Motivation und Produktivität eine positive Rendite."[5]

Die Forderung nach einer besseren **Vereinbarkeit von Familie und Beruf** wird seit langem erhoben, doch bislang wird sie nicht in erforderlichem Ausmaß umgesetzt. „Familienfreundliche Maßnahmen sind aus Sicht der Mitarbeiter vielerorts eher Marketingwerkzeug als gelebte Unternehmenskultur" (Kearney 2013, o. S.). Heute ist die Vereinbarkeit von Familie mit Beruf bedeutender denn je, denn immer mehr Mütter mit kleinen Kindern kehren in den Arbeitsprozess zurück, die Zahl der Alleinerzieher steigt und eine wachsende Zahl junger Väter ist in die Alltagsorganisation der Familie eingebunden. Nicht nur Mütter und Väter sind mit der Vereinbarkeitsfrage konfrontiert, sondern auch Beschäftigte, die Angehörige pflegen. Die wichtigsten **Handlungsfelder für Familienfreundlichkeit** im Betrieb sind einer Studie des Wirtschafts- und Sozialwissenschaftlichen Institutes zu entnehmen (Klenner 2013):

- Ein **betriebliches Klima**, das die Bedeutung von Familienaufgaben anerkennt und Müttern, Vätern und Pflegenden erlaubt, ihre Bedürfnisse im Betrieb zu artikulieren und ihre Rechte in Anspruch zu nehmen. Ein familienfreundlicher Betrieb zeichnet sich dadurch aus, dass die Inanspruchnahme von Elternzeit, Teilzeitarbeit oder Freistellung bspw. zur Pflege kranker Kinder nicht negativ sanktioniert, sondern akzeptiert wird.
- Eine **familiengerechte Arbeitszeitgestaltung**, die sich sowohl auf die Arbeitszeitdauer als auch auf die Flexibilität und Länge der Arbeitszeiten bezieht. Die Zahl der Betriebe, die Modelle für flexible Arbeitszeiten anbieten, steigt. Damit sind nicht nur reduzierte fixe Wochenarbeitsstunden und Gleitzeitregelungen gemeint. Erfolgreich praktiziert werden auch komprimierte Arbeitswochen (vier statt fünf Tage), Jahresarbeitszeitkonten, Arbeitszeitfestlegungen in Gruppen (Zeitautonomie) oder Arbeitszeitmodelle, die Produktionszyklen des Betriebes und Schulferien berücksichtigen.
- Eine **Arbeitsorganisation**, die familiäre Bedürfnisse berücksichtigt, beispielsweise die Bevorzugung von Eltern schulpflichtiger Kinder bei der Urlaubsplanung.
- Die **Gestaltung der Elternzeit**; die überwiegende Mehrheit der Väter ist aus Gründen fehlender Akzeptanz in den Betrieben nach der Geburt des ersten Kindes weiterhin vollzeitbeschäftigt.[6]
- Das Angebot **betrieblicher Unterstützungsleistungen** für Eltern, finanzielle Zulagen, betriebliche Kindereinrichtungen sowie Service- und Vermittlungsleistungen.

Die **Angebote flexibler Arbeitszeitmodelle** reichen derzeit bei weitem noch nicht aus. Selbst dort, wo sie vorhanden sind, werden sie als nicht ausreichend wahrgenommen. Hier

---

[5] www.mittelstand-und-familie.de/Familienfreundlichkeit-in-den-Unternehmen-wichtiger-denn-je-2/.

[6] www.faz.net/aktuell/wirtschaft/menschen-wirtschaft/maenner-nehmen-elternzeit-vaeter-in-vollzeit-11961561.html.

wirkt die Schere im Kopf. Die Angst vor dem Karriereknick oder gar vor Arbeitsplatzverlust ist größer als der Wunsch, sich besser um die Familie kümmern zu können. Fast jede dritte Frau ist laut der zitierten A.T. Kearney-Studie der Meinung, dass Kinder und Karriere nicht vereinbar sind, knapp die Hälfte der Frauen sehen in Teilzeit einen Karriere-Killer. Bedenklich ist, dass 85 % der Befragten die Meinung vertreten, ihr Betrieb informiere sie zu wenig über Angebote zur Vereinbarkeit von Familie und Beruf, wobei mit sinkender Beschäftigungszahl das Kommunikationsdefizit wächst. Diese Ergebnisse werden durch eine Befragung des Marktforschungsinstitutes Makam Research bestätigt. Das Angebot an Teilzeitmodellen, an Bildungsangeboten, aber auch an gesundheitsfördernden Maßnahmen liegt weit über der tatsächlichen Nachfrage. Dass sie vorhanden sind, wird allerdings von fast allen Mitarbeitern sehr positiv gesehen (Aichinger 2013, M 3).

## 11.8  Gestaltung des Ausstiegs von ehemaligen Mitarbeitern

Entscheidet sich ein Mitarbeiter, zu einem anderen Unternehmen zu wechseln, ist auch hier ein gut ablaufender Prozess von Bedeutung. Unabhängig vom Grund des Austritts sollte sichergestellt werden, dass der Arbeitnehmer auch nach seiner Zeit beim Unternehmen ein positives Bild von diesem hat und ihm wohl gesonnen ist, denn es ist durchaus denkbar, dass er nach einer unbestimmten Zeit wieder in die Firma eintreten möchte.

Für Unternehmen ist in dieser Situation verantwortliches Handeln besonders wichtig. Unsensibles Vorgehen wirkt sich nicht nur negativ auf das Image des Unternehmens aus, sondern auch auf die Motivation der verbleibenden Mitarbeiter. Die „üble Nachrede", die ein ehemaliger Mitarbeiter vielleicht aus verständlicher Enttäuschung seiner Führungskräfte erfährt, sorgt dafür, dass sich die verbleibenden Kollegen fragen, wie wohl die Aussagen lauten würden, wenn sie selbst den Arbeitsplatz wechseln.

Versuchen Sie also, den **Trennungsprozess** so konfliktfrei wie möglich zu gestalten. Es gibt inzwischen schon eine Reihe von Unternehmen, die ihren ehemaligen Mitarbeitern bei der Suche eines neuen Arbeitsplatzes behilflich sind, die ihnen sozusagen einen „Coach" an die Hand geben. Das sorgt dafür, dass Friktionen erst gar nicht entstehen.

Darüber hinaus sollte bedacht werden, dass negative Eindrücke von einem Unternehmen auch immer rasch im eigenen Umfeld verbreitet werden. Zu einer negativen Verbreitung kann es selbst dann kommen, wenn der Mitarbeiter zuvor zehn Jahre im Unternehmen zufrieden war und ausschließlich bei seinem Austritt unangemessen behandelt wurde (Stotz und Wedel 2009, S. 108). Daher ist es sinnvoll und empfehlenswert, eine **Trennungskultur** zu definieren und **Austrittsgespräche** zu führen – seien es standardisierte schriftliche Befragungen oder mündliche Gespräche mit dem ausscheidenden Mitarbeiter. Unter einer **Trennungskultur** ist der unternehmensinterne Umgang mit Mitarbeitern zu verstehen, die sich beruflich umorientieren und einen anderen Arbeitgeber wählen (Stotz und Wedel 2009, S. 111; Sponheuer 2010, S. 235). Aus diesen Gesprächen können durch die erhaltenen Informationen konkrete Maßnahmen zur Verbesserung der Motivation sowie zur Stärkung der Mitarbeiterbindung abgeleitet und durchgeführt werden (Heyse und

Wucknitz 2008, S. 49). Austrittsgespräche zu führen sollte in einem KMU möglich sein, da sich der Aufwand in Grenzen hält, die Informationen, die dadurch gewonnen werden, jedoch umso wertvoller sein können.

## Literatur

Aichinger, H. 2013. Work-Life-Balance bleibt oft liegen. Studie: Kein Run auf Angebote in den Unternehmen. *Der Standard* Mai:M 3.

Armutat, S. 2012. Retention und Employer Branding. In *Employer Branding. Die Arbeitgebermarke gestalten und im Personalmarketing umsetzen,* Hrsg. Deutsche Gesellschaft für Personalführung. 2. Aufl. Bielefeld: Bertelsmann.

Berg, H., und M. Kalthoff-Mahnke 2011. Die Kraft des gedruckten Wortes. Warum Mitarbeiterzeitschriften/-zeitungen in der Personalkommunikation unentbehrlich sind. In *Personalkommunikation. Interne und externe Öffentlichkeit für HR-Themen gewinnen,* Hrsg. W. Jäger und L. Rolke. Köln: Wolters Kluwer.

Bruns, B., S. Rau, und S. Marell. 2008. Das Cognis Intranet: Motor globaler Kommunikationsprozesse. In *Instrumente und Techniken der Internen Kommunikation. Trends, Nutzen und Wirklichkeit,* Hrsg. L. Dörfel. Berlin: Primus.

Burkhardt, R., und L. Kircher. 2008. Das relevanteste Wirtschaftsmagazin der Welt. In *Instrumente und Techniken der Internen Kommunikation. Trends, Nutzen und Wirklichkeit,* Hrsg. L. Dörfel. Berlin: Primus.

compamedia. 2013a. Top-Arbeitgeber. 2012 und früher. http://www.topjob.de/top-arbeitgeber/2012-und-frueher/2012/innocate-solutionsgmbh.html?p=0. Zugegriffen: 1. Juni 2013.

compamedia. 2013b. Top-Arbeitgeber 2012 und früher. Spitzmüller AG. http://www.topjob.de/top-arbeitgeber/2012-und-frueher/2012/spitzmuellerag-.html?p=1. Zugegriffen: 2. Juni 2013.

compamedia. 2013c. Top-Arbeitgeber 2013. Dornseif e.Kfr. http://www.topjob.de/top-arbeitgeber/top-arbeitgeber-2013/dornseif-e.-kfr..html?p=3. Zugegriffen: 1. Juni 2013.

compamedia. 2013d. Top-Arbeitgeber 2012 und früher. Maiers Bettwarenfabrik. http://www.topjob.de/top-arbeitgeber/2012-undfrueher/2012/maiers-bettwarenfabrik-gmbh-co.-kg.html?p=1. Zugegriffen: 2. Juni 2013.

Deutsche Employer Branding Akademie (DEBA). 2013b. Internes Employer Branding. http://www.employerbranding.org/internes_eb.php. Zugegriffen: 23. März 2013.

Dörfel, L. 2008. *Instrumente und Techniken der Internen Kommunikation. Trends, Nutzen und Wirklichkeit.* Berlin: Primus.

Dornseif e. Kfr. 2013. Das Projekt Dreamwork. http://www.dornseif.de/oa-17072012-good-practice. Zugegriffen: 2. Mai 2013.

Festing, M., L. Schäfer, J. Maßman, und P. Englisch. 2011. Agenda Mittelstand. Talent Management im Mittelstand – mit innovativen Strategien gegen den Fachkräftemangel. http://www.ey.com/Publication-/vwLUAssets/Taxlent_Management_im_Mittelstand_2011/$FILE/EY%20Talent%20Management%202011.pdf. Zugegriffen: 3. Mai 2013.

Gmür, M., und J. Thommen. 2007. *Human Resource Management. Strategien und Instrumente für Führungskräfte und das Personalmanagement.* Zürich: Versus.

Grubendorfer, C. 2010. Leadership Branding. Wie Führungskräfte Marken leben und kommunizieren. *Personalführung* (3): 16–23.

Heyse, V., und U. Wucknitz. 2008. *Retention Management. Schlüsselkräfte entwickeln und binden.* Münster: Waxmann.

Hockling S. 2012. Führungskräfte beeinflussen die Unternehmenskultur.http://www.zeit.de/karriere/beruf/2012-04/chefsache-unternehmenswerte. Zugegriffen: 2. Juni 2013.

Holzer, C. 2013. *Unternehmenskonzepte zur Work-Life-Balance. Ideen und Know-how für Führungskräfte, HR-Abteilungen und Berater.* Erlangen: Publicis.

innocate solutions. 2013. innocate solutions. Infobroschüre. http://www.innocate.de/cms/upload/02-main/ueber-uns/WerWirSind/Imagebroschuere-2013.pdf. Zugegriffen: 5. Juni 2013.

Institut der deutschen Wirtschaft in Köln. 2012. Erfolg durch Servicepakete. Pressemitteilung Nr. 11 vom 13 März 2012. http://www.presseportal.de/pm/51902/2215183/hybride-wertschoepfung-erfolg-durch-servicepaket. Zugegriffen: 1. Juni 2013.

Karriere.at Informationsdienstleitung. 2008. Fremdwort Employer Branding. Wie Österreichs Klein- und Mittelbetriebe ihre Arbeitgebermarke zur Personalgewinnung und -bindung einsetzen. http://www.karriere.at/studie08. Zugegriffen: 2. Juni 2013.

Kearney, A. 2013. *Wie familienfreundlich sind Unternehmen in Deutschland?* Düsseldorf: Kearney.

Kienbaum Management. 2012/2013. HR Strategien & Organisation, Kienbaum-Studie 2012/2013. http://www.kienbaum.de/Portaldata/3/Resources/documents/pdf/50_2119_Studie_HR_StrategieOrga_2012–13_ExecSummary.pdf. Zugegriffen: 5. Juni 2013.

Kinter, A., U. Ott, und E. Manolagas. 2009. *Führungskräftekommunikation. Grundlagen, Instrumente, Erfolgsfaktoren. Das Umsetzungsbuch.* Frankurt a. M.: FAZ-Institut.

Klenner, C. 2013. Familienfreundliche Betriebe – Anspruch und Wirklichkeit. *Aus Politik und Zeitgeschichte* 34 (o. H.): 17–25. www.bpb.de/apuz/30293/familienfreundliche-betriebe-anspruch-und-wirklichkeit?p=all. Zugegriffen: 3. Mai 2013.

Kriegler, W. 2012. *Praxishandbuch Employer Branding. Mit starker Marke zum attraktiven Arbeitgeber werden.* Freiburg: Haufe-Lexware.

Krobath, K., und H. Schmidt. 2010. *Innen beginnen. Von der internen Kommunikation zum Internal Branding.* Wiesbaden: Gabler.

Lauer, T. 2010. *Change Management. Grundlagen und Erfolgsfaktoren.* Berlin: Springer.

Leitl, M. 2013. Was ist Unternehmenskultur? http://www.harvardbusinessmanager.de/heft/artikel/a-668244.html. Zugegriffen: 2. Juni 2013.

Micheli, M. 2010. Acht Gründe, woran es an der Mitarbeiterkommunikation oft mangelt. http://neuesausdempersonalwesen.blogspot.com/. Zugegriffen: 5. Juni 2013.

Müller, A., N. Scheidegger, S. Simon, und T. Wyssen. 2011. *Praxisleitfaden Arbeitgeberattraktivität: Instrumente zur Optimierung der Arbeitgeberattraktivität in kleinen und mittleren Unternehmen.* Chur: HTW Chur. http://www.htwchur.ch/uploads/media/Praxisleitfaden_Arbeitgeberattraktivitaet_-_Endversion_-_mit_Titelseite.pdf. Zugegriffen: 10. April 2013.

Nagel, K. 2011. *Employer Branding. Starke Arbeitgebermarken jenseits von Marketingphrasen und Werbetechniken.* Wien: Linde.

Österreichische Kontaktstelle für betriebliche Gesundheitsförderung. 2013. BGF-Gütesiegelträger 2011–2013. http://www.netzwerkbgf.at/portal27/portal/bgfportal/channel_content/cmsWindow?p_pubid=646094 & action=2 & p_menuid=73389&p_tabid=5#pd945087. Zugegriffen: 19. Mai 2013.

Pätzmann, J., und J. Schlegel. 2009. *Kommunikation als ein Instrument des Employer Branding.* Working Paper 7. Hochschule Neu-Ulm: HNU Hochschule Neu-Ulm.

RKW Expertenkreis. 2011. 2. Arbeitgeberattraktivität – Handlungsfelder für das Personalmanagement. Praxismaterialien. http://www.rkwkompetenzzentrum.de/fileadmin/media/Dokumente/-Publikationen-/2011_LF_Praxismaterialien-2.pdf. Zugegriffen: 2. Juni 2013.

Schuhmacher, F., und R. Geschwill. 2009. *Employer Branding. Human Resources Management für die Unternehmensführung.* Wiesbaden: Gabler.

Siebrecht, S. 2012. Umsetzung der Employer Brand in den Personalinstrumenten. In *Employer Branding. Die Arbeitgebermarke gestalten und im Personalmarketing umsetzen*, Hrsg. Deutsche Gesellschaft für Personalführung. 2. Aufl. Bielefeld: Bertelsmann.

Spies, R. 2012b. Die Kunst, in der Nische zu bestehen. Recruiting und Employer Branding bei der MACH AG. *Personalführung* (8): 49.

Sponheuer, B. 2010. *Employer Branding als Bestandteil einer ganzheitlichen Markenführung*. Wiesbaden: Springer.

Stotz, W., und A. Wedel 2009. *Employer Branding. Mit Strategie zum bevorzugten Arbeitgeber*. München: Oldenbourg Wissenschaftsverlag.

Walter, H. 2005. *Handbuch Führung. Der Werkzeugkasten für Vorgesetzte*. 3. Aufl. Frankfurt a. M.: Campus.

Wiese D. 2005. *Employer Branding. Arbeitgebermarken erfolgreich aufbauen*. Saarbrücken: Vdm Verlag Dr. Müller.

# Fallbeispiele für Maßnahmen der Mitarbeiterbindung

In den nachstehenden Interviews erzählen Geschäftsführer, Personalmanager und Kommunikationsverantwortliche von Unternehmen aus Deutschland und Österreich, welche Akzente sie bei der Bindung von Mitarbeitern (und an anderen Kontaktpunkten ihrer Arbeitgebermarke) gesetzt haben.

## 12.1 Elisabethinen Graz setzen auf Wert schätzende Unternehmenskultur

- **Unternehmen:** Krankenhaus der Elisabethinen GmbH
- **Standort:** Das Krankenhaus der Elisabethinen der steirischen Landeshauptstadt Graz ist ein gemeinnütziges Akutkrankenhaus. Das Ordensspital verfügt über 197 Betten in den Fachrichtungen Innere Medizin, Chirurgie (auch Laparoskopie), Hals-Nasen-Ohren-Heilkunde, Schmerzmedizin, Intensivmedizin und Palliativmedizin. Jährlich werden rund 37.000 Patienten betreut.
- **Mitarbeiter:** 400
- **Gründungsjahr:** 1690 (erstes und ältestes Elisabethinenspital Österreichs).
- **URL:** www.elisabethinen.at
- **Interviewpartner:** MMag. Dr. Christian Lagger, MBA, Geschäftsführer (12.04.2013)

W. Immerschitt, M. Stumpf, *Employer Branding für KMU,*
DOI 10.1007/978-3-658-01204-5_12, © Springer Fachmedien Wiesbaden 2014

Pflegeberufe sind in einer alternden Gesellschaft zunehmend gefragter. Menschen, die mit Kranken zu tun haben, sind auch sehr stark gefordert. Denn die sind gerade bei einem Spitalsaufenthalt sehr sensibel. Darauf nimmt das Krankenhaus der Elisabethinen in Graz besondere Rücksicht. In einem Ordensspital sollte das selbstverständlich sein. Dr. Christian Lagger, seit drei Jahren Geschäftsführer des ältesten Krankenhauses des Schwesternordens, weiß aber, dass an diesem „Geist, der hier herrscht, laufend gearbeitet werden muss." Im Mittelpunkt steht der Mensch als Patient aber auch als Mitarbeiter. „Der ethische Anspruch ist diesbezüglich an uns sehr hoch. Das gilt auch für den Umgang miteinander. Das gehört zur Unternehmenskultur fix dazu und schlägt sich auf das Wohlbefinden der Patienten nieder", weiß Christian Lagger. Er sorgt deshalb auch dafür, dass der menschliche Umgang in das laufende Monitoring einbezogen wird.

Die Grundlagen für die Unternehmenskultur sind einerseits in der Geschichte als Ordensspital, andererseits aber auch in einem permanenten Leitbildprozess angelegt worden. Das Leitbild wird bewusst immer wieder thematisiert. Die Teams nehmen sich gewohnheitsmäßig ein Mal im Monat einen konkreten Satz heraus und diskutieren, was das konkret in der Praxis für die jeweilige Station bedeutet. Einer der neun Leitsätze lautet beispielsweise „Wir gehen mit unseren KollegInnen und MitarbeiterInnen wertschätzend um." Konkret soll das in folgenden Bereichen sichtbar werden:

- „im Umgang der MitarbeiterInnen untereinander, im Führungsstil der Vorgesetzten und in der Art und Weise wie wir Kritik äußern und mit Fehlern umgehen,
- in einer offenen, klaren und gewaltfreien Kommunikation, die von der Wertschätzung für den Menschen geprägt ist, der mir gerade begegnet,
- indem sachliche und begründete Kritik Platz hat,
- durch enge Zusammenarbeit von MitarbeiterInnen unterschiedlicher Berufsgruppen zum Wohl der PatientInnen,
- durch die Selbstverständlichkeit, bei Unsicherheit und Unklarheit Fragen zu stellen,
- im Geben von korrekten Antworten bzw. im Verweisen an eine Stelle, die eine solche Antwort geben kann,
- in der interdisziplinären (über die eigene Fachkompetenz hinausgehenden) und interprofessionellen (über die eigene Berufsgruppe hinausgehenden) Zusammenarbeit für die gemeinsame Zukunft des ganzen Krankenhauses der Elisabethinen,
- im gelebten christlichen Ethos und der interdisziplinären Zusammenarbeit in ethischen Fragestellungen."

Auffallend ist, dass mehrfach auf die Zusammenarbeit über die Berufsgruppen hinaus verwiesen wird. Das soll verhindern, dass „Standesdünkel" aufkommen. Durch die laufende Arbeit am Leitbild wird nicht nur an der Weiterentwicklung der Unternehmenskultur gearbeitet, es werden auch die neuen Mitarbeiter in die Werte und Spielregeln eingeführt. Das ist ein nicht unwesentlicher Effekt, denn die Fluktuation ist ungeachtet der intensiven Bemühungen hoch. Wie in Krankenhäusern generell. Studien im deutschsprachigen Raum haben sogar jährliche Abgänge von bis zu einem Viertel ergeben, in Graz wechseln zwischen acht und zehn Prozent der Mitarbeiter pro Jahr.

Nachbesetzungsprobleme gibt es dennoch keine. Dafür hat Elisabethinen-Geschäftsführer Lagger mehrere Erklärungen: „Wir befinden uns nahe der medizinischen Universität und der Pflegeschule. Unsere leitenden Mediziner sind in ihren Fächern anerkannt, sie unterrichten auch an der Universität." „Leuchtturmmediziner" nennt er sie, die vor allem für Menschen, die sich weiterentwickeln und etwas lernen wollen, sehr wichtig sind. Deshalb gibt es auch immer ausreichende Initiativbewerbungen, um Vakanzen nachbesetzen zu können.

Mit einer 322 Jahre zurückreichenden Geschichte verbindet das Spital Tradition mit Stabilität bei hoher Flexibilität und starken Modernisierungsschüben, die anderswo nicht so schnell funktionieren würden. Lagger zieht den Vergleich mit einem „wendigen Sportboot" heran, das auf Grund der flachen Hierarchien flexibel sein kann, wenn es darum geht, Umstellungen vorzunehmen oder neue Leistungsfelder hochzufahren. Das funktioniert aber nur mit guten Mitarbeitern und Führungskräften. „Man kann die besten medizinischen Geräte haben, hoch aufgerüstet. Ohne ‚Systemköpfe' ist das alles nichts wert."

**Landkarte mit Kommunikations-Highway**  Der Spirit des Krankenhauses oder – vielleicht besser formuliert – die Spiritualität wird auch durch gemeinsame Veranstaltungen für die Mitarbeiter unter anderem am Namenstag von Elisabeth am 19. November weitergegeben. Das ist aber erst seit einigen Jahren so. Die Schwestern – die bis vor 20 oder 30 Jahren noch selbst weite Bereiche der Pflege abgedeckt haben – prägten die Identität des Krankenhauses im Sinne der Leitkultur der Elisabethinen. Nach Lagger müssen nun auch die weltlichen Fachkräfte stärker diese Kultur mittragen: „Wir möchten die Mitarbeiter in die Art des Denkens des Ordens vor allem in der Mitarbeiterführung hineinnehmen." Im Handlungsfeld der elisabethinischen Leitkultur gibt es hervorragende Kooperationsmöglichkeiten mit anderen selbstständigen Einrichtungen der Elisabethinen in Österreich und in Europa.

Die Mediziner will er über die Fachexpertise hinaus als Führungspersönlichkeiten weiter entwickeln. Dazu werden externe Experten beigezogen, die die Klausuren begleiten und ein gemeinsames Managementverständnis vermitteln. Derartige Strategietagungen finden jährlich statt. Für die interpersonelle Kommunikation gibt es eine Landkarte, in der ein Kommunikations-Highway mit den wichtigsten Meetings als Stationen eingezeichnet ist: Die Geschäftsführung tritt wöchentlich mit dem Team der Kollegialen Führung (Ärztliche Leitung, Pflegedienstleitung, Verwaltungsleitung) zusammen, die Primarärzte treffen sich 14-tägig, die Stationsleitenden monatlich, ebenso das Verwaltungsteam. Das hier entstehende Herrschaftswissen bleibt nicht im inneren Kreis. „Wir achten darauf, dass das, was in den Führungsebenen besprochen wird, auch weitergegeben wird und bei den Mitarbeitern ankommt."

**Keine Kaskade von Filtern in der Kommunikation** Stark geprägt wird die kommunikative Unternehmenskultur durch die Kleinheit des Hauses. Bei 400 Mitarbeitern – davon 200 in der Pflege – kennen sich alle und es geht sehr familiär zu. Das bringt flache Hierarchien mit sich. Jeder findet Zugang zu seiner Führungskraft. Dadurch entsteht eine sehr einfache Form der Kommunikation „ohne eine Kaskade von Hürden und Filtern", formuliert das der Spitalschef. Neben dem direkten Gespräch gibt es einen Newsletter, Intranet und aktuelle Informationen insbesondere zu Themen der Gesundheitspolitik. „Wir möchten vermeiden, dass bei unseren Mitarbeitern Unsicherheiten entstehen und kommentieren deshalb aktuelle Ereignisse." Beim Auftreten von internen Problemen gibt es seit kurzem auch die Möglichkeit der externen Supervision, die vom Krankenhaus bezahlt wird. In Anspruch genommen werden kann sie von Einzelpersonen ebenso wie von Teams. Lagger sieht die Supervision als professionelles Führungstool, „dem allerdings im Bewusstsein mancher Mitarbeiter noch der Geruch von Krankheit oder Therapie genommen werden muss."

**Zurückhaltung im Außenauftritt** In der Außendarstellung des Ordensspitals gilt der Grundsatz der „maximalen Zurückhaltung." Das liegt einerseits an der gesetzlichen Vorgabe des Werbeverbots für Krankenhäuser. Andererseits hat Christian Lagger auch gelernt, dass massive Medienarbeit die Neider auf den Plan ruft. Die Arbeitgebermarke wird in erster Linie über die eigene Karriere-Website und gezielte Stellenanzeigen publizistisch geprägt. Ansonsten äußert sich das Spital nur über Fachberichte zu Gesundheitsthemen: Drei bis vier Mal im Jahr werden den Medien Spitzenleistungen der Medizin präsentiert. Das genügt offensichtlich, um bei möglichen Bewerbern um Positionen im medizinischen Bereich, in der Pflege oder Spitalsverwaltung auf dem Radarschirm zu bleiben. Sollte es eines Tages nicht mehr reichen, ist die Unternehmens- und Kommunikationskultur flexibel genug, um die publizistischen Maschinen hoch zu fahren.

## 12.2   „Fill your future" in einer strukturierten Wertelandschaft

- **Unternehmen:** Fill ist ein international tätiges Maschinen- und Anlagenbau-Unternehmen. Die Geschäftätigkeit des Familienunternehmens umfasst die Bereiche Metall, Kunststoff und Holz für die Automobil-, Luftfahrt-, Windkraft-, Sport- und Bauindustrie. In der Aluminium-Entkerntechnologie sowie für Ski- und Snowboard-Produktionsmaschinen ist das Unternehmen Weltmarktführer.
- **Standort:** Gurten in Oberösterreich
- **Mitarbeiter:** 590
- **Gründungsjahr:** 1966
- **URL:** www.fill.co.at
- **Interviewpartner:** Andreas Fill, Geschäftsführender Gesellschafter (21.12.2012)

Der Anspruch des Anlagenbauers aus dem österreichischen Innviertel ist hoch: Im Jahr 2004 wurde das Ziel formuliert, „die besten Arbeitsplätze in Österreich zu schaffen und Fill international als anerkannte Marke zu positionieren. Damals", amüsiert sich Firmenchef Andreas Fill heute, „haben viele Mitarbeiter damit nichts anfangen können. Mittlerweile wissen sie und auch unsere Kunden, was dahintersteht." Das liegt nicht zuletzt an der dauerhaften Konsequenz, mit der Employer Branding unter dem Motto „Fill your future" im Unternehmen umgesetzt wird.

Nicht nur in der Region hat der Anlagenbauer deshalb Vorbildfunktion. Die Liste der Auszeichnungen ist lang. Sie reicht vom Familienoskar des Landes Oberösterreich über die Auszeichnung als „staatlich geprüfter Lehrbetrieb" des österreichischen Wirtschaftsministeriums und den in Oberösterreich vergebenen „Pegasus" für Mitarbeiter-Weiterentwicklung bis zu staatlichen Honorierungen als Ausbildungs- und gesundheitsorientierter Betrieb. Die größte Bestätigung aber dürfte sein, dass im Jahr 2012 erstmals mehr als 1.000 Blindbewerbungen eingegangen sind. 100 neue Arbeitsplätze wurden in weniger als zwei Jahren am Stammsitz zusätzlich geschaffen. Außerdem wurde das deutsche Unternehmen amTec Trading übernommen, das Niederdruckgießanlagen herstellt. „Der viel zitierte Fachkräftemangel ist bei uns kein Thema", formuliert Andreas Fill nicht ohne Stolz.

**Tägliche Begegnung mit definierten Werte** Gemeinsam mit den Mitarbeitern wurde die Vision formuliert: „Begeisterte Kunden, Mitarbeiter und Partner machen uns erfolgreich." Diese Vision wurde in den Slogan „Fill your future" gegossen. Für die Mitarbeiter bedeutet das: „Wenn du bei Fill beginnst, hast du für dich die beste Lösung gefunden", erklärt der Firmenchef. Dazu wurde die Leitidee mit zehn Werten beschrieben. Diese Werte sind mehr als Leerformeln, denn hinter jedem einzelnen Wert stehen nachprüfbare Inhalte. Damit die Begriffe nicht vergessen werden, tragen beispielsweise die Besprechungszimmer die Namen der Werte. Wird dort ein Computer hochgefahren, um eine Präsentation zu zeigen, liest der Besucher auf der Leinwand: Vertrauen, Innovation, Kompetenz, Fairness, Verantwortungsbewusstsein, Akzeptanz, Verlässlichkeit, Sicherheit, Toleranz oder Harmonie. Die Wertebegriffe stehen aber auch beispielsweise hinter den Türchen des Adventskalenders, den jedes Jahr Kunden und Mitarbeiter erhalten. Gegenüber den Kunden und

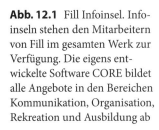 **Abb. 12.1** Fill Infoinsel. Info-inseln stehen den Mitarbeitern von Fill im gesamten Werk zur Verfügung. Die eigens ent-wickelte Software CORE bildet alle Angebote in den Bereichen Kommunikation, Organisation, Rekreation und Ausbildung ab

Interessenten werden die Employer-Branding-Maßnahmen nicht nur über das Mitarbeiter- und Kundenmagazin offen dargestellt. Andreas Fill wird auch häufig zu Vorträgen eingeladen, um über seine Erfahrungen und Maßnahmen zu berichten.

**CORE: Software löst zentrale Aufgaben der Mitarbeiterkommunikation** Selbst bei großen Konzernen hat die Konsequenz Eindruck gemacht. Besonders die im eigenen Unternehmen entwickelte Software hat laut Andreas Fill großes Interesse hervorgerufen. Das hat dazu geführt, dass inzwischen ein eigenes Tochterunternehmen gegründet wurde, das sich mit der Vermarktung eines aus 14 Modulen bestehenden Programmpaketes (CORE) beschäftigt. Es bündelt die zentralen Funktionen und Aufgaben der Kommunikation, Organisation, Gesundheitsförderung und Mitarbeiterentwicklung. Mit ihm werden die Aufgaben des täglichen Informationstransfers, einer sozialen Kommunikationsplattform und der Online-Befragung für Mitarbeiterzufriedenheit gelöst. Jeder Mitarbeiter hat auf seine eigenen Daten Zugriff, der Betrieb verwaltet darüber hinaus Aufbau- und Ablauforganisation, die Zielverwaltung, das betriebliche Gesundheitswesen (auch für die Familienmitglieder der Mitarbeiter), Bewerbungs-, Wissens- und Schulungsmanagement. Wer für den Außendienst ein Fahrzeug braucht, bucht es über die Plattform. Außerdem werden interne Servicefunktionen geboten wie etwa der Einkauf im Fill-Shop inklusive bargeldloser Bezahlung oder die Anmeldung zu Firmenveranstaltungen und –ausflügen (Abb. 12.1).

Alle Bewerber werden zu einem Gespräch eingeladen, um herauszufinden, wofür der Kandidat sich am besten eignet. Die Daten werden im CORE-Programm erfasst. Sollte es im Moment keine passende Verwendung geben, kann sich ja durchaus in Zukunft eine Möglichkeit eröffnen. Passt ein Bewerber in das Suchprofil, werden die erfassten Daten sofort in die Mitarbeiterdatei übernommen.

Die Bewerber, die zum Einstellungsgespräch kommen, wissen in der Regel gut über Fill Bescheid. Dafür sorgen laufende Kommunikationsmaßnahmen (HR-PR). Sie wissen, dass es sich um ein Unternehmen mit abwechslungsreicher, nie monotoner Tätigkeit bei einem Sondermaschinenhersteller mit hoher IT-Durchdringung handelt, das klare Versprechen bezüglich Karriere und Ausbildungsmöglichkeiten abgibt. Im Schnitt absolviert jeder Mitarbeiter im Jahr 4,5 Tage Fortbildung, rund ein Prozent des Umsatzes wird dafür verwendet. Für die Schulungen gibt es klare Richtlinien, die von der Projektleitung ausgearbeitet werden. Selbst Kurse, die nicht unmittelbar für die berufliche Weiterbildung nötig sind, etwa Fremdsprachenkurse, werden bezahlt. In diesem Fall müssen die Mitarbeiter die Schulungen allerdings in der Freizeit absolvieren.

**Seit 20 Jahren wird eine Mitarbeiterzeitung publiziert**   Einen großen Vorteil sieht Andreas Fill in der Tatsache, dass im Familienbetrieb die Eigentümer zu 100 % mitarbeiten, schnelle Entscheidungen treffen und täglich für die Mitarbeiter da sind. Ihre Bedürfnisse, Ideen und Veränderungswünsche werden auch häufig über ein eigenes Befragungstool erhoben. Die anonym abgegebenen Meinungen werden sehr genau analysiert und auf verschiedenen Kanälen der internen Kommunikation thematisiert. Kritisches Feedback wird oft zum Inhalt der seit 20 Jahren erscheinenden Mitarbeiterzeitung. Seit einigen Jahren wird das inzwischen auf 36 Seiten angewachsene Magazin an die Mitarbeiter nach Hause gesandt, um auch die Familien in den Informationsfluss mit einzubinden. Prompt fragten einige Mitarbeiter, ob das nicht zu teuer sei. Andreas Fill: „Wir konnten das leicht beantworten, weil das persönliche Verteilen am Arbeitsplatz mehr kostete als die Postgebühr." Vier Mal im Jahr werden alle Mitarbeiter in Betriebsversammlungen von der Geschäftsführung über die strategische Unternehmensentwicklung informiert. Unternehmens- und Teamleitungen erklären hier, wohin die Reise geht.

**Familien der Mitarbeiter werden einbezogen**   Die Einbindung der Familien der Mitarbeiter ist Fill ein wichtiges Anliegen. Die Liste der Maßnahmen ist lang. Das reicht von Impfaktionen durch den Betriebsarzt, der auch informiert, wenn eine Auffrischung nötig ist, über die kostenlose Nutzung des firmeneigenen Fitnessstudios, das von der Ausstattung her keinen Vergleich mit Profistudios scheuen muss, bis hin zu einer eigenen Fill-Card mit Rabatten in Geschäften und Freizeiteinrichtungen in der Region oder dem Fill-Shop, über den Produkte von der Kleidung bis hin zum Konzertticket vergünstigt angeboten werden.

**Fluktuation im Schnitt bei 3,5 %**   Ein positives Ergebnis der Bemühungen um die Mitarbeiter ist die geringe Fluktuation von 3,5 % im Durchschnitt der letzten zehn Jahre. Mitgezählt sind dabei langjährige Mitarbeiter, die in Pension gehen, oder jüngere Mitarbeiter, die sich nach einigen Jahren Berufspraxis nochmals für ein Studium entscheiden. Wenn Mitarbeiter von sich aus den Job aufgeben, dann meistens in den ersten sechs Monaten, „weil sie sich zu viel zugetraut haben", weiß Andreas Fill. Weniger als ein Prozent Fluktuation resultiert aus der Beendigung des Arbeitsverhältnisses durch das Unternehmen. „Es ist einer der Nachteile eines Familienbetriebes, dass unpopuläre Maßnahmen oft schwierig zu setzen sind. Manchmal schaut man zu lange zu."

**Externe Kommunikation über Regional- und Fachmedien** In der externen Kommunikation spielt der direkte Kontakt mit den Kunden die wichtigste Rolle. „Wir möchten, dass sie unseren Spirit miterleben." Der wird auch in einer eigenen Kundenzeitschrift vermittelt. Der Kontakt mit Kunden erfolgt auch bei einer Reihe von Messeauftritten und über Medienarbeit insbesondere in den Fach- und Regionalmedien. Letztere sind für das Employer Branding wesentlich. Insgesamt werden rund 2 % des Umsatzes für Employer-Branding-Maßnahmen aufgewendet. Der Löwenanteil entfällt auf interne Maßnahmen. Kaum ins Gewicht fallen Stelleninserate. Wenn aktiv geworben wird, dann über Social-Media- und Karriereplattformen. Headhunting spielt gar keine Rolle.

**Rekrutierung über Schulen und Jobbörsen** Die Firma Fill hat Employer Branding nicht nur im Alleingang forciert. Im Innviertel gibt es eine Reihe international bekannter Anlagenbauer und Produzenten, die Maschinenbauer benötigen. Deshalb wurde ein eigener Fachbereich Maschinenbau in der Höheren Technischen Lehranstalt in Ried im Innkreis initiiert, aus dem jedes Jahr 60 Abiturienten abgehen. Ein Drittel davon studiert danach an einer Universität oder Fachhochschule. Von den 40 verbleibenden Abgängern wechseln jedes Jahr sechs bis acht zu Fill.

Dazu werden Fachkräfte im eigenen Unternehmen ausgebildet. Ein rundes Dutzend Auszubildende startet jedes Jahr unter dem Slogan „Joblink to your future" eine Lehre als Maschinenbauer. Damit aus genügend Bewerbern ausgewählt werden kann, werden Schulen gesponsert und bei Berufsorientierungstagen insgesamt 600 Schüler aller Schulen der Region in das Unternehmen eingeladen. Dort wird ihnen von den Lehrlingen erklärt, was sie lernen werden, mit welchen Maschinen sie arbeiten und was ihnen der Betrieb bietet. Weitere sehr erfolgreiche Rekrutierungsmaßnahmen sind die Karrieretage an der Höheren Technischen Lehranstalt (HTL), die Teilnahme an der regionalen Lehrlingsmesse oder der Jobbörse der Johannes Kepler Universität in Linz.

Bei der Vergabe von Forschungsarbeiten durch Studierende wird mit Universitäten zusammengearbeitet. Mit gutem Erfolg: Auf diesem Weg werden viele High Potentials an das Unternehmen gebunden: „Von vier Studienautoren, die wir beschäftigen, kommen nach dem Abschluss drei ins Unternehmen", weiß Fill. Sehr kritisch steht er „Kopfprämien" für die erfolgreiche Vermittlung von Bewerbern durch Mitarbeiter gegenüber.

Das Credo des Employee Relationship Managements von Fill findet sich in der Beschreibung der Module des Software-Programmes wieder: „Fühlt sich der Einzelne wohl, geht es dem Team gut. Geht es dem Team gut, profitiert das Unternehmen. Profitiert das Unternehmen, kann sich der Einzelne nachhaltig weiterentwickeln."

## 12.3   perbit: Leistungsorientierte Vergütung mit Sicherheitsnetz

- **Unternehmen:** Die perbit Software ist Spezialist für Human-Resources-Management-Systeme im Mittelstand.
- **Standort:** Die Firmenzentrale steht in Altenberge im Münsterland, Niederlassungen gibt es in Münster/Westfalen und im Badischen Trossingen (am Rande des Schwarzwaldes).

- **Mitarbeiter:** 65
- **Gründungsjahr:** 1983
- **URL:** www.perbit.com
- **Interviewpartner:** Wolfgang Witte, geschäftsführender Gesellschafter (17.06.2013)

Da deutsche Softwareschmiede zunehmend unter MINT-Mangel leiden, sind Benefits jenseits des Gehalts längst an der Tagesordnung. So gibt es bei perbit seit vielen Jahren eine finanzielle Beteiligung am Unternehmenserfolg. Im Vertrieb, im Consulting und natürlich für Führungskräfte gibt es leistungs- und ergebnisorientierte Vergütungskomponenten. Bis zu 15 % kann diese Vergütung bei den Abteilungsleitern ausmachen, im Consulting sind es rund zehn Prozent. Als vor einigen Jahren angedacht wurde, die leistungsorientierte Vergütung für alle Mitarbeiter einzuführen und den Faktor noch höher anzusetzen, allerdings dafür die Basisgehälter etwas zurückzunehmen, wurde das von den Mitarbeitern ziemlich einhellig abgelehnt. Das Sicherheitsdenken siegte gegenüber der Aussicht auf mögliche höhere Prämien. Alle Mitarbeiter, die keine leistungs- und ergebnisorientierte Vergütung haben, erhalten eine Gewinnbeteiligung in Form einer Jahresprämie. Der Prämientopf wird in Abhängigkeit vom Betriebsergebnis festgelegt und auf die Abteilungen verteilt. Jeder Abteilungsleiter erhält ein festgelegtes Budget, welches er auf seine Mitarbeiter verteilt. Bei der Festlegung der individuellen Prämienhöhe werden der Zielerreichungsgrad, die Leistungsbeurteilung sowie die gelebte Wertekultur berücksichtigt.

**Firmenwagen, Gesundheitsmanagement und Geselligkeit**  Das Prämiensystem ist nicht der einzige Leistungsanreiz. Jeder dritte Mitarbeiter hat auch einen Dienstwagen, wobei es innerhalb bestimmter Budgetvorgaben die Möglichkeit gibt, je nach eigenen Wünschen und Bedürfnissen einen bestimmten Typ Fahrzeug auszuwählen. Vom Sportwagen bis zum Van reicht hier das Spektrum. „Wir haben das ganz bewusst nicht standardisiert, um unseren Mitarbeitern Individualität mit System zu ermöglichen", beschreibt Firmenchef Wolfgang Witte die Idee hinter diesem flexibel handhabbaren Benefit (Abb. 12.2).

Einen hohen Stellenwert misst das Unternehmen auch den Themen Gesundheit und Teamgeist bei. Das beginnt damit, dass allen Mitarbeitern kostenlos Heißgetränke und Mi-

**Abb. 12.2** Bei den Firmenwagen gibt es zwar eine budgetäre Vorgabe, aber keine Vorschrift hinsichtlich des Pkw-Typs. Ob Cabrio oder Van entscheiden die Mitarbeiter bei perbit selbst

neralwasser, aber auch Obst und Rohkost zur Verfügung stehen. Gerne angenommen wird auch das Angebot, sich von einer Physiotherapeutin massieren zu lassen, um die üblichen Verspannungen bei Bildschirmarbeit erst gar nicht aufkommen zu lassen.

Da Münsteraner und Badenser auch sehr gesellige Menschen sind, spielt das Thema Sommerfest und Weihnachtsfeier im Jahreszyklus eine wichtige Rolle. Zusammengehörigkeitsgefühl wird hier ebenso verstärkt wie der Teamspirit. Was ohnedies vorhanden ist, ist die Bindung an die jeweilige Region. Deshalb setzt perbit auf „bodenständige Menschen". Das Thema „sicherer Arbeitsplatz in der Nähe des Wohnortes" wird ganz bewusst bei der Rekrutierung neuer Mitarbeiter ausgespielt. „Wir achten darauf, dass neue Mitarbeiter zu uns passen. Das führt dazu, dass wir kaum Probleme haben, Mitarbeiter, die einmal bei uns angefangen haben, zu halten." Eine kaum wahrnehmbare Fluktuationsrate von zwei bis vier Prozent ist das Resultat. Ausschläge nach oben gibt es nur, wenn in Zeiten größeren Firmenwachstums bei der Kandidatenauswahl der eine oder andere Kompromiss beim „personal fit" gemacht werden muss.

**Zusammenarbeit mit Hochschulen intensivieren** Dennoch tut sich die Softwarefirma vor allem in Baden-Württemberg zunehmend schwerer, passendes Personal zu finden. Dort hat jeder IT-ler auf Jobsuche die Möglichkeit, aus sechs offenen Stellen auszuwählen. Auch werden im Raum Stuttgart sehr hohe Gehälter bezahlt und in der nahen Schweiz fließen die Franken noch üppiger.

Dieser Herausforderung begegnet perbit mit einer noch intensiveren Zusammenarbeit mit den Hochschulen im Umfeld. Praktika werden angeboten, Abschlussarbeiten gefördert, Vorträge vor Studierenden durchgeführt und Stipendien vergeben. Diese Initiativen haben sich bei IT-Fachkräften seit Jahren bewährt. Zu wenig im Blick hatte perbit die Informatiker. Hier sieht Wolfgang Witte jetzt dringenden Nachholbedarf: „Wir haben bei dieser Zielgruppe nicht richtig aufgepasst und zu wenig mit den Universitäten zusammengearbeitet."

**Familienfreundlichkeit bringt den Abschied von der Vollzeitmentalität** Hilfreich bei der Rekrutierung junger Akademiker ist das starke Engagement in Sachen Familienfreundlichkeit. Perbit war eines der ersten Unternehmen, das sich von der gemeinnützigen Hertie-Stiftung zertifizieren ließ. Die damals schon geübte Personalpolitik, die Wolfgang Witte als „Selbstverständlichkeit" ansieht, wurde damit „in Strukturen gebracht". Familie wird dabei nicht klassisch definiert, sondern sehr weit gefasst. „Für uns ist der Familienbegriff so definiert, dass jeder, der für einen Anderen Verantwortung trägt, darunter fällt." Immer werde nach Lösungen gesucht, um Mitarbeiter im Unternehmen halten zu können.

Erstmals wurde dieses Thema vor 20 Jahren virulent. Damals wurde eine Auszubildende schwanger, was dazu hätte führen können, dass die junge Frau schlimmstenfalls ihre Ausbildung hätte abbrechen müssen. Die Sache wurde letztlich so geregelt, dass Kind und Lehre unter einen Hut gebracht werden konnten. Wolfgang Witte und sein Team haben sich für dieses Thema auch öffentlich stark gemacht und auch immer wieder an Pilotprojekten teilgenommen. So wurde zuletzt in NRW bei einem Schwerpunkt Pflege für die Mitarbeiter eine Webseite – eine so genannte Pflegebox – eingerichtet, in der laufend Informationen publiziert werden, die Betroffenen weiterhelfen sollen. Bekannt geworden ist perbit auch durch Rollstühle, die sich jeder Mitarbeiter ausleihen kann, um pflegebedürftige Angehörige mobil zu machen.

Diese Aktion entstand, als der Firmenchef einen Ausflug mit seinen betagten Eltern plante. Damals wurde ihm klar, welcher Zeitaufwand entsteht, leihweise an einen Rollstuhl zu kommen. Damit war die Entscheidung klar: „Wir steigen in das Thema schon vor der Pflegestufe 1 ein", erinnert er sich an jene Tage zurück. Perbit tut das auch in dem Bewusstsein, dass das Thema in Zukunft jeden Zweiten treffen wird. Die Unternehmen müssten sich hier etwas überlegen und sich vor allem von der „Vollzeitmentalität" verabschieden. In Altenberge und Trossingen ist es jetzt schon kein Problem mehr, wenn jemand kommt und „nur" 60 % der Regelzeit arbeiten will oder kann. Auch die zwischenzeitliche Reduktion und spätere Aufstockung der Wochenarbeitszeit ist kein Problem, auch nicht bei Führungskräften.

In Zukunft, so Witte, werde es viel flexiblere Arbeitszeitmodelle geben müssen, um die Bedürfnisse der Mitarbeiter, die Anforderungen des Jobs und die notwendige Zeit für die Familie unter einen Hut zu bringen. Grundvoraussetzung dafür, dass die richtigen Arbeitszeitmodelle gefunden werden, ist ein großes gegenseitiges Vertrauen zwischen Führungskräften und ihren Mitarbeitern. Auch die Kreativität auf Seiten des Unternehmens ist gefordert. Mitarbeiter müssen sagen, was sie berührt, und der Arbeitgeber muss darauf eine passende Antwort haben. Das ist im Wirtschaftsalltag keineswegs selbstverständlich, und wenn, dann fällt es auf. Bei perbit trifft es jedenfalls zu. Seine Initiativen haben sich bis Berlin durchgesprochen: in einem Video des Bundespresseamtes spielen Mitarbeiter als Testimonial und das Unternehmen als Aushängeschild für besonders familienfreundliche Lösungen eine Hauptrolle.

## 12.4    Familienfreundliche Ampelregelung der Arbeitszeit bei bremenports

- **Unternehmen:** bremenports & Co. KG
- **Standort:** Bremenports versteht sich als Beratungs- und Ingenieurgesellschaft, die im Auftrag der Freien Hansestadt Bremen die Infrastruktur der Hafengruppe Bremen/Bremerhaven betreibt.
- **Mitarbeiter:** 350
- **Gründungsjahr:** 2002 (damals wurde die Gesellschaft des Landes Bremen privatisiert)
- **URL:** www.bremenports.de
- **Interviewpartner:** Karl-Heinz Kammer, Leitung Personal | Organisation | IT (23.05.2013)

Das vor gut zehn Jahren aus der Landesverwaltung ausgegliederte Unternehmen plant, entwickelt, betreibt, wartet und repariert die komplexen Anlagen der maritimen Infrastruktur der Freien Hansestadt Bremen. Bremenports hat in den letzten Jahren Container-Terminals und Schleusen gebaut, um den Hafen an der Weser auf die Zukunft vorzubereiten. Das nautisch-technische und ökologische Know-how wird in letzter Zeit verstärkt im In- und Ausland vermarktet. Seit dem Jahr 2004 beschäftigt sich der Hafendienstleister mit dem Thema Arbeitsgestaltung zur besseren Vereinbarkeit von Beruf und Familie. Dafür hat sich das Unternehmen zertifizieren lassen und wurde – als einer der Vorzeigebetriebe der Hansestadt – dafür ausgezeichnet. „Damals", erinnert sich Karl-Heinz Kammer, „war Familienfreundlichkeit von Unternehmen noch ein weißer Fleck auf der Landkarte." Bei bremenports auch deshalb, weil Frauen in diesem Wirtschaftszweig noch vor einigen Jahrzehnten exotische Wesen waren. Heute ist fast jeder vierte Mitarbeiter eine Frau. Damit ist das Thema stärker in den Fokus gerückt, nicht zuletzt auch deshalb, weil sich der Fachkräftemangel bereits abzuzeichnen begann und deshalb „Potenziale gehoben werden sollten, die brach lagen", erinnert sich Kammer. „Wenn Unternehmen sich um die Bedürfnisse der Familien und damit in erster Linie der Frauen annehmen, dann sind diese auch in der Lage, nach einer Geburt wieder früher in den Beruf zurückzukehren." Das war in noch nicht allzu weit zurückliegender Vergangenheit die Überlegung, in das Thema einzusteigen. Das Thema „Pflege" spielte damals noch keine Rolle: „Das hätte uns zum damaligen

**Abb. 12.3**  Auch in einer noch immer stark von Männern dominierten Arbeitswelt steht das Thema Vereinbarkeit von Beruf und Familie immer weiter oben

Zeitpunkt überfordert." Zunächst wurde im Rahmen eines EU-geförderten Projektes eine Auditierung durchgeführt und der Austausch mit anderen Unternehmen gesucht. Die Hafencrew hat vorhandene Ideen geprüft und überlegt, was davon verwendbar ist und nicht zu viel kostet, denn das gab das Budget nicht her. Bei der Auditierung wurden Arbeitszeit, Arbeitsort, Organisation, Führungskompetenz, Information und Kommunikation, Familienfreundliche Maßnahmen, Personalentwicklung sowie die Entgeltsbestandteile unter die Lupe genommen (Abb. 12.3).

Eine der ersten und wichtigsten Maßnahmen betraf die Arbeitszeitmodelle. Die geltende Gleitarbeitszeit wurde zu einem „Ampelsystem" weiterentwickelt. Dabei hat jeder Vorgesetzte die Möglichkeit, Freiräume zu öffnen, falls das familienbedingt notwendig ist. Wenn Kinder zur Schule oder in den Kindergarten gebracht werden müssen, Betreuungspersonen krank werden oder außergewöhnliche Ereignisse eintreten, dann können die Mitarbeiter mit dem Entgegenkommen des Betriebs rechnen. Dafür gibt es ein flexibles Zeitkonto. Bis zu 20 h im Soll oder Haben steht die Ampel auf grün, bis 35 h auf gelb und bei 50 h ist Stopp. Dann müssen Maßnahmen ergriffen werden, damit das Minus oder Plus am Stundenkonto nicht weiter anwächst. In vorhersehbaren familiären Situationen kann der Kontostand auch auf das Doppelte erweitert werden. „Damit können unsere Mitarbeiterinnen und Mitarbeiter bis zu drei Wochen überbrücken." Voraussetzung dafür ist aber offene Kommunikation. Probleme hat es bislang damit noch nie gegeben, dafür aber sehr viele positive Rückmeldungen.

Sollte die häusliche Betreuung einmal ausfallen, können Eltern in solchen Fällen ihre Kinder auch mit zur Arbeit mitbringen. Hier gibt es ein Eltern-Kind-Zimmer mit Schreibtisch und PC. Die Kinder können spielen, Hausaufgaben machen oder schlafen, während ein Elternteil die anstehende Büroarbeit erledigt. Natürlich ist das nur eine Notlösung, aber sie ist immer wieder hilfreich. Bisweilen kommt es auch vor, dass größere Kinder nach der Schule nachmittags vorbeischauen und im Eltern-Kind-Zimmer ihre schulischen Arbeiten machen. Für die Kleinsten hat bremenports drei Krippenplätze finanziert.

**Freiwillige Verpflichtung zur Telearbeit**  Sanft wird auch die Tür zur Telearbeit geöffnet. Bei 370 Arbeitsplätzen und fast 100 verschiedenen Berufen, die bei bremenports ausgeübt werden, ist das nicht immer möglich, einerseits, weil Labor- oder Schweißarbeit im eigenen Wohnzimmer nicht funktioniert, andererseits aber auch wegen des Problems des Datenschutzes. Dennoch hat sich die Geschäftsführung „freiwillig verpflichtet", dort wo es möglich ist, Arbeiten von zu Hause aus zu ermöglichen. Jeder Antrag wird geprüft und wenn möglich für 18 Monate genehmigt. Danach kann bei entsprechendem Erfolg die Ausnahme auch für länger genehmigt werden. Voraussetzung sind notwendige Arbeitsmöglichkeiten mit PC und Internet-Anschluss. So werden heute in Home Offices unter anderem ökologische Ausgleichsmaßnahmen vorbereitet oder statistische Daten des Hafens ausgewertet.

**Pflege von Angehörigen und Gesundheitsvorsorge gewinnen an Bedeutung** Seit Beginn des Projektes „Familienfreundlichkeit" bei bremenports hat sich die Gesellschaft geändert und mit ihr auch der Zugang des Unternehmens zum Thema Familienfreundlichkeit. Neben der Kinderbetreuung geht es heute zunehmend auch um die Pflege von Angehörigen und um das Thema Gesundheit und Wohlbefinden. Vor wenigen Jahren wurden erstmals Schulungen angeboten. Daraus entstand ein reger Austausch zwischen den Mitarbeitern mit gleich gelagerten Problemen. „Bei vielen von uns hat das Wissen, dass Kolleginnen und Kollegen schwerkranke Eltern oder Kinder mit Behinderungen betreuen, zu einem neuen Bewusstsein geführt", zieht Karl-Heinz Kammer ein sehr persönliches Resümee. Aus dem Schulungsprojekt ist ein Pflegestammtisch entstanden, bei dem sich ein Kreis Betroffener drei bis sechs Mal im Jahr zum Erfahrungsaustausch trifft. Auch neue Arbeitszeitmodelle sind auf der Basis neuer Herausforderungen entstanden: Eine Mitarbeiterin hat ihre Situation dadurch gelöst, dass sie früher zu arbeiten begann, um dann gegen Mittag bei ihrer kranken Mutter sein zu können.

Seit kurzem werden die Gesundheitsthemen stärker forciert und mit dem Projekt Familienfreundlichkeit verschränkt. Eine gemeinsame Steuerungsgruppe soll entstehen und nachhaltig im Unternehmen verankert werden. Im Jahresturnus werden Familien- und Gesundheitstage durchgeführt. Einmal geht es mit dem Fahrrad auf eine Tour ins Strandbad, im nächsten Jahr findet dann der Gesundheitstag mit Themen wie gesundes Essen, Stress oder Hilfe bei Rückenproblemen statt.

Das Credo bei bremenports lautet, dass erfolgreiche Arbeit nur funktioniert, wenn die Köpfe der Mitarbeiter frei sind: „Der Schlüssel für eine optimale Vereinbarkeit von Beruf und Familie liegt darin, mit den Beschäftigten Lösungen zur familienbewussten Gestaltung des Berufsalltags zu finden. Uns ist bewusst, wie wichtig eine ausgeglichene familiäre Umgebung als Gegenpol zu den Anforderungen der Arbeitswelt ist." Abgesehen davon trägt das Engagement für Familien und Gesundheit auch zur Bindung bestehender Mitarbeiter und der immer schwieriger werdenden Rekrutierung von Personal, insbesondere von Technikern, bei. „Die Rückmeldungen aus der Belegschaft sind positiv und auch bei der Suche neuer Mitarbeiter hilft das Engagement", erzählt Personalchef Kammer: Eine Engpassposition ließ sich kürzlich deshalb schließen, weil ein Kandidat aus Frankfurt am Main sich zum Wechsel an die Küste entschloss, nachdem er das Zertifikat „Familienfreundlicher Betrieb" auf der Internetseite von bremenports gesehen hatte.

## 12.5   AirITSystems: Freie Arbeitszeitgestaltung auf Vertrauensbasis

- **Unternehmen:** AirITSystems ist ein Gemeinschaftsunternehmen der Flughafen Hannover Langenhagen und der Fraport AG. Die AirIT ist Systemhaus, Anwender und Betreiber und bietet IT-Dienstleistungen und -Lösungen aus den Bereichen Security, Information & Kommunikation, Geschäftsprozesse & SAP sowie Collaboration Solutions. Das Unternehmen bietet ein breites Portfolio an IT-Services für Datennetze, SAP-Consulting, Zutrittskontrollsysteme, Videoüberwachung, Brandmeldesysteme sowie Projektmanagement und Projekträume.
- **Standort:** Hannover, Frankfurt am Main, Köln, Berlin
- **Mitarbeiter:** 170 (Juli 2013)
- **Gründungsjahr:** 2001
- **URL:** www.airitsystems.de
- **Interviewpartner:** Cordula Kennedy, Bereich Personal (10.07.2013)

Von allen Fallbeispielen, die in diesem Buch beschrieben werden, hat AirITSystems die Flexibilität bei der Arbeitseinteilung wohl am weitesten ausgebaut. Arbeiten von zu Hause aus ist bei der IT-Tochter der beiden Flughäfen Hannover-Langenhagen und Frankfurt am Main eine Selbstverständlichkeit. „Für uns ist das eine klare Win-win-Situation: Das Unternehmen muss nicht auf erfahrene Arbeitskräfte verzichten, und die Mitarbeiter können sich zum Beispiel um die Betreuung der Kinder oder einen pflegebedürftigen Angehörigen kümmern", erklärt Cordula Kennedy, Bereich Personal. Und wer noch mehr Zeit für Privates braucht, der kann auch eines der vielen Teilzeitmodelle wählen.

Gerade für frisch gebackene Eltern sind flexible Arbeitszeiten eine attraktive Sache. Wer sich für Teilzeit entscheidet, muss die Anwesenheit elektronisch erfassen, wer Vollzeit tätig ist, für den ist eine völlig freie Arbeitszeitgestaltung möglich. Dass die Mitarbeiter einen hohen Vertrauensvorschuss bekommen, ist Teil der Unternehmensphilosophie, die so auch im Leitbild festgeschrieben wurde. Dort ist zu lesen, dass eines der obersten Prinzipien der vertrauensvolle Umgang miteinander ist. Probleme gibt es damit nicht, denn es ist natürlich feststellbar, ob jemand seine Aufgaben erledigt oder ob er bei der Inanspruchnahme des Arbeitens im Home Office am PC sitzt oder nicht.

Will ein Mitarbeiter sich eine längere Auszeit nehmen, ist auch das möglich. Das Ansparen aus Urlaubsansprüchen als auch von Überstunden erlaubt auch ein Sabbatical von mehreren Monaten.

**Modelle basieren auf Zufriedenheitsanalysen**  Arbeitszeitmodelle, Teambuilding-Maßnahmen oder Benefits jenseits des Gehalts sind Resultat eines kontinuierlichen Feedbacks durch die Mitarbeiter. Regelmäßig werden Zufriedenheitsanalysen durchgeführt, deren Ergebnisse in der Regel auch umgesetzt werden. Jüngstes Beispiel: In der Mitarbeiterbefragung wurde mehrfach angeregt, Jobtickets – also Jahreskarten für die öffentlichen Verkehrsmittel – anzubieten. Diese Idee wurde dann auch umgesetzt.

Viel Wert wird auch auf das Teambuilding gelegt. Jeder Arbeitsbereich hat die Möglichkeit, jedes Jahr zwei Tage gemeinsam zu verbringen, um sich besser kennenzulernen. Da gibt es geführte Wanderungen, einen Trip nach Berlin mit Reichstagsbesuch oder Städtereisen mit Kulturprogramm. Selbstverständlich gibt es auch intensive Weiterbildungsprogramme und Coaching für Führungskräfte, Sportprogramme und sogar eine psychologische Betreuung. Je nach Standort besteht die Möglichkeit, zum Beispiel an Firmengesundheitsprogrammen wie „Airport aktiv" teilzunehmen. Damit öffnen sich den Mitarbeitern kostenlos oder gegen einen geringen monatlichen Obolus die Türen zu Schwimmbädern, Saunen oder Fitnesscentern. Auch das soziale Engagement wird bei AirIT großgeschrieben. So wurden Mitarbeiter beispielsweise im Juni auf eigenen Wunsch von der Geschäftsleitung für ihren privaten Einsatz gegen die Flutkatastrophe 2013 freigestellt. Zusätzlich verdoppelte die Geschäftsleitung der AirITSystems die „ehrenamtliche Hilfe" und verzichtete auf den Lohnausgleich der freigestellten Mitarbeiter. Die indirekte Spende kommt den betroffenen Städten und Gemeinden zugute, die eigentlich diesen Ausgleich erstatten müssten.

Alle diese Aktivitäten haben im Grunde einen Hintergrund: „Wir tun uns immer schwerer, Mitarbeiter bzw. Fachkräfte mit den geforderten Qualifikationen zu finden", weiß Cordula Kennedy. Es wird in der Tat immer schwieriger, Mitarbeiter mit sehr speziellen Kenntnissen zu finden. Noch vor einigen Jahren erhielt AirIT auf fast jede Ausschreibung zahlreiche Bewerbungen. Diese Zahl ist heute zurückgegangen und die Stellenvergabe dauert bei machen Stellenausschreibungen deutlich länger. Das trifft sogar ein Unternehmen, hinter dem zwei große Airports stehen und dass damit kein „Nobody" ist. „In vielen Fällen müssen die Leute auch mit Weiterbildungen auf das gewünschte Niveau gebracht werden. Im Falle einer sehr schwierigen Rekrutierung haben wir sogar eine Art Prämie ausgelobt und einen Kopfbonus vergeben", erläutert Kennedy.

Um Vakanzen besetzen zu können, bespielt AirITSystems neben der Arbeitsagentur für Arbeit (fast) alle Kanäle zur Rekrutierung. „Als Serviceunternehmen halten wir unsere Website für ein zentrales Medium der Außenwirkung. Daher haben wir diese so aufgestellt, dass sie nicht nur für Kunden, sondern auch für potenzielle Mitarbeiter attraktiv ist. Im Moment wird auch ein eigenes AirIT-Bewerber-Onlineportal aufgebaut, das eine schnelle Bewerbung der Interessenten ermöglicht."

Jobportale und soziale Medien werden genutzt. Erstmals tritt das Unternehmen in diesem Jahr auch bei der „Nacht der Unternehmen" im Hannoveraner Rathaus auf.

Ein weiterer interessanter und für die AirITSystems sehr hilfreicher Punkt ist der Benchmark des Top-Job-Siegels, der auch für die Medienarbeit sehr stark genutzt wurde. „Die Auszeichnung war die Bestätigung, dass sich die AirITSystems nicht nur selbst als guter Arbeitgeber präsentiert, sondern dafür auch öffentliche Anerkennung bekam", freut sich Cordula Kennedy.

## 12.6   BKK Linde: Durch Mitarbeitermotivation den Strukturwandel managen

- **Unternehmen:** Die Betriebskrankenkasse Linde betreut in zehn Geschäftsstellen im gesamten Bundesgebiet insgesamt über 60.000 Kunden
- **Standort:** Wiesbaden und neun weitere Niederlassungen
- **Mitarbeiter:** 130
- **Gründungsjahr:** 1952
- **URL:** www.bkk-linde.de
- **Interviewpartner:** Jasmina Lang, Teamleiterin Personal und Vorstandsassistenz (09.07.2013)

Die im Jahr 1952 gegründete Betriebskrankenkasse Linde gehört zu den Top-Arbeitgebern im Mittelstand. Das Unternehmen ist in einem öffentlich-rechtlichen Bereich tätig, der einem starken Strukturwandel unterliegt. Der Zwang zum Wandel resultiert aus dem steigenden politischen Druck im Gesundheitswesen. Das zieht einen tiefgreifenden Prozess nach sich, in dem das Erarbeiten einer passenden Unternehmensvision eine entscheidende Rolle spielt. In der Beurteilung nach der Vergabe des Qualitätssiegels von TOP JOB wurde besonders das Management dieses Prozesses gelobt.

Im Zuge der strategischen Neuausrichtung haben vier Teams der BKK Linde die Firmenwerte neu entwickelt und festgeschrieben. Und zwar gemeinsam mit allen Beschäftigten, denn nur so konnte sichergestellt werden, dass sich jeder Einzelne mit den Ergebnissen identifiziert. Diese neu erarbeiteten Werte, etwa Qualität, Partnerschaft und Nachhaltigkeit, sollen stetig fortgeschrieben und abwechselnd als „Motto des Jahres" gelebt werden. Eine große Tafel im Eingangsbereich der Wiesbadener Zentrale sorgt dafür, dass sie auch optisch kein Schattendasein führen, sondern ein fester Bestandteil der neuen Strategie sind.

Das Einbringen von Ideen durch die Mitarbeiter, die Motivation zum Engagement, den Veränderungsprozess zu steuern, nennt Jasmina Lang, Teamleiterin Personal der BKK Linde, das wesentliche Asset des Unternehmens in einem sich massiv verändernden Markt. „Unserem Vorstand und den Führungskräften ist es sehr gut gelungen, die Vision zu vermitteln und die Mitarbeiter zu motivieren, sich bei der Gestaltung der Veränderung zu engagieren. Dabei helfen die flachen Hierarchien und der persönliche Zugang zum Vorstand, der selbst das Geschäft von der Pike auf gelernt hat und daher die Bedürfnisse und Anforderungen der Mitarbeiter sehr gut aus eigener Erfahrung kennt."

Motivation als Managementtool in der Veränderung hat bei der BKK Linde sehr viel mit Kommunikation zu tun. Die Führungskräfte leben den Veränderungsprozess vor und schaffen es, durch permanente direkte Gespräche die Teams auf diesem Weg mitzunehmen. Dadurch entsteht ein Korpsgeist, in dem offen nach Möglichkeiten gesucht wird, den Platz für das Unternehmen in einem sich komplett verändernden Markt zu finden. Gefragt sind Strategien zur Verbesserung in Service, Kundenkommunikation und Kundenbindung. Die Folge ist eine umfassende Reorganisation, bei der aber eine Frage für den Vorstand im Mittelpunkt stand und steht: Sind wir für solche grundlegenden Veränderungen personell richtig aufgestellt? „Mit den Skills des klassischen Sozialversicherungsfachangestellten wohl eher nicht", gab Vorstand Peter Raab der Universität St. Gallen beim Arbeitgeberaudit zu Protokoll. Daher bildet die BKK Linde neuerdings Kaufleute im Dialogmarketing aus. Das Hauptaugenmerk gilt jedoch der Personalentwicklung mithilfe von Talentanalysen. Das Ziel ist es, verborgene Kompetenzen und Potenziale zutage zu fördern.

**Identität mit dem Unternehmen stärken** Dass die Motivation der Mitarbeiter durch die Führungskräfte besonders gut funktioniert, kommt nicht von ungefähr. Auf die Schulung der Managementfähigkeiten wird besonderer Wert gelegt. Für jede Führungskraft gibt es Persönlichkeits- und Potenzialanalysen und darauf aufbauend entsprechende Entwicklungsprogramme. „Wenn jemand Verbesserungsbedarf hat, wissen wir, wo wir in der Personalentwicklung ansetzen können. Sehr wichtig ist uns, dass die Qualität bei den Mitarbeitern hoch gehalten wird. Nachwuchskräfte werden im Unternehmen aus- und weitergebildet. Verzichtet wird bewusst auf die Zusammenarbeit mit Callcentern, weil dadurch das Engagement im Kundenkontakt steigt." Ein Mitarbeiter, der den direkten Kundenkontakt hat, entwickelt eine viel größere Ich-Bezogenheit und eine höhere Identität mit dem Unternehmen als externe Dienstleister, weiß Jasmina Lang (Abb. 12.4).

**Abb. 12.4** Ich-Bezogenheit und Identität mit dem Unternehmen sind Voraussetzung dafür, dass Mitarbeiter zu Botschaftern des Unternehmens werden können. Da spielen Teambuilding-Seminare eine wichtige Rolle

**Wandel bei den Berufsbildern**   Der Strukturwandel in der Branche stellt auch eine Herausforderung für das Personalmanagement dar. Während früher in erster Linie Sozialversicherungsfachangestellte ausgebildet oder gegebenenfalls von außen geholt wurden, ist das Berufsbild heute vielfältiger. Abgesehen von der Notwendigkeit, das Dialogmarketing zu stärken, werden auch immer häufiger ausgesprochene Spezialisten in Teilbereichen gesucht, die gar nicht so leicht zu finden sind. IT-Experten, die sich mit der speziellen Krankenkassensoftware auskennen, gibt es auf dem Markt so gut wie gar nicht, schildert Jasmina Lang ein generelles Problem.

Die Zahl der Auszubildenden für das Dialogmarketing oder als Sozialversicherungsfachangestellte wurde zuletzt deutlich erhöht. Sie zu finden ist momentan noch kein großes Problem. Wohl aber erfordert es sehr unterschiedliche Strategien der Ansprache. Facebook funktioniert an allen Standorten sehr gut, Inserate dagegen eher im Ballungszentrum des Rhein-Main-Gebietes, während im ländlichen Raum damit kein Erfolg zu erzielen ist. Gesucht werden Azubis auch über die Jobbörse der örtlichen Arbeitsämter, die wiederum bei der Suche nach erfahrenen Fachleuten wenig Erfolg bringen. Dort setzt die BKK Linde mehr auf Online-Portale, die speziell Krankenkassenmitarbeiter ansprechen.

Die Personalrekrutierung lässt sich auch deshalb gut managen, weil sich die Abgänge in Grenzen halten. Lang sieht darin eine Bestätigung für die Führungsqualitäten und den Teamspirit. Auch die Zufriedenheit mit dem Gehalt ist laut Ergebnis der Mitarbeiterbefragung vergleichsweise überdurchschnittlich. Der Hauptgrund für die Beendigung eines Beschäftigungsverhältnisses liegt in Veränderungen von familiären Verhältnissen. Auf diese wird auch besondere Rücksicht genommen. „Wir bieten Teilzeit in jeder Form an. Es gibt keine starre 25-Stunden-Regelung, sondern alle möglichen Formen, ein Zeitkontingent über die Woche zu verteilen." Das ermöglicht vor allem Frauen nach der Elternzeit den raschen Wiedereinstieg in den Beruf.

## 12.7    Strukturierter Mitarbeiterdialog in der Salzburger Sparkasse

- **Unternehmen:** Die Salzburger Sparkasse Bank AG wurde im Jahr 1855 gegründet und ist seit dem Jahr 1996 Teil des Erste Bank-Konzerns. Die Bilanzsumme liegt bei 4,379 Mrd. €.
- **Standort:** Die Bank hat ihren Hauptsitz in der Altstadt der Mozartstadt Salzburg. Mit 66 Filialen, drei SB-Standorten sowie zehn regionalen Beratungszentren für Firmenkunden ist die Salzburger Sparkasse Bank AG nahezu flächendeckend in ihrem Einzugsgebiet vertreten.
- **Mitarbeiter:** 640
- **Gründungsjahr:** 1855
- **URL:** www.sparkasse.at/salzburg/
- **Interviewpartner:** Roland Böckl, Leiter Personal, Lisa Auer, Mitarbeiterin Personalentwicklung und Recruiting (14.03.2013)

In der öffentlichen Meinung herrscht von der Arbeit in Banken offenbar noch ein ziemlich antiquiertes Bild. Geprägt wird es bei jungen Bewerbern meist durch die Eltern, die noch immer den am Schalter stehenden „Beamten" im Kopf haben. „Jobs in der Bankenbranche werden tendenziell bei jungen Bewerbern nicht als ‚angesagt und trendy' angesehen", resümiert Roland Böckl. Den Personalleiter der Salzburger Sparkasse hat das antiquierte Ärmelschonerimage und der nachlassende Bewerberstrom vor drei Jahren veranlasst, sich strategisch mit dem Thema Employer Branding auseinanderzusetzen. Vor allem ging es ihm auch darum, einen neuen Typus von Mitarbeitern anzusprechen.

„Wir brauchen heute junge Leute, die am Verkaufen Spaß haben, wir wissen aber, dass der Begriff ‚Verkäufer' negativ konnotiert ist", weiß Böckl. „Da schwingt immer das negative Bild vom Kundenkeiler mit. Was wir aber benötigen, sind professionelle Kundenbetreuer, die dem Kunden das verkaufen (wollen), was er tatsächlich braucht." Sie unter den Bewerbern herauszufiltern ist eine wesentliche Aufgabe der Bewerbungsgespräche. In den strukturierten Einstellungsinterviews wird den Verkaufssequenzen ein hoher Stellenwert beigemessen. Außerdem werden in den Bewerbungsgesprächen neben den berufsbegleitenden Weiterbildungen über die Sparkassenakademie die damit zusammenhängenden Karrieremöglichkeiten thematisiert. Dagegen sind das ausgeprägte Gesundheitsmanagement, flexible Arbeitszeitmodelle, Altersteilzeit- und Gleitpensionsmodelle, die bei bestehenden Mitarbeitern eine große Rolle spielen, am Bewerbermarkt keine Themen, mit denen man bei jungen Jobeinsteigern punkten kann. Für die Generation Y zählen Entwicklungspotenziale und Karriereoptionen. Damit wird als zentrales Arbeitgeberversprechen auch geworben. Roland Böckl, der selbst früher für das Jugendmarketing der Sparkasse zuständig war, hat verstanden, dass es keinen Sinn macht, die eigene Wertelandkarte mit der der Bewerber abzugleichen, ohne darauf Rücksicht zu nehmen, dass der Zielgruppe andere Werte wichtig sind.

**Bewerbervideos mit eigenen Mitarbeitern** Die aktuell 640 Mitarbeiter der Salzburger Sparkasse wissen das Gebotene offenbar zu schätzen. Jedenfalls liegt die Fluktuationsrate bei geringen 3 %. Bei wieder steigenden Beschäftigtenzahlen ist deshalb die große Herausforderung die Gewinnung neuer passender Mitarbeiter. Sie zu rekrutieren, ist auch wegen der nicht mehr wie früher funktionierenden Kanäle schwerer geworden. Vor allem der Rücklauf auf klassische Stellenangebote in Zeitungen lässt zu wünschen übrig. Die Generation Y sucht über Karriereplattformen im Netz, will aber auch direkt angesprochen werden. Deshalb präsentiert sich die Sparkasse auf Karrieremessen und nimmt an Veranstaltungen von Schulen und Fachhochschulen sowie an Podiumsdiskussionen teil.

Eines der jüngeren Projekte der Sparkasse war gleich eine ganze Serie von Videos mit Mitarbeitern der Sparkasse, die über ihre Arbeit und die verschiedenen Einstiegsmöglichkeiten in eine Lehre, in die Ausbildung als Junior-Kundenbetreuer für Abiturienten oder in Trainee-Programme für Akademiker erzählen. Die gefilmten Testimonials Marke Eigenbau finden sich auf der Karriere-Website, sowie als Key Visuals in Imageinseraten wieder. Die Imageinserate unterscheiden sich von klassischen Stellenanzeigen dadurch, dass sie nicht auf eine bestimmte Position Bezug nehmen. Vermittelt werden das Berufsbild des Kundenbetreuers und Informationen über die Unternehmensphilosophie. Damit das Bild stimmig wird, tauchen die „Gesichter der Sparkasse" auch in den Informationsfoldern wieder auf, die im direkten Gespräch mit Interessenten überreicht werden. Eigens gebrandete Markenartikel wie M&Ms oder Manner Schnitten überwinden als Give aways die ersten Gesprächshürden auf Jobmessen. Dass auch bei diesen Give aways auf bekannte Namen gesetzt wird, versteht Roland Böckl auch als Teil der Strategie als Arbeitgebermarke: „Wir spielen in einer Liga mit anderen Topmarken und wollen das bei allen unseren Maßnahmen erlebbar machen (Abb. 12.5)."

**Abb. 12.5** Werbung um
Bewerber mit Markenartikeln,
damit die Markenphilosophie
erlebbar wird

**Onboarding-Phase mit Lernbegleitung** Gesucht wird in erster Linie unter Absolventen
von kaufmännischen Schulen. Durch das stetig steigende Angebot an Fachhochschul-
Studiengängen wird der Markt der Abiturienten, die einen direkten Jobeinstieg suchen,
kleiner. Selbst wenn es schwieriger wird, neue Mitarbeiter für die Laufbahn aus dem bisherigen Kandidatenpool zu finden, sieht der Personalchef der Sparkasse keine Alternative, als
sich in der Zielgruppe als attraktiver Arbeitgeber zu positionieren. Das Abwerben qualifizierter Mitarbeiter von anderen Banken kommt immer wieder vor. Laut Böckl ist es aber
ebenfalls schwierig, diese in eine neue gelernte Unternehmenskultur zu integrieren. Dabei
ist es natürlich auch notwendig, interessante finanzielle Anreize setzen zu können, um
mögliche Bewerber zu interessieren, das wiederum kann die vorhandene Gehaltsstruktur
durcheinander bringen. Die Nachteile, hat Böckl in der Praxis erfahren, wiegen den Vorteil
der schnelleren fachlichen Leistungsfähigkeit leider wieder auf.

Die neuen Mitarbeiter werden in der „Onboarding-Phase" unter die Fittiche eines Lern-
begleiters genommen. Es werden Ausbildungsmappen, in denen das Lern- und Seminar-
programm beschrieben sind, übergeben. Alle Ausbildungsschritte werden durch Blended
Learning unterstützt. Schon vor dem Eintritt meldet sich der künftige Vorgesetzte und lädt
den Newcomer zu einem Kennenlerntermin ein – eine Geste der Wertschätzung, die sehr
gut ankommt, genauso wie die Prämie, die Mitarbeiter bekommen, wenn sie erfolgreich
einen neuen Kollegen werben. In dem Fall werden beide auf ein gemeinsames Frühstück
in den Hangar 7 von Red Bull am Salzburg Airport eingeladen.

**Strukturierter Dialog mit Aufwärtsfeedback für Führungskräfte** Traditionell legt die Sparkassen-Gruppe großen Wert auf die Mitarbeiterkommunikation. Vorbildlich ist die Stringenz, mit der die einzelnen Maßnahmen geplant und durchgeführt werden. Damit ist natürlich nicht nur die periodisch erscheinende Mitarbeiterzeitung gemeint, die viele persönliche Nachrichten aus der Sparkasse vermittelt und damit auch ein Stück weit den Slogan „In jeder Beziehung zählen die Menschen" lebendig macht. Es gibt einen verbindlichen Leitfaden, wer wann vom wem zu informieren ist. Die Einhaltung dieser in der gesamten Erste Bank/Sparkassen-Gruppe gültigen Normen wird auch überprüft.

Jeder Mitarbeiter hat das Recht auf ein dreiteiliges Mitarbeitergespräch jedes Jahr. Zu Jahresbeginn werden mit dem unmittelbaren Vorgesetzten Arbeits- und Entwicklungsvereinbarungen getroffen, in einem Checkgespräch wird zur Jahresmitte Zwischenbilanz gezogen und gegen Jahresende findet das Beurteilungsgespräch statt, manchmal auch gemeinsam mit der Arbeits- und Entwicklungsvereinbarung für das kommende Jahr. Das ist laut dem eigens dafür publizierten Leitfaden „ein strukturierter Dialog zwischen Mitarbeiter und Führungskraft über Grundsätzliches, kein Gespräch über das Tagesgeschäft. Wir vereinbaren Ziele, sprechen über unsere Erwartungen und messen den Erfolg." Für die Mitarbeiter bringt das eine persönliche Standortbestimmung, zeigt die längerfristigen Perspektiven auf und macht die Mitverantwortung für die Entwicklung der Sparkasse deutlich.

Der Mitarbeiter hat in regelmäßigen Abständen auch die Möglichkeit, dem direkten Vorgesetzten ein anonymes Aufwärtsfeedback zu geben, und so der Führungskraft zu vermitteln, wie sein Führungsverhalten bei den Mitarbeitern ankommt. Damit die Anonymität gewahrt bleibt, wird die Rückmeldung über einen Multiple-Choice-Fragebogen abgegeben. Freilich besteht auch die Möglichkeit, konkrete Themen in eigenen Worten zu formulieren. In diesen Fällen tritt der Mitarbeiter allerdings ein Stück aus der Anonymität heraus. Die Führungskraft hat so die Chance, das eigene Führungsverhalten zu überdenken und, wenn nötig, zu korrigieren. Damit soll das Selbstentwicklungspotenzial der Führungskraft und der Teamspirit gestärkt, Missverständnisse abgebaut und „blinde Flecken" beseitigt werden. Die Führungskräfte sind angehalten, das Gesamtergebnis im Team zur Einsicht zur Verfügung zu stellen und auch mit diesem zu diskutieren. Wenn die Probleme eine bestimmte Schwelle übersteigen, schaltet die Personalabteilung auch schon einmal einen Personalentwickler ein, der mit der Führungskraft an einer Verbesserung der Situation arbeitet.

Aus Sicht des Unternehmens bringen die Mitarbeitergespräche Ziele des Unternehmens und der Mitarbeiter in Einklang. Die Mitarbeiter übernehmen Mitverantwortung für das Gesamte, die Fähigkeiten und Talente der Mitarbeiter werden optimal eingesetzt. Diese Mitverantwortung übernehmen die Vorgesetzten im Übrigen auch schon im Einstellungsprozess, in den die Führungskräfte durch die Personalentwicklung mit einbezogen werden.

Einen Normprozess gibt es auch bei Mitarbeitern, die aus dem Unternehmen weggehen. „Für uns gilt der Spruch ‚They never come back' nicht." Allerdings nimmt sich die Personalabteilung der Betreuung von Abgängern direkt an, um von Mitarbeitern, die das

Haus verlassen, neutrales Feedback zu den Austrittsgründen zu erhalten und mögliche Emotionen herauszuhalten. Bei der Trennung von Mitarbeitern ist, auch wenn der Mitarbeiter diesen Schritt setzt, professionelles Vorgehen gefragt. Der Einsatz lohnt sich offenbar, denn es kommt durchaus vor, dass ehemalige Mitarbeiter nach Zeiten bei anderen Arbeitgebern wieder „heimkehren".

## 12.8   easySoft: Kletterwand als Manifest der Unternehmenskultur

- **Unternehmen:** Easysoft entwickelt Software für Kliniken und KMU in den Bereichen Bildungsmanagement und Personalentwicklung.
- **Standort:** Firmensitz ist St. Johann bei Reutlingen in der Schwäbischen Alb (Baden-Württemberg).
- **Mitarbeiter:** 40
- **Gründungsjahr:** 1994
- **URL:** www.easysoft.info
- **Interviewpartner:** Andreas Nau, Mitglied der Geschäftsführung, verantwortlich für strategische Weiterentwicklung und Mitarbeiter (04.07.2013)

Was macht ein kleines Softwareunternehmen in einer komfortablen Nische im IT-Boomland Baden-Württemberg, um auf sich aufmerksam zu machen – vor allem im Bewusstsein, dass exponentielles Wachstum bevorsteht? Diese Frage stellte sich easysoft vor fünf Jahren. Damals zählte das Unternehmen gerade einmal 14 Mitarbeiter. Die Antwort war: „Wir müssen unser Unternehmensprofil schärfen und deutlich herausarbeiten, wofür wir stehen." Die IT-Spezialisten im Bildungsmanagement machten sich Gedanken, was sie einzigartig macht, und kamen zum Schluss: „Es sind die Menschen, die bei uns arbeiten." Zu dieser Erkenntnis passte die damals stark technikfokussierte Homepage gar nicht. „Stumpf, langweilig und austauschbar war die", erinnert sich Andreas Nau, der für die strategische Entwicklung des Unternehmens zuständig ist. Die Idee, den Online-Außenauftritt komplett zu verändern, war der Startschuss für einen intensiven Leitbildprozess.

**Organigramm mit Überraschungen** Die drei Geschäftsführer begaben sich damals in Klausur, um sich Gedanken zu machen, wo das Unternehmen in fünf Jahren stehen, welche Vision es entwickeln und wie das Wachstum gesteuert werden soll. Die Erarbeitung der „Unternehmens-DNA" in einem Top-down-Prozess wurde deshalb gewählt, weil der Entscheidungsprozess nicht durch zu viele Kompromisse beeinflusst und verwässert werden sollte. Was nicht bedeutete, dass die Unternehmenskultur den Mitarbeitern aufoktroyiert wurde. Vielmehr kam es nach der Präsentation zu einem intensiven Diskussions- und Feedbackprozess.

Eine Festlegung der Unternehmenskultur lautete: Jeder Mitarbeiter soll nach seinen besonderen Stärken eingesetzt werden. Das Trio erarbeitete ein Organigramm mit neuen Hierarchieebenen, ohne Namen einzusetzen. Jeder Mitarbeiter sollte sich selbst dort eintragen, wo er seine Stärken sah. Das Ergebnis war überraschend, weil sich zwei Mitarbeiter aus ihren bisherigen Tätigkeitsfeldern selbst in ganz andere Bereiche versetzten: Eine Mediendesignerin wechselte in die Qualitätsprüfung und gibt seither wertvolle Hinweise, wie die Softwarelösungen von easySoft noch anwenderfreundlicher zu gestalten sind. Ein Mitarbeiter aus dem Bereich Beratung, Vertrieb und Schulung, meldete sich für die technische Dokumentation und leistet hier seither hervorragende Arbeit.

Die Strategieübung von damals wurde im Jahr 2013 wiederholt mit dem Ziel, nun für inzwischen 40 Mitarbeiter die Unternehmenskultur und -organisation für weitere fünf Jahre festzulegen und dabei wieder eine Treppenstufe höher zu gehen. Bei der Formulierung des neuen Leitbildes wurde nun versucht, dieses mit einer Geschichte zu verbinden, es in Text und Bild noch emotionaler zu machen. „Wir wollen für Mitarbeiter, Interessenten und Kunden noch greifbarer werden", so beschreibt Nau die Zielsetzung. „Wer zu uns kommt, weiß bisher nach ein paar Wochen, wofür wir stehen. Unser Ziel ist es, dass das, was uns einzigartig macht, noch schneller erfasst werden kann."

Ein Weg dahin läuft über die Öffentlichkeitsarbeit. Deshalb hat sich easySoft erfolgreich dem Audit von Top Job unterzogen. Zum publizistischen Hit wurde aber etwas ganz anderes: Vor ein paar Jahren wurde ein Neubau mit 1.000 Quadratmetern Bürofläche errichtet, in dessen Eingangsbereich eine 7,5 m hohe Kletterwand eingebaut wurde. Hier können drei Mitarbeiter gleichzeitig sportlich aktiv werden. Das machte sofort Furore. Journalisten wurden auf das Unternehmen aufmerksam und schrieben Reportagen über dieses eher außergewöhnliche Angebot. Sogar eine Delegation aus Südkorea kam in die Schwäbische Alb, um sich anzusehen, wie sich Work-Life-Balance im täglichen Betrieb eines Softwarehauses gestalten lässt (Abb. 12.6).

**Hohe Rendite der Investitionen in die Arbeitgebermarke** Die Kletterwand – wie auch ein Tischkicker – passen zur Unternehmensphilosopie. „Uns ist es wichtig, dass unsere Mitarbeiter einen Ausgleich zum Beruf haben, dass sie ihre Hobbies pflegen und auch

**Abb. 12.6** Anders als die
anderen sein – dieser Unternehmensphilosophie gab
easySoft Gestalt in Form einer
Kletterwand

auf ihre Gesundheit achten." Die Botschaft ist am Arbeitsmarkt angekommen. Inzwischen gibt es sehr viele Aktivbewerbungen und sogar eine kleine Warteliste. Das Kosten-Nutzen-Verhältnis des Investments und die Aktivitäten zur Schärfung des Profils der Arbeitgebermarke ist exzellent. „Die Kosten für die Kletterwand von 25.000 € haben wir längst schon herein gespielt", weiß Andreas Nau.

**Zusatzqualifikationen werden verlangt und Schulungen bezahlt** Im Vergleich dazu investieren die sonst als sparsam bekannten Schwaben sehr viel Geld in die Weiterbildung. Zwei Mal pro Jahr besteht für jeden Angestellten die Pflicht zur Fortbildung. Die Kosten dafür werden zur Gänze übernommen. Selbst zweijährige berufsbegleitende Ausbildungen etwa zum Erwerb des Masters oder anderer Zusatzqualifikationen werden voll bezahlt. Der Gehalt wird in dieser Zeit voll weiter bezahlt und auch die Ausbildungskosten – die für den Master bei rund 5.000 EUR liegen – werden vom Arbeitgeber übernommen. Weitere Annehmlichkeiten sind eine Renten- und Krankenzusatzversicherung, Obst und Getränke gibt es gratis und neuerdings auch eine weitgehend freie Arbeitszeiteinteilung. Selbst die Kernzeit von 9 bis 17 Uhr wurde aufgelassen. Manche beginnen gerne früher, andere später, manche gehen gerne zu Mittag Joggen oder Rad fahren. „Unser Ziel ist es nicht, dass unsere Mitarbeiter acht Stunden am Tag absitzen, sondern dass unsere Kunden bestens betreut werden", erklärt Nau.

**Tägliche Erfolgsgeschichten gegen das Vergessen der Werte** Visionen und Werte von Unternehmen haben es oft an sich, dass sie im Team festgelegt und danach rasch wieder vergessen werden. Gegen diese Form des Alzheimers hat easySoft die Erfolgsgeschichten erfunden. Andreas Nau ist davon überzeugt, dass es solche positiven Erfahrungen in jedem Unternehmen gibt. Seine Kolleginnen und Kollegen posten diese Stories im Intranet: Wenn morgens der Computer gestartet wird, poppen die neuesten Geschichten im gesamten Team auf: Lob von Kunden, erfolgreiche Entwicklungen, positive Geschäftsabschlüsse. Alles, was die Unternehmenswerte leben lässt und greifbar macht, wird hier dokumentiert – positiver Effekt: „Alle unsere Mitarbeiter haben eine außergewöhnliche Identifikation mit dem Produkt." Wenn einmal am Abend noch niemand etwas geschrieben hat, wird der Personalverantwortliche selbst aktiv und nutzt die Gelegenheit, mit positivem Erleben einen Dank an das Team zu formulieren.

Erfolg macht sexy. Deshalb ist auch die Fluktuationsrate sehr gering. Im Schnitt der letzten fünf Jahre gab es lediglich einen Abgang pro Jahr bei 25 Neueinstellungen. Die Neuen kommen oft auf Empfehlung von Mitarbeitern. Zeitungsberichte sorgen dafür, dass Bewerber auf der Webseite nachsehen, welche Stellen ausgeschrieben sind. Online-Jobportale werden von easySoft nicht mehr bespielt, auch Stellenanzeigen werden nicht mehr geschaltet. Lieber wird in die Schärfung des eigenen Unternehmensprofils investiert. Und dazu gehört auch, dass Bewerbungsgespräche grundsätzlich im Team stattfinden. Dabei wird größter Wert darauf gelegt, dass die „Chemie" stimmt. Das Engagement für die Unternehmenskultur rechnet sich auch hier, davon ist Nau überzeugt: „Interessenten, die sich schon in der Bewerbungsphase mit unserer Philosophie beschäftigt haben, passen letztlich auch sehr gut ins Team."

## 12.9 Interner Erfahrungsaustausch in den PrivateCityHotels

- **Unternehmen:** PrivateCityHotels sind ein Zusammenschluss von 50 Hotels in Deutschland und Österreich.
- **Standort:** Die Hotelgruppe hat Standorte unter anderem in Hamburg, Nürnberg, Freiburg, Bonn, Wien und Salzburg.
- **Mitarbeiter:** Im Schnitt hat jedes Mitgliedshotel 20 Mitarbeiter, insgesamt also rund 1.000.
- **Gründungsjahr:** 2011.
- **URL:** www.private-city-hotels.com
- **Interviewpartner:** Mag. Marius Donhauser, Vorstand (14.03.2013)

Die Geburtsstunde der PrivateCityHotels schlug im Jahr 2011. Auslöser für die Zusammenarbeit von privaten 3- und 4-Sternehotels war die Klage über zunehmende Marketingkosten der internationalen Buchungsplattformen, die Gebühren von 13 bis 20 % verrechnen. „Dem wollten wir eine eigene Buchungsplattform entgegensetzen", erinnert sich Marius Donhauser, der selbst einer Hoteliersfamilie entstammt. Die Idee hat sich rasch durchgesetzt. Heute sind eigentümergeführte Hotels in vielen deutschen sowie österreichischen Städten Mitglieder, und die Gruppe will – auch international – weiter wachsen.

Durch den Verbund der PrivateCityHotels ergeben sich für die Privathotels Vorteile, in deren Genuss sonst nur Kettenhotels kommen. Marius Donhauser: „Als traditionelle ‚Einzelkämpfer' können wir nun von Meinungs- und Informationsaustausch profitieren. Gemeinsam können wir Einkaufsvorteile nutzen, neue Verkaufskanäle erschließen und als Marke international wachsen."

Sehr rasch zeigte sich, dass nicht nur die Vermarktung ein gemeinsames Anliegen der Hotels ist, sondern auch die Umsetzung der Idee von „lernenden Organisationen". Eine der großen Herausforderungen, denen sich die Gruppe neben der Vermarktung der Bettenkapazität sehr rasch stellen musste, ist der Fachkräftemangel im Tourismus. „Viele private Hotels haben bei karriereorientiertem Führungsnachwuchs das Problem, dass jeder für sich allein zu wenig Aufstiegsmöglichkeiten und Gelegenheit für Auslandserfahrungen bieten kann." Durch ein Austauschprogramm, bei dem wochenweise ein Mitarbeiteraustausch stattfindet, wurde an diesem Problem gearbeitet. Gemeinsam werden den Mitarbeitern aber auch andere Benefits geboten, wie um 50 % vergünstigte Urlaube in Partnerhotels. Das bringt auch ein Zusammengehörigkeitsgefühl. Genauso wie gemeinsame Lokalbesuche, zu denen die Rezeptionisten der Hotels in den größeren Städten, in denen es mehrere Mitgliedshotels gibt, eingeladen werden.

Die gemeinsamen Maßnahmen gleichen einige Nachteile gegenüber Kettenhotels aus. Donhauser sieht bei der Bildung einer gemeinsamen Arbeitgebermarke aber noch weitere Entwicklungsmöglichkeiten. Luft nach oben ist bei der erst zwei Jahre alten Organisation noch jede Menge vorhanden. Das gilt für das gemeinsame Mitarbeiter-Recruiting genauso wie für die Human Ressources-PR, die derzeit noch in den Kinderschuhen steckt. Mit einiger Fantasie wäre hier einiges zu machen.

Auch die Employer Value Proposition und die Positionierung harren noch der Aus-formulierung. Entwickelt wurde vorerst nur ein Leitbild, das auch auf die Vorteile von Familienhotels für Mitarbeiter hinweist: Die Hierarchien sind flacher, die Aufgabengebiete umfangreicher, die Standardisierung weniger ausgeprägt, die Aufgaben vielfältiger und das Miteinander entspannter.

**Kommunikationsprobleme der Branche**  An der generellen Problematik der Branche, dass es einfach zu wenige Fachkräfte gibt, die die Nachfrage nach Mitarbeitern deckt, ändert das freilich nichts. Ein Ansatz, die offenen Positionen zu besetzen, ist es, Quer-einsteiger für einen Job im Hotel zu gewinnen. Das löst allerdings ein anderes Problem nicht: Die Tourismuswirtschaft hat eine extrem hohe Fluktuation. Das bringt einen per-manenten Wissens- und Know-how-Verlust mit sich. Die Branche ist gefordert, Lösungen zu finden, mit denen sich Mitarbeiter längerfristig an einzelne Häuser binden lassen. Wo das nicht möglich ist, müssen Standards an die neuen Mitarbeiter kommuniziert werden. Außerdem gilt es, zwischen Mitarbeitern und Geschäftsführung sowie den Mitgliedshotels einen permanenten Informations- und Wissenstransfer sicherzustellen. Durch persönli-che Information ist das kaum möglich, zumal es unterschiedliche Dienstzeiten gibt und die Mitarbeiter meist keine personalisierten E-Mail-Adressen haben. Um dennoch den internen Kommunikationsfluss am Laufen zu halten, verwenden die PrivateCityHotels die Intranet-Lösung hotelkit.net.

**Wissenstransfer und interne Kommunikation**  Das Programm – das von Facebook und Wikipedia bekannte Features vereinigt – wurde vom Uni Innsbruck-Absolventen Marius Donhauser selbst entwickelt und findet inzwischen in der Branche reißenden Absatz. Zur Weiterentwicklung des Programms sucht der Tourismusexperte die enge Zusammenarbeit mit der Tourismus-Fachhochschule Salzburg. Bachelor-Arbeiten zu den Themen Wis-sensmanagement, Innovationen beim Mitarbeiter-Involvement oder Kommunikations-management wurden ausgeschrieben und von Studenten ausgearbeitet.

Mit hotelkit kann betriebsnotwendiges Wissen unkompliziert dokumentiert sowie archiviert werden und ist somit für jeden verfügbar und schnell auffindbar. Das Quali-täts- und Prozessmanagement wird so durch das Wiki-Handbuch verbessert. hotelkit hilft, die interne Organisation etwa bei Dienstübergaben zu verbessern, und beinhaltet auch ein Ideenmanagement, das die Mitarbeiter aktiv in den Ideenprozess mit einbezieht. Mit dem Umfragetool kann nicht nur die Meinung der eigenen Mitarbeiter eingeholt werden, sondern auch die der Geschäftsführer der Hoteliers in anderen Städten, in denen es Pri-vateCityHotels gibt.

Einen großen Vorteil des Programms sieht Donhauser auch für die Integration der Mit-arbeiter: „Alle haben Zugang zu allen Informationen, egal, wo jemand tätig ist. Das schafft Bindungen und verbessert ganz massiv den Wissens- und Kommunikationsaustausch."

## 12.10  Zur Rose Pharma: Wöchentliche Post von der Geschäftsführung

- **Unternehmen:** Die Zur Rose Pharma ist eine Tochter der Schweizer Zur Rose AG, die im Jahr 1993 als Ärztegrossist gegründet wurde und in diesem Bereich zu den führenden Anbietern in der Schweiz gehört. Die deutsche Zur Rose Pharma unterstützt als Dienstleister für Apotheken und Partner von Ärzten, Krankenkassen, Heimen und Gesundheitsunternehmen Patientinnen und Patienten in der Arzneimittel- und Gesundheitsversorgung.
- **Standort:** Halle an der Saale
- **Mitarbeiter:** 88
- **Gründungsjahr:** 1993 in der Schweiz, 2004 in Deutschland
- **URL:** www.zurrose-pharma.com
- **Interviewpartner:** Sabine Schaffarczyk, Leiterin Human Resources (08.07.2013)

Ende des Jahres 2012 hat die Schweizer Zur Rose AG die niederländische Versandapotheke DocMorris übernommen. Damit ist die Zur Rose-Gruppe in Deutschland, Österreich und der Schweiz in allen Bereichen ihres Versandgeschäfts zur Nr. 1 aufgestiegen. Seither hat sich die Arbeitsmarktsituation für die stark wachsende deutsche Niederlassung geändert. Vom Start weg stieg die Zahl der Mitarbeiter von zwölf auf 88 in weniger als acht Jahren. Derzeit ist die personelle Expansion gestoppt, weil es jetzt heißt, die Synergien aus dem Zusammenschluss zu nutzen und festzulegen, welche Rolle die einzelnen Marken im Firmenverbund spielen werden.

Gefragt ist jetzt intensive Kommunikation, die bei der Halleschen Zur Rose Pharma immer schon großgeschrieben wurde. Das bewährt sich jetzt im Änderungsprozess, weiß HR-Leiterin Sabine Schaffarczyk. Jede Woche erhalten die Mitarbeiter digitale Post des Geschäftsführers. Da es keine Mitarbeiterzeitung gibt, informiert der Chef auf diesem Weg über die neuesten Aktivitäten. Hier stehen natürlich die unternehmensstrategischen Inhalte im Vordergrund. Die Personalabteilung legt mit einem eigenen Newsletter und über das Intranet nach, informiert über Persönliches von den Mitarbeitern, gemeinsame Sportaktivitäten und Feste (Abb. 12.7).

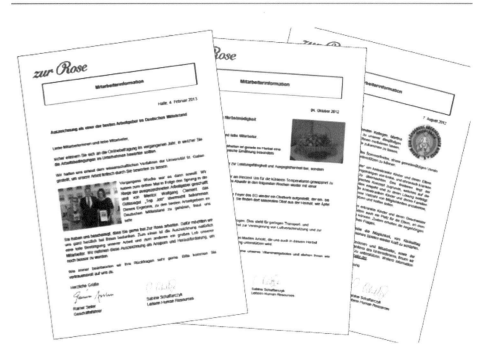

**Abb. 12.7** Jede Woche erhalten die Mitarbeiter der Zur Rose Pharma ein Informationsschreiben des Geschäftsführers

**Kommunikationsinseln** Zusätzlich werden auch noch andere personalrelevante Infos am Whiteboard ausgehängt. Das gute alte „Schwarze Brett" funktioniert nach wie vor als übergreifende Informationsplattform. Die Anschlagtafel im Bereich der Garderobe ist zu einem kleinen Treffpunkt geworden, wo auch über die ausgehängten Themen diskutiert wird. Aus der positiven Erfahrung mit dieser Form der Gesprächskultur heraus entstand unter den Mitarbeitern der Wunsch, auf jeder Etage eine Kommunikationsinsel zu schaffen. „Dieser Vorschlag ließ sich mit wenig finanziellem Aufwand umsetzen und hat eine hohe Akzeptanz gefunden", freut sich Sabine Schaffarczyk.

Das Thema Kosten spielt bei ihr eine große Rolle. Als kleines, mittelständisches Unternehmen funktioniert viel nur über den persönlichen Einsatz und Empathie für die Mitarbeiter und nicht über hohe Ausgaben. „Wir tun sehr viele Dinge, die kaum etwas kosten, aber einigen persönlichen Einsatz erfordern." Die Sportaktivitäten werden von einer Kollegin betreut, Aerobic wird in Eigenregie gestaltet. Nur für Sportgeräte und Raummiete fallen kleinere Beträge im Monat an. Auch für das betriebliche Gesundheitsmanagement, das in Zusammenarbeit mit den Krankenkassen organisiert wird, halten sich die finanziellen Aufwendungen in Grenzen. In Summe hat sich über die Jahre dennoch ein sehr umfangreiches Programm ergeben, das von der Henkel-Stiftung bei ihrem Audit sehr positiv zur Kenntnis genommen wurde.

**Nicht jeder Wunsch lässt sich erfüllen**   Natürlich werden auch bei der Zur Rose Pharma immer wieder Forderungen von Mitarbeitern laut. So kam beispielsweise im Zusammenhang mit der Vereinbarkeit von Familie und Beruf der Wunsch auf, freiwillig weitere Karenztage zu bezahlen. Die Erkenntnis der Personalchefin: Wenn jeder Mitarbeiter drei Tage ausfällt, ist das nicht zu kompensieren. Auch bei der Möglichkeit, im Home Office zu arbeiten, steht Schaffarczyk auf der Bremse. Jeder einzelne Fall wird genau geprüft und individuell entschieden. Aus Sicht des Unternehmens sieht sie dabei ein Handling- und Kontrollproblem.

Bisweilen werden Errungenschaften auch wieder zurückgefahren. Nachdem es jahrelang einen Obstkorb gab, wurde der zuletzt nicht mehr wirklich geschätzt. Daraufhin wurde das Angebot verknappt und im Sommer überhaupt nicht mehr bestückt. Seither ist die Nachfrage wieder enorm gestiegen.

Das persönliche Engagement für die Mitarbeiter und die hohe Kommunikationskultur kommt offenbar gut an. Jedenfalls liegt die Fluktuation mit rund einem Prozent sehr niedrig. Abgänge sind meist familiär bedingt. Neben der starken Verbundenheit mit dem Unternehmen, die sich auch in einer hohen Beteiligung bei den Firmenfesten ausdrückt, spielt natürlich auch die Arbeitsmarktsituation in Halle eine Rolle: Die Arbeitslosenzahl liegt im zweistelligen Prozentbereich. „Da gibt man eine gute Stelle nicht so einfach auf", glaubt Sabine Schaffarczyk. Dass die Zur Rose Pharma als guter Arbeitgeber geschätzt wird, ist nicht nur Resultat der Unternehmenskultur, die die Mitarbeiter wahrnehmen, sondern wird auch über integrative Maßnahmen rund um den Standort untermauert. Durch die Beteiligung an verschiedensten Aktivitäten und Veranstaltungen wird die Arbeitgebermarke gestärkt, und das Unternehmen positioniert sich gegenüber möglichen Bewerbern.

# Controlling des Employer Branding

13

Employer Branding kostet Geld. In Unternehmen wird daher von der Führungsebene erwartet, dass die geleistete Arbeit mit betriebswirtschaftlichen Kennzahlen sowie Zielerreichungsgraden gerechtfertigt wird – dies gilt auch für die Umsetzung von Employer Branding (Stotz und Wedel 2009, S. 165). Ist der Employer Branding-Prozess gestartet, die Arbeitgebermarke kommuniziert und umgesetzt – intern sowie extern –, ist es wichtig, die Maßnahmen und Aktivitäten entsprechend zu evaluieren. Die Positionierung eines Unternehmens als attraktiver Arbeitgeber ist als ein laufender Managementprozess zu sehen (Kriegler 2012, S. 337). Die Arbeitgebermarke unterliegt daher einer stetigen Weiterentwicklung, was eine **kontinuierliche Erfolgsmessung** durch eindeutig definierte Indikatoren erforderlich macht (Trost 2009, S. 70).

Die **Evaluation** dient hier dazu, eine Bestätigung zu liefern, dass mit den eingesetzten finanziellen, sachlichen und personellen Mitteln die größtmögliche Wirkung erzielt wird. Sie ermöglicht u. a. die Erstellung einer Kosten-Nutzen-Bilanz und liefert konkrete Hilfestellungen bei Entscheidungen während des Strategie- und Umsetzungsprozesses. Die Evaluation muss mithin den Managementprozess des Employer Branding in allen Stufen und auf allen Ebenen steuern und regeln sowie verlässliche Größen für die Korrektur laufender Programme und damit die Justierung künftiger Planungen schaffen. Erhoben wird u. a. die Resonanz der Maßnahmen nach innen und außen, analysiert werden personalrelevante Kennzahlen, die Entwicklung der Medienpräsenz und die Auswirkung einer Kampagne auf die Reputation der Arbeitgebermarke.

Laut einer aktuellen Studie von Kienbaum Management Consultant geben lediglich 15 % der befragten Unternehmen an, dass die Employer Branding-Maßnahmen bei ihnen regelmäßig anhand von Kennzahlen gemessen und evaluiert werden (Kienbaum Management Consultant 2012/2013, S. 40). In Unternehmen werden entsprechend kaum Softwarelösungen sowie Kennzahlensysteme für ein Employer Branding Controlling eingesetzt (Quenzler 2012a, S. 160 f.). Dies impliziert, dass Unternehmen über keine bzw. wenige Informationen verfügen, ob ihre im Rahmen von Employer Branding-Projekten

W. Immerschitt, M. Stumpf, *Employer Branding für KMU*,
DOI 10.1007/978-3-658-01204-5_13, © Springer Fachmedien Wiesbaden 2014

gesetzten Aktivitäten zielführend sind. Daraus kann abgeleitet werden, dass in der Unternehmenspraxis im Bereich Employer Branding Controlling ein Handlungsbedarf besteht.

Im folgenden Kapitel werden mögliche **Evaluationsinstrumente für Employer Branding-Projekte** dargestellt und auf ihre Anwendbarkeit durch KMU geprüft. Im ersten Abschnitt 13.1 erfolgen eine Definition des Begriffs „Employer Branding Controlling" und die Darstellung der Funktion im Rahmen des Employer Branding-Prozesses. Im nächsten Abschnitt 13.2 wird auf die Problematik des Controlling im Bereich Employer Branding eingegangen. In den abschließenden Abschnitt 13.3 und 13.4 werden unterschiedliche, bereits bestehende Konzepte zum Controlling des Employer Branding beschrieben sowie mögliche Kennzahlen erläutert.

## 13.1    Definition und Funktion des Employer Branding Controlling

Nach Kriegler dient das **Employer Brand Controlling** dazu

> […] auf der Basis klarer, strategischer Ziele den Erfolg […] [der] Employer Branding-Maßnahmen zu bewerten. Die regelmäßige Erfolgsmessung ermöglicht es dem Employer Brand Management, den Mitteleinsatz für das Employer Branding zu optimieren, positive Wirkungen zu verstärken, Fehlentwicklungen frühzeitig zu erkennen und gegenzusteuern sowie die Employer Branding-Strategie und das Kommunikationskonzept zu justieren und zu optimieren. (Kriegler 2012, S. 341)

Als **Ziele des Employer Branding Controlling** werden die Transparenz der Kosten aller Aktivitäten und das Darstellen der Effizienz der Maßnahmen verstanden. Ein weiteres Resultat des Controlling sollte sein, dass der Anteil von Employer Branding am Unternehmenserfolg aufgezeigt wird (DGFP 2006, S. 96). Um diesen Nutzeneffekt des Controlling erzielen zu können, bedarf es der Entwicklung eines Kennzahlensystems. Die Grundlage dafür bilden die festgelegten Employer Branding-Ziele (siehe Kap. 5). Der Anspruch, dass die Ergebnisse gemessen werden, bedeutet, dass schon bei der Konzepterstellung operationalisierbare (also messbare) Ziele formuliert werden, die kongruent zu den unternehmerischen Zielen und den Erwartungen sind. „Wenn die Messmethoden näher an den Unternehmenszielen liegen, werden sie vom Management auch verstanden und akzeptiert. Mit derartigen Methoden richtet sich der Blick in die Zukunft und wird damit sehr viel strategischer" (Immerschitt 2009, S. 109).

Laut Hanke und Hübner kann ein Controlling im Bereich Employer Branding nur dann erfolgreich sein, wenn es als Hilfestellung für die **Optimierung von Managemententscheidungen** dient (Hanke und Hübner 2010, S. 40). Folgende Entscheidungen können durch das Controlling von Employer Branding positiv unterstützt werden (Hanke und Hübner 2010, S. 40):

- Strategische Entscheidungen zur Positionierung des Unternehmens als attraktiver Arbeitgeber,
- Budgetentscheidungen (Personal- und Sachkosten) zur Durchführung des Recruiting-Prozesses,
- Entscheidungen zum Einsatz von Personalressourcen (z. B. bei der Kandidatengewinnung und -auswahl),
- Kommunikationsentscheidungen (zielgruppenspezifische Kommunikation, interne und externe Kommunikation, Kommunikationswege und -mittel),
- prozessuale und strukturelle Entscheidungen (z. B. Outsourcing, Partner Management).

Im Allgemeinen kann das Controlling des Employer Branding auf Basis von zwei Ebenen begutachtet werden, die miteinander verbunden sind: Auf der **Ebene der Instrumente und Maßnahmen** geht es um die Evaluation der Kosten, der Effizienz sowie der Effektivität von einzelnen Aktivitäten. Auf der **Ebene des Gesamtkonzeptes** der Arbeitgebermarkenpositionierung steht die Überprüfung des Konzepts im Vordergrund. Dies bedeutet, es wird deutlich gemacht, anhand welcher Kosten welcher Nutzen generiert werden konnte und wie sich Employer Branding auf den Erfolg des Unternehmens auswirkt (DGFP 2006, S. 97).

## 13.2   Probleme des Employer Branding Controlling

Wie bereits beschrieben, hat Employer Branding zum Ziel, ein Unternehmen identitätsbasiert – intern wie extern – als glaubwürdigen und attraktiven Arbeitgeber zu entwickeln und zu positionieren sowie dies in den Köpfen der relevanten Zielgruppe zu verankern. Die Gestaltung einer attraktiven Arbeitgebermarke ist vor allem ein „weiches" Thema, bei dem es darum geht, die Kultur und Werte zwischen Unternehmen und Menschen passend zu gestalten (Kriegler 2012, S. 359). Laut Stotz/Wedel gelingt es einem Unternehmen, mit an der Strategie ausgerichteten Employer Branding-Maßnahmen sowohl die eigene Arbeitgeberqualität zu optimieren als auch ein einzigartiges Arbeitgeberimage aufzubauen und weiterzuentwickeln (Stotz und Wedel 2009, S. 10). Aus **methodischer Sicht** ist es allerdings eine große Herausforderung, eine veränderte Wahrnehmung eines Unternehmens als Arbeitgeber – das sogenannte Arbeitgeberimage – ausschließlich auf die Wirkung einer Kampagne zurückzuführen (Hanke und Hübner 2010, S. 40). Dafür sind eigentlich Untersuchungsdesigns notwendig, die sich in der praktischen Umsetzung als nur wenig geeignet erweisen (Trost 2009, S. 70).

Eine weitere **Herausforderung der Evaluierung von Employer Branding-Aktivitäten** ergibt sich daraus, dass die Arbeitgeberqualität eines Unternehmens durch internes Employer Branding beeinflusst wird (Stotz und Wedel 2009, S. 11), was wiederum durch verschiedene Human Ressource-Aktivitaten gekennzeichnet ist (Kriegler 2012, S. 226). Diese Aktivitäten lassen sich oft nur eingeschränkt durch quantitative Kennzahlen messen und sind somit nur schwer mit traditionellen betriebswirtschaftlichen Methoden darzustellen. Infolgedessen ist für manche Geschäftsführer das Ergebnis eines Arbeitgeber-Rankings eine ausreichende Information, um Entscheidungen für diesen Bereich zu treffen. Für eine strategisch sinnvolle Ausrichtung sind solche Bewertungen allein jedoch nicht aussagekräftig genug.

Ein weiteres Problem kann die Aussagekraft von Kennzahlen darstellen. Im Falle, dass die einzelnen Variablen und Determinanten einer Kennzahl nicht in korrekter Beziehung zueinander stehen, kann es zu Fehlinterpretationen sowie zu einer **Überschätzung des Informationsgehaltes der Kennzahlen** kommen (Quenzler 2012a, S. 142 f.).

## 13.3  Instrumente des Employer Branding Controlling

Die aktuelle Literatur zum Themenbereich Employer Branding weist nur eine geringe Anzahl an Vorgehensweisen bzw. Konzepten im Bereich Controlling auf. An dieser Stelle werden **drei Ansätze für das Controlling im Employer Branding** genauer beschrieben. Ein Controlling-Instrument ist die Balanced Scorecard (BSC) bzw. die Brand Scorecard. Des Weiteren hat der Quality Employer Brand e. V. (Queb 2013) in einem Arbeitskreis einen Entwurf für ein einheitliches Controllingsystem für Employer Branding entwickelt. Auch die Deutsche Employer Branding Akademie (DEBA) hat sich mit diesem Thema befasst und ein Messinstrument für Unternehmen ausgearbeitet. In den nachstehenden Abschnitten wird auf diese drei Ansätze näher eingegangen.

### 13.3.1  Balanced Scorecard bzw. Brand Scorecard

Klassische Kennzahlensysteme beinhalten meist nur bereits existierende, vergangenheitsorientierte Daten und Kenngrößen, die nicht in den Kontext der Unternehmensstrategie gebracht werden. Lange Zeit fokussierte sich der Bereich Controlling ausschließlich auf „harte" Kennzahlen, um Unklarheiten mit möglichen „weichen" Größen zu umgehen. Kaplan und Norton zeigten mit der Entwicklung der **Balanced Scorecard (BSC)** auf, dass Kennzahlensysteme, die ihren Fokus ausschließlich auf der Vergangenheit und auf quantitativen Kennzahlen haben, nicht mehr ausreichen. Mit einer BSC soll gewährleistet werden, dass die Ergebnisse und Aussagen eines klassischen, kennzahlenbasierten Systems optimiert werden. In letzter Konsequenz soll die BSC es auch den Arbeitnehmern ermöglichen, ihr eigenes Handeln und dessen Auswirkungen auf den Unternehmenserfolg besser zu verstehen (Stotz und Wedel 2009, S. 174 f.).

Der **Grundgedanke der BSC** liegt darin, unterschiedliche Perspektiven der Leistungsbeurteilung eines Unternehmens oder eines Geschäftsbereiches zu berücksichtigen und diese zu steuern. Die von Kaplan und Norton entwickelte BSC setzt sich aus **vier Perspektiven** zusammen. Diese sind die Finanzperspektive, die Kundenperspektive, die interne Prozessperspektive sowie die Lern- und Wachstumsperspektive (Meffert et al. 2005, S. 282 f.). Der Ansatz der Balanced Scorecard kann einen wichtigen Anhaltspunkt für das Controlling einer Marke darstellen. Das Wort „Balanced" lässt darauf schließen, dass die Daten nicht nur quantitativ abgebildet werden, sondern auch qualitativ, ebenso vergangenheitsbezogen

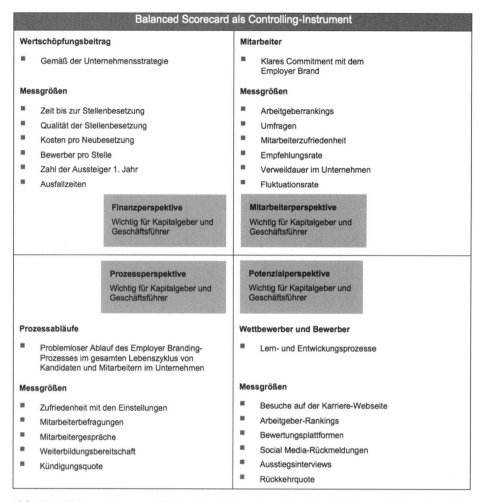

**Abb. 13.1** Balanced Scorecard für den Bereich Employer Branding. (Meffert et al. 2005, S. 282 f.)

wie zukunftsorientiert und genauso unternehmensextern wie -intern. Demzufolge werden die Leistungstreiber wie auch die Ergebniskennzahlen explizit berücksichtigt. Die BSC erfüllt zahlreiche Anforderungen an das Brand-Controlling, denn mit diesem Konzept kann eine Verbindung zwischen den „harten" Unternehmenszielen und einer Marke hergestellt werden (Meffert et al. 2005, S. 283 f.). Überträgt man die Perspektiven der BSC auf den Gedanken des Employer Branding, dann kann eine entsprechende Scorecard Messgrößen enthalten, wie sie in Abb. 13.1 aufgeführt sind.

Da es im Zuge von Employer Branding darum geht, die Arbeitgebermarke eines Unternehmens zu definieren, zu positionieren, zu kommunizieren und fortlaufend zu kontrollieren (Lukasczyk 2012b, S. 13), erscheint es sinnvoll, abgeleitet von der BSC die **Brand Scorecard als Kontrollinstrument** heranzuziehen. Die Brand Scorecard orientiert sich an den Grundelementen einer BSC (Esch et al. 2004, S. 341). Im Unterschied zur Balanced

Scorecard werden jedoch bei der Brand Scorecard nur **drei Perspektiven** beleuchtet (Meffert et al. 2005, S. 285):

- interne Perspektive
- Marktperspektive
- Ergebnisperspektive

Bei Betrachtung der internen Perspektive liegt der Fokus auf der Gestaltung der Marke und den wichtigen internen Informationen. Im Bereich der Marktperspektive werden neben den Kunden auch die Konkurrenten berücksichtigt, um relevante Gesichtspunkte im Wettbewerb darstellen zu können. Darüber hinaus wird evaluiert, wie die Marke von den Kunden wahrgenommen wird, wie sie sich von der Konkurrenz abhebt und was die Leistung der Marke darstellt. Durch die Ergebnisperspektive lassen sich die gewünschten und anvisierten Ergebnisse im Rahmen der Markenstrategie aufzeigen. Somit ist ersichtlich, ob Verbesserungen eingetreten sind oder nicht (Meffert et al. 2005, S. 285 ff.).

Der Ansatz der Brand Scorecard kann aus Sicht der Autoren auch auf den Bereich Employer Branding übertragen werden. Bei der internen Perspektive geht es darum, ein Verständnis und ein Bewusstsein über die Kernkompetenzen der Arbeitgebermarke gegenüber den Arbeitnehmern zu vermitteln. Auf der Ebene der Marktperspektive wird beurteilt, inwiefern es dem Unternehmen gelungen ist, sich in den Köpfen von potenziellen Bewerbern als Arbeitgeber zu positionieren. Auf der Ergebnisperspektive können alle Indikatoren zusammengefasst werden, die eine erfolgreiche Etablierung der Employer Brand ausdrücken. Kennzahlen, wie die Dauer zwischen Ausschreibung und Besetzung sowie die Fluktuationsrate, helfen, die Ergebnisperspektive in Messgrößen darzustellen. Die Wechselwirkung der drei Perspektiven der Brand Scorecard gewährleistet, dass die Inside-Out- und die Outside-In-Perspektive der Markenführung nicht getrennt voneinander betrachtet werden. Die unterschiedlichen Perspektiven interagieren miteinander: Einerseits beeinflussen die Leistungstreiber der internen Perspektive die Außenperspektive, andererseits haben diese wiederum Einfluss auf die Ergebnisse des Unternehmens (Meffert et al. 2005, S. 288).

Die **Einführung von BSC oder Brand Scorcards in Klein- und Mittelunternehmen** ist durchaus sinnvoll (Vohl 2004, S. 49; Barthèlemy et al. 2011, S. 93). Das Ausmaß der Komplexität ist jedoch von der Größe und Struktur der Firma abhängig. Bei der Implementierung eines solchen Controlling-Instruments ist zu berücksichtigen, dass eine Adaptierung nach unternehmensspezifischen Rahmenbedingungen notwendig ist (Hegglin und Kaufmann 2003, S. 360). Folglich kann auch die Etablierung einer Brand Scorecard in einem KMU zweckmäßig sein und die Evaluierung der Employer Branding-Tatigkeiten unterstützen.

## 13.3.2  Controlling-Standard laut dem Quality Employer Branding e.V.

Der **Arbeitskreis des Quality Employer Branding e. V.** hatte zum Ziel, einen gemeinsamen Controlling Standard für Employer Branding zu entwickeln. Der erste Arbeitsschritt

**Tab. 13.1** Übersicht von Kennzahlen. (Quenzler 2012a, S. 157 f.)

| Beispiele von Kennzahlen | |
|---|---|
| Candiate satisfaction | New hire satisfaction |
| Average time to fill | Candiate per offer accepted |
| Interview ratio | Conversion rate programs |
| Mishire rate within 12 months | External candidate source |
| Hiring manager satisfaction | External new hire source |

war gekennzeichnet durch eine Befragung zum Thema „Key Performance Indicators (KPI) im HR-Marketing und Recruiting", an der 41 Vereinsmitglieder teilnahmen. Die Umfrage brachte jene Kennzahlen hervor, die in den befragten Unternehmen zur Messung genutzt werden, jedoch blieb bei der Befragung offen, ob es die richtigen Messgrößen sind. Im zweiten Arbeitspaket wurde genau dies abgeklärt, indem eine detaillierte Wirkungsanalyse erstellt wurde. Ziel war es, jene Indikatoren herauszufiltern, deren Zusammenwirken mehr als 80 % der Funktionsweisen des HR-Marketing begründen. Anhand der Wirkungsanalyse wurde ein Wirkungsgefüge mit Klassifizierungen von unterschiedlichen Faktoren entwickelt. Mit diesem Modell können nun Zusammenhänge zwischen den einzelnen Indikatoren und deren Wechselwirkungen aufgezeigt werden. Das Resultat ist ein **Fachkonzept mit entscheidenden Kennzahlen für das Employer Branding**, entsprechende Berechnungsformeln sowie Informationen, für welche Firmen die Messgrößen optimal anwendbar sind (Quenzler 2012a, S. 152 ff.). Aus der Bandbreite des Fachkonzepts wurden für die Pilotphase zehn Kennzahlen definiert (siehe Tab. 13.1), die die Steuerung von Employer Branding-Maßnahmen eines Unternehmens ermöglichen (Quenzler 2012a, S. 157 f.).

Um dieses Controlling-Tool für die Praxis praktikabel zu gestalten, wurde ein Steuerungssystem, das sogenannte „**Queb-Dashboard**", entwickelt (siehe Abb. 13.2). Im Rahmen dieses Systems können einzelne Kennzahlen, Kennzahlkategorien oder die gesamten Messgrößen auf einmal angezeigt werden. Des Weiteren ermöglicht das Tool, dass verwandte Indikatoren und auch bestimmte Zeitperioden analysiert werden können. Damit die Anwender einen raschen Überblick über die Zahlen erhalten, sind die Werte in Form eines Tachometers abgebildet und je nach Erreichungsgrad farblich dargestellt. Jedem Unternehmen ist es möglich, die Kennzahlen und deren Zielbereiche für das Tool selbst auszuwählen und individuell zu gestalten (Quenzler 2012a, S. 158 ff.).

Dieser Kennzahlenkatalog mit seinen detaillierten Beschreibungen und Berechnungsformeln kann für jedes Unternehmen eine hilfreiche Unterstützung im Employer Branding sein und als Orientierung dienen. Speziell für KMU könnte sich dieser Ansatz als positiv erweisen, da in KMU oft die Zeit sowie die Ressourcen fehlen, sich intensiv mit der Sinnhaftigkeit von Messgrößen auseinander zu setzen. Jedes Unternehmen kann mit diesem System jene Kennzahlen zum Controlling heranziehen, die für ihn einfach zu erheben und dennoch passend und aussagekräftig sind.

Ein **kritischer Aspekt** kann hingegen die Fokussierung dieses Ansatzes auf Kennzahlen aus dem HR-Marketing- und Recruiting-Bereich darstellen. Denn, wie bereits zuvor beschrieben, beschränkt sich Employer Branding nicht ausschließlich auf den Personal-

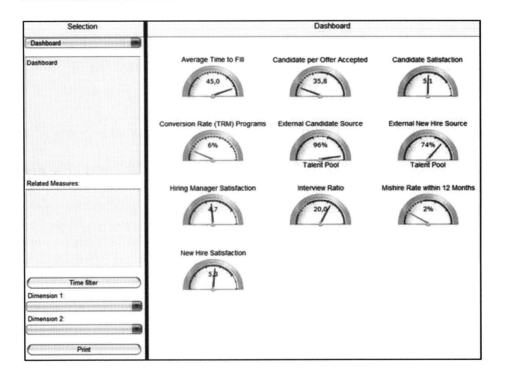

**Abb. 13.2**  Queb-Dashboard. (Quelle: in Anlehnung an Quenzler 2012b)

bereich, sondern ist als interdisziplinäres Thema zu sehen. Folglich kann es sein, dass manche Bereiche, die durch Employer Branding-Aktivitäten beeinflusst werden, hier nicht durch Kennzahlen dargestellt und somit nicht evaluiert werden. Ein zusätzlicher Punkt, der vor der Entscheidung für dieses Controlling-Instrument betrachtet werden muss, sind die Kosten, die durch den Erwerb des Steuerungssystems entstehen. Diese sind für KMU – bei oftmals begrenzten finanziellen Ressourcen – abzuwägen.

### 13.3.3   Controlling-Standard nach der DEBA

Im Jahr 2011 hat die **Deutsche Employer Branding Akademie (DEBA)** im Rahmen eines Forschungsprojekts ein Prüfverfahren für die Authentizität sowie die Qualität von Employer Brands entwickelt. Ein Teilergebnis dieses Projektes stellt der Faktorenkreis dar, der aus **vier Qualitätskategorien** besteht (Kriegler 2012, S. 348):

- Strategisch-interne Qualität
- Strategisch-externe Qualität
- Operativ-interne Qualität
- Operativ-externe Qualität

**Tab. 13.2** Erfolgsfaktoren des Faktorenkreises. (Kriegler 2012, S. 348)

| Qualitätsdimensionen | | | |
|---|---|---|---|
| Strategisch-interne Qualität | Strategisch-externe Qualität | Operativ-interne Qualität | Operativ-externe Qualität |
| Implementierungs-qualität (10 %) | Profil- und Differen-zierungsgrad (25 %) | Intensität des Erlebens (15 %) | Konsistenz der Botschaft (7,5 %) |
| Akzeptanzgrad (10 %) | Glaubwürdigkeit (5 %) | Mitarbeiteraktivierung (5 %) | Wahrnehmungsintensi-tät (7,5 %) |
| Identifikationsgrad (15 %) | | | |

Innerhalb dieser Dimensionen werden unterschiedliche Erfolgsfaktoren definiert und beurteilt. Der Faktorenkreis des Arbeitgebermarkenerfolgs setzt sich aus neun Erfolgsfaktoren zusammen, die bei der Beurteilung der Employer Brand-Qualität mit verschiedenen Gewichtungen in Prozent berücksichtigt werden (siehe Tab. 13.2; Kriegler 2012, S. 348).

Um aussagekräftige Werte zu erhalten, wird im Rahmen dieses Prüfverfahrens mit marken- und organisationsdiagnostischen Methoden sowie der Imageforschung gearbeitet. Dieses Tool dient dazu, die Maßnahmen des Employer Branding-Prozesses zu monitoren und die Stärke des Arbeitgeberimages sichtbar zu machen. Darüber hinaus können die Resultate die Grundlage für die Richtung des weiteren Vorgehens im Zuge der Arbeitgeberpositionierung darstellen sowie für Budgetentscheidungen relevant sein (DEBA 2013d, o. S.).

Die **Employer-Branding-Controlling-Systematik der DEBA** spricht Firmen an, die mindestens 50 Arbeitnehmer beschäftigen – nach oben gibt es keine Begrenzung. Die Unternehmen können bei der Auftragserteilung entscheiden, ob eine 180°-Perspektive (extern oder intern) zu ihren Employer Branding-Maßnahmen evaluiert werden soll, oder ob sie eine 360°-Perspektive (extern und intern) bevorzugen. Je nach Perspektive müssen seitens des Unternehmens unterschiedliche Vorleistungen erbracht werden. Bei einer 180°-Beurteilung müssen lediglich zwei Schlüsselmedien des Arbeitgeberauftritts wie z. B. Stelleninserate oder Karriere-Homepage sowie eine prägnante Selbstbeschreibung als Arbeitgeber eingereicht werden. Im Rahmen einer ganzheitlichen Betrachtung muss das Unternehmen zusätzlich seine Zustimmung zu einer stichprobenbasierten Mitarbeiterbefragung erteilen (DEBA 2013d, o. S.).

Die Ergebnisse, die dem Unternehmen zur Verfügung stehen, veranschaulichen die Stärken und Schwächen der Marke ebenso wie mögliche alternative Handlungswege. Zusätzlich werden die Resultate in Relation zu gängigen Mittelwerten gesetzt. Eine beispielhafte Darstellung für die Ergebnisse zeigt Abb. 13.3.

Die Kosten, die Firmen für dieses Prüfverfahren kalkulieren müssen, werden von DEBA wie folgt festgehalten (Stand April 2013) (DEBA 2013e, o. S.):

- 180° externe Messung: 7.800,– EUR (exkl. USt)
- 180° interne Messung: 6.800,– EUR (exkl. USt)
- 360° Kombination externe und interne Messung: 10.800,– EUR (exkl. USt)

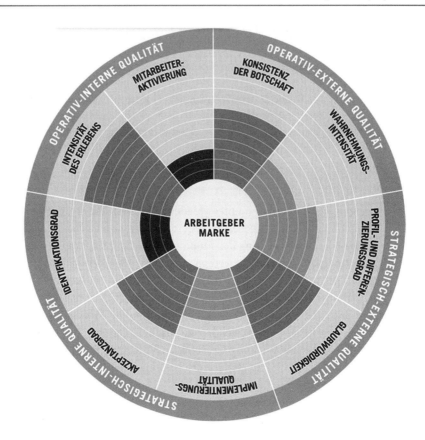

**Abb. 13.3** Beispiel eines Faktorenkreises des Arbeitgebermarkenerfolgs. (Quelle: DEBA 2013d, o. S.)

Auch hier sind wiederum gerade für KMU die **Kosten-Nutzen-Aspekte** abzuwägen. Ob ein KMU die aufgeführten Ausgaben tätigt, hängt stark von den eigenen Möglichkeiten und den festgelegten Prioritäten ab. Gesetzt den Fall, dass Employer Branding für ein KMU Wichtigkeit hat und im Fokus steht, kann selbst diese eher hohe Investition mit einem langfristigen Nutzen argumentiert sowie als sinnvoll und notwendig eingestuft werden. Zu beachten ist, dass die internen Zeitressourcen durch die Auslagerung der operativen Arbeit an ein externes Institut begrenzt gehalten werden.

Entscheidet sich ein Unternehmen ausschließlich dafür, dieses Prüfverfahren zur Evaluierung des Employer Branding durchzuführen, sollte den Entscheidern bewusst sein, dass die Evaluierung vermutlich maximal einmal im Jahr durchgeführt wird und eine Abhängigkeit zu einem externen Dienstleister entsteht. Es ist daher sinnvoll, zusätzlich eine kleine Auswahl bewusst gewählter, praxisnaher sowie leicht berechenbarer Kennzahlen – wie sie nachfolgend dargestellt werden – das ganze Jahr hindurch im Unternehmen zu erheben. Somit können wichtige Aktivitäten, beispielsweise im Bereich Personal-Recruiting, regelmäßig und in kurzen Abständen evaluiert werden, um so eine schnelle Reaktion auf gegebenenfalls notwendige Änderungen zu ermöglichen.

| Kennzahlen des Personalmanagements | | |
|---|---|---|
| **Personalstruktur** | **Personalbedarf und -beschaffung** | **Personaleinsatz** |
| ▪ Qualifikationsstruktur<br>▪ Durchschnittsalter der Mitarbeiter<br>▪ Altersverteilung<br>▪ Durchschnittsdauer der Betriebszugehörigkeit<br>▪ Frauenquote | ▪ Nettopersonalbedarf<br>▪ Pensionierungsquote<br>▪ Bewerber pro Stelle<br>▪ Aktive Bewerbungen<br>▪ Effizienz der Rekrutierungswege<br>▪ Verteilung Auszubildende/ Absolventen/Professionals | ▪ Vorgabezeit<br>▪ Leistungsgrad<br>▪ Überstundenquote<br>▪ Leistungsspanne<br>▪ Entsendungsquote<br>▪ Rückkehrquote<br>▪ Arbeitsplatzstruktur<br>▪ Verteilung Jahresurlaub |
| **Personalerhaltung** | **Personalentwicklung** | **Personalfreisetzung** |
| ▪ Fluktuationsrate<br>▪ Unfallhäufigkeit<br>▪ Ausfallzeiten<br>▪ Entgeltstrukturanalyse<br>▪ Erfolgsbeteiligung je Mitarbeiter<br>▪ Mitarbeiterbefragung | ▪ Ausbildungsquote<br>▪ Struktur der Bildungsmaßnahmen<br>▪ Weiterbildungszeit je Mitarbeiter<br>▪ Weiterbildungskosten je Tag und Teilnehmer<br>▪ Quote Weiterentwicklung ins Management | ▪ Sozialplankosten je Mitarbeiter<br>▪ Abfindungsaufwand<br>▪ Kündigungsquote<br>▪ Anteil Kündigungsgespräche |

**Abb. 13.4** Kennzahlen des Personalmanagements. (In Anlehnung an: Deutsche Gesellschaft für Personalfuhrung o. J., S. 142)

## 13.4   Kennzahlen des Employer Branding

Steigt die Fluktuation und wachsen die Ausgaben für die Rekrutierung geeigneten Personals, wird das Employer Branding sowohl hinsichtlich der Auswirkungen auf die Personalentwicklung als auch die kommunikativen Ergebnisse zunehmend der Bewertung durch Kennzahlen unterzogen. Sehen wir uns zunächst die **Kennzahlen des Personalmanagements** etwas näher an.

Das Personalmanagement gilt es in der Phase der Kontrolle des Employer Branding auf Leistungen und Angebote des Arbeitgebers sowie die HR-Prozesse in Hinblick auf Recruiting- und Bewerbermanagement zu untersuchen. Personal-Entwicklungsprogramme und Kennzahlen wie Fluktuation, Dauer bis zur Nachbesetzung eines Postens sowie Krankenstände werden erhoben und wenn möglich mit Branchenwerten in Relation gesetzt. Abbildung 13.4 zeigt die wesentlichen Kennzahlen des Personalmanagements. Sie selbst entscheiden, welche davon für Ihr Unternehmen näher zu analysieren sind. Referenzgröße dafür sind die Probleme, deren Lösung Sie in den Fokus rücken wollen.

Lesen Sie diese Tabelle einfach aus dem Blickwinkel Ihres Unternehmens. Sie selbst können vermutlich am besten einschätzen, welche Daten für Sie relevant sind. Wenn beispielsweise bei der Personalstruktur ein Problem gegeben ist, dann sollten Sie die Daten erheben und in den nächsten Jahren beobachten, ob sie sich in die richtige Richtung entwickeln. Wenn es für Sie in der Personalbeschaffung ein Manko gibt, dann sehen Sie sich an, wo das Problem liegt und versuchen Sie, mittelfristig gegenzusteuern. Wenn Sie das für alle sechs Felder getan haben, bleibt vielleicht ein Dutzend Kennzahlen übrig, die für Sie

**Tab. 13.3**  Kennzahlen für das Employer Branding. (Kriegler 2012, S. 157 f.)

| Wirkungsbereiche | Kennzahlen |
| --- | --- |
| Mitarbeitergewinnung | Dauer der Stellenbesetzung |
| | Fehlbesetzungsquote |
| | Auflösung in der Probezeit |
| | Kosten pro Einstellung |
| | Bewerberpassung |
| Mitarbeiterbindung | Mitarbeiterzufriedenheit |
| | Verweildauer von Leistungsträgern |
| | Unerwünschte Fluktuation |
| | Erwünschte Fluktuation |
| Unternehmenskultur | Bewertung des Arbeitsklimas |
| | Vertrauen in die Unternehmensführung |
| | Krankenstand |
| | Identifikation mit Zielen und Werten des Unternehmens |
| Unternehmensmarke | Reputation des Arbeitgebers im Social Web |
| | Presseberichte über den Arbeitgeber |
| | Grad der Kundenzufriedenheit |
| Leistung und Ergebnis | Qualität der Arbeitsergebnisse |
| | Dauer der Einarbeitung |
| | Mitarbeiterloyalität |
| | Grad der Eigenverantwortung |

relevant sein mögen und relativ einfach über eine Excelliste zu kontrollieren und mit den Unternehmenszielen abzugleichen sind.

Schlüsselfaktoren für ein erfolgreiches Employer Branding Controlling stellen die Reduktion von Komplexität sowie der Einsatz von Pragmatismus dar (Kriegler 2012, S. 358). In der Literatur wird daher empfohlen, lediglich eine **überschaubare Anzahl an Messgrößen** zu erheben (Hanke und Hübner 2010, S. 44; Kriegler 2012, S. 358). Kriegler beispielsweise ist der Ansicht, dass nur drei bis fünf Kennzahlen herangezogen werden sollten und nur solche, die leicht messbar sind und eine Korrelation zu den Employer Branding-Masnahmen aufweisen (Kriegler 2012, S. 358).

Werden die **Wirkungsdimensionen des Employer Branding** betrachtet, die bereits im zweiten Kapitel genauer beschrieben wurden, dann lassen sich im Zuge dieser Dimensionen praxisnahe Kennzahlen definieren (Kriegler 2012, S. 157). Mögliche Messgrößen für Ihr Unternehmen finden Sie in Tab. 13.3.

Einzelne dieser Kennzahlen, wie beispielsweise die Dauer der Stellenbesetzung oder die Anzahl der Auflösungen in der Probezeit, lassen sich in einem Unternehmen – unabhängig von dessen Größe – rasch und selbständig erheben. Besonders KMU haben hier durch ihre geringere Unternehmensgröße schneller einen Überblick und somit im Vergleich zu Großkonzernen eher Vorteile. Andere Messgrößen, wie beispielsweise Grad der Kundenzufriedenheit, Mitarbeiterzufriedenheit sowie Bewertung des Arbeitsklimas, lassen sich meist jedoch nur durch etwas aufwändigere Methoden wie Befragungen erheben, die mit unterschiedlich hohem **Ressourcen- und Kostenaufwand** einhergehen. Jedes KMU muss für die bei ihm eingesetzten Maßnahmen zum Employer Branding die passenden Kennzahlen definieren, mit denen sich dann der Erfolg der Maßnahmen messen und evaluieren lässt. Durch diese Erfolgsevaluierung kann die Employer Brand in ihrer Wirkung gestärkt und weiter vorangetrieben werden (Kriegler 2012, S. 337).

## 13.5   Kontrolle der kommunikativen Wirkung des Employer Branding

Neben der Kontrolle der Employer Branding-Aktivitäten gilt es im besonderen die interne und externe Kommunikation zu evaluieren. Der erste Schritt dabei ist, dass Sie alle vorhandenen Kommunikationsmittel sammeln und nebeneinander legen. In der Regel zeigt ein Blick auf das Vorhandene, also beispielsweise Stelleninserate, Imagebroschüren, Mitarbeiterzeitung, Arbeitgeberbroschüren oder Informationsmaterialien für Neueinsteiger, ob **grafisch und argumentativ eine Durchgängigkeit** gegeben ist. Die Beratungspraxis zeigt, dass so gut wie kein KMU einen wirklich einheitlichen Auftritt im Sinne der Integrierten kommunikation vorweisen kann.

Im nächsten Schritt gehen Sie ins Detail bei der Analyse. Kommunikation hat drei Ziele im Auge: Wahrnehmung, Einstellungsänderungen und Auslösung bestimmter Handlungen. Gegenstand der Messung ist also die **Zielerreichung** hinsichtlich **der kognitiven Effekte (Wahrnehmung), der affektiven Effekte (Einstellung) sowie der Verhaltensänderungen.** Abbildung 13.5 gibt einen Überblick, erhebt aber keinen Anspruch auf Vollzähligkeit entsprechender Messgrößen. Für die drei Bereiche haben wir hier die Messgrößen dargestellt und dazu taugliche Messmethoden. Nehmen wir ein Beispiel aus der **Zielkategorie Wahrnehmung**: Sie möchten wissen, wie bekannt Ihr Unternehmen als Arbeitgeber ist. Das können Sie einerseits über eine Meinungsumfrage erheben, andererseits können Sie aber auch die aktiven Zugriffe auf Ihrer Karriere-Website registrieren und diese mit relevanten Mitbewerbern vergleichen. Schneiden Sie gut ab, sollten Sie diese Stärke weiter pflegen, ist das Ergebnis mäßig, ist das ein Grund, Ihre Wahrnehmung zu verbessern.

Ein Beispiel aus der **Zielkategorie Einstellung**: Sie möchten wissen, wie hoch die Identifikation Ihrer Mitarbeiter mit Ihrem Unternehmen ist. Eine Messmethode dafür ist eine qualitative Mitarbeiterbefragung, die Ihnen zeigen kann, wie eng die Verbindung ist. Wenn Sie derartige Befragungen planen, sollten Sie auf jeden Fall auf Meinungsforschungsinstitute zurückgreifen, da Sie sonst sehr leicht ein verfälschtes Bild bekommen, das Ihnen bei der Lösung Ihres Problems nicht weiterhilft.

Schließlich noch ein Beispiel aus der **Zielkategorie Verhalten**: Sie möchten wissen, wie sich im Laufe der Zeit die Aktivierung Ihrer Mitarbeiter darstellt. Dann sollten Sie die Zahl der Teilnehmer an diversen Veranstaltungen unter die Lupe nehmen. Wenn sich aus diesen internen Statistiken eine Verbesserung oder Verschlechterung des Präsenzquorums ableiten lässt, haben Sie in einem Fall eine Verbesserung der Loyalität, im anderen eine Distanzierung Ihrer Mitarbeiter zu konstatieren. Warum das so ist, gilt es dann zu klären.

| Zielkategorie | Messgröße | Messmethode | Ergebnis |
|---|---|---|---|
| **Wahrnehmung** | Bekanntheit des Unternehmens als Arbeitgeber | Meinungsumfrage/ Zugriffe auf Unternehmens- bzw. Karrierewebsite | |
| | Berichterstattung in den Medien über Arbeitgeberaktivitäten | Medienresonanzanalyse 1 | |
| | Platzierung in Arbeitgeberrankings bzw. Beurteilung in Bewertungsportalen | Webstatistik | |
| | Anzahl der Initiativbewerbungen | Interne Statistik | |
| | Interessenten an Betriebspraktikum | Interne Statistik/Befragung der Bewerber | |
| | Bewerber pro Stellenanzeige | Kosten-/Nutzenanalyse | |
| | Besucher auf Karrieremessen | Zählung/Befragung der Besucher | |
| | Bewerbungen über Karrierewebsite | Kosten-/Nutzenanalyse | |
| | Bewerber durch Empfehlung von Mitarbeitern | Statistik/Befragung der Bewerber | |
| | Aktivitätsniveau in Social Media | Messung der „likes" und Zugriffe | |
| **Einstellung** | Identifikation der Mitarbeiter mit den Unternehmenswerten | Mitarbeiterumfrage | |
| | Aufwärtsfeedback bei Mitarbeitergesprächen | Auswertung der Fragebögen bzw. Protokolle | |
| | Kenntnis der Unternehmenswerte/ Leitlinien | Mitarbeiterbefragung | |
| | Wissen der Bewerber über das Unternehmen | Test/Recruitingspiele | |
| **Verhalten** | Fluktuationsrate | Interne Statistik | |
| | Abbruch der Ausbildung | Interne Statistik | |
| | Interesse von Schülern/Studenten an Praktika | Interne Statistik/ Befragung der Zielgruppe | |
| | Durchschnittliche Dauer der Betriebszugehörigkeit | Interne Statistik | |
| | Teilnahme an betrieblichen Veranstaltungen | Interne Statistik | |
| | Akzeptanz von Informationen (z.B. Mitarbeiterzeitung, Intranet) | Meinungsbefragung, Auswertung von Aktivierungselementen, Zugriffsraten | |
| | Teilnahme an Ausbildungsangeboten | Interne Statistik | |
| | Nutzung von Incentiveangeboten | Interne Statistik | |

**Abb. 13.5** Messgrößen der internen und externen Employer Branding-Kommunikation

Vielleicht sind Ihre Veranstaltungen nicht attraktiv genug oder Sie haben nicht deutlich genug zum Ausdruck gebracht, wie wichtig Ihnen die Teilnahme ist.

Sie sollten bei den kommunikativen Zielen für Ihr Unternehmen festlegen, welche Messgrößen für Sie relevant sind. Welche das sind, hängt einerseits davon ab, welche Dialoggruppen Sie in erster Linie ansprechen, um Ihre Arbeitgebermarke aufzuladen, andererseits davon, welche Maßnahmen Sie für das Employer Branding einsetzen, und nicht zuletzt davon, wo Sie Änderungsbedarf sehen.

Ein Beispiel: Wenn Sie zur Rekrutierung von neuen Mitarbeitern in erster Linie auf Stellenanzeigen in überregionalen Zeitungen setzen, sollten Sie den Rücklauf in Relation zu den eingesetzten Kosten errechnen. Angenommen, Sie haben für ein Inserat 6.000 EUR bezahlt und zehn brauchbare Bewerbungen bekommen, dann hat Sie die Aktion pro Bewerber 600 EUR gekostet. Diesen Wert können Sie in Relation zu den Kosten für andere

Maßnahmen setzen oder auch nur sich selbst die Frage stellen, ob es das wert war. Wenn nicht, sollten Sie sich überlegen, ob Sie Ihr Geld künftig nicht anderweitig verwenden wollen. Wenn Sie jedes Jahr durch Abgänge von High Potentials fünfstellige Beträge an Fluktuationskosten errechnen, wäre die Frage zu stellen, ob die Verwendung dieses Geldes nicht besser in die bestehenden Mitarbeiter investiert wird, anstelle immer neue Vakanzen zu erzeugen und danach wieder zu füllen.

## Literatur

Barthèlemy, F., H. Knöll, A. Salfeld, C. Schulz, und D. Vögele. 2011. *Balanced Scorecard. Erfolgreiche IT-Auswahl, Einführung und Anwendung. Unternehmen berichten.* Wiesbaden: Vieweg + Teubner Verlag.

Deutsche Employer Branding Akademie (DEBA). 2013d. Deutschlands Arbeitgebermarken. Einleitung. http://www.deutschlands-arbeitgebermarken.de/hauptmodule.php. Zugegriffen: 19. April 2013.

Deutsche Employer Branding Akademie (DEBA). 2013e. Deutschlands Arbeitgebermarken. Preise. http://www.deutschlandsarbeitgebermarken.de/preise.php. Zugegriffen: 19. April 2013.

Deutsche Gesellschaft für Personalführung e. V. (DGFP), Hrsg. (o. J.). *Die Arbeitgebermarke gestalten und im Personalmarketing umsetzen.* DGFP-PraxisEdition 102.

Deutsche Gesellschaft für Personalführung e. V. (DGFP). 2006. *Erfolgsorientiertes Personalmarketing in der Praxis. Konzepte, Instrumente, Praxisbeispiele.* Bielefeld: W. Bertelsmann Verlag.

Esch, F., T. Tomczak, J. Kernstock, und T. Langner. 2004. *Corporate Brand Management. Marken als Anker strategischer Führung von Unternehmen.* Wiesbaden: Gabler.

Hanke, B., und K. Hübner. 2010. Entscheidungen. *Personalführung* (3): 38–44.

Hegglin, A., und H. Kaufmann. 2003. Controlling in KMU. Zweckmäßige Controlling- Instrumente in Klein- und Mittelunternehmen. *Der Schweizer Treuhänder* (5): 359–368.

Immerschitt, W. 2009. *Profil durch PR.* Wiesbaden: Gabler.

Kienbaum Management Consultant. 2012/2013. HR Strategien & Organisation. http://www.kienbaum.de/Portaldata/3/Resources/documents/pdf/50_2119_Studie_HR_StrategieOrga_2012-13_ExecSummary.pdf. Zugegriffen: 10. Mai 2013.

Kriegler, W. 2012. *Praxishandbuch Employer Branding. Mit starker Marke zum attraktiven Arbeitgeber werden.* Freiburg: Haufe-Lexware.

Lukasczyk, A. 2012b. Vom Personalmarketing zum Employer Branding. In *Employer Branding. Die Arbeitgebermarke gestalten und im Personalmarketing umsetzen,* Hrsg. Deutsche Gesellschaft für Personalführung. 2. Aufl. Bielefeld: W. Bertelsmann Verlag.

Meffert, H., C. Burmann, und M. Koers. 2005. *Markenmanagement. Identitätsorientierte Markenführung und praktische Umsetzung.* 2. Aufl. Wiesbaden: Gabler.

Queb e. V. 2013. Info Lounge. http://www.queb.org/info-lounge/. Zugegriffen: 10. Mai 2013.

Quenzler, A. 2012a. Controlling des Employer Branding. In *Employer Branding. Die Arbeitgebermarke gestalten und im Personalmarketing umsetzen,* Hrsg. Deutsche Gesellschaft für Personalführung. 2. Aufl. Bielefeld: W. Bertelsmann Verlag.

Quenzler, A. 2012b. HR Strategietage 2012. Tagung Ingolstadt.

Stotz, W., und A. Wedel. 2009. *Employer Branding. Mit Strategie zum bevorzugten Arbeitgeber.* München: Oldenbourg Wissenschaftsverlag.

Trost, A. 2009. *Employer Branding. Arbeitgeber positionieren und präsentieren.* Köln: Wolters Kluwer.

Vohl, H. 2004. *Balanced Scorecard im Mittelstand.* Hamburg: Murmann Verlag.

# Resümee und Ausblick

Die demografische Entwicklung und die erhöhten Anforderungen an Mitarbeiter machen den Kampf um die besten bzw. passenden Mitarbeiter zu einem entscheidenden Wettbewerbsfaktor. Dazu kommt ein Wertewandel in der Gesellschaft, in dem ein positives Arbeitgeberimage immer bedeutender wird. Mittelständische Unternehmen haben hier noch häufig Defizite. Die Ursachen dafür liegen einerseits in dem geringen Bekanntheitsgrad in der Öffentlichkeit, andererseits sind sich KMU ihrer Stärken als Arbeitgeber oft nicht bewusst und schon gar nicht kommunizieren sie diese ausreichend an ihre Zielgruppen. Deshalb werden KMU von potenziellen Arbeitnehmern bei der Arbeitgeberwahl im Vergleich zu Großbetrieben und insbesondere den DAX-30-Unternehmen oft nicht in Betracht gezogen.

**KMU sind zweifelsfrei anders als Großunternehmen:** Sie verfügen über weniger Ressourcen und daher können sie ihren Mitarbeitern nicht die gleichen Anreize bieten. Dennoch sind KMU keinesfalls die schlechteren Arbeitgeber – im Gegenteil. KMU verfügen über einige Stärken, wie flache Hierarchien, kurze Entscheidungswege, breite und abwechslungsreiche Aufgabenbereiche, die in großen Unternehmen eher selten vorzufinden sind. Ein besonderes Merkmal von KMU ist vor allem der direkte Kontakt zwischen dem Unternehmensleiter und den Mitarbeitern. Dadurch entstehen stärkere persönliche Bindungen, die sich positiv auf die Mitarbeiterzufriedenheit auswirken.

Um sich im Arbeitgeberwettbewerb durchsetzen zu können, bietet der **Ansatz des Employer Branding** eine Orientierung beim Aufbau eines positiven Arbeitgeberimages bzw. einer attraktiven Arbeitgebermarke. Primäres Ziel einer Employer Brand ist vor allem, bei den Zielgruppen ein positiv behaftetes Vorstellungsbild als Arbeitgeber zu vermitteln. Ein positives Arbeitgeberimage kann aber nur dann erzielt werden, wenn das bewusst kommunizierte Bild eines Unternehmens mit dem tatsächlichen Arbeitsalltag und der erlebbaren Kultur übereinstimmt. Kern einer Employer Brand ist eine authentische Arbeitgeberpositionierung, die im Rahmen eines permanenten Strategieprozesses entwickelt werden

W. Immerschitt, M. Stumpf, *Employer Branding für KMU,* 261
DOI 10.1007/978-3-658-01204-5_14, © Springer Fachmedien Wiesbaden 2014

muss. Diese Voraussetzung ist eine besondere Herausforderung für KMU, denen es oft an einer strategischen Ausrichtung mangelt. Unternehmensentscheidungen werden meist ad hoc und anlassbezogen getroffen. Aufgabenstellung muss es sein, ein gesundes Verhältnis zwischen Bauch- und Kopfentscheidung zu finden.

Im Rahmen eines Strategieprozesses werden unter Einbindung von wichtigen Entscheidungsträgern und Mitarbeitern die Eigenschaften, Stärken, Schwächen und Leistungen als Arbeitgeber kritisch analysiert. Mit dieser Bestandsaufnahme wird ein **Ist-Bild der Arbeitgebermarke** gezeichnet. Welche Bereiche im Rahmen der Analyse genauer betrachtet werden, ist unternehmensspezifisch – einen sogenannten „one best way" gibt es nicht. Insbesondere sollen in der Analysephase Antworten darauf gefunden werden, welche Eigenschaften das Unternehmen attraktiv machen, wie die Kultur intern wahrgenommen wird, warum sich Fachkräfte für dieses Unternehmen entscheiden sollen, was sie ihren Mitarbeitern bieten und wie die Mitarbeiter diese Leistungen bewerten.

Aufbauend auf den Analyseergebnissen bzw. auf den Besonderheiten des Unternehmens wird die **Arbeitgeberpositionierung** definiert. Hier ist zu berücksichtigen, dass es sich bei Employer Branding um eine langfristige, auf der Unternehmensidentität basierende Positionierung handeln soll. Bei der Formulierung ist wichtig, dass sie zum Unternehmen passt, ein Alleinstellungsmerkmal darstellt und sich nicht nur nach den Präferenzen der Zielgruppe orientiert, denn diese verändern sich im Laufe der Zeit.

Im nächsten Schritt wird die Arbeitgeberpositionierung intern und extern zielgruppengerecht kommuniziert. Für die **Kommunikation der Employer Brand** ist es sinnvoll, dass die Kommunikationsziele, -botschaften sowie -instrumente im Vorfeld festgelegt und definiert sowie die Präferenzen der Zielgruppen mit einbezogen werden. Um die Arbeitgeberpositionierung authentisch und glaubhaft zu vermitteln ist es wichtig, dass sich die Botschaften nicht widersprechen, sondern ergänzen. Der gesamte Kommunikationsauftritt sollte aus einem „Guss" bestehen und einen roten Faden erkennen lassen. Die Gestaltung einer attraktiven Arbeitgebermarke kann mit unterschiedlichen Maßnahmen und Instrumenten, die auf die unternehmensspezifischen Rahmenbedingungen abgestimmt sein sollten, umgesetzt werden. Damit die gesetzten Aktivitäten im Zuge des Employer Branding auf ihren Erfolg hin überprüft werden können, ist eine regelmäßige Kontrolle notwendig.

Employer Branding setzt voraus, dass sich die KMU mit sich selbst auseinandersetzen und eruieren, wo ihre Stärken liegen. Nur so kann ein authentisches und vor allem glaubhaftes Bild als Arbeitgeber nach innen und nach außen aufgebaut werden. Ein weiterer **Gewinn** liegt auch darin, dass Unternehmen etwaige Schwächen gegenüber der Konkurrenz erkennen können und so die Möglichkeit haben, diesen mit geeigneten Maßnahmen entgegenzuwirken. Employer Branding muss nicht zwingend teuer sein. KMU können in vielen Bereichen zur Verbesserung ihrer Arbeitgeberqualität ansetzen, wie zum Beispiel Veränderung des Führungsstils und Verbesserung der internen Kommunikation, die nicht mit hohen Kosten verbunden sind, sondern vielmehr Kreativität erfordern.

Zusammenfassend möchten wir für den dargestellten Planungsprozess „**Zehn Gebote**" für KMU formulieren, die für uns zentral für die erfolgreiche Entwicklung eines Employer Brands sind:

1. Kümmern Sie sich ehrlich um die permanente Weiterentwicklung Ihrer Arbeitgebermarke.
2. Suchen Sie für alle Kontaktpunkte effiziente und effektive Umsetzungsmöglichkeiten.
3. Überlegen Sie sich genau, mit welchen Botschaften Sie Ihre Marke beschreiben möchten.
4. Setzen Sie Ihr Markenversprechen nachhaltig in der Unternehmens- und Führungskultur um.
5. Bauen Sie eine vertrauensvolle Beziehung zu Ihren Mitarbeitern auf.
6. Nehmen Sie die Bedürfnisse Ihrer Mitarbeiter wahr und ernst.
7. Legen Sie Wert auf eine ausführliche und dialogorientierte Kommunikation.
8. Organisieren Sie die Einstiegsphase so, dass sich neue Mitarbeiter willkommen fühlen.
9. Erklären Sie der Öffentlichkeit aktiv Ihre unternehmerischen Ziele und Maßnahmen.
10. Binden Sie Ihr Unternehmen in die Gesellschaft ein und zeigen Sie Verantwortung.

Welchen **Stellenwert** Employer Branding **in Zukunft** einnehmen wird, ist noch nicht eindeutig absehbar, da es sich noch um eine relativ junge Disziplin handelt. In Anbetracht der aufgezeigten Entwicklungen dürfte es sich bei Employer Branding jedoch nicht nur um einen Trend handeln, denn die passenden Mitarbeiter zu gewinnen und zu binden erweist sich für den langfristigen Unternehmenserfolg als immer entscheidender.

Einige KMU beschäftigen sich bereits mit diesem Thema und verschaffen sich dadurch einen Wettbewerbsvorteil. Denen stehen aber viele Unternehmen gegenüber, die diesen Ansatz für sich noch nicht erkannt haben. Der Grund liegt oft im nicht vorhandenen Wissen und einer Unterschätzung der eigenen Stärken als Arbeitgeber. Bisher leistet die Literatur in diesem Bereich noch wenig Abhilfe und Unterstützung, denn die meisten Autoren befassen sich in ihren Ausführungen mit Employer Branding in Großunternehmen.

Wir hoffen, dass es uns mit diesem Buch gelungen ist, Verständnis für ein Employer Branding in KMU zu schaffen, und dass wir anhand der zahlreichen Fallbeispiele zeigen konnten, wie unterschiedlich die Wege zu einer erfolgreichen Umsetzung von Employer Branding sein können.